UTB 2411

W0057848

Eine Arbeitsgemeinschaft der Verlage

Beltz Verlag Weinheim und Basel
Böhlau Verlag Köln · Weimar · Wien
Wilhelm Fink Verlag München
A. Francke Verlag Tübingen und Basel
Paul Haupt Verlag Bern · Stuttgart · Wien
Verlag Leske + Budrich Opladen
Lucius & Lucius Verlagsgesellschaft Stuttgart
Mohr Siebeck Tübingen
C. F. Müller Verlag Heidelberg
Ernst Reinhardt Verlag München und Basel
Ferdinand Schöningh Verlag Paderborn · München · Wien · Zürich
Eugen Ulmer Verlag Stuttgart
UVK Verlagsgesellschaft Konstanz
Vandenhoeck & Ruprecht Göttingen
WUV   Facultas · Wien

Christian Etzrodt

Sozialwissenschaftliche Handlungstheorien

Eine Einführung

UVK Verlagsgesellschaft mbH

Bibliografische Information der Deutschen Bibliothek
Die Deutsche Bibliothek verzeichnet diese Publikation in der Deutschen
Nationalbibliografie; detaillierte bibliografische Daten sind im Internet
über <http://dnb.ddb.de> abrufbar.

ISBN 3-8252-2411-2

© UVK Verlagsgesellschaft mbH, Konstanz 2003

Einbandfoto: Annette Maucher, Konstanz
Einbandgestaltung: Atelier Reichert, Stuttgart
Satz und Layout: Dieter Heise, Konstanz
Druck: fgb · Freiburger Graphische Betriebe, Freiburg

UVK Verlagsgesellschaft mbH
Schützenstr. 24 · 78462 Konstanz
Tel. 07531-9053-21 · Fax 07531-9053-98
www.uvk.de

Inhaltsverzeichnis

Vorwort

Jede Wahrnehmung eines Menschen ist abhängig von seinem alltäglichen und wissenschaftlichen Hintergrundwissen, und somit ist auch jede wissenschaftliche Erklärung eines sozialen Phänomens theoriegesteuert. Die Theorie, von der ein Wissenschaftler ausgeht, definiert das Problem unter dem ein Phänomen betrachtet wird und fokussiert die Wahrnehmung auf bestimmte für dieses Problem relevante Aspekte, während andere Aspekte ausgeblendet werden. Aus diesem Grunde ist die Kenntnis unterschiedlicher Theorien für eine umfassende sozialwissenschaftliche Analyse unentbehrlich, wenn eine einseitige Betrachtung eines Phänomens vermieden werden soll.

In diesem Buch werden mikroökonomische und mikrosoziologische Handlungstheorien daraufhin untersucht, von welcher Problemstellung sie ausgehen, welche Aspekte sie behandeln und welche Stärken und Schwächen sie besitzen. Es werden sechs Theorienkomplexe vorgestellt: 1) die Mikroökonomik und die Rational Choice-Theorie, 2) die Spieltheorie, 3) die Tauschtheorien, 4) die Phänomenologische Soziologie, 5) der Symbolische Interaktionismus und 6) die Strukturell-funktionale Theorie. Die zentralen Aussagen der einzelnen Theorien werden bezüglich der Akteure, der Gesellschaft, der Methode und der Entscheidung diskutiert. Die Konzeptualisierung einer Entscheidung wird *auch* formal dargestellt. Die Übersetzung der Handlungskalküle in eine formale Sprache erleichtert den Vergleich der Theorien, welcher bei einer Verwendung der Fachterminologie nur eingeschränkt durchführbar wäre. Im letzten Kapitel werden die Theorienkomplexe miteinander verglichen. Es soll gezeigt werden, welche Theorie welche Arten von Verhaltensweisen erklärt, und dass sich ökonomische und soziologische Ansätze bei der Erklärung sozialer Phänomene ergänzen. Das Lernziel dieses Buches ist ein besseres Verständnis über die Möglichkeiten und Grenzen der jeweiligen Ansätze zu bekommen.

Die Darstellung relevanter sozialwissenschaftlicher Theorien beschränkt sich auf Handlungstheorien, da meines Erachtens soziale Phänomene nur als ein Resultat individuellen Verhaltens erklärt werden können. Talcott Parsons' Strukturell-funktionale Theorie ist die einzige Ausnahme. Die Behandlung von Parsons' Systemtheorie ist in diesem Rahmen aufgrund seiner handlungstheoretischen Herleitung von Systemzuständen gerechtfertigt. Daher liegt der Schwerpunkt der Darstellung der Strukturell-funktionalen Theorie auf den handlungstheoretischen Grundlagen, während seine makrotheoretischen Überlegungen nur kurz geschildert werden. Andere Systemtheorien wie Niklas Luhmanns Funktional-strukturelle Theorie bleiben hingegen unberücksichtigt.

Dieses Lehrbuch war ursprünglich als erster Teil meiner Dissertation »Menschliches Verhalten – Eine Synthese aus mikroökonomischen und mikrosoziologischen Theorien« (erschienen im UVK) geplant. Auf Anraten meines Doktorvaters, Herrn Prof. Dr.

Jürgen Friedrichs, habe ich diesen Teil in meiner Dissertation stark gekürzt und die längere Fassung zu diesem Lehrbuch umgeschrieben. Bezüglich der formalen Darstellungen der Theorien bestehen zwischen diesen beiden Büchern geringfügige Differenzen, die aus pädagogischen Gründen zweckmäßig erschienen. Die Dissertation und das Lehrbuch stellen den Abschluss eines Forschungsprojektes dar, welches ich 1995 mit der Seminararbeit »Soziologische und ökonomische Theorien der Handlung im Vergleich« bei Prof. Dr. Guy Kirsch begann und mit der Diplomarbeit »Zur Problematik der Rationalitätsannahme in der Ökonomik, – Ein interdisziplinärer Versuch zur Erklärung mikroökonomischer Verhaltensanomalien« bei Prof. Dr. Henner Kleinewefers fortsetzte. Ich danke Herrn Prof. Dr. Jürgen Friedrichs, Claudia Etzrodt, Renate Etzrodt und allen anderen Personen, die Anregungen für das Buch gegeben haben. Ich danke ebenfalls dem Sozialwissenschaftlichen Archiv der Universität Konstanz für die freundliche Genehmigung, Alfred Schütz' »Untersuchungen über Grundbegriffe und Methoden der Sozialwissenschaften« (unveröffentlichtes Manuskript von 1936) und den »Brief an Adolph Lowe vom 7. Dezember« (unveröffentlichte Korrespondenz von 1955) zitieren zu dürfen.

Februar 2003   Christian Etzrodt, Bottrop

1. Die ökonomischen Theorien

1.1. Mikroökonomik und Rational Choice-Theorie

Die lange Tradition ökonomischer Analysen kann bis zu den Arbeiten von Adam Smith (1723-1790) zurückverfolgt werden. Mit seinem Buch *An inquiry into the nature and causes of the wealth of nations* (1776) begründete er die Ökonomik als eine eigenständige wissenschaftliche Disziplin. Der Kern seiner Überlegungen ist die Vorstellung von einer unsichtbaren Hand. Diese unsichtbare Hand koordiniert die Handlungen egoistischer Akteure über den Preismechanismus, so dass nicht nur die egoistischen Interessen erfüllt, sondern auch die Interessen der Gemeinschaft verwirklicht werden. Der Organisationsstruktur des Marktes wird somit eine positive soziale Wirkung zugeschrieben, obwohl keiner der egoistischen Akteure diese sozialen Ziele erreichen will. Die Vorstellung von der heilsamen Wirkung des Marktes wurde grundlegend für die Entwicklung der ökonomischen Theorie.

Ein weiterer wesentlicher Meilenstein in der Geschichte der Ökonomik ist die marginalistische Revolution. Der Wert eines Gutes wird nicht mehr über die Produktionskosten bestimmt, wie z.B. in der Arbeitswertlehre von Karl Marx, sondern über die relative Knappheit eines Gutes. Die relative Knappheit bestimmt die marginale Zahlungsbereitschaft eines Nachfragers für ein Gut bzw. den Grenznutzen eines Gutes und somit auch den Marktpreis. Diese Idee wurde etwa zur gleichen Zeit in Deutschland von Gossen (1810-1858), in Frankreich von Walras (1834-1910), in England von Jevons (1835-1882) und in Österreich von Menger (1840-1921) entwickelt. Die Grenznutzentheorie wurde zum Fundament für die neoklassische Mikroökonomik und für die Österreichische Schule.

Der zweite entscheidende Wendepunkt für die Ökonomik war die Berücksichtigung von Risiko in Verbindung mit der Nutzentheorie. Das von John von Neumann (1903-1957) und Oskar Morgenstern (1902-1977) 1944 veröffentlichte Buch *Theory of games and economic behavior* wurde zur Grundlage für alle axiomatisch begründeten Erwartungsnutzentheorien, auch für die Subjektive Erwartungsnutzentheorie (SEU-Theorie) von Leonard Savage, die wiederum zu der formalen Darstellungsweise der Rational Choice-Theorie wurde. Es soll hier nur kurz erwähnt werden, dass es auch Vertreter der Rational Choice-Theorie gibt, die sich nicht auf die SEU-Theorie, sondern auf die psychologische Werterwartungstheorie beziehen. Aufgrund der Tatsache, dass die SEU-Theorie von den Anforderungen her die anspruchsvollere Theorie ist, da die Werterwartungstheorie auf eine axiomatische Fundierung verzichtet, wird nur sie im folgenden diskutiert. Bei der Kritik an den Axiomen ist aber zu berücksichtigen, dass diese Kritik nicht zwangsläufig jedes Rational Choice-Modell treffen muss.

Im Folgenden werden die Standardtheorie der Neoklassik und die Erwartungsnutzentheorie zusammengefasst als »traditionelle« ökonomische Theorie dargestellt.
Unterschieden werden diese beiden Theorien lediglich in dem Punkt der Unsicherheit.
Diesbezüglich wird jedoch nur am Rande auf die wesentlichen Unterschiede zwischen
der neoklassischen Ökonomik und der Österreichischen Schule eingegangen. Alle Auf-
weichungen und Modifikationen dieser traditionellen Sichtweise, sowohl in der Mikroökonomik als auch in der Rational Choice-Theorie, werden als »moderne« ökonomische Theorie bezeichnet. Bei diesen Modifikationen handelt es sich im strengen Sinne nicht um eine Theorie, weil alle hier diskutierten Veränderungen niemals zusammen in einem Modell verwendet wurden. Vielmehr gehen die Ökonomen in der Regel
von der »traditionellen« Theorie aus und fügen nur einige wenige Modifikationen der
»modernen« Theorie hinzu. Die einzige Ausnahme hierzu stellen die Vertreter der Humankapitaltheorie dar, die in sehr konsequenter Weise den »traditionellen« Ansatz weiterentwickelt haben. Auch die Humankapitaltheorie wird unter den Modifikationen
der »modernen« Mikroökonomik abgehandelt.

1.1.1. Grundlagen der Theorie

1.1.1.1. Ausgangspunkt der Analyse

Für alle hier behandelten Theorien und Modifikationen gilt, dass der Ausgangspunkt
der Analyse der *Methodologische Individualismus* ist. Das Individuum stellt die unterste
Handlungseinheit dar, auf die jedes soziale Phänomen zurückgeführt wird. Damit wird
auch die Abgrenzung zur Psychologie verdeutlicht, denn ein psychologischer Reduktionismus auf die exakten kognitiven Vorgänge im menschlichen Gehirn wird nicht für
nötig gehalten (Homann/Suchanek 1989: 76; Coleman 1990: 4).

In der Ökonomik wird der Einfluss der sozialen Strukturen bzw. der »Gesellschaft«
auf das Individuum nicht verneint. Es wird jedoch ausgeschlossen, dass das Verhalten
der Akteure vollständig aus den sozialen Zwängen heraus erklärbar ist (Boudon 1979:
33). Die sozialen Faktoren der individuellen Wahl sind ebensowenig feste Gesetzmäßigkeiten, sondern vielmehr selbst das Produkt der vorherigen Wahlentscheidungen.

In der Ökonomik stellt die Handlungstheorie das Bindeglied zwischen zwei Makrophänomenen dar. Die Veränderung von Makrophänomenen wird durch das Verhalten
von Individuen erklärt. Dieser Sachverhalt wird in Darstellung 1 durch die »Colemansche Badewanne« verdeutlicht. Der Ausgangspunkt auf der Makroebene gibt die Bedingungen bzw. Restriktionen vor, unter denen die Akteure auf der Mikroebene ihre
Entscheidung treffen müssen. Der Makro-Mikro-Übergang von den Anfangsbedingungen zu den individuellen Handlungen wird auch als »Logik der Situation« bezeichnet. Die eigentliche Handlung der Individuen wird als rationale Wahl unter Berücksichtigung der gegebenen Restriktionen beschrieben. Diese »Logik der Selektion« wird

in der Regel als Maximierungsproblem aufgefasst. Der Übergang von der Mikro- zur Makroebene erfolgt über eine Aggregation der Handlungen der Individuen. Ein sozialer Sachverhalt auf der Makroebene wird demnach mit Hilfe der »Logik der Aggregation« über individuelles Verhalten erklärt (Coleman 1990: 10ff.; Esser 1991b: 431). Allerdings muss das Aggregat keineswegs der Summe der individuellen Ziele entsprechen, wie Adam Smiths Überlegungen gezeigt haben.

Darstellung 1: Die »Colemansche Badewanne«

Makrophänomen (Anfangsbedingungen)	⇨ *Erklärungsproblem*	Makrophänomen (Endzustand)
↘ *Logik der Situation*	Individuum (vor der Wahl) ⇨ Individuum (nach der Wahl)	↗ *Logik der Aggregation*
	Logik der Selektion	

Quelle: Etzrodt 2001: 16, nach einer Idee von Coleman 1990: 8.

Es bleibt festzuhalten, dass das eigentliche Erklärungsproblem der Ökonomen auf der Makroebene liegt. Die Veränderung eines Makrophänomens zwischen zwei Zeitpunkten soll erklärt werden. Die Erklärung greift dabei nicht auf Makrovariablen oder Systembedürfnisse zurück, sondern auf individuelle Reaktionen der Akteure auf die Anfangsbedingungen. Dahinter steht der Gedanke, dass nur Individuen und nicht Gruppen oder Gesellschaften handeln können.

1.1.1.2. Annahmen über den Menschen

Der Mensch wird in der Ökonomik als *frei und selbständig* angesehen. Er ist frei von Sozialisations- und anderen sozialen Zwängen (Coleman 1986: 17). Diese Vorstellung von einem freien Individuum entstammt der Aufklärung, die ein Menschenbild von selbstbestimmten Akteuren propagierte. Die Individuen sollten sich aus ihrer selbstverschuldeten Unmündigkeit befreien und die traditionellen Regeln nicht mehr als fraglos gegeben hinnehmen. Sie sollten vielmehr ihre Freiheit nutzen, um auf systematische Art und Weise auf Veränderungen der Umwelt zu reagieren. Sozialisationseffekte fehlen in der ökonomischen Theorie, weil sie traditionelle Regeln internalisieren und somit eine systematische Anpassung an die Umwelt verhindern. Folglich werden in der Mikroökonomik und der Rational Choice-Theorie lediglich mündige Menschen behandelt. Kinder oder unfreie Personen werden hingegen nicht berücksichtigt, da sie sich aus rechtlichen Gründen nicht frei entscheiden können.

Technisch wird die Annahme der systematischen Anpassung an Umweltveränderungen in der traditionellen ökonomischen Theorie durch die Trennung von Präferenzen und Restriktionen einerseits sowie der Rationalitätsannahme andererseits umgesetzt (vgl. Becker 1976a: 5; Kirchgässner 1991: 2 und 13). Die Restriktionen stehen
für die Umweltbedingungen, während die Präferenzen den Willen der Akteure wider-
spiegeln. Dabei wird davon ausgegangen, dass die Präferenzen stabil sind. Dadurch
wird es möglich, Verhaltensänderungen eindeutig auf Restriktionsänderungen zurückzuführen. Die Rationalitätsannahme (in der Regel mit Nutzenmaximierung gleichgesetzt) stellt hingegen sicher, dass die Individuen systematisch auf Restriktionsänderungen reagieren.

Das folgende Beispiel soll diese Argumentation verdeutlichen. Ein Mann wird beobachtet, wie er in einem Obstladen einen Apfel kauft, obwohl er auch Birnen hätte
kaufen können. Daraus wird geschlossen, dass er zu dem gegebenen Preis eine Präferenz für Äpfel gegenüber Birnen besitzt. Einen Monat später kauft derselbe Mann eine
Birne. Gleichzeitig kann beobachtet werden, dass der Preis für Äpfel gestiegen ist, während die Birnen genausoviel kosten wie vorher. Zwei mögliche Schlussfolgerungen sind
nun möglich: 1) Die Präferenzen des Mannes haben sich geändert (nun zieht er Birnen
gegenüber Äpfeln vor). 2) Die Restriktionen (die Preise) haben sich geändert, und der
Mann passt sich nur an die geänderten Umweltbedingungen an. Mit der Annahme,
dass die Präferenzen langfristig stabil sind, wird die erste mögliche Schlussfolgerung
ausgeschlossen, so dass eine eindeutige Erklärung des Verhaltens des Mannes vorliegt.

Im Grunde gelten diese Annahmen genauso für die moderne Variante des Homo
oeconomicus (z.B. das REMM-Modell von Meckling (1976) oder der Homo oeconomicus der Institutionsökonomik). Im Unterschied zu der älteren Version der ökonomischen Theorie werden allerdings strikte Annahmen vermieden, wie z.B. vollständige
Information oder rein egoistische Präferenzen. Häufig wird bei den modernen Theorien der rationalen Wahl unterschieden, ob sie in einem ökonomischen oder soziologischen Problembereich entwickelt wurden. Bei den ersteren soll die Betonung auf der
Nutzenmaximierung, dem sozialen Optimum und dem Systemgleichgewicht liegen,
während die letztere Gruppe den Nutzengewinn durch Machtaufgabe, soziales Kapital
und den Einbezug von Rechten und Institutionen hervorhebt (Coleman 1994: 166ff.).
Davon abgesehen, dass andere Erklärungsprobleme natürlich auch andere Erklärungsmodelle erfordern, gibt es keine Differenz zwischen diesen Theorien in Bezug auf die
Trennung von Präferenzen und Restriktionen sowie hinsichtlich der Rationalitätsannahme. Des weiteren werden Rechte und Institutionen nicht nur in der Rational
Choice-Theorie, sondern auch in der Institutionsökonomik berücksichtigt. Ebensowenig trifft es zu, dass die für soziologische Fragestellungen entwickelten ökonomischen Modelle eine geringere Rationalität voraussetzen (vgl. Friedman 1996: 3).

Grundsätzlich gilt sowohl für die traditionellen als auch für die modernen ökonomischen Theorien die Annahme der *Rationalität*. Es wird unterstellt, dass jedes

scheinbar irrationale Verhalten einer rationalen Logik folgt. Somit existiert ein affektuelles (rein »präferenzen-gelenktes«) oder ein traditionelles (rein »restriktions-gelenktes«) Verhalten in der Ökonomik nicht (Zafirovski 1999: 48). Der Begriff der Rationalität bezieht sich allerdings nur auf die Mittel zur Zielerreichung und niemals auf die Ziele der Individuen selbst (ein Masochist ist demnach genauso rational wie jeder andere Akteur).

Es gibt jedoch drei verschiedene vorherrschende Definitionen der Rationalität. Die schwächste Rationalitätsdefinition versteht Rationalität als die beste Wahl der Mittel zur Zielerreichung (u.a. Mortimore 1976: 93; Brunner 1987: 374). Die konkrete Selektionsmethode wird bei dieser Definition nicht festgelegt. Sie ist vereinbar mit dem Konzept der eingeschränkten Rationalität von Herbert A. Simon. Dieses Konzept besagt, dass Akteure nur eine beschränkte kognitive Kapazität besitzen. Aus diesem Grunde vermeiden sie aufwendige Maximierungsverfahren zur Bestimmung der besten Alternative und suchen statt dessen befriedigende Lösungen. Für das Auffinden befriedigender Lösungen reichen schon einfache heuristische Verfahren.

Die zweite, etwas stärkere Definition der Rationalität fasst Rationalität als eine systematische Anpassung des individuellen Verhaltens an Umweltveränderungen auf (u.a. Popper 1952: 97; Kirchgässner 1980: 423; Homann/Suchanek 1989: 77). Auch in dieser Definition bleibt der Selektionsmechanismus unbestimmt. Allerdings erzeugt lediglich das Nutzenmaximierungsverfahren eine systematische Anpassung an Restriktionsänderungen (bzw. evolutionäre Prozesse, die nach einem vergleichbaren Prinzip ablaufen). Die dritte und präziseste Rationalitätsdefinition setzt Rationalität mit dem Nutzenmaximierungsprinzip gleich. Diese Definition der Rationalität ist die häufigste Variante in der Ökonomik (u.a. McKenzie/Tullock 1975: 8; Raub/Voss 1981: 41; Elster 1986: 4f.; Becker/Murphy 1988: 675; Coleman 1990: 14).

Es gibt aber nicht nur unterschiedliche Rationalitätsdefinitionen in der ökonomischen Theorie, auch der Status der Rationalität variiert je nach Standpunkt des Ökonomen. Die Rationalitätsannahme kann als Hypothese verstanden werden, die empirisch widerlegt werden kann (Føllesdal 1982: 311; Brunner 1987: 374; Opp 1989a: 105f.). Die Hypothese kann als Aussage sowohl über die Mikro- als auch über die Makroebene aufgefasst werden. Auf der Mikroebene bezieht sie sich auf das durchschnittliche Verhalten der Akteure (u.a. Hicks 1956: 55; Kirchgässner 1988: 110), wobei dieser Auffassung entweder die erste oder die dritte Rationalitätsdefinition zugrunde liegt. Es handelt sich hierbei um eine Hypothese über eine konkrete Selektionsmethode (Nutzenmaximierung oder ein alternatives Verfahren). Im Gegensatz dazu betrifft die Hypothese auf der Makroebene nicht das individuelle Verhalten, sondern lediglich die Aggregate (u.a. Friedman 1953; Kirchgässner 1980: 423; Voss 1985: 19). Die Basis für diese Ansicht ist die zweite Rationalitätsdefinition. Hier wird deutlich, warum die Selektionsmethode in der Definition der Rationalität als systematische Anpassung an die Umweltveränderungen nicht genauer spezifiziert worden ist: die konkrete Selektionsmethode spielt hier keine Rolle, weil nicht die individuellen Verhaltensweisen sondern nur die Aggregate betrachtet werden.

Eine andere Auffassung vom Status des Rationalitätskonzeptes ist das Verständnis von der Rationalität als Axiom oder von der empirischen Gültigkeit des Rationalitätsprinzips a priori (Engelhardt 1989: 39). In beiden Fällen geht es darum, die empirische Gültigkeit zu behaupten, ohne dabei die Rationalitätsannahme der Gefahr der empirischen Überprüfung auszusetzen.

Darüber hinaus versteht eine weitere Gruppe von Ökonomen die Rationalitätsannahme als eine Forschungsmethode, wobei der Anspruch auf empirische Gültigkeit aufgegeben wird, und die Rationalitätsannahme statt dessen den Status eines Analysemittels erhält. Auch bei dieser Auffassung kann die Rationalitätsannahme nicht widerlegt werden, nicht, weil sie axiomatisiert wurde, sondern weil sie inhaltslos ist (Popper 1967: 145f.).

Die Begründung für die Aufgabe des empirischen Gehalts der Rationalitätsannahme kann auf zwei Arten erfolgen. Zunächst kann hervorgehoben werden, dass die Individuen sich nicht rational verhalten müssen, da die Institutionen (insbesondere der Markt) rationales Verhalten erzeugen (Suchanek 1991: 84). Wenn sich das Rationalitätsprinzip aber weiterhin auf individuelles Verhalten bezieht, bleibt es empirisch überprüfbar, allerdings immer nur in den jeweiligen Institutionen. Außerdem ist nicht ohne weiteres einzusehen, warum jede Institution rationales Verhalten hervorrufen soll. Dieser Ansatz scheint somit nicht dazu geeignet zu sein, den Verzicht auf den empirischen Gehalt der Rationalitätsannahme zu begründen.

Eine zweite, erfolgversprechende Variante der Begründung des Gehaltsverzichts ist der Versuch von Gary Becker in dem Aufsatz *Irrational behavior and economic theory* (1962), nachzuweisen, dass irrationales Verhalten die gleichen Anpassungseffekte an die Umweltbedingungen hervorruft wie rationales Verhalten (es handelt sich hierbei um die zweite Rationalitätsdefinition). Becker zeigte, dass auch Individuen, die zufällig oder aus Traditionen handeln, maßgeblich von Restriktionsänderungen betroffen sind. Eine Einschränkung des Alternativenraumes zwingt selbst den traditionell handelnden Akteur, sein Verhalten zu ändern, wenn die traditionell gewählte Alternative sich nicht mehr im Alternativenraum befindet. Somit sind die Anpassungen an die Umweltveränderungen auf die Restriktionen und nicht auf die Selektionsregel zurückzuführen. Die Standardergebnisse der ökonomischen Theorie können demnach auch ohne die Standardannahmen (wie die Nutzenmaximierungsannahme) hergeleitet werden. Da rationale Anpassungen auf der Aggregatebene auch erfolgen, wenn die Individuen irrational handeln, verliert die Rationalitätsannahme als Hypothese über individuelles Verhalten an Bedeutung. Aus Gründen der Komplexitätsreduktion wird nur angenommen, dass sich die Akteure so verhalten, als ob sie rational seien (Pies 1998a: 9).

Beckers Argumentation ist aber nur solange stichhaltig, wie er eine Einschränkung des Alternativenraumes betrachtet. Bei einer Ausweitung des Alternativenraumes wird der traditionell Handelnde sein Verhalten nicht ändern, denn die Restriktionen zwingen ihn keineswegs dazu. Es kann durchaus vorkommen, dass es in bestimmten Situationen (in allen Situationen, in denen die traditionelle Alternative nicht außerhalb des Alternativenraumes liegt) Akteure gibt, die nicht in systematischer Weise auf Umweltveränderungen reagieren, weil sie grundsätzlich nicht auf Umweltveränderungen reagieren. Die Einkommens- und Preiselastizitäten dieser Akteure sind hier gleich null. Eine Einkommenselastizität von 1 würde bedeuten, dass eine 10% Steigerung des Einkommens zu einer 10% Steigerung der Nachfrage nach einem Gut führt (Einkommenselastizität = Einkommenssteigerung / Nachfragesteigerung). Dementsprechend bedeutet eine Einkommenselastizität von null, dass die Nachfrage nach einem Gut unabhängig von der Entwicklung des Einkommens ist. Dieser Fall ist nicht nur für die Ökonomik ausgesprochen problematisch, weil er eigentlich nicht existieren dürfte, sondern er zeigt auch, dass es erhebliche Zweifel an einer Vernachlässigung der Selektionsmethode bei der Erklärung des Verhaltens gibt. Ob ein Verhalten durch die Restriktionen erklärt werden kann, hängt maßgeblich von der Selektionsmethode und der Situation ab. Somit ist auch Beckers Versuch gescheitert, den Gehaltsverzicht in Bezug auf die Rationalitätsannahme zu begründen.

Betrachten wir eine Person, die ihr monatliches Budget bis auf die Wahl der Fernsehzeitschrift fest verplant hat und weder sparen noch sich verschulden will. Drei verschiedene Fernsehzeitschriften stehen zur Auswahl: Zeitschrift »A« für 12€, Zeitschrift »B« für 10€ und Zeitschrift »C« für 8€, wobei die Qualität von »A« nach »C« abnimmt. In den letzten Monaten hatte diese Person jeweils 10€ für die Fernsehzeitschrift zur Verfügung, so dass sie die optimale Wahl (die Zeitschrift »B«) habitualisierte. Demzufolge würde diese Person auch in diesem Monat ihr Verhalten aus der Vergangenheit fortschreiben und wieder die Zeitschrift »B« kaufen. Wenn sich nun aber das Budget um zwei € verringert haben sollte, wird die Befolgung der habituellen Alternative unmöglich. Die Person muss sich den veränderten Umweltbedingungen anpassen. Sie wählt nun die neue optimale Alternative: die Zeitschrift »C«. Dies entspricht dem Argument von Becker, dass sich Akteure unabhängig von ihrer individuellen Rationalität systematisch an Umweltveränderungen anpassen müssen. Der entgegengesetzte Fall, in dem das Budget um zwei € steigt, zeigt allerdings auch, warum die Beweisführung von Becker nicht stichhaltig ist. In diesem Fall wird die Person ihre habituelle Alternative, die Zeitschrift »B«, weiterhin wählen, obwohl sie sich mit der Wahl der Zeitschrift »A« besser stellen würde. Hier erzwingen die Restriktionen keine Verhaltensänderung, und somit erfolgt keine systematische Anpassung an eine veränderte Umwelt.

Allerdings werden viele Ökonomen gegen diese Argumentation einwenden, dass sie sich lediglich auf der Mikroebene – der Ebene des individuellen Verhaltens – als problematisch herausstellt. Auf der aggregierten Ebene verschwindet dieses Problem, weil hier nur Gesamtelastizitäten betrachtet werden und es sehr unwahrscheinlich ist, dass sich für alle Individuen in einer Situation der Alternativenraum ausdehnt. So wird es immer einige Akteure geben, die ihre traditionelle Alternative nicht mehr durchführen können, wodurch die Gesamtelastizität niemals gleich null ist. Nun ist diese Position für einige Fragestellungen, in denen es wirklich um aggregierte Effekte geht, wie z.B. die Verkehrsabnahme als Reaktion auf eine Benzinpreiserhöhung, durchaus angemessen, weil es hier nicht darauf ankommt, wie hoch der Bevölkerungsanteil ist, der sein Verhalten ändert, sondern lediglich das Verkehrsvolumen betrachtet wird. Es gibt andererseits eine ganze Reihe von Fragestellungen, in denen der Prozentsatz der Akteure, die ihr Verhalten ändern, von zentraler Bedeutung ist. Darunter fallen z.B. Fragen nach dem Verhalten von Wählern (insbesondere der Prozentsatz und das Verhalten der Wechselwähler), denn hier geht es um den Bevölkerungsanteil, der von einer politischen Maßnahme beeinflusst wird.

Demnach können sich Ökonomen nicht problemunabhängig auf die aggregierte Ebene zurückziehen. Die Rationalitätsannahme kann nur als Hypothese über individuelles Verhalten verstanden werden. Es wird jedoch zugestanden, dass diese Hypothese für einige Fragestellungen keine Rolle spielt.

1.1.1.3. Annahmen über die Gesellschaft

Der Zustand einer Gesellschaft kann in der ökonomischen Theorie ganz allgemein auf drei verschiedene Arten erklärt werden. Zum einen kann eine Gesellschaft als das Ergebnis einer unsichtbaren Hand bzw. unintendierter Nebenfolgen des menschlichen Verhaltens verstanden werden. Zum anderen wäre es denkbar, dass die Gesellschaft das Resultat einer sichtbaren Hand bzw. einer intendierten Handlung ist. In diesem Fall könnte die Gesellschaft als das Produkt sowohl individuell-strategischen als auch kollektiv-strategischen Handelns aufgefasst werden (Baurmann 1996: 142f.). Die Erklärung der Gesellschaft als das Ergebnis einer unsichtbaren Hand und eines individuell-strategischen Handelns sind für die Ökonomik von besonderer Bedeutung. Die *unsichtbare Hand-Erklärung* der Gesellschaft von Adam Smith wurde für die traditionelle ökonomische Theorie bestimmend, während in der modernen ökonomischen Theorie (insbesondere in der Institutsökonomik) Thomas Hobbes (1588-1679) Auffassung von der Gesellschaft als *Vertragsgesellschaft* vorherrscht.

Die Idee der unsichtbaren Hand ist in der traditionellen Ökonomik eng mit der Vorstellung von institutionellen Strukturen als Marktstrukturen verknüpft (Kreps 1990a: 5). Die vorherrschende Struktur des Marktes im wirtschaftlichen Teilsystem der Gesellschaft wird auf die gesamte Gesellschaft übertragen, welche als Marktgesellschaft aufgefasst wird. Eine Gesellschaft ist nach diesem Verständnis eine spontan herausgebildete soziale Ordnung (Vanberg 1984: 115; Voss 1985: 41). Kein Akteur hatte das Ziel, diese soziale Ordnung hervorzubringen, vielmehr verfolgte jeder seine eigenen Interessen. Diese sich widersprechenden Interessen wurden aber wie durch eine unsichtbare Hand in Einklang gebracht.

Wie ist es aber möglich, dass der Markt eine für alle vorteilhafte Situation als unintendiertes Ergebnis der individuellen Handlungen erzeugen kann? Nehmen wir an, bei den Akteuren handelt es sich um freie und rationale Individuen, jedes wird nur dann einem Tausch zustimmen, wenn es sich dadurch verbessern kann. Die Aufgabe des Marktes ist es, alle diejenigen potentiellen Tauschpartner zusammenzubringen, die sich durch den Tausch einen Vorteil versprechen. Somit wird eine allgemeine Verbesserung erzielt, die von keinem der Akteure angestrebt wurde. Wieso aber kann diese allgemeine Verbesserung nicht auch durch andere Institutionen als den Markt oder durch einzelne Individuen erzeugt werden?

Das Geheimnis liegt, wie Hayek (1948: 54) es formulierte, im Preismechanismus. Der Preismechanismus ist in der Lage, die individuellen Informationsfragmente in der Form zu aggregieren, dass in optimaler Weise die Tauschpartner zugeteilt werden. Der Preis reflektiert im Gleichgewicht alle relevanten Informationen, über die niemand alleine verfügt (Hayek 1945: 526). Im direkten Zusammenhang dazu steht das Gleichgewichtskonzept. Ein Gleichgewicht ist auf einem Markt dann erreicht, wenn sich kein Paar von Tauschwilligen mehr finden lässt, das sich durch einen Tausch verbessern kann. Dieser Zustand wird auch als Pareto-Optimum bezeichnet. Im Pareto-Optimum kann sich keiner mehr verbessern, ohne einen anderen schlechter zu stellen. Es soll hier nur angemerkt werden, dass die Vertreter der Österreichischen Schule der Verwendung des Gleichgewichtskonzeptes im Gegensatz zu den Neoklassikern durchaus kritisch gegenüberstehen und eher eine Prozessperspektive bevorzugen (Gray 1987: 35).

Diese unterschiedliche Bewertung des Gleichgewichtskonzeptes hängt mit den verschiedenen Zielsetzungen der Österreichischen Schule und der Neoklassik zusammen. Die Vertreter der Österreichischen Schule sind vornehmlich an Fragen der Verfassungsgestaltung interessiert, während sich die Neoklassiker pragmatisch mit der Analyse von sozialen Resultaten gegebener Verfassungsstrukturen beschäftigen. Die unterschiedliche Zielsetzung hat wiederum Folgen für die Sichtweise des Staates in den beiden Ansätzen. Für die Neoklassiker handelt der »Staat« nach Kosten-Nutzen Überlegungen. Hier ist die Prognose der Auswirkungen von besonderer Bedeutung. Demgegenüber geht die Österreichische Schule davon aus, dass der Staat in den konstitutionellen Grenzen handelt. Hier spielt die Frage nach einer geeigneten Verfassung eine herausragende Rolle. Die Vertreter der Österreichischen Schule behandeln die Beschränkung des Handlungsspielraumes des »Staates«, während für die Neoklassiker die Ausnutzung der Freiheit in dem eingeschränkten Handlungsspielraum das Ziel der Untersuchung ist (McKenzie 1983: 46f.).

Mit dieser abweichenden Betrachtungsweise des Staates ebnete die Österreichische Schule den Weg für die moderne ökonomische Theorie (insbesondere der Institutionsökonomik) mit der Auffassung von der Gesellschaft als Vertragsgesellschaft. Denn die Frage nach der Eignung einer Verfassung hängt für Ökonomen maßgeblich von der Zustimmung der Akteure ab. Die Argumentation folgt hier analog der Argumentation im Marktmodell. Wenn es sich um freie und rationale Akteure handelt, wird jeder nur einem Vertrag zustimmen, bei dem er sich verbessern kann. Aber im Unterschied zum Marktmodell handelt es sich nicht um ein unintendiertes, sondern ein intendiertes Resultat der Handlungen. Der Vertrag ist nicht ein Nebenprodukt egoistischer Handlungen, sondern entspringt der bewussten Vertragsfestlegung auf der Basis von egoistischen Nutzenabwägungen.

> »In dieser Perspektive tritt Vertrag an die Stelle von Emergenz, Kooperation an die Stelle von Adaption, Zentralität an die Stelle von Dezentralität und Organisation an die Stelle von Markt.« (Wiesenthal 1987: 437)

Wenn aber aufgrund von Nutzenüberlegungen ein Gesellschaftsvertrag zustande kommt, muss plausibel gemacht werden, dass jeder Akteur mit der Zustimmung zu diesem Vertrag einen Nutzengewinn erzielen kann. Dies ist problematisch, weil jeder Vertrag die Handlungsfreiheit einschränkt und somit einen Nutzenverlust darstellt. Die Begründung des Gesellschaftsvertrages folgt in der Regel Thomas Hobbes' Argumentation in seinem Buch *Leviathan* (1651).

Hobbes geht von der Annahme eines Naturzustandes aus. Dieser Naturzustand ist ein herrschaftsfreier Raum, in dem sich isolierte Individuen mit einer im Durchschnitt gleichen Ressourcenausstattung und Machtverteilung dieselben knappen Güter aneignen wollen. Im Naturzustand kann der Interessenkonflikt nur zu dem »Gesetz des Stärkeren« führen. Um diesen Zustand der Anarchie zu verhindern, bleibt den Akteuren nur die Chance, ihre Handlungsfreiheit freiwillig einzuschränken. Hobbes geht nun davon aus, dass der Nutzenverlust durch die Aufgabe der Freiheit geringer ist als der Nutzengewinn durch die Sicherung der eigenen Persönlichkeits- und Eigentumsrechte. Insofern handelt es sich bei dem Gesellschaftsvertrag um ein notwendiges Übel, da hier die bessere von zwei schlechten Alternativen gewählt wird. Es lohnt sich nur, gegen einen Gesellschaftsvertrag und die damit verbundenen Einschränkungen der eigenen Handlungsfreiheit zu sein, wenn ein Individuum davon ausgeht, dass es in der Lage ist, die anderen Individuen zu beherrschen. Dies bedeutet nicht nur, dass die Person stärker als jede andere sein muss, sondern auch stärker als alle anderen zusammen, um kurzfristige Koalitionen der anderen gegen die eigene Person zu unterdrücken. Eine solche Machtfülle für ein Individuum ohne einen entsprechenden Machtapparat ist aber ausgesprochen unwahrscheinlich. Somit dürfte es selbst für die Stärksten rational sein, einem Gesellschaftsvertrag zuzustimmen.

Der Gesellschaftsvertrag wird in der modernen Ökonomik nicht nur als expliziter Vertrag zwischen allen Akteuren aufgefasst, sondern kann auch als implizite Zustimmung zu einer existierenden Verfassung im Sinne der »revealed preferences« verstanden werden. Das Konzept der »revealed preferences« besagt, dass die Akteure ihre Präferenzen durch ihre Handlungen offenbaren. So drückt ein Bürger die Zustimmung zu der

Verfassung seines Staates dadurch aus, dass er in diesem Staat lebt. Diese Erweiterung der Auffassung von dem Gesellschaftsvertrag ist aber nicht unproblematisch, da der Gesellschaftsvertrag ja als Pareto-optimaler Zustand angenommen wurde, wodurch jede existierende Verfassung (unabhängig davon, ob es sich um eine Demokratie oder um eine Diktatur handelt) Pareto-optimal wäre. Ein möglicher Ausweg aus diesem Problem ist die Konkretisierung des Begriffs der »freiwilligen Zustimmung« zu einem Gesellschaftsvertrag. Denn die bisherigen Ausführungen über den Homo oeconomicus, sowohl in der traditionellen (Markt) als auch in der modernen Version (Vertrag), galten unter der Annahme, dass es sich um freie und rationale Individuen handelt. Wenn Kriterien für die Wahlfreiheit gefunden werden könnten, würde vermieden, dass jede Verfassung als Pareto-optimal verstanden wird. Nur in den Fällen, in denen diese Kriterien erfüllt wären, könnte von einer impliziten Zustimmung zu einem Gesellschaftsvertrag gesprochen werden. Normalerweise gehen Ökonomen dann von einer »freiwilligen Zustimmung« aus, wenn die Akteure Alternativen haben. Als Alternativen zu einer impliziten Zustimmung zu einem Gesellschaftsvertrag kommen die Möglichkeiten des Protestes (»voice«) und der Auswanderung (»exit«) in Frage. Hierbei handelt es sich aber nur dann um echte Alternativen, wenn die Opportunitätskosten nicht zu hoch sind (Vanberg 1986). Um es mit anderen Worten auszudrücken: die Alternative, sich politisch zu betätigen, darf nicht zu einer Verschlechterung der eigenen Position führen, noch dürfen die Kosten der Auswanderung abschreckend hoch sein (wenn z.B. eine legale Einwanderung in ein anderes Land nicht möglich ist).

Mit dem Gesellschaftsvertrag ist weiterhin das Problem der Dauerhaftigkeit verbunden. Sich auf einen Gesellschaftsvertrag zu einigen, ist ein Problem, ein anderes ist es hingegen, sich an einen Gesellschaftsvertrag längerfristig zu halten. Denn für rationale Akteure besteht weiterhin das Interesse, dass sich nur die anderen an die freiheitseinschränkenden Abmachungen halten, während sie für sich selbst den größtmöglichen Freiheitsspielraum erhalten möchten. Es besteht demnach – vor allem in großen Gruppen – ein Anreiz zur Abweichung von den Regeln (Olson 1965).

Dieses Problem wird in der Ökonomik als Kollektivgutproblem bzw. Öffentliches-Gut-Problem bezeichnet. Das Kollektivgutproblem zeichnet sich dadurch aus, dass kein Individuum von dem Konsum dieses Gutes ausgeschlossen werden kann. So kann auch derjenige, der zur Bereitstellung des Gutes keinen Beitrag leistet, seinen Nutzen aus diesem ziehen. Beispielsweise ist saubere Luft ein öffentliches Gut, welches von allen gemeinsam genutzt wird, ohne dass jemand von dem Konsum ausgeschlossen werden könnte. Es handelt sich bei der Bereitstellung von sauberer Luft um ein Problem, da z.B. ein Kraftwerkbetreiber, der keine Schadstofffilter in sein Kraftwerk einbaut, seinen Nutzen daraus ziehen kann, dass seine Konkurrenten diese Investition tätigen, weil sich dadurch die gemeinsam genutzte Luft verbessert, ohne dass er dabei die Kosten für diese Investition mittragen muss. Letztendlich macht sich jeder Kraftwerkbetreiber diese Gedanken, wodurch keiner die Bereitschaft zeigt, in saubere Luft zu investieren.

In Bezug auf die soziale Ordnung bedeutet das, dass auch derjenige, der sich nicht an die Regeln des Gesellschaftsvertrages hält, einen Vorteil davon hat, dass sich alle anderen an ihn halten. Dadurch entsteht für jeden rationalen Akteur ein Anreiz, gegen die Regeln zu verstoßen, mit dem Effekt, dass der Gesellschaftsvertrag keine dauerhafte Gültigkeit besitzen wird.

Eine mögliche Lösung für dieses Problem ist die Einsetzung einer Sanktionsinstanz, die alle Vertragsverletzungen bestraft. Allerdings ist ein solcher Sanktionsapparat wiederum ein öffentliches Gut, so dass hier von einem Kollektivgutproblem zweiter Ordnung gesprochen werden kann (Hechter 1987: 9f.; Opp 1989b: 415). Eine Lösung für das Kollektivgutproblem zweiter Ordnung ist gegeben, wenn die Intensitäten der Interessen sehr ungleich verteilt sind. In diesem Fall sorgen diejenigen Akteure mit einem starken Interesse an einem Gesellschaftsvertrag (alle Akteure, die durch einen Gesellschaftsvertrag einen hohen Nutzengewinn erzielen) selbst dann für die Durchsetzung der Sanktionen und damit auch des Vertrages, wenn sich nicht alle daran beteiligen (Olson 1965: 35). Dies setzt aber voraus, dass diese Interessengruppe über die benötigten Ressourcen verfügt, um den Sanktionsapparat zu unterhalten. Wie kann dann aber noch von einer impliziten Zustimmung im Sinne einer freiwilligen Zustimmung zu einer existierenden Verfassung gesprochen werden, wenn eine kleine Gruppe mit einem starken Interesse und einer großen Ressourcenausstattung für ein Sanktionssystem sorgt, welches ihre Interessen gegen die Interessen der anderen durchsetzt. Es liegt der Verdacht nahe, dass in einem solchen Fall die Opportunitätskosten des politischen Protestes gegen diese Verfassung relativ hoch sind.

Ein alternativer Erklärungsversuch gesteht zu, dass das Kollektivgutproblem in Bezug auf den Gesellschaftsvertrag nicht mit der herkömmlichen ökonomischen Theorie gelöst werden kann. Statt dessen werden moralische bzw. ethische Gründe für die Aufrechterhaltung des Gesellschaftsvertrages herangezogen (Buchanan 1975: 75; Baurmann 1996). Allerdings muss nicht zwangsläufig auf die nicht-kontraktuellen Elemente des Kontraktes im Sinne von Emile Durkheim (1858-1917) zurückgegriffen werden (Aretz 1997: 88f.). Es ist möglich, die moralische Grundlage eines Gesellschaftsvertrages aus einer modifizierten ökonomischen Theorie heraus zu erklären, wenn von einem Nutzenmaximierer, der jeden einzelnen Fall neu bewertet, zu einem dispositionellen Nutzenmaximierer übergegangen wird. Dieser dispositionelle Nutzenmaximierer entscheidet nicht jedesmal von neuem, ob er sich an die Regeln bzw. die Moral hält, sondern fällt diese Entscheidung für eine längere Periode. Wenn ein Akteur in dieser Entscheidungssituation erwartet, dass die meisten seiner zukünftigen Interaktionen in seiner Bezugsgruppe stattfinden, ist es für ihn rational, sich grundsätzlich kooperativ zu verhalten. Warum ist dies so? In einer eng umgrenzten Bezugsgruppe können Sanktionen auch ohne verfassungsrechtlich gestützten Sanktionsapparat durchgeführt werden, weil die Androhung, sich in der Zukunft nicht mehr kooperativ zu verhalten, glaubwürdig ist, während dies in großen Gruppen, in denen häufig nur einmal mit jemandem interagiert wird, nicht der Fall ist. Wenn erwartet wird, dass in der Zukunft in der Mehrzahl der Fälle mit jemandem aus der eigenen Bezugsgruppe interagiert wird, kann es sich lohnen, sich generell auf eine moralische Handlungsweise festzulegen. Insofern würden die Bezugsgruppen einen »Moralüberschuss« für die gesamte Gesellschaft produzieren, ohne dabei auf den Anspruch zu verzichten, Moral aus individuellen Nutzenüberlegungen zu erklären (Baurmann 1996: 549ff.).

Grundsätzlich werden drei Punkte gegen die Vertragstheorie eingewendet. Erstens, dass sie historisch von geringer Bedeutung ist, denn in den meisten realen Fällen der Staatsentstehung dürften wohl Eroberung und Gewalt und nicht ein Gesellschaftsvertrag die Ursache gewesen sein (u.a. Ballestrem 1983: 7f.). Der zweite Kritikpunkt hängt mit dem ersten insoweit zusammen, als die Ungleichheit der Akteure und Differenzen in der Ausstattung mit Macht in der Vertragstheorie vernachlässigt werden (Biervert 1991: 44). Der dritte Punkt kritisiert die faktische Unmöglichkeit der einstimmigen Akzeptanz eines Gesellschaftsvertrages (Ballestrem 1983: 10).

Die geradezu einhellige Antwort der Ökonomen auf diese Kritik ist, dass es sich bei diesem Modellgebilde nicht um ein Abbild der Realität handelt, sondern um ein Analysemodell für die Untersuchung von Institutionen. Es wird kein Realitätsbezug behauptet, und somit läuft auch die Kritik ins Leere (u.a. Buchanan 1977: 82; Voss 1985: 40; Buchanan 1985: 246f.; Brennan/Buchanan 1993: 65). Kritisch bleibt an dieser Gegenkritik nur, dass mit der Vertragsgesellschaft jede Alternative zur Marktgesellschaft für eine deskriptive Theorie verschwindet.

1.1.1.4. Methodologie

Die ökonomische Methodologie folgt im wesentlichen den Vorstellungen Karl Poppers (*1902) über die Zielsetzung der Erfahrungswissenschaft als dauerhaften Erkenntnisfortschritt, dargelegt in der *Logik der Forschung* (1935). Durch welche Methode kann aber der Erkenntnisfortschritt gefördert werden? Lässt sich der uneingeschränkte Wahrheitsgehalt einer erklärenden allgemeinen Theorie beweisen? Popper (1972: 7) verneint diese Frage, da z.B. eine Aussage wie »Glas leitet die Elektrizität nicht« nicht endgültig verifiziert werden kann, weil es unmöglich ist, alle existierenden Glassorten durchzutesten (es gibt unendlich viele). Hingegen ist es möglich, Gegenbeispiele zu finden, um eine Aussage zu einer Theorie als falsch aufzuzeigen (Popper 1935: 6f.). Somit kann der Erkenntnisfortschritt gesichert werden, indem falsifizierte Theorien ausgesondert werden.

Allerdings wird nicht jede Theorie sofort durch eine auftretende Anomalie falsifiziert. Imre Lakatos (1970: 116) verweist darauf, dass eine Theorie erst als falsifiziert betrachtet und eliminiert werden kann, wenn eine andere Theorie die strenge Prüfung relativ besser überlebt und vorläufig beibehalten wird. Eine Theorie wird aber selbst dann nicht falsifiziert, wenn eine aus dieser Theorie entwickelte Hypothese einen realen Sachverhalt relativ schlechter erklärt als eine aus einer anderen Theorie entwickelte Hypothese. In diesem Fall wird lediglich der Geltungsbereich der Theorie eingeschränkt (Homann/Suchanek 1989: 82). Diese Position ist aber kritisch, weil aus ihr folgt, dass eine Theorie nur dann falsifiziert wird, wenn eine andere Theorie in *jedem* Problembereich relativ besser abschneidet. Dieser Beweis ist ebensowenig zu erbringen wie eine Verifikation, da es unendlich viele Problembereiche gibt. Somit ist keine Falsifikation mehr möglich. Es bleibt letzten Endes unklar, wann eine Theorie als falsifiziert angesehen werden kann.

Der Aufbau der ökonomischen Theorie folgt neben Popper vor allem der naturwissenschaftlichen Methodik (Marshall 1898: 113). An sozialwissenschaftliche Aussagen werden die Anforderungen eines hohen Informationsgehaltes, der Präzision und der empirischen Überprüfbarkeit gestellt.

Ökonomische Aussagen beinhalten zwei Teile: das Explanans und das Explanandum. Das Explanans umfasst die Anfangsbedingungen und ein Gesetz, während das Explanandum den zu erklärenden Sachverhalt darstellt (vgl. Darstellung 2). Die Anfangsbedingungen beschreiben eine zu einer bestimmten Zeit und in einem bestimmten Raum vorliegende Situation, die die »wenn«-Komponente der Erklärung umfasst. Das Gesetz stellt nun eine Aussage über die Verknüpfung von der »wenn«- mit der »dann«-Komponente (das Explanandum) *ohne* raum-zeitlichen Bezug dar. Darüber hinaus gibt das Gesetz an, unter welchen Bedingungen die »dann«-Komponente auftritt. Dabei wird unterstellt, dass das Gesetz wahr ist.

Darstellung 2: Die allgemeine Struktur ökonomischer Aussagen

Gesetzesaussage Anfangsbedingungen (singuläre Aussage, die die Anfangsbedingung beschreibt)	} Explanans	(x) (wenn Gx, dann Ix) Ga
Explanandum		Ia

Quelle: Eigene Darstellung, nach Opp 1970: 31 und 33.

Eine Theorie ist hier ein Gebilde, welches im Kern aus einer Gruppe von logisch unabhängigen Gesetzen (den Axiomen) oder einem einzigen Gesetz besteht, von denen eine Vielzahl anderer Gesetze und Aussagen abgeleitet werden. Ad-hoc-Erklärungen sind Erklärungen, bei denen eine gefundene Korrelation als Gesetzesaussage verwendet wird, ohne dass die Anfangsbedingungen mit einer zuverlässigen Methode erhoben worden sind. Eine Tautologie ist hingegen eine Aussage, die unabhängig von dem Wahrheitsgehalt der Teilsätze wahr ist (Opp 1970).

Im Speziellen umfasst das ökonomische Forschungsprogramm zwei Schritte (siehe Darstellung 3). Auf der Mikroebene müssen zuerst Gesetze über individuelles Verhalten aufgestellt werden. Diese Funktion erfüllt die axiomatisch hergeleitete Rationalitätsannahme. Zu den Anfangsbedingungen gehört hier die Bestimmung der Präferenzen und der Restriktionen. Im zweiten Schritt geht es um die Erklärung von Phänomenen auf der Makroebene. Kollektive Tatbestände werden hier durch das individuelle Verhalten erklärt. War auf der Mikroebene das individuelle Verhalten noch das Explanandum, so wird es auf der Makroebene neben den situativen Randbedingungen zu einem Teil der Anfangsbedingungen. Aber auch bezüglich der Gesetzesaussagen findet eine Verschiebung statt. Auf der Mikroebene handelte es sich um die Rationalitätsannahme, während auf der Makroebene die Transformationsregeln die Funktion der allgemeinen Gesetzesaussage übernehmen (Lindenberg/Wippler 1978: 225).

Darstellung 3:
Die spezielle Struktur ökonomischer Aussagen über Makrophänomene

Rationalitätsannahme Anfangsbedingungen individuelles Verhalten	⇨	Transformationsregeln Randbedingungen individuelles Verhalten kollektive Tatbestände und Prozesse

Quelle: Modifizierte Darstellung von Lindenberg/Wippler 1978: 225.

Ein wesentlicher Unterschied zwischen der Österreichischen Schule und der Neoklassik besteht in der Einstellung zur Methodologie. Für die Vertreter der Österreichischen Schule ist eine Theorie dazu da, um eine Erklärung der Welt zu ermöglichen. Die Empirie und die Prognosefähigkeit haben ihrer Meinung nach keine Bedeutung für die Theorie (McKenzie 1983: 47ff.). Diese Position steht im scharfen Kontrast zu der Funktion der Theorie in der Neoklassik. Für die Neoklassiker ist eine Theorie ein Werkzeug, um zu guten Prognosen zu gelangen. Die Realitätsnähe der Annahmen spielt für die Neoklassiker keine Rolle. Alleine die Leistungsfähigkeit einer Theorie für die Prognose ist von Bedeutung. Um dieses Ziel zu verwirklichen, greifen die meisten Ökonomen auf die »as-if«-Strategie zurück. Sie nehmen nicht an, dass die Individuen sich in ihren Theorien wirklich rational und rein egoistisch verhalten, gehen aber davon aus, mit der Annahme eines solchen rationalen und egoistischen Verhaltens zu relativ guten Prognosen gelangen zu können. Die methodologische Begründung der »as-if«-Strategie geht auf Milton Friedman (*1912) zurück. In seinen *Essays in positive economics* (1953) erläutert er, dass die Prüfung der Übereinstimmung einer Theorie mit der Erfahrung bzw. ihre Prognosefähigkeit die einzige Möglichkeit ist, ihren Wahrheitsgehalt zu beurteilen. Daraus folgert Friedman, dass es bei einer Theorie nicht auf die deskriptiv »realistische« Darstellung, sondern die relativ gute Prognosefähigkeit ankommt. Aufgrund der Tatsache, dass die Realität viel zu komplex ist, um jemals in einer Theorie realitätsnah dargestellt werden zu können, kommt Friedman zu dem Schluss, dass eine Theorie eine um so größere Prognosefähigkeit und damit auch einen größeren Wahrheitsgehalt besitzt, je unrealistischer ihre Annahmen sind. Somit kann man bei einer guten Prognosefähigkeit einer Theorie »ohne weiteres so tun, als ob ihre Annahmen wahr wären« (Tietzel 1981: 242).

Die Position Friedmans ist auch in der Ökonomik nicht ohne Kritik geblieben. Zum einen richtet sich die Kritik gegen Friedmans Schlussfolgerung, dass mit der Signifikanz einer Theorie die Realitätsnähe der Annahmen sinkt. Musgrave (1981) überprüfte Friedmans Äußerung in Bezug auf verschiedene Gruppen von Annahmen. Für die unwesentlichen, d.h. irrelevanten Annahmen einer Theorie gilt Friedmans Aussage, dass Theorien mit unwesentlichen Annahmen nur über die Konsequenzen getestet werden können. Allerdings stimmt Friedmans Aussage nicht, dass eine Theorie um so signifikanter ist, je unrealistischer die Annahmen sind. Unwesentliche Annahmen sind nicht prinzipiell deskriptiv falsch, sondern nur irrelevant für das behandelte Problem. Auch für die Bereichsannahmen zeigt Musgrave, dass Friedmans zentrale These nicht zutrifft. Bereichsannahmen treten auf, wenn eine Hypothese in einem Problembereich falsifiziert ist. Sie schränken also den Geltungsbereich einer Theorie ein. Je unrealistischer die Bereichsannahmen einer Theorie aber sind, desto weniger testbar ist eine solche Theorie und desto geringer ist ihr Signifikanzniveau. Somit ist Friedmans zentrale These, dass eine Theorie um so signifikanter ist, je unrealistischer die Annahmen sind, unhaltbar.

»[Friedmans] Beweis entpuppt sich als perfider sprachlicher Trick [...]: Eine Äquivokation, die gleichzeitige Verwendung des sprachlichen Zeichens »Abstraktheit« für »Falschheit« und »Vernachlässigung von Merkmalen«, wird dazu benutzt, aus der Unumgänglichkeit des Letzteren auch die Unumgänglichkeit falscher Annahmen zu »folgern«.« (Tietzel 1981: 254)

Eine andere Richtung der Kritik bezieht sich auf die »as-if«-Annahme. Der Ausgangspunkt dieser Kritik ist der Standpunkt, dass die Annahmen, die Theorie und die Folgerungen logisch äquivalent sind. Der Wahrheitsgehalt der Annahmen kann sich nicht von dem Wahrheitsgehalt der Theorie bzw. der Folgerungen unterscheiden (Samuelson 1963: 233f.). Sollten falsche Annahmen für eine Erklärung herangezogen werden, hat dies zur Folge, dass keine Aussage über den Wahrheitswert mehr möglich ist. Nur wenn unterstellt wird, dass von wahren Annahmen ausgegangen wird, ist es überhaupt möglich, eine Hypothese zu falsifizieren. Ebensowenig kann auf die Annahme, dass auch die Gesetze wahr sind, verzichtet werden. Werden falsche Gesetze zu Prognosezwecken verwendet, als ob sie wahr wären, kann nur noch gezeigt werden, »*wie möglicherweise* ein Ergebnis zustande kommt, nicht aber *wie tatsächlich*« (Tietzel 1981: 250). Ein weiterer Einwand gegen Friedmans Position liegt vor, wenn die Prognose gar nicht der Zweck einer Theorie ist. Wenn das Ziel einer Theorie die Erklärung eines Sachverhaltes ist, müssen sowohl die Annahmen als auch die Folgerungen empirischen Gehalt aufweisen (Braun 1998: 155). Somit ist für solche Theorien die »as-if«-Annahme nicht haltbar.

Ein anderes Problem der »as-if«-Annahme wird ersichtlich, wenn der Anspruch der Ökonomik verdeutlicht wird, Makrophänomene durch individuelles Handeln zu erklären (vgl. hierzu die Darstellung 1 bzw. Darstellung 3). Die »as-if«-Annahmen beziehen sich in der Regel auf die Rationalitätsannahme im Sinne einer Nutzenmaximierung und auf die Präferenzen der Individuen. Sie betreffen die Aussagen über individuelles Verhalten, die ein Teil des Explanans in den Aussagen über Makrophänomene waren. Es handelt sich somit um Ad-hoc-Erklärungen, weil die Anfangsbedingungen nicht ermittelt werden. Noch gravierender ist, dass nur Korrelationen zwischen Aggregaten ermittelt werden, um das gefundene Signifikanzniveau als Beurteilungskriterium für den Wahrheitsgehalt einer Theorie zu verwenden. Genaugenommen wird das ökonomische Forschungsprogramm mit dieser Position aufgegeben. Es handelt sich jetzt nicht mehr um ein ökonomisches, sondern um ein statistisches Problem. Das Ermitteln von Korrelationen zwischen Variablen kann mit statistischen Verfahren geleistet werden, während gerade die Erklärung dieser Korrelationen die Aufgabe der Ökonomik ist. Diese Erklärung der Beziehungen zwischen den Variablen ist aber nur möglich, wenn das individuelle Verhalten wieder in den Explanans eingefügt wird. Das kann wiederum nur dadurch erfolgen, dass die Mikroebene selbst zu einem Teil der Untersuchung wird, und nicht dadurch, dass die Prüfung der Gesetze (der Rationalitätsannahme) und die Ermittlung der Präferenzen durch ad hoc eingeführte »as-if«-Annahmen übergangen wird. Hiermit soll deutlich gesagt werden, dass nichts gegen ein Forschungsprogramm einzuwenden ist, welches sich auf die Untersuchung von Korrelationen von Aggregaten beschränkt. Nur darf ein solches Forschungsprogramm nicht den Anspruch haben, die gefundenen Korrelationen durch individuelles Verhalten zu erklären, wenn dieses individuelle Verhalten lediglich mit Hilfe der »as-if«-Strategie eingeführt worden ist. Diese Argumentation richtet sich vor allem gegen die Verteidigung der »as-if«-Annahme, als eine für Aussagen über die Makroebene völlig ausreichende Strategie, im Gegensatz zu den Bedürfnissen der Psychologie.

Eine andere Argumentationslinie verfolgt Lindenberg (1992), wenn er von der Methode der abnehmenden Abstraktion ausgeht. Er führt ein weiteres Bewertungskriterium für Theorien ein. Theorien sind um so besser, je größer ihre analytische Aussagekraft ist, und die Aussagekraft ist um so größer, je größer der Anwendungsbereich einer Theorie ist. Das Problem bei diesem Kriterium ist, dass ein Zielkonflikt mit der Realitätsnähe der Annahmen vorliegt. Bei einer Erweiterung des Anwendungsbereichs einer Theorie wird zwangsläufig von gewissen Elementen der Realität abstrahiert. Für die Lösung dieses Zielkonfliktes schlägt Lindenberg die Methode der abnehmenden Abstraktion vor. Nach dieser Strategie wird mit Theorien mit großer analytischer Aussagekraft begonnen, um dann, von diesen Theorien ausgehend, zu Theorien überzuwechseln, die eine größere empirische Genauigkeit besitzen. Dabei gilt für die Modellkonstruktion, dass Modelle so einfach wie möglich und so komplex wie nötig gestaltet werden sollten.

Bei der Befolgung einer solchen Strategie bleiben die Annahmen selbstverständlich kritisierbar, allerdings nicht isoliert. Die Realitätsnähe der Annahmen kann nur in Relation zum Komplexitätsgrad einer Theorie kritisiert werden. Realistischere Annahmen sind dann sinnvoll, wenn die Realitätszunahme größer als die Komplexitätszunahme ausfällt. Das angemessene Verhältnis von Realitätsnähe und Komplexitätsgrad ist vermutlich nicht unabhängig von dem Modellzweck. Für Erklärungsmodelle dürfte eine größere Realitätsnähe der Annahmen angemessener sein, während für Prognosemodelle rein aus Anwendungsgründen eine geringere Komplexität notwendig sein dürfte. Aber selbst bei dieser Methode gilt, dass auf die Forderung der Realitätsnähe der Annahmen nicht verzichtet werden kann.

1.1.2. Beschreibung/Erklärung der individuellen Entscheidung

1.1.2.1. Elemente der Entscheidung

In der Ökonomik gibt es drei grundlegende Gruppen von Variablen. Die erste Gruppe umfasst die Menge aller möglichen Handlungsalternativen A. Die zweite ist die Menge der Umweltsituationen S, die möglicherweise eintreten können. Die Elemente der dritten Gruppe, die Eintrittswahrscheinlichkeiten $p_g \in P$, werden den Elementen der Menge der Umweltsituationen $s_g \in S$ zugeordnet. Dabei ist die Summe aller p gleich eins.

Menge der Alternativen	$A = \{a_1, ..., a_i, ..., a_n\}$
Menge der Umweltsituationen	$S = \{s_1, ..., s_g, ..., s_q\}$
Menge der Eintrittswahrscheinlichkeiten	$P = \{p_1, ..., p_g, ..., p_q\}$

Jeder Kombination von Handlungsalternativen a_i und Umweltsituationen s_g wird im nächsten Schritt ein eindeutiges Ergebnis x_{ig} zugeordnet.

Ergebnis der Handlung	x_{ig}, mit $i = 1, ..., n$ und $g = 1, ..., q$

Im letzten Schritt werden die Handlungsergebnisse x_{ig} nach den Präferenzen bzw. nach dem individuellen Nutzen geordnet. Die geordnete Präferenzrelation stellt die Nutzenfunktion u dar. Die Nutzenfunktion ist demnach abhängig von den erwarteten Ergebnissen einer Handlungsalternative unter Berücksichtigung verschiedener Umweltsituationen.

Nutzen (individueller)	$u = u(x_{ig})$

1.1.2.2. Prozess der Entscheidung

Der Prozess der Entscheidung wird normalerweise in der Ökonomik nicht behandelt. Die ökonomische Theorie beschäftigt sich vielmehr mit den Konsequenzen der Entscheidungen, den Handlungen bzw. den aggregierten Folgen der Handlungen (Machlup 1970: 139). Demzufolge werden nur Endgrößen und keine Fließgrößen betrachtet (Eichenberger 1992: 10). Eine weitere Folge des Ergebnisbezuges in der Ökonomik ist, dass die Handlungen durch eine erwartete Verbesserung eines zukünftigen Zustandes motiviert werden. Handlungen sind also immer auf die Zukunft ausgerichtet (Mises 1949: 100).

Entscheidungen haben in der ökonomischen Theorie auch immer einen Vergangenheits- und einen Gegenwartsbezug. Da Präferenzen nicht im luftleeren Raum entstehen, wird vernünftigerweise auf die Erfahrungen der Individuen in ihrer Vergangenheit zurückgegriffen. Auf der anderen Seite hat die Feststellung der Restriktionen etwas mit der Wahrnehmung der Situation in der Gegenwart zu tun. Somit besitzt die ökonomische Theorie einen klaren, wenn auch nicht thematisierten, prozessualen Charakter.

Der Entscheidungsprozess wird in der traditionellen ökonomischen Theorie durch geeignete Annahmen verkürzt. Die Präferenzen werden als konstant angenommen, somit entfällt die Notwendigkeit der Ermittlung der Präferenzen aus vergangenen Erfahrungen. Die Restriktionen und die Alternativen werden als gegeben angesehen, wodurch die Wahrnehmung der gegenwärtigen Situation nicht mehr erfolgen muss (vgl. Meckling 1976: 549). Von dem Entscheidungsprozess bleibt lediglich die Selektion des besten erwarteten (zukünftigen) Handlungsergebnisses mit Hilfe des Nutzenmaximierungsverfahrens übrig. Der Prozess wird hier auf eine einstufige simultane Selektionsmethode reduziert.

Die moderne Ökonomik sieht den Entscheidungsprozess nicht so eng. Die Evaluation der Handlungskonsequenzen und die Kognition der Situation werden ebenso wie die Selektion einer bestimmten Handlung mitberücksichtigt (Esser 1991b: 432). Die Behandlung der Kognition ermöglicht den Einbezug eines Framing-Prozesses. Es wird nicht mehr zwangsläufig unterstellt, dass die Situation mit ihren Restriktionen objektiv gegeben ist. Statt dessen wird von einem kognitiven Prozess ausgegangen, in dem das Individuum die Situation und die Restriktionen subjektiv konstruiert. Somit besteht die Entscheidung in der modernen ökonomischen Theorie aus zwei Phasen: einer kognitiven, in der die subjektiven Restriktionen ermittelt werden und einer selektiven, in der eine Handlungsalternative ausgewählt wird. In der formalen Darstellung dieses Entscheidungsprozesses wird in der Regel weiterhin von einem simultanen - jetzt nur zweistufigen - Maximierungsproblem ausgegangen, so dass der Unterschied in der Behandlung des Entscheidungsprozesses zu der traditionellen ökonomischen Theorie minimal wird (vgl. Esser 1996: 22f.; Etzrodt 2000).

1.1.2.3. Ergebnisermittlung in der Entscheidung

Die Erklärung einer individuellen Entscheidung in der Ökonomik besteht aus dem Zusammenwirken von Präferenzen, Restriktionen und der Selektionsregel. Die Präferenzen werden in der Form einer *Nutzenfunktion* dargestellt. Mikroökonomik und Rational Choice-Theorie unterscheiden sich hier durch die verwendete Nutzentheorie. In der Mikroökonomik werden Handlungen mit Hilfe der Grenznutzentheorie erklärt, während die Rational Choice-Theorie auf die SEU-Theorie zurückgreift. In der Grenznutzentheorie liegt der einzige Unterschied zwischen der Nutzenfunktion und den Präferenzen in der Darstellungsform. Im Gegensatz zu der Grenznutzentheorie bezieht die SEU-Theorie auch die Unsicherheit über zukünftige Umweltzustände mit ein. Deshalb wird in der SEU-Theorie neben den Präferenzen und den Eintrittswahrscheinlichkeiten der Umweltzustände auch eine Regel für die Zusammensetzung von Präferenzen und Eintrittswahrscheinlichkeiten benötigt.

Die Annahmen über die *Präferenzen* sind in der traditionellen Ökonomik restriktiver als in der modernen. Der Unterschied liegt in der Spezifikation des Modells. In der traditionellen Ökonomik wird eine »harte« Spezifikation verwendet. Eine »harte« Theorie geht im Grunde von einem omnipotenten Egoisten aus, während »weiche« Spezifikationen in der modernen Ökonomik sowohl eine eingeschränkte Rationalität als auch altruistische Motive zulassen.

Die klassische *Annahme über die Präferenzen* in der traditionellen Ökonomik ist die Annahme eines egoistischen bzw. neutralen selbstinteressierten Homo oeconomicus (u.a. Downs 1957: 27; Opp 1989a: 106; Frey 1990: 6; Suchanek 1991: 80). Die beiden Begriffe »egoistisch« und »neutral selbstinteressiert« unterscheiden sich dabei nur in der Wortwahl. Beiden Begriffen liegt die Annahme zugrunde, dass die Präferenzen der Individuen unabhängig von den Präferenzen der anderen sind. Die Akteure sind neutral gegenüber anderen eingestellt, weil sie diesen gegenüber weder Neid, Hass oder Liebe empfinden (Frey 1989: 71). Kooperation entsteht dementsprechend nicht aus einer Zuneigung dem anderen gegenüber, sondern dadurch, dass zwei Akteure durch einen kooperativen Tausch ihre eigenen Interessen am besten verwirklichen können (Smith 1948: 37). Des weiteren wird in der traditionellen Ökonomik zur Vereinfachung davon ausgegangen, dass alle Akteure die gleichen Präferenzen besitzen.

Durch die *Anforderungen an die Präferenzen* soll die widerspruchsfreie Eigenschaft der Präferenzrelation gewährleistet werden. Die Widerspruchsfreiheit wird durch drei Forderungen sichergestellt: die Forderung der Stabilität, der Präzision und der Exogenität der Präferenzen. Die Forderung der Stabilität ist eine notwendige Voraussetzung für die Zeitkonsistenz der Präferenzen. Nur wenn die Präferenzen sich nicht ändern, können Verhaltensänderungen eindeutig auf Restriktionsänderungen zurückgeführt werden. Dementsprechend kann aus der Konstanz der Restriktionen und der Stabilität der Präferenzen auf eine Konsistenz der Präferenzen im Zeitverlauf geschlossen werden (siehe Definition 1). Individuen verändern ihr Verhalten nicht, solange die Randbedingungen erhalten bleiben.

Definition 1: Eine Präferenzrelation ist zeitkonsistent, wenn in Periode t_1 die Alternative a gegenüber der Alternative b und in Periode t_2 bei gleichen Nebenbedingungen ebenfalls die Alternative a gegenüber der Alternative b präferiert wird:
t_1: aPb $\Rightarrow$ t_2: aPb.

Die Forderung der Präzision besagt, dass die Präferenzen nicht mehrdeutig sein dürfen. Eindimensionale Präferenzen ermöglichen die Ausrichtung auf *ein* hervorgehobenes Ziel. Zielkonflikte, die nicht gegeneinander aufgerechnet werden können, weil sie nicht vergleichbar sind, werden somit in den Präferenzen ausgeschlossen. Es ist beispielsweise denkbar, dass ein Akteur nicht zwischen egoistischen Nutzenerwartungen und moralischen Werten abwägen kann, weil Moral nicht in Nutzenwerte übersetzbar ist. Durch die Forderung der Präzision können nun alle Ziele in einer gemeinsamen Dimension (Nutzeneinheiten) dargestellt werden. Die Präzision der Präferenzen stellt die Unabhängigkeit von irrelevanten Alternativen und die Transitivität der Präferenzen sicher.

Definition 2: Eine Präferenzrelation ist unabhängig von irrelevanten Alternativen, wenn die Rangfolge von bereits vorhandenen Alternativen nicht durch die Hinzunahme einer weiteren Alternative verändert wird:
aPbPc $\Rightarrow$ aPbPdPc.

Definition 3: Eine Präferenzrelation ist transitiv, wenn eine Alternative a gegenüber einer Alternative b und die Alternative b gegenüber einer Alternative c präferiert wird, und daraus folgt, dass die Alternative a auch gegenüber der Alternative c präferiert wird:
aPb $\wedge$ bPc $\Rightarrow$ aPc.

Sollte es nicht möglich sein, alle Dimensionen nach einer Nutzendimension aufzulösen, entsteht das folgende Problem: Ein Akteur sieht sich einem Entscheidungsproblem gegenüber (siehe Tabelle 1), in dem er zwischen drei Alternativen x, y und z mit jeweils zwei nicht vergleichbaren Dimensionen € (Nutzenwerte) und § (Moral) wählen muss. Wird die Nutzendimension als die wichtigere der beiden Dimensionen angesehen und arbeitet der Akteur mit der Entscheidungsregel, eine Alternative einer anderen vorzuziehen, wenn sie einen um mindestens zwei € höheren Wert besitzt, oder – falls dies nicht zutreffen sollte – diejenige Alternative zu präferieren, die in der zweiten Dimension die größere moralische Akzeptanz besitzt, ergeben sich intransitive Präferen-

zen. In der ersten Dimension wird die Alternative x der Alternative z vorgezogen, aber der Akteur ist zwischen x und y bzw. y und z indifferent. Bei diesen beiden Paaren muss demnach die zweite Dimension entscheiden, welche Alternative präferiert wird. Daraus ergibt sich, dass z y vorgezogen und y gegenüber x präferiert wird. Da aber x gleichzeitig höher als z bewertet wird, liegt hier ein Widerspruch vor:
zPy ∧ yPx aber xPz.

Tabelle 1:

Ein Beispiel für intransitive Präferenzen aufgrund mehrdimensionaler Präferenzen

		Alternativen		
		x	y	z
Dimensionen	I (€)	3€	2€	1€
	II (§)	1§	2§	3§

Quelle: Eigener Entwurf, nach einer Idee von Tversky 1969: 32.

Die Forderung nach der Exogenität der Präferenzen schließt die modellinterne Erklärung der Präferenzen aus den bisherigen Handlungen aus. Durch die Exogenität und die Stabilität der Präferenzen ist trotz der ungeklärten Herkunft der Präferenzen gewährleistet, dass diese den Akteuren bekannt sind. Dadurch kann eine vollständige Präferenzordnung unterstellt werden.

Definition 4: Eine Präferenzrelation ist vollständig, wenn alle Alternativen miteinander verglichen werden können. Für jeden Vergleich zwischen den Alternativen liegt eine Relation P (präferiert) oder I (indifferent) vor:
∀ (a, b) gilt: aPb ∨ bPa ∨ aIb.

Die Festlegung der traditionellen Ökonomik auf einen universellen Homo oeconomicus mit stabilen und egoistischen Präferenzen ist für das methodologische Vorgehen von besonderer Bedeutung. Es wird möglich, auf die konkrete Bestimmung der subjektiven Präferenzen der Individuen zu verzichten. Daraus folgt, dass Verhaltensänderungen eindeutig auf die objektiven Restriktionsänderungen zurückgeführt werden können. Dies wird als eine erfolgversprechende Forschungsstrategie angesehen, da ohnehin nur die objektiven Restriktionen, nicht aber die subjektiven Präferenzen der Individuen ermittelt werden können. Mit einer solchen restriktionszentrierten Heuristik wird die empirische Überprüfung der theoretischen Hypothesen möglich (u.a. Olson 1965: 61; Frey 1980: 24; Lindenberg 1985: 253; Opp 1989a: 106; Suchanek 1994: 116f.).

Eine Folge dieser Strategie ist, dass mit der traditionellen ökonomischen Theorie Verhaltensänderungen und Unterschiede zwischen den Akteuren erklärt werden können. Der Ausgangspunkt des Verhaltens bzw. die Niveaus sind hingegen so nicht zu erklären. Dies würde Kenntnisse über die konkreten Präferenzen der Individuen voraussetzen (vgl. Zintl 1986: 228).

Im Gegensatz zu der traditionellen ökonomischen Theorie werden in der modernen ökonomischen Theorie keine *Annahmen über die Präferenzen* getroffen. Der konkrete Inhalt der Präferenzen soll vielmehr problemspezifisch bestimmt werden. Mit der Annahme von konsistenten, transitiven und vollständigen Präferenzen ist lediglich die Möglichkeit einer optimalen Wahl gewährleistet. Welche Ziele dabei optimiert werden, wird durch diese Annahmen nicht konkretisiert. Sowohl Egoisten als auch Altruisten oder Masochisten verfolgen ihre subjektiven Ziele.

»Jeder Entscheider kann erwarten und wollen, was er will.« (Eisenführ/Weber 1993: 10)

Die häufigste Erweiterung der Standard-Annahme egoistischer Präferenzen ist die Berücksichtigung altruistischer Präferenzen. Altruismus wird als Abhängigkeit von der Nutzenfunktion einer anderen Person definiert. Damit wird der Sachverhalt beschrieben, der eintritt, wenn sich ein Individuum über das Glück einer anderen Person freut. Formal werden altruistische Präferenzen am häufigsten in der folgenden Form dargestellt (Becker 1976b: 819; Opp 1984: 87; Ramb 1993: 6):
$$U(a_i) = (1-\kappa)u_1(x_{ig}) + \kappa u_2(x_{ig}).$$
Die Nutzenfunktion eines Akteurs setzt sich aus dem eigenen Nutzen u_1 der Alternative a_i und dem Nutzen einer anderen Person bzw. dem Nutzen der Gruppe u_2 zusammen. κ gibt hier das Ausmaß an, mit dem der fremde Nutzen in die Nutzenfunktion eingeht.

Eine andere Aufweichung der egoistischen Präferenzen wird durch die Berücksichtigung von Normen hervorgerufen. Normen oder die soziale Anerkennung verändern den Nutzen einer Alternative über positive oder negative Sanktionen der Gruppenmitglieder (Opp 1979: 322; Lindenberg 1983: 48). Ein Akteur muss hier zwischen normorientiertem und normabweichendem Verhalten abwägen. Bei normabweichendem Verhalten kann unter bestimmten Umständen ein höherer Nutzen erreicht werden, allerdings muss auch das Risiko einkalkuliert werden, dass dieses Verhalten sanktioniert wird (Coleman 1987: 135). Formal kann diese Kalkulation folgendermaßen dargestellt werden:
$$U(a_i) = u(x_{ig}) + (1-\alpha)s(x_{ig}).$$
Die Nutzenfunktion hängt von dem Nutzen u einer Alternative a_i und den zu erwartenden Sanktionen s ab. α steht für das Ausmaß an Anonymität. Je kleiner α ist, desto größer wird die Wahrscheinlichkeit, für abweichendes Verhalten sanktioniert zu werden.

Ein weiterer Unterschied der modernen Ökonomik zu der traditionellen Ökonomik ist die Aufgabe der Annahme, dass alle Individuen über die gleichen Präferenzen verfügen (Frank 1997: 235). Die moderne ökonomische Theorie schwächt aber nicht nur die Annahmen über die Präferenzen ab, sondern reduziert auch die *Anforderungen an die Präferenzen*. So wird die Forderung nach stabilen und konsistenten Präferenzen gelockert. Einerseits wird an der Rationalität eines solchen Verhaltens gezweifelt (Mises 1949: 103), andererseits wird bezweifelt, dass es eine notwendige Annahme für den ökonomischen Ansatz darstellt (Gray 1987: 36). Inkonsistentes Verhalten wird in der modernen ökonomischen Theorie auf zwei Arten beschrieben. Entweder wird von der Existenz mehrerer stabiler Präferenzordnungen ausgegangen, wobei eine wechselnde Orientierung an diesen Präferenzordnungen dann scheinbar inkonsistentes Verhalten hervorruft. Diese wechselnde Orientierung kann beispielsweise als Konflikt zwischen kurzfristigen und langfristigen Präferenzen modelliert werden. Eine andere Lösung der Wahl zwischen mehreren stabilen Präferenzen kann durch die Einführung von Meta-Präferenzen erreicht werden. Die Meta-Präferenzen vermitteln einen Kompromiss zwischen den sich widersprechenden Präferenzrelationen.

Eine andere entscheidende Aufweichung einer Forderung der traditionellen Ökonomik ist die Aufgabe der Forderung nach exogenen Präferenzen. Hier wird kritisiert, dass es sich bei dieser Forderung um eine unnötige Einschränkung der ökonomischen Methode handelt. Statt dessen wird versucht, die Präferenzen im Modell zu erklären. Hierbei gibt es zwei unterschiedliche Erklärungsansätze. Das Konzept der adaptiven Präferenzen geht von endogenen und variablen Präferenzen aus (u.a. Weizsäcker 1971). Die Präferenzen werden durch das Verhalten verändert. Sie sind ein Produkt der Sozialisation, der sozialen Position und der eigenen Biographie. Macht ein Akteur gute Erfahrungen mit einer bestimmten Art von Musik, wird er in der Zukunft diese Musik anderen Musikrichtungen gegenüber präferieren. Aus den vergangenen Erfahrungen können somit die Präferenzen abgeleitet werden.

Der humankapitaltheoretische Ansatz geht dagegen von stabilen Präferenzen aus. In diesem Modell ändern sich nicht die Präferenzen, sondern die Kapitalstöcke, die für die Effizienz der Produktionsmöglichkeiten verantwortlich sind (Becker 1975: 63ff.; Stigler/Becker 1977: 78f.). Investiert jemand z.B. in seinen Kapitalstock »Musik«, wird er in der Zukunft einen größeren Nutzengewinn durch den Musikkonsum erzielen. Durch diesen höheren Nutzen wird die Alternative »Musik hören« attraktiver, wodurch sie höchstwahrscheinlich häufiger gewählt wird. Diese Verhaltensänderung ist demnach nicht auf veränderte Präferenzen, sondern auf veränderte Kapitalstöcke zurückzuführen. Genaugenommen sind in diesem Ansatz also nicht die Präferenzen endogen, sondern die Meta-Präferenzen (Becker 1992: 340).

Alle diese »weichen« Modifikationen in der modernen ökonomischen Theorie sind aber nicht unproblematisch. Ein entscheidender Nachteil ist, dass dieser Zugewinn an Realitätsnähe durch einen Verlust an eindeutiger Zuordnung von Verhaltens- auf Restriktionsänderungen erkauft wird. Verhaltensänderungen können nicht mehr eindeutig auf Restriktionsänderungen zurückgeführt werden, wenn sich die Präferenzen der Akteure verändern. Somit wird auch eine Prognose problematisch, da sowohl die Veränderung der objektiven Restriktionen als auch die Veränderung der subjektiven Präferenzen beobachtet werden muss. Da die Ökonomen aber davon ausgehen, dass die subjektiven Präferenzen nicht beobachtet werden können (Olson 1965: 61), kann keine Voraussage mehr getroffen werden, weil alles möglich wird (Stigler/Becker 1977: 89). Von den Vertretern dieser Argumentation wird hervorgehoben, dass es nicht das Ziel ist, eine Theorie mit den wenigsten Anomalien bzw. der größten Realitätsnähe zu formulieren, sondern ein erfolgversprechendes Forschungsprogramm (Homann 1988: 122). Dieses kann ihrer Meinung nach nur durch eine »harte« Spezifikation (bzw. durch eine humankapitaltheoretische Modifikation) gewährleistet werden.

Bei der Berücksichtigung von »weichen« Präferenzen wie Altruismus oder Moral ergibt sich noch ein anderes Problem, da im Normalfall die Präferenzen nicht empirisch ermittelt werden. Die Präferenzbestimmung erfolgt in diesen Modellen ad hoc, wodurch die Modelle tautologisch werden (Opp 1983: 211). Ein weiterer Nachteil dieser Vorgehensweise ist, dass sie nur von der vielversprechenderen Suche nach Restriktionen ablenkt (Lindenberg 1984: 97ff.). Außerdem wird von einigen Ökonomen angemerkt, dass eine Aufweichung der »harten« Anreize nicht nötig ist, weil die »harten« egoistischen Präferenzen die behandelten Probleme hinreichend gut erklären können (Olson 1965: 61).

Dem halten die Vertreter der »weichen« Spezifikation entgegen, dass die Annahmen der egoistischen, stabilen usw. Präferenzen schlichtweg empirisch falsch sind (March 1978: 589 und 596; Tietzel 1985: 58). Hinzu kommt, dass bei einer Theorie, die Verhalten durch Präferenzen *und* Restriktionen erklärt, die Verhaltensänderungen nicht ohne empirische Feststellung der Situation a priori nur auf Restriktionsänderungen zurückgeführt werden können. Im übrigen trifft ein Teil der Kritik an der Zulassung von »weichen« Anreizen auch die »harten« Anreize. Wenn Präferenzen grundsätzlich nicht empirisch ermittelt werden können, handelt es sich bei der Annahme der egoistischen Präferenzen ebenfalls um Ad-hoc-Einführungen, wodurch auch die traditionelle ökonomische Theorie tautologisch wird (Opp 1983: 212). Um dieses Problem zu vermeiden, müssten Präferenzen generell aus dem Erklärungsmodell verbannt werden. Das würde aber eine Aufgabe des ökonomischen Forschungsprogramms bedeuten. In diesem Sinne kann Bouldings (1969: 1f.) Bezeichnung der »unbefleckte Empfängnis« für die exogene Herkunft der Präferenzen in der Ökonomik als ein Dogma aufgefasst werden, welches besser nicht hinterfragt werden sollte, um nicht unliebsame Probleme heraufzubeschwören.

Die Ökonomen unterbreiten verschiedene Vorschläge, um das Dilemma der Wahl zwischen der Realitätsnähe der »weichen« Annahmen und der Prognosefähigkeit der »harten« Annahmen zu lösen. Ein Vorschlag geht dahin, die Wahl vom Modellzweck abhängig zu machen. So wird vermutet, dass »weiche« Spezifikationen für Probleme individueller Entscheidungsfindung angemessener seien, während »harte« Spezifikationen in Bezug auf die Aggregate das sinnvollere Forschungsprogramm darstellen

(Suchanek 1994: 109). Alternativ hierzu wird vorgeschlagen, dass die Trennung nicht zwischen der Mikro- und der Makroebene vorgenommen werden soll, sondern zwischen der erklärenden ökonomischen Theorie (»harte« Modellierung) und der Konstitutionsanalyse (»weiche« Modellierung). Im Gegensatz dazu nimmt eine weitere Gruppe von Ökonomen an, dass die Wahl zwischen »weichen« und »harten« Annahmen problemabhängig ist. Sie argumentieren, dass dem anonymen Kontext auf Märkten, bei widersprüchlichen Interessen der Akteure, »harte« Annahmen angemessener als »weiche« Annahmen sind, letztere können hingegen z.B. in der Familie vernünftiger sein (Zintl 1986: 232f.; Homann 1991: 18f.; Suchanek 1994: 122).

Von diesen beiden Ansatzpunkten unterscheidet sich der dritte Lösungsvorschlag grundlegend. Hier wird prinzipiell für eine »harte« Modellierung plädiert. Die zusätzlichen »weichen« Elemente der Präferenzen sollen hier als Restriktionen dargestellt werden (Gäfgen/Monissen 1978: 140f.). Dieser Vorschlag folgt der Argumentation, dass die Präferenzen nicht im ökonomischen Ansatz behandelt werden sollen bzw. nicht behandelt werden dürfen, weil die Ökonomen sonst das ökonomische Forschungsprogramm verlassen würden (Suchanek 1991: 82). Problematisch an diesem Vorgehen ist die Zuordnung von subjektiven Präferenzen zu den objektiven Restriktionen. Bei einer Darstellung der »weichen« Präferenzen als Restriktionen können die Restriktionen nicht mehr gemessen werden (Meyer 1979: 309). Somit verliert dieser Lösungsvorschlag die Basis seiner Argumentation, denn der Vorteil für die Prognose, nur objektive Restriktionen behandeln zu wollen, ist nicht mehr vorhanden.

Die Alternative zu der Darstellung von »weichen« Präferenzen als Restriktionen ist die Behandlung der »weichen« Spezifikationen in der Humankapitaltheorie. Die zusätzlichen Elemente oder Eigenschaften der Präferenzen lassen sich hier über die Produktionsfunktion modellieren. Sowohl die Inkonsistenz von Präferenzen als auch Altruismus können durch bestimmte Investitionen in das Humankapital hervorgerufen werden, ohne dass dabei von einer »harten« Modellierung der Präferenzen abgewichen wird (Stigler/Becker 1977; Becker 1992: 340). Allerdings trifft diesen Darstellungsversuch die Kritik, dass auch hier die objektiven Kapitalstöcke (der Kapitalstock beschreibt den Wert, der in ein Gut getätigten Investitionen) nicht mehr nur objektive Größen enthalten, wodurch sie nicht ohne weiteres erfasst werden können. So mag es z.B. noch relativ einfach sein, die Investitionen in den Kapitalstock »Bildung« zu messen, weil es hier standardisierte Bildungsabschlüsse gibt, die recht einfach erhoben werden können. Andererseits ist die Evaluation der Investitionen in den Kapitalstock »Musik« wesentlich schwieriger, weil in diesem Fall eine Betrachtung der gesamten Lebensgeschichte eines einzelnen Akteurs notwendig wird (Vanberg 1998: 145). Wenn aber für diese Strategie die Lebensgeschichte eines Akteurs bekannt sein muss, können die Präferenzen gleich über diese Lebensgeschichte erklärt werden. Dieser Lösungsvorschlag ist daher nicht zufriedenstellend.

Ein weiterer Ansatz zur Lösung des Dilemmas der Wahl zwischen Realitätsnähe und Prognosefähigkeit kommt aus der empirischen Sozialforschung. Um die ad hoc Einführung sowohl altruistischer als auch egoistischer Präferenzen und damit auch tautologische Modelle zu vermeiden, wird vorgeschlagen, die Präferenzen empirisch zu ermitteln (Braun/Franzen 1995: 233f.; Braun 1998: 158; vgl. Opp/Friedrichs 1996: 547f.).

> »Das Hauptargument für den Verzicht auf die Erklärung von Präferenzen erscheint wenig plausibel. Es wird darauf hingewiesen, dass Präferenzen schwer erhebbar sind. Hierzu ist erstens anzumerken, dass die empirische Sozialforschung über Methoden verfügt, um zumindest in einer Vielzahl von Fällen Präferenzen zuverlässig zu erheben. Diese Methoden scheinen vielen Ökonomen unbekannt zu sein. [...] Somit führt kein Weg daran vorbei, bei konkreten Erklärungsproblemen die vorliegenden Präferenzen zu erheben.« (Opp 1983: 50)

Bei einer empirischen Ermittlung der Präferenzen ist eine alleinige Zuschreibung der Verhaltens- auf Restriktionsänderungen nicht mehr nötig, da die Präferenzänderungen ebenfalls gemessen werden können. Somit wird auch der Widerspruch zwischen der Realitätsnähe und der Prognosefähigkeit eines Modells aufgehoben, bzw. eine realistischere Theorie bessere Prognosen liefern. Allerdings machen die empirischen Sozialforscher auch auf Probleme bei der empirischen Ermittlung der Präferenzen aufmerksam. So wird zum einen davon ausgegangen, dass die Befragten die Bereitschaft besitzen, ihre Präferenzen mitzuteilen. Dies setzt wiederum voraus, dass sich die Befragten ihrer Präferenzen bewusst sind (Braun/Franzen 1995: 235). Sollten sich die Befragten ihrer Präferenzen nicht bewusst sein, wäre dies nicht nur eine Kritik an der empirischen Ermittlung der Präferenzen, sondern auch an der Forderung der Vollständigkeit der Präferenzen in der traditionellen ökonomischen Theorie.

Ein anderes Problem bei der empirischen Erhebung der Präferenzen hängt mit der Operationalisierung der zur Nutzenmessung verwendeten Skalen (sowohl der Präferenzen als auch der Eintrittswahrscheinlichkeiten) zusammen. Es ist schwierig, eine Erhebungsmethode zu finden, die garantiert, dass die durch den Forscher konstruierte Skala die Präferenzen der Befragten abbildet (Friedrichs u.a. 1993: 9f.).

Der tiefere Grund für die ablehnende Haltung der großen Mehrheit der Ökonomen gegenüber der empirischen Erfassung der Präferenzen dürfte eher ein anderer sein. Für Ökonomen sind empirische Studien Makrostudien. So gehört zu der Ausbildung der Ökonomen die Vermittlung von ökonometrischen Kenntnissen. Hier geht es um die Ermittlung derjenigen Variablen, die einen Sachverhalt am besten beschreiben. Dabei werden hauptsächlich Daten statistischer Ämter oder eigene, leicht erhebbare aggregierte Daten verwendet. Hingegen wird den Ökonomen normalerweise nicht vermittelt, wie Mikrodaten (z.B. die Präferenzen) erhoben werden können. Die Vorstellung der Nichterhebbarkeit von Präferenzen resultiert demnach aus der Unkenntnis der meisten Ökonomen über geeignete Methoden zur Erfassung von Mikrodaten, wie sie in der empirischen Sozialforschung verwendet werden.

Eine Lösung könnte sein, zwar nicht auf die Erfassung von Präferenzen zu verzichten, diese Aufgabe jedoch an diejenigen zu übergeben, die diese Methoden beherrschen. Die Präferenzen würden dann außerhalb der Ökonomik mit Hilfe von Anschlusstheorien behandelt werden (Opp 1979: 318). Hingegen dürften Ökonomen zurecht einwenden, dass diese Strategie zu einer immensen Erhöhung des Organisationsaufwandes führen würde, da immer zwei empirische Studien zu einem Problem von unterschiedlichen Forschern durchgeführt werden müssten: eine für die Erhebung der Mikrodaten und eine für die Ermittlung der Korrelationen zwischen den Makrodaten. Dabei müssten die Mikro- und die Makrodaten für den selben Zeitraum erhoben werden. Diese Strategie scheint demnach für eine allgemeine Vorgehensweise nicht empfehlenswert zu sein.

Neben den Präferenzen sind die *Eintrittswahrscheinlichkeiten der Umweltzustände* ein weiterer Bestandteil der Nutzenfunktion in der SEU-Theorie. Dieses Element der Nutzenfunktion kommt dagegen in der Grenznutzentheorie der Mikroökonomik nicht vor, da sie lediglich Handlungen unter Sicherheit betrachtet (Morgenstern 1972: 1182). Der Begriff der Unsicherheit bezieht sich in der (Subjektiven) Erwartungsnutzentheorie nur auf ein Element der Entscheidung, dies ist die Unsicherheit über die Wahrscheinlichkeit, mit der bestimmte Umweltzustände eintreten werden. Die Präferenzen, Restriktionen und die Folgen bestimmter Handlungen in bestimmten Situationen liegen andererseits weiterhin mit Sicherheit vor (Tietzel 1985: 14). In der SEU-Theorie wird davon ausgegangen, dass die Akteure eine Präferenz für sichere Alternativen besitzen, d.h. dass sie risikoavers oder zumindest risikoneutral handeln (Eichenberger 1992: 10; Frank 1997: 194). Es wird damit unterstellt, dass die meisten Menschen z.B. ein sicheres Geschenk von 100€ einer fünfzigprozentigen Chance auf einen Gewinn von 200€ vorziehen würden.

Der nächste Schritt beschreibt den Übergang von den Präferenzen bzw. den Präferenzen und den Eintrittswahrscheinlichkeiten der Umweltzustände zu der Nutzenfunktion in der Grenznutzentheorie und der *zusammengesetzten Nutzenfunktion* in der Erwartungsnutzentheorie.

In der *Grenznutzentheorie* erfolgt dieser Übergang von den Präferenzen zu der Nutzenfunktion ohne Probleme, da es sich bei einer Präferenzordnung und einer Nutzenfunktion nur um unterschiedliche Darstellungsformen desselben Sachverhaltes handelt. Ein Akteur, der eine Alternative a einer anderen Alternative b vorzieht, erzielt durch den Konsum des Gutes a auch einen höheren Nutzen.

Definition 5: Bei einer gegebenen Präferenzrelation P über eine Menge A existiert eine numerische Repräsentation bzw. eine Nutzenfunktion u über denselben Bereich A, wenn und nur wenn gilt: aPb $\Rightarrow$ u(a) > u(b).

Es wird dabei von der *Annahme* einer subjektiven *Nutzenfunktion* ausgegangen (Menger 1871: 77ff.). Diese Annahme gilt sowohl für die Grenznutzentheorie als auch für die Erwartungsnutzentheorie. Bezüglich der Frage nach den Skalenniveaus genügt der Grenznutzentheorie allerdings eine schwächere Annahme als der Erwartungsnutzentheorie. In der Grenznutzentheorie wird nur eine ordinale Nutzenfunktion vorausgesetzt, bei der nur Aussagen darüber gemacht werden können, ob eine Alternative besser als eine andere Alternative ist. Es kann hingegen keine Aussage darüber getroffen werden, um wieviel eine Alternative besser als eine andere ist. Ein Beispiel für eine ordinale Skala ist die Notenskala. Die Note »1« ist zwar besser als eine »2« oder eine »3«, aber der Abstand zwischen der »1« und der »2« muss nicht mit dem Abstand zwischen der »2« und der »3« übereinstimmen. Im Gegensatz dazu stimmen bei einer Intervallskala wie der Temperaturskala auch die Differenzen überein. Aus den Annahmen der Subjektivität und der Ordinalität folgt, dass Nutzenvergleiche zwischen verschiedenen Individuen nicht möglich sind. Aus diesem Grunde ist ein einfaches Aufaddieren der individuellen Nutzenfunktionen zu einer gesellschaftlichen Gesamtwohlfahrt nicht möglich.

In einem anderen Punkt geht die Grenznutzentheorie jedoch über die Anforderungen an die Nutzenfunktion in der Erwartungsnutzentheorie hinaus. Es wird von einer stetigen bzw. differenzierbaren Nutzenfunktion ausgegangen (Debreu 1959: 55ff.; Raub/Voss 1981: 41; Kreps 1990a: 30f.). Die Annahme der Stetigkeit bzw. der Differenzierbarkeit besagt, dass die Nutzenfunktion für unendlich viele Alternativen definiert ist. Im Gegensatz dazu benötigt die Erwartungsnutzentheorie lediglich eine diskrete Nutzenfunktion. Eine diskrete Nutzenfunktion muss nur für einige klar abgegrenzte Alternativen definiert sein. Die Forderung der Differenzierbarkeit in der Grenznutzentheorie ist eine notwendige Voraussetzung für die Betrachtung von infinitesimal kleinen Veränderungen des Nutzens.

Dabei wird in der Grenznutzentheorie von Gossens Gesetz des abnehmenden marginalen Nutzens bzw. Grenznutzens ausgegangen, welches besagt, dass die letzte konsumierte Einheit eines Gutes einen geringeren Nutzen erbringt als die vorletzte Einheit desselben Gutes (Gossen 1854: 5). Für die Wahl zwischen verschiedenen Gütern bedeutet dies, dass ein Akteur, der von einem Gut sehr viel (der Grenznutzen ist sehr gering) und von einem anderen Gut sehr wenig (der Grenznutzen ist sehr hoch) besitzt, eine hohe Bereitschaft haben wird, auf einen Teil des Konsums des ersten Gutes zu verzichten, um diesen Teil gegen das zweite Gut einzutauschen (unter der Annahme, dass der Nutzen der beiden Güter bei gleicher Menge vergleichbar ist). Es wird genau so viel von dem ersten Gut weggegeben, dass die letzten konsumierten Einheiten der beiden nach dem Tausch vorliegenden Gütermengen einen gleich hohen Nutzen erbringen (der Grenznutzen der beiden Güter ist gleich). Dies entspricht dem zweiten Gossenschen Gesetz vom Ausgleich der Grenznutzen.

Die Erwartungsnutzentheorie verzichtet im Unterschied zur Grenznutzentheorie auf die Stetigkeitsannahme. Auf der anderen Seite erfordert die Kombination der Präferenzen mit den Eintrittswahrscheinlichkeiten der Umweltzustände in der Erwartungsnutzentheorie stärkere Annahmen über das Skalenniveau der Nutzenfunktion. Die Forderung nach der Ordinalität der Nutzenfunktion reicht bei einer Kombination von zwei Dimensionen nicht mehr aus. Die Bestimmung der Differenzen zwischen den Alternativen sowie zwischen den Wahrscheinlichkeitseinschätzungen ist hierfür notwendig. Die Bestimmung der Präferenzen kann somit nur durch ein kardinales Nutzenkonzept in der Form einer Intervallskala gewährleistet werden.

Wie kann der Nutzen aber gemessen werden? Neumann und Morgenstern schlagen vor, das Problem als eine Lotterie aufzufassen, ausgehend von einer Präferenzrelation aPb und bPc. Der schlechtesten Alternative c wird der Nutzenwert 0 zugeordnet, während die beste Alternative a den Nutzenwert 1 erhält. Nun wird dem Akteur die Frage gestellt, bei welcher Wahrscheinlichkeit des Auftretens der Alternative a in einer Lotterie L mit den Alternativen a und c er bereit wäre, auf die Lotterie zu verzichten und statt dessen das sichere Ergebnis b zu erhalten. Formal wird dies folgendermaßen formuliert (Benn/Mortimore 1976: 170f.):

$$u(b) = u(L) = pu(a) + (1-p)u(c)$$
$$\Rightarrow u(b) = p \bullet 1 + (1-p) \bullet 0 = p, \qquad \text{für } u(a)=1 \text{ und } u(c)=0.$$

Da der Nutzen über eine Lotterie ermittelt wird, sind die möglichen Präferenzen über die Eintrittswahrscheinlichkeiten schon im Nutzenkonzept enthalten. Bei Risikofreudigkeit wird der Nutzenwert p für die Alternative b geringer als bei Risikoaversion ausfallen.

Die Möglichkeit der numerischen Bestimmung des Nutzens über eine Lotterie kann in der Erwartungsnutzentheorie aus den folgenden Axiomen hergeleitet werden (Neumann/Morgenstern 1947: 617ff.; Formulierung der Axiome nach Eisenführ/Weber 1993: 202ff. und Gäfgen 1974: 401f.).

Axiom 1: *Axiom der vollständigen Ordnung.* Alle Alternativen L_i, ob mit einem sicheren oder mehreren unsicheren Ergebnissen, können vollständig und widerspruchsfrei geordnet werden, wenn gilt:
1) für jedes Paar von Lotterien L_1, L_2 gilt: $L_1PL_2 \lor L_2PL_1 \lor L_1IL_2$ (Vollständigkeit).
2) für alle Lotterien L_1, L_2, L_3 gilt: $L_1PL_2 \land L_2PL_3 \Rightarrow L_1PL_3$ (Transitivität).

Axiom 2: *Ordnungs- und Verknüpfungsaxiom.* Für drei Alternativen L_1, L_2, L_3 mit L_1PL_2 und L_2PL_3 gibt es eine Wahrscheinlichkeit p zwischen 0 und 1 derart, dass:
$L_2 \text{ I } pL_1+(1-p)L_3$.

Axiom 3: *Unabhängigkeitsaxiom.* Wenn es zwei Alternativen L_1, L_2 mit L_1PL_2 gibt,
dann gilt für irgendein L_3:

$$pL_1+(1-p)L_3 \; P \; pL_2+(1-p)L_3, \qquad\qquad \text{für } p \in (0, 1).$$

Axiom 4: *Axiom der starken Unabhängigkeit.* Für vier Alternativen L_1, L_2, L_3, L_4 mit
ungewissen Ergebnissen gilt:

$$L_1PL_2 \wedge L_3PL_4 \Rightarrow pL_1+(1-p)L_3 \; P \; pL_2+(1-p)L_4, \qquad \text{für } p = 0{,}5.$$

Durch die Axiome ist sichergestellt, dass die erwarteten Ergebnisse x_{ig} einer Alternative a_i mit den Eintrittswahrscheinlichkeiten der Umweltzustände p_g multipliziert werden können. Die Produkte können zu dem Gesamtnutzen einer Alternative aufaddiert werden.

$u(a_i) = \sum_{g=1}^{q} p_g u(x_{ig}).$

Angenommen, eine Person steht vor der Wahl, »Spazieren zu gehen« oder ein »Buch zu lesen«. Diese Person zieht das »Spazieren gehen« dem »Buch lesen« vor, solange die Sonne scheint, sollte es aber regnen, präferiert sie die Alternative »Buch lesen« (siehe Tabelle 2). Die Entscheidung ist somit abhängig von den möglichen Umweltzuständen »Sonnenschein« und »Regen«. Da die Person den Wetterbericht kennt, in dem die Sonnenscheinwahrscheinlichkeit mit 60% angegeben wird, entscheidet sie sich für das Buch und gegen den Spaziergang (die Kalkulation ist in Tabelle 2 abgebildet).

Tabelle 2:
Beispiel für die Anwendung der Erwartungsnutzentheorie

	Sonnenschein $p_1 = 0{,}6$	Regen $p_2 = 0{,}4$	Σ
Spazieren gehen (x_1)	$u(x_{11}) = 3$	$u(x_{12}) = -3$	$3 \bullet 0{,}6 - 3 \bullet 0{,}4 = 0{,}6$
Buch lesen (x_2)	$u(x_{21}) = 1$	$u(x_{22}) = 1$	$1 \bullet 0{,}6 + 1 \bullet 0{,}4 = 1$

In der Erwartungsnutzentheorie sind die Eintrittswahrscheinlichkeiten objektiv gegeben. Demnach können nur Fälle unter Risiko behandelt werden, bei denen die Wahrscheinlichkeiten feststehen, wie z.B. die Eintrittswahrscheinlichkeiten beim Lotto. Wenn keine Eintrittswahrscheinlichkeiten vorliegen, kann die Erwartungsnutzentheorie nicht mehr verwendet werden.

Für diesen Fall unter Unsicherheit wurde die Erwartungsnutzentheorie von Leonard Savage (1917-1971) zur subjektiven Erwartungsnutzentheorie (SEU-Theorie) weiterentwickelt. Die Eintrittswahrscheinlichkeiten müssen in dieser Theorie nicht objektiv vorliegen. Die SEU-Theorie begnügt sich mit einer subjektiven Einschätzung der Akteure. Der Unterschied zwischen Unsicherheit und Risiko entfällt somit. Für diese Weiterentwicklung musste das Unabhängigkeitsaxiom folgenderweise umgewandelt werden:

Axiom 5:   »*Sure thing principle*«. Wenn in einer Situation s_g eine Alternative L_1 gegenüber einer anderen Alternative L_2 präferiert und in einer zweiten Situation $\neg s_g$ ebenfalls L_1 gegenüber L_2 präferiert wird, dann haben die Umweltsituationen keinen Einfluss auf die Präferenzen des Akteurs:
$L_1 I L_2 \wedge L_1{}^{\prime} I L_2{}^{\prime}$ in s_g und $L_1 I L_1{}^{\prime} \wedge L_2 I L_2{}^{\prime}$ in $\neg s_g$ und $L_1 P L_2$
$\Rightarrow L_1{}^{\prime} P L_2{}^{\prime}$ (Savage 1954: 22f.).

Die zusammengesetzte Nutzenfunktion lautet demnach:
$u(a_i) = \sum_{g=1}^{q} f(p_g) u(x_{ig})$.

Die modernen Theorien unter Risiko und unter Unsicherheit sind in der Folge von aufgetretenen Anomalien bei der Anwendung der EU- bzw. der SEU-Theorie entwickelt worden. Der große Teil dieser Theorien basiert weiterhin auf einer axiomatischen Herleitung der Nutzenfunktion. In den meisten Fällen wird dabei das Unabhängigkeitsaxiom abgeschwächt.

Neben der Nutzenfunktion sind die *Restriktionen* ein weiterer wesentlicher Bestandteil der ökonomischen Erklärung des menschlichen Verhaltens. In der traditionellen Ökonomik sind mit Restriktionen die finanziellen Restriktionen gemeint. Das zur Verfügung stehende Budget b wird durch das Einkommen und die Preise π bestimmt. Es wird dabei angenommen, dass die Akteure keine Schulden machen können, wodurch die Ausgaben für die Konsumgüter (die Summe der Produkte von Mengen x_i und Preisen π_i) nicht das Budget b übersteigen können:
$b \geq \pi_1 x_1 + ... + \pi_n x_n$.

Im Gegensatz zur traditionellen Ökonomik werden Restriktionen in der modernen Ökonomik weiter gefasst. Es wird nicht mehr nur von finanziellen Restriktionen und Preisen ausgegangen, sondern Restriktionen werden ganz allgemein als Ressourcen, oder besser gesagt, als mangelnde Ressourcen aufgefasst (Tietzel 1985: 76). Die Begriffe »Restriktionen« und »Ressourcen« unterscheiden sich lediglich durch die Hervorhebung unterschiedlicher Seiten derselben Medaille. Der Restriktionsbegriff verdeutlicht, dass über eine bestimmte Grenze hinaus kein weiterer Konsum mehr möglich ist, während der Ressourcenbegriff hervorhebt, wodurch der Konsum bis zu einer bestimmten Grenze ermöglicht wird. Im letzteren Fall steht die Handlungsbefähigung und nicht die Handlungsbeschränkung im Vordergrund.

In der modernen Ökonomik können zwei Gruppen von Restriktionen unterschieden werden: interne und externe Restriktionen. Interne Restriktionen sind solche Restriktionen, die im Individuum zu finden sind. Dazu gehören die biologischen Restriktionen wie z.B. begrenzte Informationsverarbeitungskapazitäten, die sozialisationsbedingten Restriktionen, die Restriktionen, die ein Akteur sich selbst auferlegt (im Sinne einer Selbstkontrolle), moralische Restriktionen und produktionstechnische Restriktionen der Humankapitaltheorie. Bis auf die biologischen handelt es sich um subjektive Restriktionen. Auch die produktionstechnischen Restriktionen der Humankapitaltheorie sind letztlich subjektive Restriktionen, obwohl die Formulierung einen objektiven Charakter nahelegen würde. Inhaltlich stellt das Humankapital Restriktionen dar, die durch die subjektiven Präferenzen wirken (Lindenberg 1992: 10; Becker 1996: 22). Wenn der Humankapitalbegriff nicht in Verbindung mit Produktionsfunktionen wie in der Humankapitaltheorie verwendet wird, können alle internen Restriktionen als Humankapital bezeichnet werden, da sie die Ressourcen eines Individuums unabhängig von Sachen oder anderen Personen darstellen (vgl. Machlup 1984: 424).

Den internen Restriktionen stehen die externen Restriktionen gegenüber. Sie beinhalten wie in der traditionellen ökonomischen Theorie das ökonomische Kapital (Einkommen im Verhältnis zu den Preisen), also eine Ressource in Abhängigkeit von Gütern oder Geld. Im Gegensatz zu der traditionellen Ökonomik wird aber auch das Sozialkapital zu den externen Restriktionen gezählt. Das Sozialkapital kann in zwei Arten unterteilt werden: individuelles und kollektives Sozialkapital. Das gemeinsame Merkmal beider Formen ist, dass es sich hierbei um eine Ressource in Abhängigkeit von anderen Personen handelt. Unter dem kollektiven Sozialkapital werden normalerweise institutionelle Regeln verstanden, die eine höhere Effizienz ermöglichen (Coleman 1990: 302 und 304). Darunter fallen Regeln, die die Transaktionskosten senken, und normative Restriktionen, die zur Milderung des Kollektivgutproblems beitragen sollen. Rechtsnormen wie Eigentumsrechte sind aber noch in einem anderen Sinne eine Restriktion. Eigentumsrechte anderer Personen stellen eine Restriktion für das Verhalten dar, weil sie die eigene Nutzung bestimmter Objekte ausschließt (Buchanan 1975: 9). Zwar handelt es sich bei einem Eigentumsrecht um ein Recht über Güter und wäre daher dem ökonomischen Kapital zuzuordnen. Dieses Recht wird aber erst in Beziehung zu anderen Personen definiert. Somit scheint es gerechtfertigt, Eigentumsrechte als einen Teil des kollektiven Sozialkapitals aufzufassen. Demgegenüber kann das individuelle Sozialkapital als institutionelles Know how definiert werden. Das individuelle Sozialkapital umfasst die Kultur und das Wissen über informelle Regeln (Becker 1996: 4, 12f. und 16; Sauerland 1998: 53). Es stellt sich allerdings die Frage, ob dieses Know how nicht besser als ein Teil der Bildung verstanden werden sollte. In diesem Fall wäre es Teil des Humankapitals.

Darüber hinaus gehört die Zeitrestriktion zu den externen Restriktionen (Becker 1965: 494ff.). Das Besondere an der Zeitrestriktion ist, dass die Ressource Zeit allen anderen Ressourcen zugrunde liegt. Ein Akteur verbraucht Zeit, wenn er in das Humankapital, das ökonomische oder besser Sachkapital und das Sozialkapital investiert. So gesehen handelt es sich bei der Zeitrestriktion um die fundamentale Restriktion, während Human-, Sach- (ökonomische) und Sozialkapital nur Derivate darstellen.

Ein weiterer Unterschied zwischen der traditionellen und der modernen Ökonomik besteht darin, dass in der letzteren nicht mehr von einer vollständigen Erfassung der Restriktionen durch die Individuen ausgegangen wird. So geht z.B. Bruno Frey (1988) in seinem Modell vom ipsativen Möglichkeitsraum davon aus, dass die Individuen ihren Möglichkeitsraum in der ersten Phase ihrer Entscheidung systematisch über- oder unterschätzen. In der zweiten Phase wählen die Akteure die beste Alternative, die unter objektiven Gesichtspunkten als eine irrationale Wahl erscheinen mag. Der ipsative Möglichkeitsraum unterscheidet sich von dem objektiven Möglichkeitsraum dadurch, dass die Individuen nicht mehr systematisch auf Umweltveränderungen reagieren müssen. Der Ansatz von Frey zielt auf ein grundsätzliches Problem der traditionellen ökonomischen Theorie ab. Sie hat den Anspruch, eine Theorie zu sein, die von den Individuen ausgeht. Trotzdem analysiert sie nur die objektiven Restriktionen, die unabhängig von subjektiven kognitiven Prozessen der betroffenen Individuen wahrnehmbar sein sollen. Dieses Problem resultiert aus der Ausdehnung des Anwendungsbereiches der Ökonomik. Solange nur wirtschaftliche Probleme behandelt werden, ist es durchaus angemessen, von objektiven - in Geld messbaren - Größen wie Einkommen und Preisen auszugehen. Wenn dieser Problembereich aber verlassen wird, wird die objektive Bestimmung der subjektiv empfundenen Restriktionen kritisch.

In dem nächsten Schritt der *Selektion* einer Alternative erfolgt die Kombination von Präferenzen und Restriktionen. Die Selektion ist in der traditionellen Ökonomik durch zwei charakteristische Merkmale gekennzeichnet: Maximierung und einstufige simultane Verfahren. Mit Maximierung ist die Wahl der Alternative mit dem höchsten Nutzenwert unter Berücksichtigung der Restriktionen gemeint. Auch die Voraussetzung von einstufigen simultanen Verfahren hängt direkt mit der Nutzenmaximierung zusammen, da Simultaneität eine notwendige Bedingung für ein Maximierungsverfahren ist. Nur wenn alle Alternativen gleichzeitig (simultan) betrachtet werden, ist gewährleistet, dass die optimale Alternative gefunden wird.

In der Grenznutzentheorie wird das Maximierungsproblem unter Nebenbedingungen mit Hilfe der Lagrange Multiplikatoren gelöst. Es wird eine Funktion L
$$L = u(x_1, x_2) - \lambda(\pi_1 x_1 + \pi_2 x_2 - E)$$
nach x_1, x_2 und λ abgeleitet. u stellt irgendeine Nutzenfunktion zweier Gütermengen x_1 und x_2 dar, während λ die Budgetrestriktion der traditionellen Ökonomik enthält: $E = \pi_1 x_1 + \pi_2 x_2$. Das Lagrange-Theorem besagt nun, dass für die optimale Wahl eines Güterbündels (x_1^*, x_2^*) die drei ersten Ableitungen gleich Null sein müssen:
$$\partial L/\partial x_1 = \partial u(x_1^*, x_2^*)/\partial x_1 - \lambda \pi_1 = 0;$$
$$\partial L/\partial x_2 = \partial u(x_1^*, x_2^*)/\partial x_2 - \lambda \pi_2 = 0;$$
$$\partial L/\partial \lambda = \pi_1 x_1^* + \pi_2 x_2^* - E = 0.$$
Angenommen, ein Akteur steht vor dem Entscheidungsproblem, 12€ für ein Güterbündel aus Äpfeln und Birnen auszugeben. Wieviele Äpfel (x_1) und Birnen (x_2) muss er kaufen, damit er seinen optimalen Nutzen erreicht? Der Akteur besitzt die Nutzenfunktion $u(x_1, x_2) = x_1 x_2$. Diese Art der Nutzenfunktion beschreibt den Sachverhalt, dass er die gleiche Menge von Äpfeln und Birnen gegenüber einem einseitigen Güterbündel nur aus Äpfeln bzw. Birnen vorzieht (Durchschnitte sind besser als Extreme). Allerdings kostet eine Einheit Äpfel 2€, während eine Einheit Birnen nur 1€ kostet. Die folgende Lagrange-Gleichung gilt es nun abzuleiten: $L = x_1 x_2 - \lambda(2x_1 + 1x_2 - 12)$.

$\partial L/\partial x_1 = x_2 - 2\lambda = 0 \Leftrightarrow x_2/2 = \lambda;$

$\partial L/\partial x_2 = x_1 - \lambda = 0 \Leftrightarrow x_1 = \lambda;$

$\partial L/\partial \lambda = 2x_1 + x_2 - 12 = 0.$

Die nach λ aufgelösten ersten beiden Ableitungen können gleichgesetzt werden: $x_1 = x_2/2 \Leftrightarrow x_2 = 2x_1$. Die so ermittelten Werte für x_1 und x_2 können nun jeweils in die dritte Ableitung eingefügt werden. Für x_1 und x_2 ergeben sich demnach die folgenden optimalen Mengen:

$2x_1 + 2x_1 - 12 = 0 \Leftrightarrow 4x_1 = 12 \Leftrightarrow x_1 = 3;$

$2(x_2/2) + x_2 - 12 = 0 \Leftrightarrow 2x_2 = 12 \Leftrightarrow x_2 = 6.$

Kein anderes Güterbündel ($x_1 = 3$, $x_2 = 6$) von Äpfeln und Birnen erzielt einen höheren Nutzen unter Berücksichtigung des verfügbaren Geldes und der Preise.

Im formalen Lösungsweg der SEU-Theorie tauchen die Restriktionen im Gegensatz dazu nicht auf. Die optimale Alternative kann ohne weiteres aus der zusammengesetzten Nutzenfunktion abgeleitet werden. Dies steht in einem scharfen Gegensatz zu den Beteuerungen der Rational Choice-Vertreter, die die Bedeutung der Restriktionen in ihrem Ansatz hervorheben. Restriktionen können in der SEU-Theorie nur indirekt vorkommen, indem von vornherein nur Alternativen zur Wahl zugelassen werden, die sich im Möglichkeitsraum befinden (aus mathematischer Sicht müssten sie zusätzlich am Rand des Möglichkeitsraumes liegen).

Der moderne Homo oeconomicus unterscheidet sich durch drei Varianten von seinem traditionellen Verwandten. In der ersten Variante wird das Maximierungsverfahren durch das »satisficing«-Konzept von Simon (1955; 1957; 1972) aufgeweicht. Individuen, die ein »satisficing«-Verfahren anwenden, suchen nicht nach der optimalen Handlungsalternative, sondern nach einer beliebigen »befriedigenden« Alternative, welche ein vorher gesetztes Anspruchsniveau übertrifft. Die Alternativen werden im Gegensatz zum Maximierungsverfahren nacheinander und nicht simultan mit dem Anspruchsniveau verglichen. Es handelt sich demnach um ein sequentielles Verfahren (Klopstech/Selten 1984: 14; Friedrichs u.a. 1993: 4f.). Eine ganze Reihe von Annahmen und Anforderungen der traditionellen Ökonomik, wie z.B. die Forderung nach konsistenten und vollständigen Präferenzen, sind bei einem »satisficing«-Verfahren nicht mehr notwendig. Es wird ebenfalls nur eine eingeschränkte Rationalität der Akteure unterstellt.

Das »satisficing«-Verfahren wird in der Ökonomik völlig unterschiedlich interpretiert. Es können drei Interpretationen des »satisficing«-Konzeptes differenziert werden (Elster 1979: 74). Die erste Interpretation des »satisficing«-Ansatzes betrachtet diesen als einen modifizierten Maximierungsansatz, der im Gegensatz zum Maximierungsverfahren der traditionellen Ökonomik die Informationskosten und die Unvollkommenheit des Wissens mitberücksichtigt (Baumol/Quandt 1964: 23f.; Riker/Ordeshook 1973: 22). Es wird den Akteuren unterstellt, dass sie ihr Anspruchsniveau optimal festlegen. Der Akteur sieht sich in diesem Fall einem doppelten Optimierungsproblem gegenüber. Zuerst muss er den optimalen Suchaufwand bestimmen, um danach die maximale Alternative auszuwählen. Das »satisficing«-Konzept stellt in dieser Interpretation ein simultanes Optimierungsverfahren dar, welches zu einem subjektiv optimalen Ergebnis führt. Es ist subjektiv optimal, weil nicht mehr alle objektiv gegebenen, sondern nur die subjektiv wahrgenommenen Informationen verarbeitet werden. Es handelt sich aber weiterhin um ein optimales Ergebnis, weil neben den Budgetrestriktionen lediglich weitere Restriktionen (Informationskosten usw.) berücksichtigt wurden, ohne die Simultaneität des Verfahrens aufzugeben.

Die Vertreter der zweiten Interpretation sehen zwischen dem »satisficing«-Verfahren und dem Maximierungsverfahren keinen Unterschied, da das »satisficing«-Konzept die optimale Selektionsmethode ist (z.B. Weede 1992: 307). Es handelt sich bei dieser Position allerdings nur um eine verbale Gleichsetzung dieser beiden Verfahren, die auf der formalen Ebene nicht aufrechterhalten werden kann. Dabei werden wichtige Folgen für die Theorie, die sich aus den unterschiedlichen Verfahren ergeben, vernachlässigt.

Die dritte Interpretation des »satisficing«-Konzeptes grenzt dieses Verfahren klar vom Maximierungsverfahren ab. Die Vertreter dieser Position machen auf ein grundsätzliches Problem der ersten Interpretation des »satisficing«-Verfahrens als ein modifiziertes Maximierungsverfahren aufmerksam. Sie stellen fest, dass es aufgrund eines infiniten Regresses keine optimale Lösung für das Informationsproblem geben kann. Um einen optimalen Suchaufwand bestimmen zu können, müsste ein Akteur Informationen darüber besitzen, welche Informationen er mit welcher Wahrscheinlichkeit bei seiner Suche finden wird. Solche Informationen liegen aber in den meisten Fällen nicht vor. Normalerweise weiß ein Akteur nicht im voraus, was er in der Zukunft mit welcher Wahrscheinlichkeit auffinden wird. Er müsste für seine erste Suche eine optimale Suche nach den Informationen über die Wahrscheinlichkeitsverteilung der Informationen durchführen, und müsste auch diese Informationen über eine optimale Suche ermitteln, wenn sie für diese Suche ebenfalls nicht vorliegen usw. Dies ist der infinite Regress, den es zu vermeiden gilt (Winter 1964: 262; Elster 1978: 162; McKenzie 1983: 34; Friedrichs/Opp 1996: 6).

Ein zweiter Einwand gegen die Interpretation des »satisficing«-Verfahrens als einem modifizierten Maximierungsverfahren ist die Feststellung, dass die Komplexität des modifizierten Maximierungsverfahrens im Verhältnis zu dem Maximierungsverfahren der traditionellen Ökonomik zunimmt. Wie beschrieben, muss ein Akteur beim modifizierten Maximierungsverfahren zwei Optimierungsprobleme simultan lösen, während das traditionelle vollständig rationale Maximierungsverfahren lediglich ein Optimierungsproblem beinhaltet. Dies steht allerdings im Widerspruch zum Grundgedanken der »satisficing«-Strategie. Sie war schließlich als eine weniger komplexe Alternative zum Maximierungsverfahren konzipiert worden, mit geringeren Anforderungen an die Rationalität. Formal kann das »satisficing«-Verfahren folgendermaßen dargestellt werden (vgl. Simon 1955: 106; Klopsech/Selten 1984: 14):

1) Bestimme ein Nutzenniveau von x_i, für das $u(x_i) = \psi$ ist, wobei ψ die Grenze darstellt, ab der eine Alternative als »befriedigend« angesehen wird.

2) Suche eine Alternative a_i mit dem Ergebnis x_i, für das $u(x_i) \geq \psi$ ist. Breche die Suche ab, nachdem ein x_i dieses Kriterium erfüllt hat. Falls kein Ergebnis x_i dieses Niveau erfüllt, reduziere ψ und beginne von vorne.

Zu dieser Interpretation des »satisficing«-Konzeptes gibt es einige Gegenargumente. So wird z.B. bezweifelt, dass diese Selektionsmethode eine Alternative zum Maximierungsverfahren in ökonomischen Modellen sein kann, da nicht klar ist, welchen Nutzen – oder genauer (und ehrlicher) gesagt –, welche Folgen das »satisficing«-Verfahren für das ökonomische Forschungsprogramm hat (vgl. Suchanek 1994: 105). Es ist z.B. keineswegs klar, ob sich Gleichgewichte von Angebot und Nachfrage auch auf der Grundlage des »satisficing«-Konzeptes begründen lassen. Ein anderer Kritikpunkt ist, dass das Anspruchsniveau ψ nicht erklärt, sondern nur ad hoc eingeführt werden kann (Elster 1986: 26). Das Ausgangsniveau ist in der Tat nicht erklärbar (ebensowenig wie die Präferenzen in der traditionellen ökonomischen Theorie), dafür können jedoch Veränderungen des Anspruchsniveaus während mehrerer aufeinanderfolgender Entscheidungen erklärt werden. Findet ein Akteur sehr schnell eine Alternative a_i mit einem Ergebnis x_i, für das $u(x_i) \geq \psi$ ist, dann wird ψ heraufgesetzt. Wird andererseits viel Zeit benötigt, um eine geeignete Alternative zu finden, wird ψ herabgesetzt (vgl. Sauermann/Selten 1962: 579). Es bleibt nur das Problem, das Ausgangsniveau festzustellen. Aber auch bei diesem Problem kann eine empirische Ermittlung des Anspruchsniveaus weiterhelfen.

Das Hauptargument für die Beibehaltung des Maximierungsverfahrens besteht darin, dass es im Gegensatz zum »satisficing«-Konzept präzise Ergebnisse liefert. Wird ein Entscheidungsprozess mit dem Maximierungsverfahren unter gleichen Bedingungen wiederholt, wird jedesmal dasselbe Ergebnis gefunden. Bei dem »satisficing«-Verfahren kann sich bei jeder Wiederholung ein anderes Ergebnis einstellen. Erfüllen beispielsweise mehrere Alternativen das Anspruchsniveau, kommt es auf die Reihenfolge des Auftretens der Alternativen an, da die erste »befriedigende« Alternative gewählt wird. Bei einer Veränderung der Reihenfolge kann bei jeder Wiederholung ein anderes Ergebnis eintreten. Die geringere Präzision macht es für Prognosemodelle unbrauchbar (Tietzel 1985: 92), während es durch die größere Realitätsnähe für deskriptive Modelle besser geeignet erscheint als die Maximierungsstrategie.

Die Gegenkritik lautet, dass die Präzision des Maximierungskonzeptes an Bedeutung verliert, sobald keine quantitativen Fragen mehr im Vordergrund stehen (z.B. Mengen und Preisen), sondern qualitative Fragen wie in der Institutionsökonomik (Simon 1978a: 6). Der letzte Einwand gegen die Kritik am »satisficing«-Konzept richtet sich gegen das Argument, dass das Maximierungsverfahren für die Erklärung der Wirklichkeit in ökonomischen Modellen notwendig sei. Es wird die Position vertreten, dass die Schlussfolgerungen in der Ökonomik nicht aus der Nutzenmaximierungsannahme abgeleitet werden, sondern aus den anderen Annahmen, wie z.B. der Annahme des Selbstinteresses (Simon 1987: 28 und 39; Frey 1989: 77; Frey 1990: 11). Insgesamt bleibt festzuhalten, dass die »satisficing«-Strategie als eine Variante der Modifikation der traditionellen Ökonomik sowohl Vorteile (größere Realitätsnähe) als auch Nachteile (geringere Präzision) besitzt und eine Bewertung dieser Vor- und Nachteile auch hier nicht unabhängig von dem Modellzweck (Erklärung oder Prognose) durchführbar ist.

Darüber hinaus werden in der zweiten Variante der Modifizierung der traditionellen Selektionsmethode sogar noch höhere Anforderungen an die Rationalität der Individuen gestellt. Im Gegensatz zum »satisficing«-Verfahren wird hier das Optimierungsproblem nicht aufgehoben, sondern erweitert. Das Individuum maximiert in diesen Fällen nicht nur den Nutzen, sondern sieht sich noch einem anderen Optimierungsproblem gegenüber. Zu diesem zählen einige der Optimierungsaufgaben wie die Wahl der nutzbringendsten Präferenzen (die Qualität der Präferenzen), die Wahl der nutzbringendsten Motivation (die Qualität der Motivation), die Wahl der nutzbringendsten Wahrnehmung (die Qualität der Wahrnehmung), die Wahl der nutzbringendsten Restriktionen im Sinne einer Selbstbindung (die Qualität der Restriktionen), die Wahl der optimalen Informationsmenge (die Quantität der Informationen) und die Wahl der nutzbringendsten Selektionsmethode (die Qualität der Selektion).

Eine spezielle Form der Wahl der Qualität der Selektionsmethode ist das ökonomische Modell des habituellen Verhaltens. Habituelles Verhalten wird in der Ökonomik als ein zweistufiger SelektionsProzess dargestellt. In der ersten Phase wählt der Akteur zwischen zwei Selektionsmethoden, während er in der zweiten Phase mit der gewählten Selektionsstrategie die optimale Alternative bestimmt. Die zur Wahl stehenden Selektionsmethoden sind die habituelle Befolgung σ_1 einer Routine a_1 und die Suche σ_2 nach einer besseren Alternative a_i für $i = 2, ..., n$ mit den folgenden Nutzenfunktionen (Riker/Ordeshook 1973: 23):

$u(\sigma_1) = u(x_1)$;

$u(\sigma_2) = pu(x_i) + (1-p)u(x_1) - c$.

Der Nutzen der habituellen Selektionsstrategie σ_1 wird durch das Ergebnis x_1 der habituellen Alternative a_1 bestimmt. Im Gegensatz dazu wird der Nutzen der Selektionsmethode σ_2 gemäß der Erwartungsnutzentheorie gebildet. Die Wahrscheinlichkeit p, eine bessere Alternative a_i zu finden, und die Wahrscheinlichkeit (1-p), mit der zumindest das Minimalziel der habituellen Alternative a_1 erhalten bleibt, sowie die Kosten der Suche c determinieren den Nutzen der rationalen Selektionsmethode σ_2. Ein Akteur startet die Suche nach einer besseren Alternative, wenn $u(\sigma_1) < u(\sigma_2)$ ist. Nur in diesem Fall trifft er in der zweiten Phase eine optimale Wahl zwischen den Alternativen a_i. Wenn hingegen der habituelle Selektionsprozess σ_1 gewählt wird, führt der Akteur die habituelle Alternative a_1 ohne eine weitere Wahl durch. Bei *jeder* erneuten Entscheidung wird diese Abwägung zwischen den Selektionsmethoden durchgeführt. Dieser Darstellung des habituellen Verhaltens liegt die Grundannahme aller ökonomischen Theorien zugrunde, dass ein Akteur *immer* eine Wahl hat. Selbst wenn ein Akteur keine positiven Alternativen besitzt (Birnen als Alternative zu Äpfeln), so hat er immer noch die negative Alternative der Unterlassung (keine Äpfel zu konsumieren).

Aus der ökonomischen Darstellung des habituellen Verhaltens ergeben sich allerdings einige Probleme. Das erste Problem betrifft den Sachverhalt, dass die zu erklärende Variable $u(x_i)$ der zweiten Selektionsphase eine erklärende Variable der ersten Selektionsphase darstellt. Es wird erst in der zweiten Selektionsphase entschieden, welche Alternative besser als die routinemäßige Alternative a_1 ist. Demnach ist eine Beantwortung der Frage, ob $u(\sigma_1) < u(\sigma_2)$ ist, nicht möglich, bevor nicht der zweite Schritt vollzogen wurde. Aus diesem Grunde handelt es sich auch nicht um einen zweistufigen Selektionsprozess, sondern um ein einstufiges simultanes Verfahren mit zwei Optimierungsproblemen. Der zweite Kritikpunkt betrifft ebenfalls den zweistufigen Selektionscharakter des Modells. Auch bei dem Modell des habituellen Verhaltens kommt es zu einem infiniten Regress, da das Problem der optimalen Informationssuche wie bei der Darstellung des »satisficing«-Verfahrens als ein mehrstufiges Maximierungsverfahren nicht gelöst werden kann (p ist nicht notwendigerweise gegeben). Ein weiterer Einwand hat ebenfalls eine Parallele zur Kritik an einer solchen Darstellung des »satisficing«-Konzeptes. Im Vergleich zur traditionellen Darstellung vollständig rationalen Verhaltens (*ein* Optimierungsproblem) nimmt die Komplexität bei dem ökonomischen Modell des habituellen Verhaltens zu (*zwei* gleichzeitig auftretende Optimierungsprobleme). Dies steht im Widerspruch zu der allgemein üblichen Definition von habituellem Verhalten als komplexitätsreduzierendem Verhalten (Shweder 1987: 168; Hodgson 1993: 45). Das »satisficing«-Verfahren und das habituelle Verhalten stellen somit eine große Herausforderung für die Ökonomik dar, da sie nicht plausibel mit mehrstufigen Maximierungsmodellen formalisiert werden können.

Auf moralisches Handeln bezogen hatte eine leichte Modifikation des habituellen Wahlmodells wichtige Veränderungen zur Folge, die wiederum auch für das habituelle Verhalten aufgezeigt werden können. Ausgangspunkt ist das Problem, im ökonomischen Modell moralisches Verhalten erklären zu wollen, welches »ein Verhalten [ist], das in nicht-opportunistischer Weise moralische Regeln befolgt, auch dann, wenn die für sich betrachteten situativen Anreizbedingungen dem entgegenstehen« (Vanberg 1998: 142). Da das Individuum aber in ökonomischen Modellen grundsätzlich auf situative Anreize reagiert, musste der zweistufige Selektionsprozess des habituellen Wahlmodells insoweit abgeändert werden, als die Individuen nur *einmalig* und nicht bei jeder anstehenden Entscheidung eine Selektionsmethode festlegen. Hat sich das Individuum nach gründlicher Nutzenüberlegung auf die Wahl der moralischen (bzw. habituellen) Selektionsmethode σ_1 festgelegt, wird im folgenden diese Entscheidung nicht mehr in Frage gestellt und automatisch die Alternative a_1 gewählt (u.a. Vanberg 1988: 148 und 154ff.; Kliemt 1990: 75; Baurmann 1996: 325).

Dieses Modell des moralischen Verhaltens ist im Unterschied zu dem habituellen Wahlmodell ein echtes zweistufiges Selektionsmodell. Darüber hinaus führt es nicht zu einer Komplexitätszunahme, sondern zu einer Komplexitätsreduktion, da nicht bei jeder Entscheidung eine Wahl getroffen werden muss. Entscheidet ein Akteur sich für die moralische Selektionsmethode, entfällt langfristig der Wahlzwang.

Ein anderes zweistufiges Selektionsmodell wird in der Humankapitaltheorie angewandt. In der ersten Stufe geht es um die Investitionsentscheidungen in das Humankapital (die Quantität der Kapitalstöcke bzw. die Qualität der Produktionsfunktionen). Es handelt sich hierbei um zwei Entscheidungen: Das Individuum hat erstens die Wahl, seine Ressourcen zu konsumieren oder zu investieren und muss die für diese Investitionen zur Verfügung stehenden Ressourcen auf die einzelnen Kapitalstöcke verteilen. In der zweiten Stufe erfolgt die Wahl der besten Alternative. Alle drei Entscheidungen müssen simultan erfolgen, um die Wahl der maximalen Alternative sicherzustellen (Pies 1998b: 111).

Auch die Vertreter der Humankapitaltheorie versuchen, mit ihrem Modell habituelles Verhalten zu erklären. Habituelles Verhalten ist hier das Resultat von Investitionen in einen speziellen Kapitalstock, der das produktionstechnische Wissen beinhaltet, wie man sich in einer bestimmten Situation annähernd optimal verhält. Habituelles Verhalten liegt dann vor, wenn keine Deinvestitionen bei leicht modifizierten Situationen auftreten, weil die Kosten der Neuinvestitionen den erwarteten zukünftigen Nutzen der Anpassung des Wissens übersteigen (Stigler/Becker 1977: 82).

»Viele Handlungen erfordern Informationen und Informationen zu suchen verursacht Kosten. Eine Investition in Humankapital, das aus bei der Informationssuche entstehenden Kenntnissen und Fähigkeiten besteht, wird dann rational sein, wenn es sich um eine sich wiederholende Entscheidungssituation handelt. Gewöhnung liegt dann vor, wenn bei leicht geänderter Umgebungssituation keine Deinvestition dieses Humankapitals erfolgt, sondern die im Prinzip suboptimale habitualisierte Handlung beibehalten wird. Diese Suboptimalität ist daher nur scheinbar, weil rationale Akteure auch über Kosten der De- und Neuinvestition von Informationen optimieren.« (Voss 1985: 75f.)

Eine solche optimale Investitionsentscheidung würde erklären, warum sich ältere Menschen häufig schlechter an eine neue Umgebung oder Situation anpassen als jüngere. Aufgrund ihres höheren Alters und ihrer geringeren Lebenserwartung ist die Wahrscheinlichkeit viel geringer, dass sich die Investitionen noch auszahlen werden, wodurch es seltener zu einer De- bzw. Neuinvestition kommen wird (Stigler/Becker 1977: 83). Trotz des Reizes, der von der Anwendung der Humankapitaltheorie ausgeht, bleibt das Problem bestehen, dass auch hier bei jeder Entscheidung ein mehrfaches Optimierungsproblem wie bei dem ökonomischen Modell des habituellen Verhaltens simultan gelöst werden muss, was keine realitätsnahe Beschreibung des menschlichen Verhaltens ist.

1.1.3. Beschreibung/Erklärung der Interaktion

Interaktionen können auf zwei Arten klassifiziert werden: nach der Form der Interaktion und nach der Form der Interdependenz. Die Interaktionsformen gliedern sich in strategische Interaktionen und in die unintendierten Nebenfolgen der Handlungen eines Individuums, die andere Akteure betreffen. Zu den strategischen Interaktionen gehören die Fälle des Tausches, der Koordination, der Machtübertragung und des Konfliktes. Ebenso können zwei Interdependenzformen beschrieben werden. Die Verhaltensinterdependenz betrifft die Interaktion zwischen wenigen Akteuren. Bei wenigen Interaktionsteilnehmern ist es möglich, die erwartete Reaktion der anderen auf das eigene Verhalten bei der Alternativenwahl mit zu berücksichtigen (Baurmann 1996: 49ff.). Im Gegensatz dazu bezieht sich die strukturelle Interdependenz auf Interaktionen mit sehr vielen Akteuren. Aufgrund der großen Zahl der Akteure können die Reaktionen der anderen nicht mehr einzeln in die eigene Entscheidung eingehen. Die institutionellen Rahmenbedingungen koordinieren hier die Interaktionen (Coleman 1990: 29ff.).

In Tabelle 3 wird die Beziehung zwischen den Interdependenz- und den Interaktionsformen dargestellt. Tausch, Koordination, Konflikt und Machtübertragung stellen das strategische Handeln unter Verhaltensinterdependenz dar. Die unintendierten Nebenfolgen unter Verhaltensinterdependenz werden Externalitäten genannt. So können z.B. durch den Konsum lauter Musik durch eine Person negative externe Effekte in der Form von Lärmbelästigung für andere Personen entstehen. Diese Effekte sind extern, weil sie weder die Musik hörende Person betreffen, noch von ihr beabsichtigt waren. Das klassische Beispiel für unintendierte Nebenfolgen in Kombination mit der strukturellen Interdependenz ist der Markt. Das Ziel der Akteure ist die Befriedigung ihrer Konsumbedürfnisse und nicht die Förderung des Gemeinwohls. Ein Akteur, der einen Tausch auf einem Markt eingeht, hat lediglich seinen eigenen Nutzen im Sinn, und doch ist die unintendierte Nebenfolge seines Handelns eine Verbesserung seines Tauschpartners. Die Institution des Marktes sorgt dafür, dass diejenigen Akteure zusammenfinden, die sich durch einen Tausch verbessern können. Die spontane Entstehung eines Marktes wird dabei selbst als unintendierte Nebenfolge der egoistischen Nutzenmaximierung angesehen. Im Unterschied zum Markt gibt es aber auch andere Institutionen, die bewusst von den Akteuren konstruiert werden, um strategisches Handeln von vielen Akteuren zu ermöglichen. Dazu gehört das Wahlsystem, welches dem bewussten Zweck der Machtübertragung dient.

Tabelle 3: Zusammenhang zwischen Interdependenz- und Interaktionsformen

		Interdependenzformen	
		Verhaltens-interdependenz	strukturelle Interdependenz
Interaktionsformen	strategisches Handeln	Tausch Koordination Konflikt Machtübertragung	z.B. Wahlsystem (Machtübertragung)
	unintendierte Nebenfolgen	Externalitäten	Markt

Quelle: Etzrodt 2001: 29.

Die Ökonomik befasst sich vorwiegend mit den unintendierten Nebenfolgen der Handlungen. Der Schwerpunkt bei der Analyse dieser unintendierten Nebenfolgen liegt bei der Behandlung des Marktes. Dagegen beschäftigt sich die Institutionsökonomik mit der Konstruktion von Institutionen. Dies entspricht dem strategischen Handeln unter struktureller Interdependenz. Die verschiedenen Arten des strategischen Handelns unter Verhaltensinterdependenz werden dagegen entweder gar nicht oder so behandelt, als ob es sich um *Tauschvorgänge unter vielen Akteuren bei gegebenem Preismechanismus* handeln würde. Somit werden auch solche Interaktionen wie Liebe und Konfliktsituationen als freiwilliger Tausch unter Marktbedingungen betrachtet, als ob es sich um unintendierte Nebenfolgen unter struktureller Interdependenz handeln würde. Lediglich die Tauschobjekte variieren in diesen Märkten (Tiemann 1991: 174). Von einer umfassenden Behandlung der Interaktion in der Ökonomik kann somit keine Rede sein (McKenzie 1983: 34).

1.1.4. Ort der Handlung

Der institutionelle Rahmen, in dem sich die Handelnden befinden, wird als der Ort der Handlung definiert. Aus Tradition wird dieser Handlungsort in der Ökonomik mit dem »*Markt*« gleichgesetzt (Becker 1976a: 3). Die Institution »Markt« zeichnet sich durch eine so große Anzahl von Akteuren sowohl auf der Seite der Anbieter als auch auf der Seite der Nachfrager aus, dass die einzelnen Akteure nicht mehr die Reaktionen der anderen auf die eigenen Handlungen berücksichtigen können. Es liegt keine strategische Verhaltensinterdependenz vor. Eine Ausnahme davon bilden das Monopol und das Monopson. Bei einem Monopol gibt es nur einen Anbieter und bei einem Monopson nur einen Nachfrager. Auch in diesem Fall liegt keine strategische Verhaltensinterdependenz zwischen den Anbietern bzw. Nachfragern vor, weil es nur jeweils einen Akteur auf der jeweiligen Seite gibt. Die Handlungen der einzelnen Akteure werden wie durch eine unsichtbare Hand über einen Preismechanismus koordiniert, der die Informationen über die einzelnen Handlungen aggregiert. Diese Vorstellung von dem »Markt« als Handlungsort wird von einigen Ökonomen von realen ökonomischen Märkten (wie z.B. Börsen) auf jede Interaktion übertragen, so als ob ein impliziter Markt diese Interaktion über Schattenpreise koordinieren würde.

Schon früh wurde auch innerhalb der Ökonomik von Coase (1937) Kritik an der Annahme geäußert, dass alle Handlungen in »Märkten« stattfinden. Aufgrund der Tatsache, dass selbst auf realen Märkten nicht nur Individuen, sondern auch Firmen agieren, stellte sich die Frage, wieso die Produktion in Firmen koordiniert wird, wenn dies doch ebenso durch den Preismechanismus geleistet werden könnte? Die Erklärung der Existenz von Organisationen neben dem Markt begründete Coase mit den Kosten, die durch die Nutzung des Preismechanismus im Markt entstehen. Kosten entstehen bei der Nutzung des Preismechanismus durch die Suche nach den relevanten Preisen, der Verhandlungsdauer und dem Vertragsabschluss. Firmen treten demnach auf, wenn die Koordination der Produktion innerhalb der Firma billiger als die Nutzung des Preismechanismus (die Transaktionskosten) ist. Durch langfristige vertragliche Bindungen an eine Firma können darüber hinaus die Kosten vieler Einzelverträge reduziert werden. Die Größe der Organisationen ist allerdings begrenzt, da mit zunehmender Größe die Koordination der Produktion ineffizienter wird. Die optimale Anzahl der Transaktionen in einer Firma ist erreicht, wenn die Grenzkosten der Koordination in der Firma mit den Grenzkosten der Transaktionen im Markt übereinstimmen. Firmen haben dabei die Funktion, den Preismechanismus bei der Koordination der Aktionen zu imitieren (Arrow 1971: 22).

Eine Firma kann dementsprechend als eine langfristige vertragliche Regelung der Rechte und Pflichten in den Austauschbeziehungen beschrieben werden, die zwischen Individuen und einer Organisation abgeschlossen werden. Dabei wird die Firma ebenso wie der Markt über den Tausch definiert, sie stellt dennoch eine alternative Institutionsform dar. Der Unterschied liegt in der zeitliche Stabilität von Firmen. In den Firmen werden Regeln für dauerhafte Beziehungen zwischen Individuen oder Positionen festgelegt, während auf Märkten nur mit anonymen wechselnden Akteuren interagiert wird. Institutionen in der Form von Organisationen resultieren im Gegensatz zu den Märkten aus einem vertraglichen Arrangement und nicht mehr aus den unintendierten Nebenfolgen der Handlungen der Akteure. Institutionen verändern sich im Zeitverlauf, wenn sie nicht mehr die größte Effizienz besitzen oder einzelne Gruppen, die stark genug sind, eine Änderung herbeizuführen, sich durch eine Veränderung Nutzenvorteile versprechen (Voss 1985: 112 und 117).

Institutionen in der Form von Firmen werden wie die Vertragsgesellschaft in der modernen Ökonomik über individuelle Nutzenüberlegungen erklärt. Im Gegensatz zu den Märkten und der Vorstellung von einer Marktgesellschaft in der traditionellen Ökonomik wird in diesen Institutionen mit Hilfe eines Vertrages die Handlungsvielfalt der Akteure eingeschränkt.

1.1.5. Kritik

Die erste Gruppe von Kritikpunkten bezieht sich auf die *Annahmen über den Menschen* in der Ökonomik. Den Ökonomen wird die Annahme der unbegrenzten kognitiven Fähigkeiten des Homo oeconomicus vorgeworfen. Gegen dieses Menschenbild wird eingewendet, dass die Informationsaufnahme- und Rechenfähigkeit der Menschen begrenzt ist und die Akteure darüberhinaus keine vollständigen Präferenzen besitzen (Simon 1955). Somit erfüllen die realen Individuen nicht die rationalen Anforderungen der Mikroökonomik und des Rational Choice-Ansatzes. Statt dessen stellen sich die Informationsaufnahme- und Rechenkapazitäten – also die rationalen Fähigkeiten – als eine knappe Ressource heraus (Simon 1978b: 12f.). Dabei hat Simons Konzept der »bounded rationality« nichts mit der ökonomischen Erklärung von scheinbaren suboptimalen Entscheidungsprozessen aufgrund von Informationskosten zu tun, da solche Verfahren noch höhere Rationalitätsanforderungen stellen als die vollständig rationalen Verfahren (Elster 1989: vii; Hodgson 1993: 38). Nach dem Konzept der »bounded rationality« benutzen die Menschen heuristische Verfahren, die zu einer befriedigenden und nicht zu einer optimalen Lösung führen (Simon 1990: 9 und 11). Neben den heuristischen Methoden zeichnet sich die menschliche Fähigkeit, Probleme zu lösen, besonders durch intuitives Erkennen der Lösungen aus. Statt eine Lösung kalkulativ zu bestimmen, wird sie durch Rückgriff auf das Langzeitgedächtnis assoziativ ermittelt. Die Menschen verwenden eine weitere Technik, um die Komplexität der Umwelt zu reduzieren. Sie konstruieren einfachere Modelle der realen Situationen (Frames), die die Grundlage ihrer Entscheidungen bilden. Dabei sind Institutionen von besonderer Bedeutung, da sie die Individuen mit vorgefertigten Frames entlasten (Simon 1957: 199). Im Gegensatz zu dem perfekt rationalen Homo oeconomicus sind die Menschen in der Realität in ihren kognitiven Fähigkeiten eingeschränkt, und die Methoden, um diese Mängel auszugleichen, führen keineswegs zu einem approximativ optimalen, sondern lediglich zu einem befriedigenden Ergebnis.

Die zweite Gruppe von Kritikpunkten betrifft die *Annahmen über die Gesellschaft*. Gegen die ökonomische Konzeption einer Gesellschaft als Marktgesellschaft wird eingewendet, dass auch Märkte nicht ohne einen Sanktionsapparat auskommen, wobei ein solcher Sanktionsapparat aber weder in der Mikroökonomik noch in der Rational Choice-Theorie als eine notwendige Voraussetzung für einen Markt angesehen wird (Willer 1992: 69). Dieser Kritikpunkt wird durch die Annahmen der Spieltheorie unterstützt, da die kooperative Spieltheorie, die sich mit Verteilungsfragen beschäftigt, explizit von bindenden Verträgen ausgeht, was einen Sanktionsapparat impliziert. Es gibt also gute Gründe, anzunehmen, dass ein Sanktionssystem eine notwendige Bedingung für die Existenz eines Marktes ist. Dabei kann dieser Sanktionsapparat nicht ökonomisch erklärt werden, da aufgrund der vielen Marktteilnehmer und der wechselnden Interaktionspartner kein rationales Individuum einen Beitrag zu der Aufrechterhaltung des Sanktionssystems leisten wird (das Kollektivgutproblem zweiter Ordnung). Märkte können demnach nicht ohne einen Sanktionsapparat auskommen, dessen Existenz sie aber nicht erklären können. Wenn Märkte allerdings in eine Gesellschaft eingebettet sind, können sie auf den Sanktionsmechanismus des sozialen Umfeldes zurückgreifen. Hier geht die Kritik an der mangelnden Berücksichtigung des Sanktionssystems in Granovetters (1985) Einwand über, dass die Mikroökonomik und die Rational Choice-Theorie die sozialen Strukturen vernachlässigen, in die die Individuen und die Märkte eingebettet sind. Anstatt von perfekten Wettbewerbsmärkten auszugehen, sollten Märkte als Netzwerke sozialer Beziehungen aufgefasst werden. Übrigens kann in solchen Netzwerken das Kollektivgutproblem zweiter Ordnung gelöst werden, da hier die Individuen in festen Austauschbeziehungen die Interaktionen wiederholen (unkooperatives Verhalten kann in der Folge durch unkooperatives Verhalten sanktioniert werden).

In ähnlicher Weise wird auch das Konzept der Vertragsgesellschaft dafür kritisiert, dass das soziale Umfeld der Individuen nicht berücksichtigt wird. Menschen werden in eine existierende Gesellschaft hineingeboren, deren Lebenswelt die Denkstrukturen der Individuen prägt. Die Akteure stimmen einem Gesellschaftsvertrag nicht implizit zu, wenn sie nicht dagegen protestieren oder auswandern, sondern nehmen die Gesellschaft nur als fraglos gegeben hin, ohne dabei irgendwelche Nutzenkalkulationen durchzuführen (Schütz/Luckmann 1979: 89). Darüber hinaus wird angezweifelt, dass jemals eine reale Gesellschaft durch eine Einigung im Konsens entstanden ist. Vielmehr dürfte Gewalt in den meisten Fällen für die Durchsetzung einer neuen Ordnung verantwortlich gewesen sein (Berger/Luckmann 1966: 101).

Der letzte Komplex von Kritikpunkten betrifft die *Erklärung der Entscheidung*. Es wird bemängelt, dass die Ökonomen Verhalten lediglich mit dem Nutzenmotiv erklären. Dabei entgeht ihnen die Bedeutung von Moral oder Affekten für die Beschreibung des Entscheidungsprozesses (Parsons 1937: 45). Der Einwand, dass die Ökonomen generell Emotionen vernachlässigen (Scheff 1992: 104), ist hingegen grundsätzlich falsch, da das Nutzenkonzept sich gerade auf die Bewertung von emotionalen Bewusstseinsvorgängen bezieht (siehe hierzu den Exkurs zum Nutzenkonzept). Somit sind die ökonomischen Theorien *die* sozialwissenschaftlichen Theorien, die sich mit den Emotionen auseinandersetzen. Allerdings wird bei der Erklärung von Handlungen durch die Bezugnahme auf ein einziges Motiv – den Nutzen – der Einfluss der Kultur und der Institutionen auf die Akteure nur unzureichend erfasst (Biervert 1991: 50f.; Katterle 1991: 137). Die jeder sozialen Handlung zugrunde liegenden Sinnstrukturen werden nicht berücksichtigt.

In Anbetracht der beschränkten Rationalität der Akteure wird bezweifelt, dass alle Entscheidungen mit einem Nutzenmaximierungsmodell beschrieben werden können, da die Anwendung eines simultanen Nutzenmaximierungsverfahrens in den meisten Fällen viel zu komplex ist. Dementsprechend wird auch die Darstellung des habituellen Verhaltens in der Mikroökonomik und der Rational Choice-Theorie als zweistufiges, simultanes Maximierungsproblem kritisiert. Habituelles Verhalten erfolgt automatisch, indem ein Bezug zu einem fraglos gegebenen Verhaltensmuster hergestellt wird und kann somit nicht durch ein Nutzenmaximierungsmodell erklärt werden (Zey 1992: 23; vgl. Münch 1992: 153). Hier wird der Anspruch der Ökonomen kritisiert, jedes Handeln mit dem Nutzenmaximierungsmodell erklären zu wollen.

Die Kritik an der grenzenlosen Anwendbarkeit der ökonomischen Methode ist hauptsächlich auf Ökonomen zurückzuführen, die die Kritik an den Annahmen ernst nehmen. Sie schränken den Geltungsbereich der Mikroökonomik und der Rational Choice-Theorie auf eine Gruppe von Kernproblemen (in der Regel Probleme ökonomischer Natur) ein, für die die Annahmen angemessen erscheinen. Die Grenzen der Ökonomik werden demnach bei der Ausdehnung des ökonomischen Erklärungsansatzes auf nicht-ökonomische Probleme erreicht (Bohman 1992: 207).

Die ökonomische Theorie kann im einzelnen kein inkonsistentes Verhalten beschreiben (Kerber 1991: 62). Da die Konsistenzbedingung aber eine notwendige Voraussetzung für rationales Verhalten ist, kann somit kein nicht-rationales Verhalten behandelt werden (Olson 1965: 161). Da das ökonomische Rationalitätskonzept im wesentlichen auf Nutzenüberlegungen beruht, können ebensowenig Handlungen erklärt werden, die nicht durch den erwarteten Nutzen determiniert sind. Dementsprechend werden auch Handlungen mit geringen Kosten als eine Grenze des ökonomischen Ansatzes angesehen (Coleman 1983: 141). Wenn eine von zwei gleichwertigen Alternativen nur geringfügige Kosten verursacht, kann es vorkommen, dass ein Akteur trotzdem zwischen diesen Alternativen indifferent ist, da die Kosten der Evaluation der Differenzen die Kosten der Ausführung von einer der Alternativen übersteigen (Elster 1989: 26f.). Das Problem besteht lediglich dann nicht, wenn die Individuen über die Fähigkeit verfügen, infinitesimal kleine Unterschiede wahrzunehmen. Wenn die Nutzenwerte jedoch keine Anreize für die Wahl einer bestimmten Alternative liefern, kann die Wahl über andere Motive (z.B. Moral oder Habits) erfolgen.

Auf der anderen Seite können Moral und Habits in einem aktiven Sinn auch als Grenzen der Ökonomik angesehen werden, weil sie die rationalen Nutzenabwägungen der Individuen verhindern. Es kann nicht jedes Verhalten ökonomisch erklärt werden, weil nicht jedes Verhalten auf die Zukunft (und die erwarteten Nutzenwerte) ausgerichtet ist (Boudon 1979: 237).

Des weiteren wird argumentiert, dass Situationen, in denen Konflikte oder ungleiche Ressourcenausstattungen vorliegen, nicht analysiert werden können (Münch 1992: 142 und 144). Nun ist diese Einschränkung sicherlich falsch, denn die ökonomische Theorie ist im Kern eine Theorie von Interessenskonflikten. Jedes Individuum verfolgt seine eigenen Interessen, die nicht zwangsläufig mit den Zielen der anderen übereinstimmen müssen. Ebensowenig ist es richtig, dass die Ökonomik nur Transaktionen beurteilen kann, in denen die Interaktionspartner mit gleichen Ressourcen ausgestattet sind. Die Tatsache, dass die meisten Ökonomen es trotzdem vorziehen, von gleichen Ressourcenausstattungen auszugehen, weist darauf hin, dass sie dadurch einem moralischen Dilemma entgehen wollen. Dieses moralische Dilemma resultiert aus dem Umstand, dass die Ökonomik zwar ein moralisches Kriterium (das Pareto-Optimum) für den Prozess der Veränderung entwickelt hat, sie aber kein moralisches Kriterium für die Bewertung der Ausgangssituationen besitzt. Ein moralisches Dilemma entsteht folglich dann, wenn in einer Situation von Individuen mit sehr ungleichen Ressourcen ausgegangen wird, weil das Interaktionsergebnis zwar im ökonomischen Sinne moralisch gerechtfertigt (Pareto-optimal) ist, dieses Ergebnis aber vermutlich von niemandem als gerecht bezeichnet werden kann.

Ein Beispiel soll dies verdeutlichen. Angenommen, eine Gruppe von Personen hat eine andere Gruppe angegriffen und besiegt. Die Besiegten werden vor die Wahl gestellt, getötet oder versklavt zu werden (die Personen der siegreichen Gruppe sind indifferent zwischen diesen Alternativen), dann ist jede »freie« Entscheidung für den Tod oder die Sklaverei Pareto-optimal. Offensichtlich ist das Ergebnis – welches es auch immer sein wird – aber keineswegs moralisch zu rechtfertigen. Hier wird deutlich, dass die Ökonomik keine Probleme mit Konflikten und ungleichen Ressourcenausstattungen hat, sondern ein Problem mit Situationen, in denen Gewalt ausgeübt wird, so dass die Betroffenen keine echte Wahlfreiheit mehr besitzen. Dies ist auch der Grund, warum Ökonomen kaum etwas über das Eltern-Kind-Verhältnis geschrieben haben, denn hier besitzen die Eltern das Gewaltmonopol, wodurch die Kinder nur eine begrenzte Entscheidungsfreiheit in Anspruch nehmen können. Solche Beziehungen können nicht mit der ökonomischen Methode beschrieben werden, wenn gleichzeitig ein moralisches Dilemma vermieden werden soll.

Eine Gefahr besteht für den ökonomischen Ansatz im Ignorieren der Grenzen der Ökonomik, da dann die Substanz der ökonomischen Erklärungen durch eine inhaltslose Form der ökonomischen Modelle ersetzt wird (McKenzie 1983: 3). Es mag zwar sein, dass diese Modelle immer noch gute Prognosen liefern, aber für das Verständnis realer sozialer Phänomene leisten sie keinen Beitrag mehr. Des weiteren ist eine Modifikation der Mikroökonomik und des Rational Choice-Ansatzes bei einer Ausweitung über die Grenzen hinaus nicht unproblematisch, weil die Modifizierungen zu einer Verwässerung der Argumentationslinien führen, wodurch die Erklärungskraft eingeschränkt wird (Bohman 1992: 224). Eine Ausweitung des ökonomischen Ansatzes hat demnach in jedem Fall einen Verlust an der Substanz der ökonomischen Erklärungen zur Folge. Aufgrund dieser Grenzen des ökonomischen Ansatzes ist die Ökonomik nicht als umfassende sozialwissenschaftliche Theorie geeignet (Machlup 1970: 135; Bohman 1992: 208; Aretz 1997: 92).

Aus den theoretischen Kritikpunkten kann das Fazit abgeleitet werden, dass die ökonomische Theorie individuelles Verhalten inadäquat beschreibt (u.a. Frey 1990: 11). Die Nutzentheorie ist eine Fiktion, und die auf ihrer Basis erstellten Schätzungen sind nichts als eine Illusion (Meyer 1979: 278). Dennoch sind die meisten Ökonomen der Meinung, dass die ökonomische Theorie immer noch ausgesprochen nützlich für die Analyse von Aggregaten ist, selbst wenn sie individuelles Verhalten ungenügend beschreibt (Schoemaker 1982: 530; Raub 1983: 67; Voss 1985: 22f.). Die Mehrheit der Ökonomen sieht trotz der erheblichen empirischen Widersprüche keine Alternative zum ökonomischen Ansatz. Dementsprechend sind sie nicht bereit, ihren Ansatz aufzugeben. Er stellt für sie die bestmögliche Forschungsstrategie zur Analyse sozialer Phänomene dar (Elster 1979: 66; Gray 1987: 47; Kirchgässner 1991: 164; Braun 1998: 156).

1.1.6. Anhang: Anomaliendiskussion in der EU-Theorie

Die empirische Kritik an den Erwartungsnutzentheorien geht auf den Franzosen Maurice Allais (1953) zurück, der schon wenige Jahre nach der axiomatischen Formulierung der EU-Theorie von John von Neumann und Oskar Morgenstern auf Abweichungen des tatsächlichen Verhaltens der Akteure von dem mit Hilfe der EU-Theorie prognostizierten Verhalten aufmerksam machte. Er verdeutlichte dieses sogenannte *Allais-Paradox*, indem er den Versuchsteilnehmern zwei Probleme mit jeweils zwei alternativen Lotterien zur Wahl anbot (in Tabelle 4 sind die beiden Probleme in einer Form dargestellt, die Kahneman und Tversky (1979) in einer Replikation des Experiments verwendeten). Nach der EU-Theorie müsste die Lotterie C der Lotterie D vorgezogen werden, wenn Alternative A gegenüber B präferiert wird, und dementsprechend wäre die Lotterie D besser als C, wenn B anstelle von A gewählt wird. Tatsächlich wählten in dem Experiment von Kahneman und Tversky aber 82% der Versuchsteilnehmer die Alternative B, während nur 17% die Lotterie D präferierten. Hier liegt ein eindeutiger Widerspruch zur EU-Theorie vor. Formal kann der Widerspruch folgendermaßen dargestellt werden:

aus Problem 1:
$u(2.400) > 0,33 \bullet u(2.500) + 0,66 \bullet u(2.400)$
$\Leftrightarrow 0,34 \bullet u(2.400) > 0,33 \bullet u(2.500)$

aus Problem 2:

$0,34 \bullet u(2.400) < 0,33 \bullet u(2.500)$.

Tabelle 4: Das Allais-Paradox

Problem 1							Problem 2						
Var.	Gew.	Wahr.	Var.	Gew.	Wahr.	N	Var.	Gew.	Wahr.	Var.	Gew.	Wahr.	N
A	2.500	33%	B	2.400	100%		C	2.500	33%	D	2.400	34%	
	2.400	66%						0	67%		0	66%	
	0	1%											
18%			82%*			72	83%*			17%			72

Quelle: Eigener Entwurf, Zahlen nach Kahneman/Tversky 1979: 265f (nach einer Idee von Allais 1953: 527).

Es wurde aber nicht nur für die EU-Theorie ein Paradox gefunden, welches die empirische Gültigkeit dieser Theorie in Frage stellt, auch die SEU-Theorie blieb von dieser Kritik nicht verschont. Ellsberg (1961) zeigte, dass gleiche subjektive Einschätzungen von Eintrittswahrscheinlichkeiten in verschiedenen Problemen keineswegs zu der Wahl der äquivalenten Alternative führen müssen. In Tabelle 5 sind die beiden Probleme, die das *Ellsberg-Paradox* aufdeckte, aufgeführt. Die Probleme 3 und 4 unterscheiden sich lediglich durch irrelevante Ereignisse, hier das Auftreten von gelben Kugeln (dieses Ereignis ist irrelevant, weil sich die Auszahlungen für die gelben Kugeln in beiden Problemen für die Alternativen A und B bzw. C und D nicht unterscheiden). Die jeweiligen Varianten besitzen die gleichen subjektiven Einschätzungen über die Eintrittswahrscheinlichkeiten, dennoch gibt es hier Unterschiede in der Eindeutigkeit dieser subjektiven Einschätzungen. So ist im Problem 3 die Wahrscheinlichkeit, dass jede dritte Kugel eine rote Kugel ist, eindeutig. Im Gegensatz dazu ist die Eintrittswahrscheinlichkeit von einem Drittel für das Auftreten einer schwarzen Kugel keineswegs eindeutig, da nicht sicher ist, wie viele schwarze Kugeln tatsächlich in der Urne sind. Auf der anderen Seite ist die Gewinnwahrscheinlichkeit von zwei Dritteln bei der Alternative D sicher (die Anzahl der schwarzen und gelben Kugeln ist definitiv zusammen 60). Hingegen ist die Wahrscheinlichkeit eines Gewinns in der Variante C nicht eindeutig, da nicht genau bekannt ist, wie viele gelbe Kugeln sich in der Urne befinden. Paradoxerweise wird von den meisten Versuchsteilnehmern die Lotterie A gegenüber B vorgezogen, während gleichzeitig D gegenüber C präferiert wird. Ellsberg führte hier allerdings kein formales Experiment durch. Er beließ es bei der Beschreibung von Verhaltensmustern. Der formale Nachweis für das Ellsberg-Paradox wurde von Selwyn Becker und Fred Brownson (1964) erbracht. Sie stellten fest, dass 80% ihrer Versuchsteilnehmer eine Aversion gegen mehrdeutige subjektive Wahrscheinlichkeitseinschätzungen und 15% eine Vorliebe für dieselben besaßen, während nur 6% der Personen sich so verhielten, wie es von der SEU-Theorie vorausgesagt wurde.

Tabelle 5: **Das Ellsberg-Paradox**

Problem 3				Problem 4			
Gegeben sei eine Urne mit 90 Kugeln, davon sind 30 rot und 60 weitere entweder schwarz oder gelb.							
Variante	rot	schwarz	gelb	Variante	rot	schwarz	gelb
A	$100	$0	$0	C	$100	$0	$100
B	$0	$100	$0	D	$0	$100	$100

Quelle: Eigener Entwurf, Zahlen nach Ellsberg 1961: 653f.

Im folgenden werden die einzelnen Annahmen der Mikroökonomik und des Rational Choice-Ansatzes mit den empirischen Studien zu den jeweiligen Annahmen verglichen. Begonnen wird mit der *Nutzenfunktion* und hier mit den *Präferenzen*. In empirischen Studien wurden die *Anforderungen an die Präferenzen* überprüft, wie sie in der Mikroökonomik und der Rational Choice-Theorie formuliert sind. Die ökonomische Forderung der Stabilität der Präferenzen wurde durch das »*preference reversal*«-Phänomen in Frage gestellt. Das Präferenzumkehrphänomen tritt auf, wenn die Individuen vor zwei verschiedene Probleme gestellt werden. Bei dem ersten Problem sollen sie zwischen zwei Lotterien wählen, die sich dadurch unterscheiden, dass die eine Lotterie mit sehr hoher Wahrscheinlichkeit einen moderaten Gewinn verspricht (die p-Wette), während die andere Lotterie mit geringer Wahrscheinlichkeit einen sehr großen Gewinn erwarten lässt (die $-Wette). Die Lotterien könnten beispielsweise so formuliert werden:

p-Wette ($4, 0,99; $1, 0,01) = $3.95
$-Wette ($16, 0,33; $2, 0,67) = $3.84 (Lichtenstein/Slovic 1971: 48).

Bei dem zweiten Problem sollen die Akteure angeben, wieviel sie zu zahlen bereit wären, um die p-Wette oder die $-Wette zu spielen. Erstaunlicherweise gibt es sehr viele Versuchsteilnehmer, die zwar die p-Wette der $-Wette bei der Wahlentscheidung vorziehen, andererseits aber bereit sind, für die $-Wette mehr zu zahlen (Lichtenstein/Slovic 1971: 48 [73%]; Lichtenstein/Slovic 1973: 19 [81% bzw. 76%]; Grether/Plott 1979: 631f. [56%]; Irwin u.a. 1993: 15f. [41%]). Dies steht offenkundig im Widerspruch zu den Prognosen der EU-Theorie.

Tabelle 6:
Ein empirisches Beispiel zur Bedeutung des Referenzpunktes (»reference point«)

Problem 5							Problem 6						
Man erhält vor dem Spiel 1.000 Einheiten.							Man erhält vor dem Spiel 2.000 Einheiten.						
Var.	Gew.	Wahr.	Var.	Gew.	Wahr.	N	Var.	Gew.	Wahr.	Var.	Gew.	Wahr.	N
A	1.000	50%	B	500	100%		C	-1.000	50%	D	-500	100%	
	0	50%						0	50%				
16%			84%*			70	69%*			31%			68

Quelle: Eigener Entwurf, Zahlen nach Kahneman/Tversky 1979: 273.

Auch andere Anforderungen an die Präferenzen wurden durch empirische Studien in Frage gestellt. Der Referenzpunkt- und der »endowment«-Effekt ziehen die von der EU-Theorie geforderte Präzision der Präferenzen in Zweifel. Präferenzen scheinen nicht in absoluter Form, sondern nur relativ vorzuliegen. Der *Referenzpunkteffekt* zeigt, dass die Wahl einer Lotterie nicht unabhängig davon ist, ob eine Situation als Verlust- oder Gewinnspiel beschrieben wird, selbst wenn der erwartete Nutzen der Alternativen über die Probleme nicht variiert (siehe Tabelle 6). Die Alternativen A und C unterscheiden sich in der Terminologie der EU-Theorie ebensowenig wie die Alternativen

B und D. Dennoch wählen 84% im Problem 5 die Alternative B, während im Problem 6 69% die Variante C vorziehen (Kahneman/Tversky 1973). Die Ursache für dieses Phänomen könnte darin liegen, dass die Akteure Verluste generell sehr negativ bewerten (ob nun 500 oder 1.000 Einheiten verloren gehen, hat hier keine Bedeutung mehr), so dass die Chance, ohne Verluste durchzukommen, präferiert wird. Auf der anderen Seite ziehen die meisten Leute einen sicheren mittleren Gewinn einem unsicheren großen Gewinn vor (gemäß der Spruchweisheit: Lieber den Spatz in der Hand, als die Taube auf dem Dach).

Der »endowment«-Effekt ist eine spezielle Form des Referenzpunkteffektes (Thaler 1980). Der Referenzpunkt bezieht sich hier auf den Besitz oder Nichtbesitz von Gütern, wobei der »endowment«-Effekt für die paradoxe Diskrepanz zwischen Einkaufs- und Verkaufspreis steht.

> »Mr. R bought a case of good wine in the late 50's for about $5 a bottle. A few years later his wine merchant offered to buy the wine back for $100 a bottle. He refused, although he has never paid more than $35 for a bottle of wine.« (Thaler 1980: 43)

Eine Person bewertet hier den eigenen Besitz höher als das, was sie selbst dafür zu zahlen bereit wäre. Wie beim Referenzpunkteffekt führt auch in diesem Fall die Verlustaversion zu einer Verletzung der EU-Theorie.

Eine weitere Gruppe von Studien kritisierte die einseitige Zukunftsorientierung der EU-Theorie. Im Gegensatz zu der Annahme der EU-Theorie, dass die Wahl einer Handlung nur von dem erwarteten Nutzen abhängt, zeigen die empirischen Ergebnisse, dass viele Personen die Wahl einer Alternative auch von den vergangenen Kosten abhängig machen. Dieses Phänomen wird »sunk cost«-Effekt genannt. Das folgende Beispiel soll dies verdeutlichen:

> »A man joins a tennis club and pays a $300 yearly membership fee. After two weeks of playing he develops a tennis elbow. He continues to play (in pain) saying »I don't want to waste the $300!«« (Thaler 1980: 47)

Eine Folge des »sunk cost«-Effektes ist, dass Handlungen, in die in der Vergangenheit viel investiert wurde, auch dann noch ausgeführt werden, wenn der erwartete Nutzen geringer als der erwartete Nutzen von alternativen Handlungen wird. Menschen fällt es demnach sehr schwer, vergangene Investitionen abzuschreiben.

Andere Studien beschäftigten sich mit den *Eintrittswahrscheinlichkeiten der Umweltzustände*. Bezüglich der *Annahmen über die Eintrittswahrscheinlichkeiten* wurde die Erwartungsnutzentheorie dafür kritisiert, dass sie die *Erfassung bzw. Einschätzung von Eintrittswahrscheinlichkeiten* durch die Akteure als unproblematisch ansieht. Statt dessen wurde in empirischen Untersuchungen festgestellt, dass die Individuen bei der Erfassung und Einschätzung von Wahrscheinlichkeiten bestimmte Heuristiken verwenden, die zu schweren und systematischen Abweichungen von den statistischen Gesetzen der Erwartungsnutzentheorie führen (Tversky/Kahneman 1974: 1124). Ein solches heuristisches Verfahren ist der *Sicherheitseffekt*. Der Sicherheitseffekt beschreibt das Phänomen, dass die meisten Menschen sichere Ereignisse in einer anderen Kategorie einordnen als unsichere Ereignisse. In Tabelle 7 ist hierzu ein Experiment aufgeführt. Obwohl im Problem 7 die Alternative A einen höheren erwarteten Gewinn verspricht, wird die Alternative B gewählt. Im Problem 8 sind die meisten Akteure nicht mehr bereit, die äquivalente Alternative D der Alternative C vorzuziehen (Kahneman/Tversky 1979). Ein solches Verhalten widerspricht deutlich den Annahmen der EU-Theorie.

Tabelle 7:

Ein empirisches Beispiel für den Sicherheitseffekt (»certainty effect«) bei der Wahl zwischen zwei Lotterien

Problem 7							Problem 8						
Var.	Gew.	Wahr.	Var.	Gew.	Wahr.	N	Var.	Gew.	Wahr.	Var.	Gew.	Wahr.	N
A	4.000	80%	B	3.000	100%		C	4.000	20%	D	3.000	25%	
	0	20%						0	80%		0	75%	
20%		80%*				95	65%*			35%			95

Quelle: Eigener Entwurf, Zahlen nach Kahneman/Tversky 1979: 266.

Bei der Betrachtung von Tabelle 8 kann festgestellt werden, dass nicht nur eine besondere Präferenz für sichere Ergebnisse vorliegt (zumindest für Gewinne), sondern viele Personen auch sehr geringe (große) Wahrscheinlichkeiten entweder überschätzen (unterschätzen) oder wie ein unmögliches (sicheres) Ereignis behandeln. Den Menschen fehlt anscheinend die Fähigkeit, bei sehr kleinen Wahrscheinlichkeiten noch zu differenzieren.

Tabelle 8:

Ein empirisches Beispiel für das Verhalten von Menschen bei extrem kleinen Wahrscheinlichkeiten bei der Wahl zwischen zwei Lotterien

Problem 9							Problem 10						
Var.	Gew.	Wahr.	Var.	Gew.	Wahr.	N	Var.	Gew.	Wahr.	Var.	Gew.	Wahr.	N
A	6.000	45%	B	3.000	90%		C	6.000	0,1%	D	3.000	0,2%	
	0	55%		0	10%			0	99,9%		0	99,8%	
14%		86%*				66	73%*			27%			66

Quelle: Eigener Entwurf, Zahlen nach Kahneman/Tversky 1979: 267.

Die Zusammenfassung dieser beiden Ergebnisse lässt den Schluss zu, dass die Menschen keine wohlgeformten linearen Wahrscheinlichkeitsvorstellungen besitzen. Statt dessen verwenden Individuen eine »decision weight«-Funktion. Diese Funktion ist nahe 0 und 1 nicht genau definiert, und gleichzeitig werden kleine Wahrscheinlichkeiten über- und große Wahrscheinlichkeiten unterbewertet, wodurch eine besondere Präferenz für sichere Ereignisse entsteht.

Bei der Erfassung von subjektiven Eintrittswahrscheinlichkeiten gibt es ein weiteres Problem, wie das Ellsberg-Paradox gezeigt hat. Gleich große subjektive Wahrscheinlichkeitseinschätzungen müssen nicht notwendigerweise gleich gewichtet werden. Eine Alternative wird nicht nur mit den subjektiven Eintrittswahrscheinlichkeiten, sondern auch mit einem »ambiguity«-Maß gewichtet. Dabei wählen die meisten Personen diejenige von zwei sonst gleichen Alternativen, deren Wahrscheinlichkeitseinschätzung eindeutiger ist (Becker/Brownson 1964: 67; Yates/Zukowski 1976: 24; Gärdenfors/Sahlin 1982: 362f.). Eine Alternative ist mehrdeutig, wenn ein Individuum weiß, dass ihm Informationen fehlen oder ihm relevante Informationen, die es besitzen könnte, nicht bekannt sind. Aufgrund dieser fehlenden Informationen kann die Unsicherheit, in der sich das Individuum befindet, nicht richtig von ihm eingeschätzt werden. Das »ambiguity«-Maß ist somit ein Maß für die »Unsicherheit über Unsicherheiten« (Einhorn/Hogarth 1987: 43). Dabei korrelieren Risiko- und »ambiguity«-Einstellung nicht (Cohen u.a. 1985: 219; Hogarth/Einhorn 1990: 797). Eine Folge der »ambiguity«-Aversion der meisten Menschen ist, dass die Mehrzahl der Personen lieber auf Wahrscheinlichkeiten als auf Wahrscheinlichkeiten von Wahrscheinlichkeiten (zusammengesetzte Lotterien) wettet.

Aus dem Experiment zum Referenzpunkteffekt (Tabelle 6) lassen sich zusätzliche Schlüsse über die *Risikoeinstellung der Menschen* ziehen. In der ökonomischen Theorie wurde angenommen, dass die Individuen im Durchschnitt eine Präferenz für risikoscheues Verhalten besitzen. Wie sich aber herausstellte, zeigten die Versuchsteilnehmer in der Studie zum Referenzpunkteffekt lediglich in der Gewinnsituation risikoaverses Verhalten (84%), während viele Akteure in der Verlustsituation die risikofreudige Alternative C vorzogen (69%). Demnach muss also auch die Risikoeinstellung von dem Referenzpunkt abhängig gemacht werden.

Auch die axiomatisch abgesicherte *Zusammensetzung der Nutzenfunktion* blieb von der empirischen Kritik nicht verschont. Es zeigte sich, dass keines der Axiome, die die numerische Bestimmung der Nutzenfunktion sicherstellen, dem empirischen Test standhielt. Das Axiom der vollständigen Ordnung (*Axiom 1*) und die dazugehörige Transitivitätsbedingung wurde durch das Präferenzumkehrphänomen in Frage gestellt. In einem anderen Experiment von Loomes, Starmer und Sugden (1991) wurden selbst intransitive Präferenzen ohne Framingeffekt ermittelt. Es gab Versuchsteilnehmer, die die folgenden Wahlentscheidungen trafen: (£8, 0,6)P(£18, 0,3) und (£4, 1)P(£8, 0,6), aber auch (£18, 0,3)P(£4, 1). In diesem Fall ist die Intransitivität nicht auf verschiedene Frames (wie z.B. die stärkere Berücksichtigung der Wahrscheinlichkeiten bei der p-Wette bzw. die stärkere Berücksichtigung der Geldbeträge bei der $-Wette) zurückzuführen. Trotzdem scheint hier die Risikoaversion in den ersten beiden Entscheidungen ausschlaggebend gewesen zu sein, während bei dem dritten Entscheidungsproblem offenbar der sehr viel höhere Gewinn die Wahl beeinflusste.

Auch das Ordnungs- und Verknüpfungsaxiom (*Axiom 2*), welches besagt, dass eine gemischte Lotterie niemals besser oder schlechter sein kann als ihre Teillotterien, wurde in einer Studie von Coombs (1975) widerlegt. In einem Experiment, bei dem die Versuchsteilnehmer zwischen drei Spielen mit gleichen erwarteten Auszahlungen wählen mussten, besaßen 46% der Personen eine Präferenzordnung, die im Widerspruch zu dem zweiten Axiom steht (nach der EU-Theorie sind für risikoaverse bzw. risikofreudige Personen die Präferenzordnungen ABC bzw. CBA zu erwarten, wobei die Lotterie B aus den Lotterien A und C zusammengesetzt ist, während die geäußerten Präferenzordnungen BAC, BCA, ACB und CAB nicht vorkommen dürften).

Tabelle 9:
Ein empirisches Beispiel für einen Isolationseffekt (isolation effect) bei der Wahl zwischen zwei Lotterien

Problem 11						
Betrachte das folgende zweistufige Spiel. In der ersten Phase ergibt sich eine Chance von 75%, dass das Spiel ohne Gewinn endet. Mit einer Wahrscheinlichkeit von 25% wird die zweite Phase des Spiels erreicht. In der zweiten Phase des Spiels besteht dann die Wahl zwischen den Lotterien A und B.						
Variante	Gewinn	Wahrscheinl.	Variante	Gewinn	Wahrscheinl.	N
A	4.000	80%	B	3.000	100%	
	0	20%				
11%			89%*			141

Quelle: Eigener Entwurf, Zahlen nach Kahneman/Tversky 1979: 271.

Das Unabhängigkeitsaxiom (*Axiom 3*), welches garantiert, dass die Verknüpfung zweier unterschiedlicher Lotterien mit einer dritten Lotterie nicht die Präferenzordnung der beiden Lotterien verändert, wird durch den Isolationseffekt in Zweifel gezogen. Der Isolationseffekt ist in Tabelle 9 dargestellt. Dieses Spiel ist nach dem dritten Axiom mit dem Spiel aus Problem 8 identisch, dennoch verhalten sich die Versuchsteilnehmer so, als ob sie sich mit dem Problem 7 auseinandersetzen müssten (Kahneman/Tversky 1979). Es scheint so, als ob nur die zweite Phase des Spiels betrachtet wird, ohne dass sich die Individuen die Mühe machen, die zusammengesetzte Lotterie zu berechnen. Jetzt ist aber nicht mehr sichergestellt, dass die Präferenzordnung durch die Verknüpfung mit einer weiteren Lotterie aufrechterhalten wird (wie es im dritten Axiom postuliert wird).

Empirische Studien über die Selektionsmethode legen außerdem den Verdacht nahe, dass die *Verwendung von simultanen Maximierungsverfahren* maßgeblich davon abhängt, ob eine Person solche Nutzenmaximierungsmethoden erlernt hat. In einem Experiment von Schoemaker wurde untersucht, inwieweit es sich auswirkt, ob eine Person in der Anwendung der Erwartungswertregel trainiert wurde oder nicht. Es stellte sich heraus, dass signifikant mehr Personen (für Männer $p \leq .005$ und für Frauen $p \leq .05$) die Erwartungswertmethode benutzten, wenn sie vorher trainiert wurden (siehe Tabelle 10). Die untrainierten Versuchsteilnehmer neigten eher dazu, weniger komplexe Selektionsmechanismen zu verwenden (Schoemaker 1980: 100).

Tabelle 10:
Ein empirisches Beispiel über die Anwendung einer Erwartungswert-Strategie durch trainierte und untrainierte Männer und Frauen

	Männer		Frauen	
	trainiert	untrainiert	trainiert	untrainiert
Benutzer der EV-Theorie	76%	19%	36%	5%
N	37	16	14	21

Quelle: Eigener Entwurf, Zahlen nach Schoemaker 1980: 103.

In einer anderen Studie von Fong und Nisbett (1991) konnte darüber hinaus auch gezeigt werden, dass das Training einer Person in einem Problemkontext (z.B. mathematische Probleme) nicht unbedingt dazu führen muss, dass diese Person die sequentiellen Nutzenmaximierungsverfahren auch in anderen Problemkontexten (z.B. Sportprobleme) anwendet. Die Benutzung der Erwartungsnutzentheorie oder einer vergleichbaren Regel in einem Problembereich hängt demnach davon ab, ob ein Akteur die Anwendung dieses Verfahrens in diesem Problembereich erlernt hat. Dabei nimmt die Wahrscheinlichkeit der Verwendung dieser Regel um so mehr ab, je länger der Zeitpunkt der letzten Verwendung zurückliegt. Daraus kann gefolgert werden, dass bestimmte Personengruppen in bestimmten Problembereichen mit großer Wahrscheinlichkeit simultane Maximierungsverfahren anwenden (z.B. ausgebildete Händler auf Märkten, die regel- und routinemäßig diese Selektionsmethoden benutzen), während andere Personengruppen in anderen Entscheidungssituationen wohl kaum solche Verfahren anwenden werden (z.B. Familienmitglieder in einer familiären Entscheidungssituation).

Gegen die aufgeführten Kritikpunkte an der Mikroökonomik und der Rational Choice-Theorie gibt es auch einige *ernstzunehmende Einwände*. Der erste Einwand betrifft die *mangelnde Motivation der Versuchsteilnehmer in den Laborexperimenten*. Es wird die Meinung vertreten, dass die Anomalien verschwinden würden, wenn die Akteure nur ausreichend große finanzielle Anreize hätten (z.B. Demsetz 1997: 8). Fehlen aber wie in den meisten Experimenten finanzielle Anreize, besteht für die Versuchsteilnehmer kein Grund, sich so zu verhalten, wie sie sich bei der Konfrontation mit einem realen Problem verhalten würden. Allerdings wurden zahlreiche Laborexperimente auch mit finanziellen Anreizen durchgeführt, mit zum Teil sehr unterschiedlichen Ergebnissen. So hatten finanzielle Anreize vielfach überhaupt keine Wirkung, während sie in anderen Fällen zu einer erheblichen Reduzierung der Verletzungen der EU-Theorie führten. Die finanziellen Anreize scheinen zumindest bei einigen Effekten das Ausmaß der Abweichungen von den Vorhersagen der EU-Theorie zu verringern, wenn die Anomalien auch in den seltensten Fällen verschwinden (Frey/Eichenberger 1989a: 88).

Ein weiterer Kritikpunkt an den Anomalien-Experimenten bezieht sich auf die *Vernachlässigung des Kontextes*, in dem die Entscheidungen gefällt werden. Diesem Einwand liegt die Annahme zugrunde, dass die Rationalität der Individuen für das Auftreten rationalen Verhaltens völlig irrelevant ist, da der institutionelle Rahmen (d.h. die Struktur der Märkte) dafür sorgt, dass sich auch nicht-rationale Individuen rational verhalten. So zeigten z.B. Gode und Sunder (1993), dass Auktionen sehr effiziente Ergebnisse hervorbringen, selbst wenn die Händler nur eine sehr begrenzte Rationalität besitzen. In anderen Studien über die Auswirkungen der Marktmechanismen wurde ebenso eine Tendenz zum – in der ökonomischen Theorie – prognostizierten Preisniveau festgestellt, wenn dieses Gleichgewicht auch nicht immer erreicht wurde (Duh/Sunder 1986; Camerer 1987; Camerer 1992). Der Grund für die geringere Anzahl von Verletzungen der ökonomischen Prognosen liegt darin, dass in einem Markt bestimmte statistische Ausreißer (d. h., dass mit besonders absurden Preisvorstellungen in der Regel keine Käufer oder Verkäufer gefunden werden) nicht berücksichtigt werden. Dies gilt allerdings nicht für jeden Marktmechanismus. So verringern bestimmte Mechanismen, die besonders extreme Preise auswählen, wie z.B. die »first-price«-Auktionen, das Ausmaß der Anomalien nicht (Evans 1997: 636). Nicht alle Institutionen führen demnach zu einer Verringerung des Auftretens von Anomalien. Es kann sogar angenommen werden, dass Nicht-Markt-Institutionen die Verletzungen der EU-Theorie fördern (Frey/Eichenberger 1989b: 107 und 113). Daraus folgt, dass bei einer Ausdehnung der ökonomischen Methode auf Entscheidungssituationen, die nicht in Märkten stattfinden, die Anomalien nicht übergangen werden dürfen (Camerer 1995: 587). Ein weiteres Ergebnis der experimentellen Studien ist, dass die Erklärungskraft der ökonomischen Theorie am besten in nicht transparenten Institutionen ist und mit der Zunahme der Transparenz immer geringer wird (Smith 1991: 881). Eine Ursache kann dafür sein, dass in nicht transparenten anonymen Institutionen die Koordination der Handlungen hauptsächlich über den Marktmechanismus erfolgt, während in den anderen Institutionen andere Faktoren (wie z.B. Netzwerke) zu Verzerrungen führen.

Ein dritter Einwand gegen die experimentelle Kritik betrifft die *hypothetischen Fragestellungen* in den Studien. Es wird den Forschern vorgeworfen, ihre Versuchsteilnehmer vor Probleme zu stellen, mit denen sie in der realen Welt nie konfrontiert werden. Da die betroffenen Personen in der Regel keine Erfahrung mit solchen Entscheidungs-

situationen gemacht haben, wird bezweifelt, ob die Resultate überhaupt eine Aussagekraft besitzen (Morgenstern 1979: 179; Demsetz 1997: 8).

Es bleibt der letzte Einwand, dass die Anomalien irrelevant sind, weil es trotz der
Anomalien die *erfolgversprechendste Forschungsstrategie* ist, von rationalen Handlungen
auszugehen. Dies gilt besonders dann, wenn rationales Verhalten im Sinne der Mikroökonomik und der Rational Choice-Theorie nur als Approximation des tatsächlichen
Verhaltens angesehen wird.

> »Regarding the first point, to the extent that economists view expected utility
> maximization (merely) as a useful approximation of human behavior and not as
> a precisely true description in all cases, then to attack the central role it plays in
> economic theory, it isn't sufficient to show counter examples, even many coun-
> terexamples.« (Roth 1995: 77)

1.1.7. Übungsfragen

1. Welche Bedeutung besitzt der Methodologische Individualismus für die Mikroökonomik in Bezug auf die Erklärung von Makrophänomenen?
2. Welche Rationalitätsdefinitionen existieren in der Mikroökonomik, und welcher Status kann den unterschiedlichen Rationalitätsdefinitionen zugeordnet
   werden?
3. Diskutieren Sie die Vor- und Nachteile, die ein Verzicht auf die empirische
   Gültigkeit der Rationalitätsannahme mit sich bringt!
4. Welche Probleme treten bei einer Interpretation von Gesellschaften als Ver-
   tragsgesellschaften auf, wenn von einer impliziten Zustimmung der in einem
   Staat lebenden Menschen zu der Verfassung dieses Staates ausgegangen wird?
5. Worin unterscheiden sich die Auffassungen von der Gesellschaft als Marktgesellschaft bzw. als Vertragsgesellschaft voneinander?
6. Diskutieren Sie die methodologischen Probleme, die bei einer Verwendung der
   »as-if«-Strategie bezüglich der Annahmen über individuelles Verhalten bei einer
   Erklärung von Makrophänomenen auftreten!
7. Welche Bedeutung hat die Forderung von stabilen und egoistischen Präferenzen für die Definition und den Status des Rationalitätskonzeptes?
8. Welche zentrale Annahme über die Präferenzen wird in modernen ökonomischen Theorien häufig aufgeweicht und durch welche Konzepte ersetzt?
9. Diskutieren Sie die Vor- und Nachteile von »weichen« Spezifikationen der Präferenzen in der modernen Ökonomik gegenüber einer »harten« Spezifikation
   in der traditionellen Ökonomik!

10. Welche Restriktion der modernen Ökonomik ist die zentrale Ressource, die allen anderen Ressourcenarten zugrunde liegt?
11. Durch welche zwei zentralen Kriterien unterscheiden sich die Selektionsmechanismen der Grenznutzentheorie und der Erwartungsnutzentheorie voneinander, und welche Folgen für den Umgang mit den Restriktionen resultieren aus ihnen?
12. Diskutieren Sie die Vor- und Nachteile des »satisficing«-Konzeptes von Simon gegenüber dem klassischen Maximierungsverfahren!
*13. Wie bewerten Sie die empirischen Ergebnisse der Anomalienexperimente im Hinblick auf die Aussagekraft der Mikroökonomik über das Verhalten von Akteuren in Märkten?

1.1.8. Literaturhinweise

Ein Standardlehrbuch der Mikroökonomik ist Varian (1996). Das Lehrbuch von Frank (1997) ist erwähnenswert, da hier auch Randbereiche der ökonomischen Theorie, wie Altruismus und das Konzept der eingeschränkten Rationalität, behandelt werden. Frey (1990) und Kirchgässner (1991) liefern gute Darstellungen der Ökonomik als eine führende Sozialwissenschaft. Die grundlegenden Arbeiten zur Anwendung des ökonomischen Forschungsprogramms auf soziale Phänomene sind in Becker (1976a) zusammengefasst. Einen Überblick über die Rational Choice-Theorie aus soziologischer Sicht gibt Wiesenthal (1987). Coleman (1990) stellt einen Versuch der Formulierung einer umfassenden soziologischen Theorie basierend auf dem Rational Choice-Ansatz dar. Eine ökonomische Rekonstruktion der Phänomenologischen Soziologie von Alfred Schütz ist bei Esser (1991a) nachzulesen. Zu der Betrachtung der Institutionen in der Ökonomik in Abgrenzung zu der Strukturell-funktionalen Theorie ist Voss (1985) lesenswert.

Eine gute Einführung in die methodologischen Grundsätze ökonomischer Erklärungsmodelle kommt von Opp (1970). Zum Verständnis der »as if«-Annahme in der Ökonomik ist die Lektüre des Originalbeitrages von Friedman (1953) unerlässlich. Für kritische Anmerkungen zu der unkritischen Verwendung von Annahmen in der Ökonomik sei hier auf Tietzel (1981) verwiesen. Der Beitrag von Lindenberg (1992) geht ausführlich auf den Zielkonflikt zwischen der angestrebten Realitätsnähe und dem Komplexitätsgrad bei der Theorienbildung ein.

Eine gute Einführung in die Anomaliendiskussion liefert Frey (1990: Kap. 11). Der neueste Stand der experimentellen Forschung wird in Camerer (1995) dargestellt. Ein bahnbrechender und lesenswerter Originalbeitrag hierzu kommt von Kahneman und Tversky (1979).

1.2. Spieltheorie

Die Spieltheorie wurde 1944 von dem Mathematiker John von Neumann und dem Ökonomen Oskar Morgenstern mit ihrem Buch *Theory of games and economic behavior* ins Leben gerufen. Sie reagierten damit auf eine gravierende Schwäche der mikroökonomischen Theorie: der fehlenden Behandlung von strategischen Handlungen unter Berücksichtigung der Verhaltensinterdependenz. Sie lehnten die Mikroökonomik ab, da sie nur individuelle Entscheidungen unter perfekten Wettbewerbsbedingungen berücksichtigen würde. Die individuellen Entscheidungen haben in der Mikroökonomik keinen Einfluss auf die Entscheidungen der anderen Akteure. Wirtschaftliche Verhandlungen zwischen zwei Personen, die die Verhaltenserwartungen des jeweils anderen strategisch mitberücksichtigen, können in einer solchen Theorie nicht abgebildet werden. Die Berücksichtigung der Unsicherheit in der Erwartungsnutzentheorie kann diesen Mangel nicht beseitigen, weil sich die Entscheidungen der Akteure nicht gegenseitig beeinflussen. Beispielsweise wird kein guter Schachspieler den Gegenzügen seines Gegners Gegenspielers bestimmte Wahrscheinlichkeiten zuordnen. Er wird sich vielmehr überlegen, wie der Gegenspieler auf seinen letzten Zug rational reagieren wird, und er wird diese zukünftige Reaktion bei seiner Entscheidung mitberücksichtigen. Das Konzept der individuellen Nutzenmaximierung unter Nebenbedingungen kommt unter diesen Umständen nicht mehr als Lösung für Entscheidungen mit einem Interdependenzproblem in Frage (Morgenstern 1972: 1171f.). Die Spieltheorie beschäftigt sich mit solchen Entscheidungssituationen, in denen ein Akteur nicht alle Variablen, die sein Ergebnis determinieren, kontrolliert. Im Gegensatz dazu kontrollieren die Individuen in der Mikroökonomik alle Variablen, und ihre Handlungen haben keine Effekte auf die Handlungsergebnisse anderer Akteure (ausgenommen ist hier der Spezialfall des Externalitätenproblems in der Mikroökonomik).

John von Neumann und Oskar Morgenstern sahen ihre Entwicklung der Spieltheorie als revolutionären Versuch, die Mikroökonomik abzulösen (Morgenstern 1968: 161f.). Nach fast einem halben Jahrhundert haben viele Ökonomen spieltheoretische Konzepte in ihre Modelle und in die mikroökonomische Theorie einbezogen, ohne dabei die Mikroökonomik aufgeben, so dass nur noch von einer »mild revolution« gesprochen werden kann (Kreps 1990a: 1). In modernen Lehrbüchern der Ökonomik wird die Spieltheorie als der Teil der Theorie des rationalen Handelns angesehen, der die Entscheidungssituationen mit strategischer Interdependenz behandelt, während sich die Nutzentheorien mit den Entscheidungen von unabhängigen Individuen befasst (Raub/Voss 1981: 42).

1.2.1. Grundlagen der Theorie

1.2.1.1. Ausgangspunkt der Analyse

Der Ausgangspunkt der Analyse in der Spieltheorie stimmt mit dem Ausgangspunkt in der Mikroökonomik bzw. der Rational Choice-Theorie überein. Auch in der Spieltheorie wird vom Methodologischen Individualismus ausgegangen. In diesem Fall sind es allerdings Individuen in interdependenten Entscheidungssituationen.

Das Ziel der Spieltheorie ist die Erklärung von strategischen, Interaktionen. Neumann und Morgenstern hatten ihre Analyse mit der Behandlung von strategischen Spielen, wie z.B. Schach oder Poker, begonnen. Grundsätzlich bezieht sich die Spieltheorie aber auf jede Form von strategischen Interaktionen.

In einem Punkt unterscheidet sich die Spieltheorie deutlich von der Mikroökonomik und der Rational Choice-Theorie. Die Handlung ist hier keine erklärende Variable für Makroprozesse, wie sie in der »Colemanschen Badewanne« dargestellt wurde. Im Gegensatz hierzu ist die Spieltheorie eine reine Mikrotheorie. Kommen in einem spieltheoretischen Modell mehr als zwei Akteure vor, werden sie alle als echte Entscheidungsträger behandelt und nicht wie in der Mikroökonomik oder der Rational Choice-Theorie durch Aggregationsprozesse wegdefiniert. Folglich gibt es in der Spieltheorie keinen Mikro-Makro-Übergang, weil das Ergebnis schon durch die Darstellung der strategischen Interaktion erklärt wird. Sollten allerdings sehr viele Akteure an einer Interaktion teilnehmen, kann dieses Problem nicht mehr formal behandelt werden. Es gibt jedoch gute Gründe für die Annahme, dass dies kein essentielles Problem darstellt, da eine interdependente Entscheidungssituation mit sehr vielen Akteuren zu einer Entscheidungssituation unter perfektem Wettbewerb oder zu einem Externalitätenproblem konvergiert, welches die Mikroökonomik bzw. die Rational Choice-Theorie lösen kann (Neumann/Morgenstern 1947: 13).

1.2.1.2. Annahmen über den Menschen

Die Spieltheorie setzt ebenso wie die Mikroökonomik und die Rational Choice-Theorie *freie und nicht sozialisierte* Individuen voraus. Unter dem Gesichtspunkt, dass die Erwartungsnutzentheorie, welche die formale Grundlage des Rational Choice-Ansatzes darstellt, ebenfalls von Neumann und Morgenstern mit dem Zweck entwickelt worden ist, eine axiomatische Herleitung individuell rationalen Handelns zu ermöglichen, ist die inhaltliche Übereinstimmung zwischen diesen Theoriekomplexen nicht weiter verwunderlich.

Die Spieltheorie stimmt mit der Annahme der *Rationalität* von Individuen in isolierten Entscheidungssituationen mit der Mikroökonomik und der Rational Choice-Theorie überein. Andererseits bleibt offen, was unter Rationalität in strategischen Interaktionen verstanden wird. Es ist genaugenommen ein zentrales Ziel der Spieltheorie, zu bestimmen, wie Rationalität in interdependenten Entscheidungssituationen definiert werden kann (vgl. Neumann/Morgenstern 1947: 8f.; Morgenstern 1968: 147).

1.2.1.3. Annahmen über die Gesellschaft

Es gibt keine Überlegungen zu der Auffassung von »Gesellschaft«, die als spezifisch spieltheoretisch angesehen werden könnten. Somit dürfte es in diesem Punkt keine Abweichungen von der Mikroökonomik bzw. dem Rational Choice-Ansatz geben.

1.2.1.4. Methodologie

Wie in der neoklassischen Mikroökonomik wird auch in der Spieltheorie mit formalen mathematischen Modellen gearbeitet. Es werden drei Argumente für ein solches methodologisches Vorgehen vorgebracht (Kreps 1990a: 7).

1) Die Verwendung mathematischer Modelle ermöglicht eine klare und präzise Sprache, wodurch generelle Annahmen kontextunabhängig formuliert werden können.
2) Erkenntnisse und Intuitionen können auf ihre logische Konsistenz hin überprüft werden.
3) »Beobachtungen« können auf die wirklich relevanten zugrundeliegenden Annahmen zurückverfolgt werden.
   Dabei wird in Kauf genommen, dass durch die mathematische Formulierung von Modellen bestimmte kontextspezifische Besonderheiten verlorengehen (Shubik 1964: 4).
4) Trotz der Probleme gehen die Spieltheoretiker von der Nützlichkeit mathematisch formulierter Modelle aus.

Spieltheoretische Modelle erfüllen je nach Interesse des Forschers verschiedene Zwecke. Viele Spieltheoretiker sehen die Spieltheorie als eine normative Theorie an, die den Individuen eine Anleitung gibt, wie sie sich rational in interdependenten Interaktionen verhalten sollen (Morgenstern 1968: 149). Eine andere Gruppe sieht die Aufgabe der Spieltheorie in der Deskription und der Prognose (Shubik 1964: 5). Da es sich bei der Spieltheorie in erster Linie um eine Mikrotheorie handelt, existiert hier im Gegensatz zur Mikroökonomik und der Rational Choice-Theorie kein gravierender Unterschied zwischen der Prognose und der Beschreibung. Für die Mikroökonomen und die Rational Choice-Vertreter liegt der Schwerpunkt auf der Prognose von Makrophänomenen. Um dieses Ziel zu erreichen, reduzieren sie die Anforderungen an die Deskription des individuellen Verhaltens. In der Spieltheorie liegt dieser Zielkonflikt nicht vor. Somit ist es nicht überraschend, dass die heutigen Spieltheoretiker mit einer zunehmenden Tendenz eher Erklärungsmodelle und weniger Prognosen interessiert. Sie präferieren eine alternative Methodologie, die von Rasmusen (1994) als »no-fat modelling« und von Fisher (1989: 117ff.) als »exemplifying theory« benannt wird. Drei Prinzipien stehen hier im Vordergrund:

1) Eine Theorie soll so einfach wie möglich und so komplex wie nötig sein. Man versucht eine möglichst kleine Menge von Variablen zu finden, die einen Sachverhalt hinreichend gut erklärt.
2) Ein Modell sollte sich möglichst mit einer einzigen Fragestellung auseinandersetzen.
3) Sowohl die Annahmen als auch die Folgerungen weisen einen empirischen Gehalt auf. Die empirische Überprüfung der deskriptiven Genauigkeit erhält damit den gleichen Stellenwert wie die empirische Überprüfung der prognostizierten Folgen.

1.2.2. Beschreibung/Erklärung der individuellen Entscheidung

Auch wenn die Spieltheorie eine Theorie der Interaktion und nicht der isolierten Entscheidung von Individuen ist, liegt ihr eine Theorie der individuellen Entscheidung zugrunde. Es wird bei der Darstellung von Interaktionen vorausgesetzt, dass die Akteure ihre individuellen Entscheidungen mit Hilfe der Erwartungsnutzentheorie der traditionellen Ökonomik lösen (Luce/Raiffa 1957: 4 und 50). In den meisten spieltheoretischen Modellen werden »common priors« angenommen, d.h. dass alle Akteure bei der Berechnung des erwarteten Nutzens von gemeinsamen Wahrscheinlichkeitsvorstellungen über das Auftreten von Umweltzuständen ausgehen.

1.2.3. Beschreibung/Erklärung der Interaktion

1.2.3.1. Elemente der Interaktion

Es gibt in der Spieltheorie nicht nur ein isoliertes Individuum, sondern eine Menge von Akteuren Θ. Die Akteure j besitzen in den einzelnen Spielzügen z_k jeweils eine bestimmte Anzahl von Alternativen a_{kji}. Die Menge der Alternativen A_j ist komplett durch alle Alternativen in allen Zügen beschrieben. Daraufhin kann die Menge der Strategien Σ_j des Akteurs j durch alle möglichen Variationen von Abfolgen der Alternativen a_{ki} bestimmt werden. Eine Strategie ist eine Verhaltensanweisung, welchen Interaktionspfad σ_{jt} ein Akteur j unter Berücksichtigung der Gegenreaktionen der anderen Spieler zu gehen hat. Es werden demnach bei einer Strategie nicht nur die eigenen Alternativen a_{jki} berücksichtigt, sondern auch die Alternativen a_{-jki} aller anderen Spieler (aus diesem Grunde fehlt bei dem a_{ki} oben der Bezug zur Person j). Die Kombinationen aller möglichen Strategien $\sigma_{j\iota} \in \Sigma_j$ aller Akteure j stellen den gesamten Strategienraum dar. Der Strategienraum kann auch als Menge der Interaktionssituationen S^I bezeichnet werden (bei drei Akteuren lautet der Index: $s_{\iota\iota\iota}$). Die Menge der Umweltsituationen S^U und die dazugehörende Menge der Eintrittswahrscheinlichkeiten der Umweltzustände P wird dagegen wie in der Erwartungsnutzentheorie definiert. Die letzte Menge ist die Menge der Spielwiederholungen Ω Ein Spiel kann nicht nur mehrere Züge besitzen, es kann auch in einer Art Superspiel mehrere Male wiederholt werden.

Menge der Akteure	$\Theta = \{\theta_1, ..., \theta_j, ..., \theta_m\}$
Menge der Züge	$Z = \{z_1, ..., z_k, ..., z_\mu\}$
Menge der Alternativen des Akteurs j	$A_j = \{a_{1j1}, ..., a_{kji}, ..., a_{\mu jn}\}$
Menge der Strategien des Akteurs j	$\Sigma_j = \{\sigma_{j1}, ..., \sigma_{j\iota}, ..., \sigma_{jv}\}$
Menge der Interaktionssituationen	$S^I = \{s_{1...1}, ..., s_{...\iota}, ..., s_{v...v}\}$
Menge der Umweltsituationen	$S^U = \{s_1, ..., s_g, ..., s_q\}$
Menge der Eintrittswahrscheinlichkeiten	$P = \{p_1, ..., p_g, ..., p_q\}$
Menge der Spiele	$\Omega = \{\omega_1, ..., \omega_\kappa, ..., \omega_\tau\}$

Jedem Spieler j wird nun für jede Interaktionssituation $s_{1...\iota}$ unter beliebigen Umweltsituationen s_g ein Ergebnis $x_{\iota...\iota g}$ zugeordnet.

Ergebnis der Handlung $\qquad x_{\iota...\iota g}$, mit $\iota = 1, ..., v$ für alle j und $g = 1, ..., q$.

Die unterschiedlichen Handlungsergebnisse $x_{\iota...\iota g}$ können nun mit Hilfe einer Nutzenfunktion u des Akteurs j bewertet werden.

Nutzen (individueller) $\qquad u_j = u(x_{\iota...\iota g})$

Ein Spiel Γ kann somit vollständig durch die Menge der Akteure Θ, die Menge der Interaktionssituationen S^I, die Menge der Umweltsituationen S^U mit ihrer Wahrscheinlichkeitsverteilung P, die Nutzenfunktion aller Spieler u_j, die Spielregeln und die Menge der Spiele Ω beschrieben werden:

$\Gamma = (\Theta, S^I, S^U, P, u_j, \Omega)$.

1.2.3.2. Prozess der Interaktion und die Ergebnisermittlung

Die spieltheoretischen Überlegungen begannen mit einer Kritik an der neoklassischen Mikroökonomie. Neumann und Morgenstern warfen den Mikroökonomen vor, sie hätten lediglich eine ökonomische Theorie für einen Robinson Crusoe entwickelt, da mit einem deterministischen Maximierungsproblem nur isolierte Individuen behandelt würden. Demgegenüber sollte die Spieltheorie in der Lage sein, die Unsicherheit, die in Interaktionen entsteht, mitzuberücksichtigen. Dabei könne, so betonten Neumann und Morgenstern (1947: 10f.), das Problem der Unsicherheit nicht mit der probabilistischen Darstellungsform der Erwartungsnutzentheorie gelöst werden. Der entscheidende Unterschied zur Mikroökonomie bzw. zum Rational Choice-Ansatz ist der

Punkt, dass die Akteure in der Spieltheorie nicht alle Variablen, die das Ergebnis determinieren, kontrollieren. Die Variablen, die nicht von einem Akteur bestimmt werden können, sind entweder von anderen Akteuren abhängig, oder es handelt sich bei ihnen um Zufallsvariablen, und lediglich die Zufallsvariablen können mit der Erwartungsnutzentheorie behandelt werden. Das Entscheidungsproblem in der Spieltheorie ist komplexer als in der Mikroökonomik bzw. Rational Choice-Theorie. Die Bestimmung der optimalen Alternative muss nun unter Berücksichtigung der Reaktionen der Interaktionspartner erfolgen, die wiederum eine optimale Strategie unter Beachtung der eigenen Reaktion auf ihre antizipierte Reaktion wählen.

In der Spieltheorie wird wie in der Erwartungsnutzentheorie von einem kardinalen Nutzenkonzept ausgegangen, da nicht nur das Problem der Interdependenz, sondern auch das der stochastischen Unsicherheit (genauer gesagt der Fall unter Risiko) behandelt wird (Güth 1992: 11). Um die Spiele in formal logischer Form analysieren zu können, werden weitere Annahmen getroffen (u.a. Luce/Raiffa 1957: 4f.):

1) Jeder Spieler besitzt konsistente Präferenzen über die möglichen Ergebnisse, wobei die Axiome der Erwartungsnutzentheorie gültig sind.
2) Jedem Spieler sind die Nutzenfunktionen aller Akteure genau bekannt.
3) Jeder Spieler ist sich der Interdependenz der Entscheidungssituation bewusst und geht davon aus, dass sich alle anderen ebenfalls der Interdependenz bewusst sind.
4) Jeder Spieler hat ein perfektes Erinnerungsvermögen, so dass in Spielen mit Wiederholungen jedem Spieler die bisherigen Interaktionen bewusst sind.
5) Jeder Spieler besitzt vollständige Informationen und eine ausreichende kognitive Kapazität.
6) Jeder Spieler hält die Spielregeln ein.
7) Jeder Spieler verhält sich rational und maximiert seinen erwarteten Nutzen.

Die Annahmen 2) und 5) werden im Gegensatz zu den übrigen Annahmen nicht in jedem spieltheoretischen Modell verwendet. Sie werden häufig in Modellen unter Unsicherheit aufgegeben. Darüber hinaus ist die Annahme 2) ausgesprochen kritisch. Die leichte Wahrnehmbarkeit der subjektiven Präferenzen und Nutzenfunktionen ist eine notwendige Voraussetzung für diese Annahme. Wie aber schon die Diskussion der Erfassung der Präferenzen in der Mikroökonomik und dem Rational Choice-Ansatz gezeigt hat, ist die Ermittlung der Präferenzen mit sehr vielen Problemen verbunden. Mit der Annahme 2) werden diese Probleme umgangen. Dies hat zur Folge, dass spieltheoretische Modelle besonders leicht aufgrund unrealistischer Annahmen kritisiert werden können.

Die Spieltheorie kann nach Art der Spiele in zwei Teiltheorien gegliedert werden. Es handelt sich dabei um die nicht-kooperative und die kooperative Spieltheorie. Die nicht-kooperative Spieltheorie behandelt Interaktionen mit Interessenskonflikten bzw.

Koordinationsproblemen, während sich die kooperative Spieltheorie mit Verteilungsfragen auseinandersetzt. Im Gegensatz zur kooperativen Spieltheorie werden in der nicht-kooperativen Spieltheorie weitere Annahmen getroffen: sowohl Kommunikation als auch bindende Abmachungen sind nicht möglich. Dies hat zur Folge, dass in der nicht-kooperativen Spieltheorie nur sich selbst verstärkende Lösungen Berücksichtigung finden, d.h. dass kein Akteur einen Anreiz hat, von einem solchen Gleichgewichtspunkt abzuweichen (Damme 1987: 2).

Das wichtigste Problem der *nicht-kooperativen Spieltheorie* ist die Konstruktion von Gleichgewichtskonzepten, deren Eindeutigkeit und Existenz gesichert ist. In der nicht-kooperativen Spieltheorie wurden verschiedene solcher Gleichgewichtskonzepte entwickelt. In der Folge werden zuerst Zweipersonenspiele (m = 2) in Matrixform, d.h. Spiele mit einem Zug (μ = 1), wobei die Akteure sich simultan entscheiden, ohne Wiederholungen (τ = 1) und mit vollständiger Information (q = 1) betrachtet. Das einfachste und intuitiv einleuchtendste Lösungskonzept ist das *Gleichgewicht in dominanten Strategien*. Ein solches Beispiel ist in Tabelle 11 dargestellt. Der Spieler 1 steht einer Entscheidungssituation mit zwei Strategien σ_{11} mit den jeweiligen Auszahlungen $x_{1\iota\iota}$ in Abhängigkeit der gewählten Strategie $\sigma_{2\iota}$ des zweiten Spielers gegenüber. Die erste Zahl gibt jeweils den Nutzen des ersten Spielers für die einzelnen Interaktionssituationen wieder. In diesem Beispiel ist das Gleichgewicht in dominanten Strategien die Interaktionssituation s_{11} mit der Strategiekombination σ_{11} und σ_{21}. Für Spieler 1 ist die Strategie σ_{11} immer besser als die Strategie σ_{12}, unabhängig davon, welche Spieler 2 wählt. Die Strategie σ_{11} dominiert die Strategie σ_{12}. Ebenso dominiert die Strategie σ_{21} von Spieler 2 seine alternative Strategie σ_{22}. Es besteht demnach für keinen Spieler ein Anreiz, von der dominanten Strategie abzuweichen. Somit liegt hier ein Gleichgewicht vor.

Tabelle 11:
Gleichgewicht in dominanten Strategien

		Spieler 2	
		σ_{21} ($s_{\iota 1}$)	σ_{22} ($s_{\iota 2}$)
Spieler 1	σ_{11} ($s_{1\iota}$)	3, 1 (s_{11})*	1, 0 (s_{12})
	σ_{12} ($s_{2\iota}$)	1, 1 (s_{21})	0, 0 (s_{22})

Definition 6: Eine Interaktionssituation $s_{\iota...\iota}{}^*(\sigma_{1\iota}{}^*, ..., \sigma_{j\iota}{}^*, ..., \sigma_{m\iota}{}^*)$ ist ein *Gleichgewicht in dominanten Strategien*, wenn alle Spieler j ihre dominante Strategie $\sigma_{j\iota}{}^*$ unabhängig von der Reaktion der Gegenspieler $\sigma_{-j\iota}$ wählen:
$$u_j(\sigma_{j\iota}{}^*, \sigma_{-j\iota}) \geq u_j(\sigma_{j\iota}, \sigma_{-j\iota}) \qquad \text{für alle } j, \sigma_{j\iota} \in \Sigma_j \text{ und } \sigma_{-j\iota} \in \Sigma_{-j}.$$

Ein alternatives Gleichgewichtskonzept ist die *Maximin-Lösung*. Ursprünglich war sie von Neumann und Morgenstern (1947) als ein generelles Lösungskonzept vorgeschlagen worden, während sie heute in der Regel nur noch als Lösung für Nullsummenspiele (das sind Spiele, bei denen die Verluste einer Person mit den Gewinnen der anderen Person übereinstimmen) angewendet wird (Holler/Illing 1996: 55). Ein Maximin-Gleichgewicht existiert dann, wenn die Auszahlung x_{jt} der Interaktionssituation s_{tt} die kleinste Auszahlung der Spaltenmaxima und die größte Auszahlung der Zeilenminima darstellt. In Tabelle 12 ist ein Beispiel für ein solches Maximin-Gleichgewicht dargestellt. Spieler 1 wird im Gleichgewicht zwei Einheiten an Spieler 2 zahlen.

Tabelle 12:
Maximin-Prinzip beim Nullsummenspiel

		Spieler 2		Zeilenminima
		σ_{21} (s_{i1})	σ_{22} (s_{i2})	
Spieler 1	σ_{11} (s_{1j})	-2 (s_{11})*	2 (s_{12})	-2 (Maximin)
	σ_{12} (s_{2j})	-3 (s_{21})	-1 (s_{22})	-3
Spaltenmaxima		-2 (Minimax)	2	

Definition 7:   Eine Interaktionssituation s_{ij}*$(\sigma_{1i}$*, σ_{2j}*) ist ein *Maximin-Gleichgewicht* in einem Zweipersonen-Nullsummenspiel, wenn gilt:
$$s_{ij}^* = \max_i \min_j u(s_{ij}) = \min_j \max_i u(s_{ij}).$$

Wie aber das Beispiel aus Tabelle 13 zeigt, besitzt nicht jedes Nullsummenspiel in reinen Strategien ein Maximin-Gleichgewicht. Die reinen Strategien sind in diesem Fall σ_{11}, σ_{12}, σ_{21} und σ_{22}. Wenn die beiden Spieler allerdings zu gemischten Strategien (das sind Strategien, bei denen Wahrscheinlichkeiten über die Wahl der reinen Strategien angegeben werden) übergehen, gibt es auch in diesem Spiel ein Gleichgewicht.

Beide Spieler suchen eine Wahrscheinlichkeitsverteilung über ihre reinen Strategien $(p_1\sigma_{j1}, p_2\sigma_{j2})$, bei der die minimalen Gewinne maximiert bzw. die maximalen Verluste minimiert werden. Die Lotterien für Spieler 1 lauten $(4p_1, 0p_2)$, wenn Spieler 2 die Strategie σ_{21} wählt, und $(1p_1, 3p_2)$, wenn Spieler 2 σ_{22} wählt. Das Sicherheitsniveau für Spieler 1 ist nun die Wahrscheinlichkeitsverteilung, bei der ein identisches Minimum für beide Lotterien erreicht wird. In diesem Fall führt die Wahrscheinlichkeitsverteilung $(\frac{1}{2}\sigma_{11}, \frac{1}{2}\sigma_{12})$ zu einem Sicherheitsniveau von 2 für jede Wahl von Spieler 2, und kein anderes Sicherheitsniveau besitzt einen höheren Wert ($p_1 = \frac{1}{2}$ und $p_2 = \frac{1}{2}$).

Tabelle 13:
Maximin-Prinzip beim Nullsummenspiel ohne Gleichgewicht in reinen Strategien

		Spieler 2		Zeilenminima
		σ_{21} (s_{i1})	σ_{22} (s_{i2})	
Spieler 1	σ_{11} (s_{1j})	4 (s_{11})	1 (s_{12})	1
	σ_{12} (s_{2j})	0 (s_{21})	3 (s_{22})	3 (Maximin)
Spaltenmaxima		4 (Minimax)	3	

Für Spieler 2 erfolgt die Argumentation analog. Die Lotterien von Spieler 2 sind ($4p_1$, $1p_2$), wenn Spieler 1 die Strategie σ_{11} wählt, und ($0p_1$, $3p_2$), wenn Spieler 1 σ_{12} wählt. Die Wahrscheinlichkeitsverteilung (σ_{21}, σ_{22}) ergibt hier das maximale Sicherheitsniveau von Spieler 2 mit 2 für jede Strategie von Spieler 1 (p_1 = und p_2 =). Somit liegt ein Gleichgewicht für die Wahrscheinlichkeitsverteilungen über die reinen Strategien ($\frac{1}{2}\sigma_{11}$, $\frac{1}{2}\sigma_{12}$) für Spieler 1 und (σ_{21}, σ_{22}) für Spieler 2 vor.

Theorem 1: Für jedes Zweipersonen-Nullsummenspiel Γ in Matrixform gibt es in gemischten Strategien genau ein Maximin-Gleichgewicht (Burger 1959: 64).

Zumindest in gemischten Strategien gibt es also immer eine Lösung für ein Zweipersonen-Nullsummenspiel. Allerdings ist mit dem Existenztheorem noch nicht geklärt, wie ein solches Maximin-Gleichgewicht ermittelt werden kann. Für Luce und Raiffa (1957: 425) ist die Intuition das gebräuchlichste Verfahren in der Praxis. Auf die mathematisch sehr anspruchsvollen Verfahren zur Auffindung von Gleichgewichtspunkten in gemischten Strategien wird hier nicht weiter eingegangen.

Tabelle 14: Nash-Gleichgewicht

		Spieler 2	
		σ_{21}	σ_{22}
Spieler 1	σ_{11}	1, 3*	0, 0
	σ_{12}	0, 1	3, 0

Im Gegensatz zu den Nullsummenspielen gibt es aber auch andere Spiele, bei denen die Realisierung gemeinsamer Gewinne durch Kooperation möglich wird. Für die Lösung solcher Spiele wird das *Nash-Gleichgewichtskonzept* verwendet. Ein Nash-Gleichgewicht liegt vor, wenn kein Spieler einen Anreiz hat, von einer Strategie abzuweichen, und der jeweilige Gegenspieler seine optimale Strategie wählt. In dem Beispiel in Tabelle 14 ist die Interaktionssituation s_{22}(σ_{12}, σ_{22}) mit der Auszahlung 3 für den Spieler 1 und 0 für den Spieler 2 kein Nash-Gleichgewicht, da σ_{22} für Spieler 2 nicht die optimale Strategie ist, wenn Spieler 1 σ_{12} wählt. Er könnte sich durch das Spielen der Strategie σ_{21} um eine Nutzeneinheit verbessern. Aber auch $s_{21}(\sigma_{12}, \sigma_{21})$ ist kein Nash-Gleichgewicht, da sich nun Spieler 1 durch einen Wechsel zu der Strategie σ_{11} besser stellen kann. Erst die Interaktionssituation $s_{11}*(\sigma_{11}, \sigma_{21})$ ist ein Nash-Gleichgewicht, weil keiner der beiden Spieler durch eine Abweichung von dieser Strategie gewinnen kann.

Definition 8: Eine Interaktionssituation $s_{t...t}*(\sigma_{1t}*, ..., \sigma_{jt}*, ..., \sigma_{mt}*)$ ist ein *Nash-Gleichgewicht*, wenn alle Spieler j ihre optimale Strategie $\sigma_{jt}*$ – gegeben die optimale Reaktion der Gegenspieler $\sigma_{-jt}*$ – wählen:

$$u_j(\sigma_{jt}*, \sigma_{-jt}*) \geq u_j(\sigma_{jt}, \sigma_{-jt}*) \qquad \text{für alle j, } \sigma_{jt} \in \Sigma_j \text{ und } \sigma_{-jt} \in \Sigma_{-j}.$$

Es gibt zwei Gründe für die Annahme, dass die Akteure eine Nash-Lösung wählen werden. Wenn zum einen davon ausgegangen wird, dass sich jedes Individuum rational verhält und rationale Handlungen von allen anderen Spieler erwartet, ist die Wahl eines Nash-Gleichgewichts eine logische Konsequenz. Dabei kann die Ermittlung des Gleichgewichts als Kalkulation aufgefasst werden, die jeder Spieler vornimmt (Damme 1987: 2f.). Andererseits kann die Wahl eines Nash-Gleichgewichts als der Endpunkt eines dynamischen Anpassungsprozesses angesehen werden. In diesem Fall passen die einzelnen Akteure solange wechselseitig ihre Strategien an die optimalen Strategien der Gegenspieler an, bis kein Akteur sich mehr verbessern kann (Holler/Illing 1996: 61).

Tabelle 15: Nash-Gleichgewicht in gemischten Strategien

		Spieler 2	
		σ_{21} (p = p₂)	σ_{22} (p = 1 - p₂)
Spieler 1	σ_{11} (p = p₁)	1, 1	1, 4
	σ_{12} (p = 1 - p₁)	0, 1	2, 0

Problematisch ist an dem Nash-Gleichgewicht ebenso wie beim Maximin-Prinzip, dass es Spiele gibt, die kein Nash-Gleichgewicht in reinen Strategien besitzen. Ein solches Spiel wird in Tabelle 15 dargestellt. Aber auch für das Lösungskonzept von Nash gilt, dass Spiele ohne Gleichgewicht in reinen Strategien zumindest ein Gleichgewicht in gemischten Strategien besitzen.

In dem Spiel aus Tabelle 15 gibt es kein Nash-Gleichgewicht in reinen Strategien, weil die optimalen Reaktionen des ersten Spielers auf die optimale Reaktion des zweiten Spielers auf die vorherige Wahl des ersten Spielers zu einem Anreiz beim zweiten Spieler führt, sein Verhalten anzupassen. Die optimalen Reaktionen der beiden Spieler lauten folgendermaßen:

Reaktionen von Spieler 1: $r_1(\sigma_{21}) = \sigma_{12}$ und $r_1(\sigma_{22}) = \sigma_{11}$;
Reaktionen von Spieler 2: $r_2(\sigma_{11}) = \sigma_{21}$ und $r_2(\sigma_{12}) = \sigma_{22}$.

Wird nun p_j als die Wahrscheinlichkeit für die Wahl der Strategie σ_{j1} des Spielers j bezeichnet, kann jede gemischte Strategie für Spieler j durch die Wahl einer bestimmten Wahrscheinlichkeit p_j ($0 \leq p_j \leq 1$) dargestellt werden. Da beide Spieler ihrer ersten Strategie σ_{j1} eine gewisse Wahrscheinlichkeit zuschreiben, sieht die Nutzenfunktion u_j der beiden Spieler wie folgt aus:

$$u_1 = 1p_1p_2 + 1p_1(1 - p_2) + 0(1 - p_1)p_2 + 2(1 - p_1)(1 - p_2) = p_1 + 2(1 - p_1)(1 - p_2);$$
$$u_2 = 1p_1p_2 + 4p_1(1 - p_2) + 1(1 - p_1)p_2 + 0(1 - p_1)(1 - p_2) = p_2 + 4p_1(1 - p_2).$$

Beide Spieler erhalten die optimale Wahrscheinlichkeitsverteilung p_j über die Ableitung der Nutzenfunktionen $u_j(p_j, p_{-j})$:

$$\partial u_1/\partial p_1 = 0 \Leftrightarrow 1 - 2(1 - p_2) = 0 \Leftrightarrow p_2 = 0,5;$$
$$\partial u_2/\partial p_2 = 0 \Leftrightarrow 1 - 4p_1 = 0 \Leftrightarrow p_1 = 0,25.$$

Für $p_2 > 0,5$ ist für Spieler 1 die reine Strategie σ_{12} optimal, bei einer Wahrscheinlichkeit von $p_2 < 0,5$ ist σ_{11} die beste Antwort. Hingegen ist Spieler 1 zwischen seinen reinen Strategien indifferent, wenn $p_2 = 0,5$ ist. In diesem Fall ist jede Mischung der beiden reinen Strategien für ihn optimal. Für Spieler 2 gilt die gleiche Argumentation.

$$p_1 = \begin{cases} 0 & \text{für } p_2 > 0,5 \\ [0, 1] & \text{für } p_2 = 0,5 \\ 1 & \text{für } p_2 < 0,5 \end{cases} \qquad p_2 = \begin{cases} 1 & \text{für } p_1 > 0,25 \\ [0, 1] & \text{für } p_1 = 0,25 \\ 0 & \text{für } p_1 < 0,25 \end{cases}$$

Ein Nash-Gleichgewicht liegt bei der Kombination der Wahrscheinlichkeitsverteilungen $p_1{}^* = 0,25$ und $p_2{}^* = 0,5$ vor. Bei einer Wahrscheinlichkeit $p_2 = 0,5$ ist Spieler 1 gegenüber p_1 indifferent, somit ist auch $p_1 = 0,25$ optimal für ihn. Gleichzeitig ist Spieler 2 bei einer Wahrscheinlichkeit $p_1 = 0,25$ gegenüber p_2 indifferent, wodurch auch $p_2 = 0,5$ für ihn optimal ist. Demnach handelt es sich hierbei um die wechselseitig beste Antwort.

Theorem 2: Für jedes Spiel Γ in Matrixform gibt es in gemischten Strategien mindestens ein Nash-Gleichgewicht (Nash 1951: 288).

Es gibt trotz der generellen Existenz des Nash-Gleichgewichts in gemischten Strategien ein Anreizproblem, tatsächlich das Nash-Gleichgewicht zu spielen. Wie oben beschrieben, sind beide Spieler indifferent zwischen den verschiedenen Wahrscheinlichkeitsverteilungen p_1 bzw. p_2, wenn der jeweils andere Spieler die Gleichgewichtswahrscheinlichkeit wählt. Durch diese Indifferenz entsteht ihnen zwar kein Schaden, wenn sie ebenfalls die Gleichgewichtswahrscheinlichkeit wählen, es fehlt ihnen jedoch jeder Anreiz für diese Wahl. Wenn ein Spieler dennoch die Gleichgewichtswahrscheinlichkeit wählt, besteht die Gefahr, dass der Mitspieler von seiner Gleichgewichtswahrscheinlichkeit abweicht und der erste Spieler sich verschlechtern könnte. Auf der anderen Seite wird durch das Spielen des Maximin-Gleichgewichts das gleiche hohe Nutzenniveau wie beim Spielen des Nash-Gleichgewichts gesichert, unabhängig von der Wahl des Mitspielers (in einem Zweipersonenspiel mit zwei reinen Strategien sind die Auszahlungen in einem Nash-Gleichgewicht in gemischten Strategien identisch mit den Auszahlungen in einem Maximin-Gleichgewicht in gemischten Strategien). Somit kann kein höherer Gewinn durch das Spielen des Nash-Gleichgewichts erzielt werden und es wird das Risiko einer Verschlechterung gegenüber dem Maximin-Gleichgewicht eingegangen. Die Wahl des Maximin-Gleichgewichts scheint also für beide Spieler attraktiv zu sein (Aumann/Maschler 1972: 59). Allerdings ist diese Empfehlung nicht unproblematisch, weil in dem Augenblick, in dem ein Spieler antizipiert, dass sein Gegenspieler seine Maximin-Strategie spielt, er diesen zwar nicht schlechter stellen kann (er wählt ja sein maximales Sicherheitsniveau), er sich selbst aber besser stellen kann, indem er von der Maximin-Strategie abweicht. Dies ist möglich, da das Maximin-Gleichgewicht zwar denselben Output erzeugt wie das Nash-Gleichgewicht, es dennoch nicht mit ihm identisch und nur im Nash-Gleichgewicht eine Verbesserung durch ein Abweichen nicht mehr möglich ist (durch ein Abweichen vom Nash-Gleichgewicht könnte nur die Position des Gegenspielers verschlechtert werden). Ein Zweipersonenspiel besitzt demnach kein eindeutiges Gleichgewicht in gemischten Strategien (Holler/Illing 1996: 71).

Neben dem Problem der Existenz eines Gleichgewichtes kann ein weiteres Problem beim Nash-Gleichgewicht auftreten. Das Existenztheorem (Theorem 2) stellt lediglich sicher, dass es mindestens ein Gleichgewicht gibt. Damit ist aber noch nicht die Eindeutigkeit eines Gleichgewichts gewährleistet. Wenn in einem Spiel mehrere Nash-Gleichgewichte auftreten, gibt das Nash-Lösungskonzept keine Kriterien für die Wahl zwischen den verschiedenen Nash-Gleichgewichten an. Es gibt keine Möglichkeit, zwischen diesen eine Bewertung vorzunehmen.

Um die Eindeutigkeit eines Gleichgewichts sicherzustellen, wurden *Verfeinerungen des Nash-Gleichgewichts* entwickelt. Es wurden zusätzliche Kriterien eingeführt, um bestimmte unplausible oder bei leichten Modifikationen des Spiels instabile Gleichgewichte auszuschließen. Die erste Alternative zum Nash-Gleichgewichtskonzept *eliminiert Gleichgewichte mit schwach dominierten Strategien*. So besitzt z.B. das Markteintrittsspiel (siehe Tabelle 16) die Nash-Gleichgewichte $s_{11}*(\sigma_{11}, \sigma_{21})$ und $s_{22}*(\sigma_{12}, \sigma_{22})$. Der Spieler 1 muss die Wahl treffen, ob er in den Markt eintreten soll (Strategie σ_{12}) oder nicht (Strategie σ_{11}). Der bisherige Monopolist (Spieler 2) entscheidet hingegen, ob er einen Preiskrieg führen soll, um den Konkurrenten aus dem Markt zu drängen (Strategie σ_{21}), oder ob er sich den Markt friedlich mit dem neuen Konkurrenten teilen soll (Strategie σ_{22}). Wenn der erste Spieler nicht in den Markt eintritt, erhält Spieler 2 in jedem Fall seinen maximalen Monopolgewinn von 100.

Tabelle 16: Markteintrittsspiel

		Spieler 2	
		σ_{21}	σ_{22}
Spieler 1	σ_{11}	0, 100(*)	0, 100
	σ_{12}	-10, -10	30, 30*

Die beiden Nash-Gleichgewichte $s_{11}^*(\sigma_{11}, \sigma_{21})$ und $s_{22}^*(\sigma_{12}, \sigma_{22})$ sind nicht gleichwertig, da die Strategie σ_{21} des zweiten Spielers von der Strategie σ_{22} schwach dominiert wird. Spieler 2 kann durch die Wahl von σ_{22} nicht verlieren, sondern höchstens gewinnen. Somit scheint das Nash-Gleichgewicht $s_{11}^*(\sigma_{11}, \sigma_{21})$ wenig plausibel zu sein, da es keinen rationalen Grund für den zweiten Spieler gibt, die Strategie σ_{21} zu wählen. Nach der Eliminierung des Gleichgewichtes $s_{11}^*(\sigma_{11}, \sigma_{21})$ mit der schwach dominierten Strategie σ_{11} bleibt nur ein eindeutiges Gleichgewicht $s_{22}^*(\sigma_{12}, \sigma_{22})$ übrig.

Definition 9: Eine Strategie $\sigma_{j\iota}$' wird schwach dominiert, falls es eine Strategie $\sigma_{j\iota}$" gibt, so dass:

$$u_j(\sigma_{j\iota}', \sigma_{-j\iota}) \leq u_j(\sigma_{j\iota}'', \sigma_{-j\iota}) \qquad \text{für } \sigma_{j\iota} \in \Sigma_j \text{ und } \sigma_{-j\iota} \in \Sigma_{-j}.$$

Wie das Beispiel aus Tabelle 17 zeigt, führt dieses Eliminierungsverfahren nicht immer zu einem eindeutigen Ergebnis. Das Spiel besitzt die beiden Nash-Gleichgewichte $s_{11}^*(\sigma_{11}, \sigma_{21})$ und $s_{12}^*(\sigma_{11}, \sigma_{22})$. Welches dieser beiden Gleichgewichte übrig bleibt, hängt von der Reihenfolge der Eliminierung der Strategien ab. Wenn die von der Strategie σ_{11} dominierte Strategie σ_{12} zuerst eliminiert wird, dominiert die Strategie σ_{22} die Strategie σ_{12}. Wird allerdings die Strategie σ_{13} als erstes eliminiert, dominiert die Strategie σ_{12} die Strategie σ_{22}.

Tabelle 17: Spiel ohne ein eindeutiges verfeinertes Nash-Gleichgewicht

		Spieler 2	
		σ_{21}	σ_{22}
Spieler 1	σ_{11}	4, 2*	2, 2*
	σ_{12}	1, 1	0, 0
	σ_{13}	0, 0	1, 1

Ein alternatives Lösungskonzept zur Bestimmung eines eindeutigen Gleichgewichts beruht auf der Idee, dass ein Gleichgewicht auch robust bei fehlerhafter Strategiewahl sein sollte. Es sollen diejenigen Gleichgewichte als Lösung ausgeschlossen werden, die bei einer möglicherweise mit sehr kleiner Wahrscheinlichkeit auftretenden fehlerhaften Wahl des Gegenspielers nicht mehr im Gleichgewicht sind. In dem Spiel aus Tabelle 18 existieren zwei Nash-Gleichgewichte $s_{11}^*(\sigma_{11}, \sigma_{21})$ und $s_{22}^*(\sigma_{12}, \sigma_{22})$, wobei $s_{22}^*(\sigma_{12}, \sigma_{22})$ für beide Spieler den höheren Nutzen verspricht. Wenn allerdings jeder Spieler mit einer sehr geringen Wahrscheinlichkeit einen Fehler des Gegenspielers erwartet, erscheint das Nash-Gleichgewicht $s_{22}^*(\sigma_{12}, \sigma_{22})$ kaum plausibel, da beide Spieler sich bei einem Abweichen des Gegenspielers von dem Gleichgewicht verschlechtern würden. Lediglich das Gleichgewicht $s_{11}^*(\sigma_{11}, \sigma_{21})$ ist »trembling-hand«-perfekt, da sich die Spieler bei einem Fehler des anderen Spielers verbessern (Selten 1975).

Tabelle 18: »Trembling-hand«-perfektes Gleichgewicht

		Spieler 2	
		σ_{21}	σ_{22}
Spieler 1	σ_{11}	1, 1*	4, 0
	σ_{12}	0, 4	4, 4$^{(*)}$

Definition 10: Eine Interaktionssituation $s_{t...\iota}^*(\sigma_{1t}^*, ..., \sigma_{jt}^*, ..., \sigma_{mt}^*)$ ist ein »trembling-hand«-perfektes Gleichgewicht, wenn einige perturbierte Spiele (Γ, η) mit η nahe bei 0 ein Gleichgewicht nahe an $s_{t...\iota}^*$ besitzen. $s_{t...\iota}^*$ ist perfekt, wenn die Sequenzen $\{s(t)\}_{t \in N}$ und $\{\eta(t)\}_{t \in N}$ mit $s(t) \in S^I(\Gamma, \eta(t))$ für alle $t \in N$ existieren, und $s(t)$ nach s und $\eta(t)$ nach 0 konvergiert für unendlich große t.

Nicht jedes Nash-Gleichgewicht ist ein »trembling-hand«-perfektes Gleichgewicht, aber jedes »trembling-hand«-perfekte Gleichgewicht ist undominiert (Damme 1987: 26 und 28). Ebenso wie für das Nash-Gleichgewicht ist die Existenz von wenigstens einem »trembling-hand«-perfekten Gleichgewicht sichergestellt.

Theorem 3: Für jedes Spiel Γ in Matrixform gibt es mindestens ein »trembling-hand«-perfektes Gleichgewicht (Selten 1975).

Problematisch an dem Lösungskonzept des »trembling-hand«-perfekten Gleichgewichts ist aber, dass nicht alle unplausiblen Gleichgewichtspunkte ausgeschlossen werden. Wie das Beispiel aus Tabelle 19 zeigt, kann das Hinzufügen einer strikt dominierten Strategie σ_{13} bzw. σ_{23} die Menge der perfekten Gleichgewichte verändern. Neben dem bisherigen perfekten Gleichgewicht $s_{11}^*(\sigma_{11}, \sigma_{21})$ ist nun auch die Interaktionssituation $s_{22}^*(\sigma_{12}, \sigma_{22})$ ein perfektes Gleichgewicht. Wenn Spieler 1 erwartet, dass der zweite Spieler die Strategie σ_{22} wählen wird, und wenn er glaubt, dass der Fehler σ_{23} mit einer größeren Wahrscheinlichkeit auftreten wird als der Fehler σ_{21}, ist es für beide Spieler optimal, den Gleichgewichtspunkt $s_{22}^*(\sigma_{12}, \sigma_{22})$ zu wählen.

Tabelle 19: Properes Gleichgewicht

		Spieler 2		
		σ_{21}	σ_{22}	σ_{23}
	σ_{11}	1, 1*	0, 0	-1, -3
Spieler 1	σ_{12}	0, 0	0, 0$^{(*)}$	0, -3
	σ_{13}	-3, -1	-3, 0	-3, -3

Um aber solch intuitiv unvernünftige Gleichgewichte auszuschließen, wurde das Konzept der »trembling-hand«-Perfektheit weiter verfeinert. Die Lösungsidee des *properen Gleichgewichts* geht davon aus, dass die Spieler sich bemühen, kostspieligere Fehler eher zu vermeiden als weniger kostspielige Fehler (Myerson 1978). Aus diesem Grunde kann davon ausgegangen werden, dass Fehler mit schwerwiegenden Folgen mit geringerer Wahrscheinlichkeit auftreten als Fehler mit geringen Folgen. Somit scheint das Gleichgewicht $s_{22}^*(\sigma_{12}, \sigma_{22})$ aus dem oben diskutierten Beispiel kaum noch plausibel, weil die Strategie σ_{j3} strikt von der Strategie σ_{j1} dominiert wird und demnach zu erwarten ist, dass der Fehler σ_{j3} mit einer geringeren Wahrscheinlichkeit auftritt als der Fehler σ_{j1}. Es bleibt lediglich $s_{11}^*(\sigma_{11}, \sigma_{21})$ als ein properes Gleichgewicht übrig.

Jedes propere Gleichgewicht ist auch »trembling-hand«-perfekt, aber nicht jedes perfekte Gleichgewicht ist auch proper (Holler/Illing 1996: 103).

Theorem 4: Für jedes Spiel Γ in Matrixform gibt es mindestens ein properes Gleichgewicht (Myerson 1978).

Tabelle 20: Strikt perfektes Gleichgewicht

		Spieler 2		
		σ_{21}	σ_{22}	σ_{23}
	σ_{11}	2, 2*	1, 1	0, 0
Spieler 1	σ_{12}	1, 1	1, 1$^{(*)}$	1, 1
	σ_{13}	0, 0	1, 1	1, 1

Quelle: Beispiel aus Damme 1987: 16.

Aber auch das Lösungskonzept des properen Gleichgewichts bietet nicht für alle Spiele eine ausreichende Lösungsstrategie. In dem Spiel aus Tabelle 20 zeigt sich, dass nicht alle Gleichgewichte gleich robust sind. Dieses Spiel besitzt mehrere Nash-Gleichgewichte, drei davon sind die Interaktionssituationen $s_{11}{}^*(\sigma_{11}, \sigma_{21})$, $s_{22}{}^*(\sigma_{12}, \sigma_{22})$ und $s_{33}{}^*(\sigma_{13}, \sigma_{23})$. Die Strategie σ_{13} wird von der Strategie σ_{12} schwach dominiert. Somit sind lediglich die Gleichgewichte $s_{11}{}^*(\sigma_{11}, \sigma_{21})$ und $s_{22}{}^*(\sigma_{12}, \sigma_{22})$ »trembling-hand«-perfekt und proper. Das Gleichgewicht $s_{11}{}^*(\sigma_{11}, \sigma_{21})$ ist aber robuster als das Gleichgewicht $s_{22}{}^*(\sigma_{12}, \sigma_{22})$. Wenn Spieler 1 annimmt, dass Spieler 2 die Strategie σ_{21} wählt, ist für ihn die Strategie σ_{11} optimal, wenn er einen Fehler des zweiten Spielers mit einer geringeren Wahrscheinlichkeit als 50% erwartet (unabhängig davon, welcher Fehler wahrscheinlicher ist). Im Unterschied dazu stellt das Gleichgewicht $s_{22}{}^*(\sigma_{12}, \sigma_{22})$ nur eine optimale Strategie für beide Spieler dar, wenn die Wahrscheinlichkeit des Fehlers σ_{j3} mindestens ebenso groß wie die Wahrscheinlichkeit des Fehlers σ_{j1} ist, sonst könnten sich beide Spieler durch das Spielen der Strategie σ_{j1} verbessern.

Um solche properen Gleichgewichte wie $s_{22}{}^*(\sigma_{12}, \sigma_{22})$ auszuschließen, wurde eine weitere Verfeinerung - das *strikt perfekte Gleichgewichtskonzept* - entwickelt. Im Gegensatz zu einem properen Gleichgewicht wird gefordert, dass Gleichgewichte nicht nur für einige, sondern für beliebig viele geringfügige Perturbationen stabil sind.

Durch das Konzept der strikt perfekten Gleichgewichte kann die Menge der in Frage kommenden Gleichgewichte weiter eingeschränkt werden, allerdings nur unter Aufgabe einer generellen Existenzaussage. Wie das Beispiel aus Tabelle 21 belegt, gibt es Spiele ohne ein strikt perfektes Gleichgewicht. Welches der beiden properen Gleichgewichte $s_{11}{}^*(\sigma_{11}, \sigma_{21})$ und $s_{21}{}^*(\sigma_{12}, \sigma_{21})$ gewählt werden sollte, hängt von der Fehlerwahrscheinlichkeit des zweiten Spielers für die Strategien σ_{22} und σ_{23} ab. Keines der beiden Gleichgewichte ist aber für jede beliebige Verteilung der Fehlerwahrscheinlichkeiten besser als das andere Gleichgewicht. Demnach besitzt dieses Spiel kein strikt perfektes Gleichgewicht.

Tabelle 21: Spiel ohne strikt perfektes Gleichgewicht

		Spieler 2		
		σ_{21}	σ_{22}	σ_{23}
Spieler 1	σ_{11}	1, 1	1, 0	0, 0
	σ_{12}	1, 1	0, 0	1, 0

Quelle: Beispiel aus Damme 1987: 16.

Die drei zuletzt diskutierten Verfeinerungen des Nash-Gleichgewichts beruhen auf der Idee, dass Gleichgewichte robust bei einer fehlerhaften Strategiewahl des Gegenspielers sein sollen. Ein anderer Ausgangspunkt für Verfeinerungen ist der Gedanke, dass Gleichgewichte robust bei Unsicherheiten über die Auszahlungen sein sollen. Diese Idee liegt dem *essentiellen Gleichgewicht* zugrunde (Wu/Jiang 1962). Ein Nash-Gleichgewicht s_{tt}* eines Spiels Γ ist essentiell, wenn jedes Spiel Γ' mit geringfügigen Perturbationen der Auszahlungen des Spiels Γ ein Gleichgewicht s_{tt}' nahe s_{tt}* besitzt.

Definition 11: Eine Interaktionssituation $s_{1...t}$*(σ_{1t}*, ..., σ_{jt}*, ..., σ_{mt}*) ist ein *essentielles Gleichgewicht*, wenn alle perturbierten Spiele (Γ, δ) mit δ nahe bei 0 ein Gleichgewicht nahe an $s_{1...t}$* besitzen. $s_{1...t}$* ist essentiell, wenn für alle $\varepsilon > 0$ ein $\delta > 0$ derart existiert, so dass für jedes Spiel Γ' mit Perturbationen $\rho(\Gamma, \Gamma') < \delta$ einige $s' \in S^I(\Gamma')$ mit Perturbationen $\rho(s, s') < \varepsilon$ existieren.

Da es sich bei einem essentiellen Gleichgewicht um eine weitere Verfeinerung des strikt perfekten Gleichgewichts handelt, tritt auch hier das Problem auf, dass dessen Existenz nicht sichergestellt ist. Außerdem gibt es weitere Gründe, essentielle Gleichgewichte nicht in jedem Fall nicht-essentiellen Gleichgewichten vorzuziehen. In dem Spiel aus Tabelle 22 ist nur das Gleichgewicht s_{11}*(σ_{11}, σ_{21}) essentiell, da die Gleichgewichte s_{22}*(σ_{12}, σ_{22}), s_{23}*(σ_{12}, σ_{23}), s_{32}*(σ_{13}, σ_{22}) und s_{33}*(σ_{13}, σ_{23}) bei leichten Veränderungen der Auszahlungen nicht robust sind. Wenn aber beide Spieler eine beliebige gemischte Strategie der reinen Strategien σ_{j2} und σ_{j3} spielen, erscheinen die Gründe, die für ein essentielles Gleichgewicht sprechen, kaum noch plausibel. Das Konzept des essentiellen Gleichgewichts ist hier zu restriktiv (Damme 1987: 18).

Tabelle 22: **Essentielles Gleichgewicht**

		Spieler 2		
		σ_{21}	σ_{22}	σ_{23}
Spieler 1	σ_{11}	1, 1*	0, 0	0, 0
	σ_{12}	0, 0	2, 2(*)	2, 2(*)
	σ_{13}	0, 0	2, 2(*)	2, 2(*)

Quelle: Beispiel aus Damme 1987: 18.

Die bisherigen Ausführungen über die Existenz und die Eindeutigkeit von Gleichgewichten können wie folgt zusammengefasst werden. Die Existenz von Gleichgewichten ist sowohl nach dem Nash- als auch nach dem Maximin-Kriterium in gemischten Strategien für Spiele in Matrixform gesichert. Hingegen ist nicht klar, welches Kriterium in Nicht-Nullsummenspielen angewendet werden soll, wenn es keine Gleichgewichte in reinen Strategien gibt. Bei der Anwendung des Nash-Kriteriums tritt das Problem auf, dass das Ergebnis nicht eindeutig sein muss. Über Verfeinerungen können zwar eine ganze Reihe von Gleichgewichten ausgeschlossen werden, aber für die weitestgehenden Verfeinerungen ist die Existenz eines Gleichgewichts nicht mehr gewährleistet. Außerdem führen bestimmte Gleichgewichtskonzepte nicht immer zu einem intuitiv einleuchtenden Ergebnis. Ein weiteres Problem der Verfeinerungen hängt mit der Annahme zusammen, dass sich Spieler nicht an die spieltheoretischen Lösungskonzepte halten (Spieler machen z.B. Fehler). Diese Abweichungen durch einen Spieler führen aber keineswegs dazu, dass der Gegenspieler alle spieltheoretischen Erkenntnisse über Bord wirft (wieso sollte dieser Spieler eine Gleichgewichtsstrategie spielen, wenn er nicht erwarten kann, dass sein Gegenspieler dies ebenso macht), sondern es wird weiter mit spieltheoretischer Logik argumentiert (Kreps 1990a: 113f.).

Die Spieltheorie hat aber nicht nur Gleichgewichtskonzepte für Spiele mit vollständiger Information entwickelt, sondern auch für Spiele, in denen die Spieler nicht alle Informationen über ihre Gegenspieler besitzen, wie z.B. ihre Präferenzen. Um Spiele mit vollständiger Information ausreichend zu charakterisieren, reichen die Angaben über die Menge der Spieler Θ, die Menge der Interaktionssituationen S, die Nutzenfunktion der Spieler u_j und die Menge der Spiele Ω aus: $\Gamma(\Theta, S^I, u_j, \Omega)$. Bei Spielen mit unvollständiger Information werden hingegen weitere Angaben benötigt (Harsanyi 1967: 173ff.). Es fehlen Informationen über die Menge der möglichen Informationszustände C_j, wobei $c_{j\chi}$ diejenigen Informationen darstellt, die nur dem Spieler j bekannt sind. Zusätzlich werden noch Angaben über die Wahrscheinlichkeitsverteilung $p(c_{-j\chi} | c_{j\chi})$ benötigt. Die bedingte Wahrscheinlichkeit $p(c_{-j\chi} | c_{j\chi})$ gibt die subjektive Erwartung von Spieler j an, dass seine Mitspieler -j die privaten Informationen $c_{-j\chi}$ besitzen, wenn er selbst $c_{j\chi}$ besitzt. Ein Spiel mit unvollständiger Information ist somit ausreichend beschrieben, wenn die Angaben über die möglichen Informationszustände C_j und die Wahrscheinlichkeitsverteilungen P hinzugefügt werden: $\Gamma(\Theta, S^I, S^U, C_j, P, u_j, \Omega)$.

Spiele mit unvollständiger Information werden mit dem *Bayes-Gleichgewicht* gelöst. Die Informationsdefizite können in einem Matrixspiel verschiedene Elemente betreffen. So können z.B. nicht alle Interaktionssituationen $s_{\iota...\iota}$ bzw. nicht alle Strategien σ_{jt} bekannt sein. Dem Spieler können aber auch Informationen über die Nutzenfunktionen u_{-j} der anderen Spieler fehlen. Harsanyi (1967: 167f.) zeigte, dass alle Unsicherheiten über die verschiedenen Elemente eines Spiels in Matrixform durch mangelnde Informationen über die fremden Nutzenfunktionen u_{-j} dargestellt werden können. Demnach kann ein Spiel mit unvollständigen Informationen als ein Spiel definiert werden, in dem den Spielern nicht alle Informationen über die Nutzenfunktionen der Gegenspieler vorliegen.

Die Nutzenfunktion wird in solchen Spielen aufgrund der Unsicherheit über die Informationen der Mitspieler wesentlich komplexer. Der Nutzen der einzelnen Spieler hängt nicht mehr nur von den gewählten Strategien σ_{jt} der einzelnen Spieler ab, sondern auch von den privaten Informationen $c_{j\chi}$, die die Spieler besitzen, sowie von den bedingten Wahrscheinlichkeitseinschätzungen über den Informationsbestand der Gegenspieler $p(c_{-j\chi} | c_{j\chi})$. Die Nutzenfunktion sieht wie folgt aus:

$$u_j(\sigma_{jt}(c_{j\chi}), \sigma_{-jt}(c_{-j\chi}), c_{j\chi}) = \sum_{c-j\chi} p(c_{-j\chi} | c_{j\chi}) \, u_j(\sigma_{1t}(c_{1\chi}), \sigma_{-1t}(c_{-1\chi}), c_{1\chi}, ..., c_{m\chi}).$$

Analog zu einem Nash-Gleichgewicht kann das Bayes-Gleichgewicht definiert werden:

Definition 12: Eine Interaktionssituation $s_{l...l}{}^*(\sigma_{1l}{}^*(c_{1\chi}), ..., \sigma_{jl}{}^*(c_{j\chi}), ..., \sigma_{ml}{}^*(c_{m\chi}))$ ist ein *Bayes-Gleichgewicht*, wenn alle Spieler j des Typs $c_{j\chi}$ ihre optimale Strategie $\sigma_{jl}{}^*(c_{j\chi})$ – gegeben sei die optimale Reaktion aller potentiellen Gegenspieler $\sigma_{-jl}{}^*(c_{-j\chi})$ – wählen:

$$u_j(\sigma_{jl}{}^*(c_{j\chi}), \sigma_{-jl}{}^*(c_{-j\chi})) \geq u_j(\sigma_{jl}(c_{j\chi}), \sigma_{-jl}{}^*(c_{-j\chi})) \quad \text{für alle } j, \sigma_{jl} \text{ und } c_{j\chi}.$$

Im Gegensatz zum Nash-Gleichgewicht (Definition 8) existiert das Bayes-Gleichgewicht für gegebene Wahrscheinlichkeitseinschätzungen $p(c_{-j\chi}|c_{j\chi})$ über die privaten Informationszustände der Mitspieler $c_{-j\chi}$. Problematisch an der expliziten Definition des Bayes-Gleichgewichts über die Wahrscheinlichkeitseinschätzungen $p(c_{-j\chi}|c_{j\chi})$ ist, dass bei beliebigen Wahrscheinlichkeitseinschätzungen fast jede Strategiekombination der Spieler ein Gleichgewicht darstellen würde. Um die Menge der möglichen Gleichgewichte einzuschränken, wird häufig angenommen, dass die Wahrscheinlichkeitseinschätzungen auf gemeinsamen objektiven Eintrittswahrscheinlichkeiten der Umweltzustände $s_h(c_{j\chi}, c_{-j\chi})$ basieren. Diese Annahme wird »common prior« genannt (vgl. Harsanyi 1968b: 493ff.; Myerson 1985: 238). Diese bedingte Wahrscheinlichkeitseinschätzung kann folgendermaßen definiert werden:

$$p(c_{-j\chi}|c_{j\chi}) = ps_h/p(c_{j\chi}) = p(c_{j\chi}, c_{-j\chi})/p(c_{j\chi}) \quad \text{für alle } c_{j\chi} \in C_j \text{ und } c_{-j\chi} \in C_{-j}$$

mit $p(c_{j\chi}) = \sum_{c-j\chi \in C-j} p(c_{j\chi}, c_{-j\chi})$.

Ein Beispiel soll das Konzept des Bayes-Gleichgewichts verdeutlichen. In Tabelle 23 sind die Auszahlungsmatrizen der vier Umweltzustände $s_h(c_{j\chi}, c_{-j\chi})$ eines Spiels mit unvollständiger Information dargestellt. Je nach Umweltzustand s_h bzw. je nach Kombination der Umweltzustände $(c_{j\chi}, c_{-j\chi})$ erfüllt ein anderes Strategiepaar $(\sigma_{11}(c_{1\chi}), \sigma_{21}(c_{2\chi}))$ die Bedingung für ein Nash-Gleichgewicht $s_{ll}{}^*(\sigma_{1l}{}^*(c_{1\chi}), \sigma_{2l}{}^*(c_{2\chi}))$. Da aber den Spielern keine vollständigen Informationen über den konkreten Umweltzustand vorliegen (jeder Spieler j weiß nur, auf welcher Seite c_{jl} er sich selbst befindet), kann keine Gleichgewichtsstrategie gespielt werden.

Tabelle 23: Auszahlungsmatrizen bei einem Spiel mit unvollständiger Information

			Spieler 2			
			c_{21}		c_{22}	
			$\sigma_{21}(c_{12})$	$\sigma_{22}(c_{12})$	$\sigma_{21}(c_{22})$	$\sigma_{22}(c_{22})$
Spieler 1	c_{11}	$\sigma_{11}(c_{11})$	3, 0	0, 1	1, 0	2, 1*
		$\sigma_{12}(c_{11})$	0, 1	2, 2*	0, 0	1, 1
	c_{12}	$\sigma_{11}(c_{12})$	0, 1	0, 0	2, 2*	1, 0
		$\sigma_{12}(c_{12})$	1, 2*	1, 1	1, 0	0, 3

Um trotz der mangelnden Informationen eine Bayes-Gleichgewichtsstrategie ermitteln zu können, sind weitere Informationen nötig. In Tabelle 24 sind die allen Spielern bekannten objektiven Eintrittswahrscheinlichkeiten der Umweltzustände s_h angegeben. Ist nun Spieler 1 bekannt, dass er dem Typ c_{11} entspricht, kann er auf der Basis der objektiven Wahrscheinlichkeiten seine Erwartungen darüber formulieren, mit welcher Wahrscheinlichkeit Spieler 2 dem Typ c_{22} entspricht ($0,8 - 0,4/[0,1 + 0,4]$).

Tabelle 24:
Objektive Eintrittswahrscheinlichkeiten der Umweltzustände s_h und die daraus abgeleiteten Wahrscheinlichkeitserwartungen, dass der Gegenspieler dem Typ c_{-ji} entspricht

objektive Wahrscheinlichkeiten	c_{21}	c_{22}	Erwartungen von Spieler 1	c_{21}	c_{22}	Erwartungen von Spieler 2	$p(c_{1h}\|c_{21})$	$p(c_{1h}\|c_{22})$
c_{11}	0,1 (s_1)	0,4 (s_2)	$p(c_{2h}\|c_{11})$	0,2	0,8	c_{11}	0,25	0,67
c_{12}	0,3 (s_3)	0,2 (s_4)	$p(c_{2h}\|c_{12})$	0,6	0,4	c_{12}	0,75	0,33

Mit Hilfe der vorliegenden bedingten Wahrscheinlichkeiten kann nun die Auszahlungsmatrix $u_j(\sigma_{jt}(c_{j\chi}), \sigma_{-jt}(c_{-j\chi}), c_{j\chi})$ für beide Spieler ermittelt werden (siehe Tabellen 25 und 26). Die Auszahlungsmatrix gibt den erwarteten Nutzen einer Strategie $\sigma_{jt}(c_{j\chi})$ für bestimmte Strategiekombinationen $z_{\alpha\beta}$ des Gegenspielers an. α steht dabei für die Strategie σ_{-jt}, die der Gegenspieler wählt, wenn er dem Typ 1 (c_{-j1}) entspricht. β steht dementsprechend für die Strategie σ_{-jt}, die er spielt, wenn er dem Typ 2 (c_{-j2}) entspricht. Die Auszahlung der Strategie $\sigma_{11}(c_{11})$ von Spieler 1 für z_{12} wird folgendermaßen berechnet:
$0,2 \bullet 3 + 0,8 \bullet 2 = 2,2$.

Tabelle 25: Auszahlungsmatrix von Spieler 1 für die Strategiekombinationen $z_{\alpha\beta}$ von Spieler 2 ($z_\alpha = \sigma_{2t}(c_{21})$; $z_\beta = \sigma_{2t}(c_{22})$)

		z_{11}	z_{12}	z_{21}	z_{22}
c_{11}	$\sigma_{11}(c_{11})$	1,4	2,2	0,8	1,6
	$\sigma_{12}(c_{11})$	0	0,8	0,4	1,2
c_{12}	$\sigma_{11}(c_{12})$	0,8	0,8	0,8	1
	$\sigma_{12}(c_{12})$	0,6	0,6	0,6	0,6

Für Spieler 1 ist es sowohl für seinen privaten Informationszustand c_{11} als auch für c_{12} optimal, die Strategie σ_{11} zu wählen, da in beiden Fällen die Strategie σ_{12} strikt von σ_{11} dominiert wird. Für den zweiten Spieler ist dies keineswegs so eindeutig. Allerdings kann Spieler 2 die Strategiekombinationen z_{12}, z_{21} und z_{22} von Spieler 1 ausschließen, weil Spieler 1 niemals die dominierte Strategie σ_{12} spielen würde. Für die erwartete Reaktion z_{11} von Spieler 1 ist aber auch die erste Strategie σ_{21} von Spieler 2, unabhängig von seinem privaten Informationszustand $c_{2\chi}$, besser als σ_{22}. Somit liegt dasselbe Bayes-Gleichgewicht $s_{11}{}^*(\sigma_{11}{}^*(c_{1\chi}), \sigma_{21}{}^*(c_{2\chi}))$ für alle vier Umweltzustände $s_h(c_{1\chi}, c_{2\chi})$ vor.

Tabelle 26: Auszahlungsmatrix von Spieler 2 für die Strategiekombinationen $z_{\alpha\beta}$ von Spieler I ($z_\alpha = \sigma_{1t}(c_{11})$; $z_\beta = \sigma_{1t}(c_{12})$)

		z_{11}	z_{12}	z_{21}	z_{22}
c_{21}	$\sigma_{21}(c_{21})$	0,75	1,5	1	1,75
	$\sigma_{22}(c_{21})$	0,67	1	1,33	1,67
c_{22}	$\sigma_{21}(c_{22})$	1,5	0	1,5	0
	$\sigma_{22}(c_{22})$	0,67	1,67	0,67	1,67

Theorem 5: Für jedes Spiel Γ in Matrixform mit finiten reinen Strategien gibt es mindestens ein Bayes-Gleichgewicht (Harsanyi 1968a: 322).

Im Gegensatz zu dem Existenztheorem des Nash-Gleichgewichts (Theorem 2) kann auf die Einschränkung verzichtet werden, dass ein Gleichgewicht lediglich für gemischte Strategien sichergestellt ist. Bei einem Bayes-Gleichgewichtskonzept wird die Funktion der probabilistischen Strategienkombinationen für die Ermittlung eines Gleichgewichtes durch die Unsicherheit über das Verhalten der Gegenspieler aufgrund unvollständiger Informationen ersetzt. Diesem Übergang vom Nash- zum Bayes-Gleichgewicht entspricht der Übergang von der EU-Theorie von Neumann und Morgenstern zu der SEU-Theorie von Savage in der Erwartungsnutzentheorie. In beiden Fällen wird nicht mehr nur von subjektiven Nutzenwerten, sondern auch von subjektiven Wahrscheinlichkeitsverteilungen ausgegangen (vgl. Aumann 1987: 2f.).

Tabelle 27: »Kampf der Geschlechter«-Spiel

		Spieler 2	
		σ_{21}	σ_{22}
Spieler 1	σ_{11}	4, 1*	0, 0
	σ_{12}	0, 0	1, 4*

Die bayesianische Sichtweise stellt generell eine Alternative zum Nash-Lösungskonzept in gemischten Strategien dar. Dies gilt auch für Spiele mit vollständiger Information. Vor allem für Spiele mit Koordinationsproblemen ist die Nash-Lösung unbefriedigend. In Tabelle 27 wird ein Spiel dargestellt, welches »Kampf der Geschlechter« genannt wird. Dieses Spiel beschreibt die Entscheidung eines Paares über die Gestaltung des Abends. Als Alternativen liegen den beiden Akteuren ein Ballettbesuch (Strategie σ_{j1}) und der Besuch eines Boxwettkampfes (Strategie σ_{j2}) vor. Sie (Spieler 1) präferiert den Ballettbesuch, während er (Spieler 2) den Boxwettkampf vorzieht. Beide gehen aber lieber gemeinsam zu einer Veranstaltung als alleine (Luce/Raiffa 1957: 91). Somit ergeben sich die beiden Nash-Gleichgewichte $s_{11}{}^*(\sigma_{11}{}^*, \sigma_{21}{}^*)$ und $s_{22}{}^*(\sigma_{12}{}^*, \sigma_{22}{}^*)$. Aufgrund der Symmetrie des Spieles, haben sie keine Möglichkeit, eines der beiden Gleichgewichte über Verfeinerungen des Nash-Gleichgewichtskonzeptes auszuschließen. Welche Strategie soll nun gewählt werden, wenn das Spiel nur einmal gespielt wird und keine Kommunikation möglich ist? Schelling (1976: 57f.) bietet als Lösung für dieses Koordinationsproblem an, dass die beiden Spieler Kenntnis von sogenannten »focal points« besitzen. Diese »focal points« oder Schelling-Punkte setzen allerdings einen impliziten Kommunikationsprozess oder zumindest eine kulturelle Vorprägung der Spieler voraus (Harsanyi 1977: 297; Voss 1985: 144). So ist zu erwarten, dass das Gleichgewicht $s_{22}{}^*(\sigma_{12}{}^*, \sigma_{22}{}^*)$ verwirklicht wird, wenn die Spieler in einer patriarchalen Gesellschaft sozialisiert wurden. Diese Argumentation ist allerdings problematisch, weil hier Kultur ad hoc zur Lösung des Koordinationsproblems eingeführt wird. Es gibt bei einem einmaligen Spielen *keine* logische theorieinterne Begründung für solche gemeinsamen Erwartungen über Schelling-Punkte.

Eine theorieinterne Lösung des Koordinationsproblems ist das Nash-Gleichgewicht in gemischten Strategien. Das Spiel ist bei der Kombination der Wahrscheinlichkeitsverteilungen $p_1{}^* = 0{,}8$ (die Wahrscheinlichkeit, dass Spieler 1 die Strategie σ_{11} wählt) und $p_2{}^* = 0{,}2$ (die Wahrscheinlichkeit, dass Spieler 2 die Strategie σ_{21} wählt) im Gleichgewicht. Gegen die Wahl einer Gleichgewichtsstrategie in gemischten Strategien spricht allerdings, dass die erwartete Auszahlung von 0,8 für beide Spieler unter der Mindestauszahlung von 1 in den reinen Nash-Gleichgewichtspunkten liegt. Einerseits gibt es eine eindeutige Nash-Lösung in gemischten Strategien, welche nicht den höchsten Nutzen erbringt, andererseits ist nicht bekannt, welches der besseren reinen Nash-Gleichgewichte gewählt werden soll.

Das auf der bayesianischen Sichtweise beruhende *Gleichgewichtskonzept in korrelierten Strategien* bietet in diesem Fall eine Lösung an. Es wird ein Vermittler eingeführt, der zufällig ein Gleichgewicht auswählt (jedes mit einer Wahrscheinlichkeit von 50%) und anschließend den Spielern empfiehlt, $s_{11}{}^*(\sigma_{11}{}^*, \sigma_{21}{}^*)$ oder $s_{22}{}^*(\sigma_{12}{}^*, \sigma_{22}{}^*)$ zu spielen. Aufgrund der zusätzlichen Informationen ist es für beide Spieler rational, sich an die Empfehlung zu halten, weil die Informationen »focal points« generieren und sich jeder Spieler bei einer Abweichung von diesen »focal points« nur verschlechtern kann (Holler/Illing 1996: 88).

Definition 13: Eine Interaktionssituation $s_{t...t}{}^*(\sigma_{11}{}^*, ..., \sigma_{ji}{}^*, ..., \sigma_{mt}{}^*)$ ist ein *Gleichgewicht in korrelierten Strategien*, wenn für eine Wahrscheinlichkeitsverteilung $p(s_{t...t})$ über die Menge aller reinen Strategiekombinationen S^I –

wobei $p(s_{t...t})$ gemeinsames Wissen aller Spieler ist – alle Spieler j ihre optimale Strategie σ_{jt}^* – gegeben sei die optimale Reaktion der Gegenspieler σ_{-jt}^* – wählen:

$$\sum p(s_{t...t}^*)u_j(\sigma_{jt}^*, \sigma_{-jt}^*) \geq \sum p(s_{t...t}^*)u_j(\sigma_{jt}, \sigma_{-jt}^*) \qquad \text{für alle } j, \sigma_{jt} \in \Sigma_j.$$

Auf dieselbe Art und Weise kann auch das Spiel in Tabelle 28 gelöst werden. Dieses Spiel nenne ich Angsthasenspiel in Anlehnung an die englische Bezeichnung »chicken game«. Es geht um Jugendliche, die – um ihren Mut zu beweisen – mit ihrem Auto aufeinander zurasen. Derjenige Fahrer, der zuerst dem anderen Auto ausweicht, ist der Angsthase (»chicken«), während der andere der gefeierte Gewinner ist. Weicht aber keiner der Fahrer rechtzeitig aus, riskieren beide einen tödlichen Unfall. Das Angsthasenspiel unterscheidet sich von dem »Kampf der Geschlechter«-Spiel dadurch, dass die Strategiekombination $s_{21}(\sigma_{12}, \sigma_{21})$ eine höhere gemeinsame Auszahlung erbringt als die Nash-Gleichgewichte $s_{11}^*(\sigma_{11}^*, \sigma_{21}^*)$ und $s_{22}^*(\sigma_{12}^*, \sigma_{22}^*)$. Wenn nun auch hier ein Vermittler zufällig eine Strategiekombination $s_{11}^*(\sigma_{11}^*, \sigma_{21}^*)$, $s_{21}(\sigma_{12}, \sigma_{21})$ oder $s_{22}^*(\sigma_{12}^*, \sigma_{22}^*)$ jeweils mit einer Wahrscheinlichkeit von 33% ermittelt und danach den Spielern empfiehlt, die Strategie σ_{jt} zu spielen, können beide Spieler eine erwartete Auszahlung von 3,33 erreichen. Würden hingegen nur die beiden Nash-Gleichgewichte berücksichtigt, könnten die Spieler nur einen durchschnittlichen Gewinn von 2,5 verwirklichen. Wieder können sich beide Spieler besser stellen, wenn sie sich an die Empfehlungen halten. Wird Spieler 1 z.B. empfohlen, die Strategie σ_{12} zu spielen, weiß er, dass der Vermittler dem zweiten Spieler mit gleicher Wahrscheinlichkeit σ_{21} oder σ_{22} empfiehlt. In diesem Fall kann Spieler 1 einen Gewinn von 2,5 erwarten, also zumindest den Gewinn, den er auch erwarten könnte, wenn nur die beiden Nash-Gleichgewichte berücksichtigt würden. Wenn Spieler 1 hingegen zu σ_{11} geraten wird, weiß er, dass Spieler 2 die Strategie σ_{21} empfohlen wird. Somit hat der erste Spieler eine Auszahlung von 5 sicher (Myerson 1994: 829).

Tabelle 28: Angsthasenspiel (»chicken game«)

		Spieler 2	
		σ_{21}	σ_{22}
Spieler 1	σ_{11}	5, 1*	0, 0
	σ_{12}	4, 4	1, 5*

Quelle: Beispiel aus Myerson 1994: 828.

Die Annahme eines Vermittlers in dem Gleichgewichtskonzept in korrelierten Strategien führt wie bei Schellings Lösung über die »focal points« die Kommunikation ein, um das Koordinationsproblem zu lösen. Dies steht im Wiederspruch zu den Annahmen der nicht-kooperativen Spieltheorie, wodurch der Anspruch, nur sich selbst verstärkende Lösungen zuzulassen, erheblich eingeschränkt wird. Im übrigen zeigen diese Lösungskonzepte in Spielen mit Koordinationsproblemen lediglich, dass kein Spieler einen Anreiz hat, von einem bestehenden oder empfohlenen Gleichgewicht abzuweichen. Allerdings ist die Stabilität des Gleichgewichts nicht das Problem. Die Wahl eines von mehreren Gleichgewichten aus einer Ungleichgewichtssituation heraus gilt es zu erklären. Die systematische Konvergenz zu einem Gleichgewicht kann nur durch weitere Annahmen sichergestellt werden. Dies gilt im Besonderen für die Fälle, in denen mehr als zwei Akteure an einem Koordinationsproblem beteiligt sind.

Neben den Spielen in Matrixform, in denen sich die Akteure simultan entscheiden, haben die Spieltheoretiker auch Methoden entwickelt, um Spiele zu lösen, in denen die Akteure nacheinander handeln, d.h. dass der zweite Spieler die Handlung des ersten Spielers kennt und sie bei seiner Wahl mit berücksichtigen kann. Spiele, die die Sequenz der Entscheidungen abbilden, werden *Spiele in extensiver Form* genannt. Spiele in extensiver Form können durch einen Entscheidungsbaum dargestellt werden, in dem für jeden Spieler die möglichen Alternativen angegeben werden. Ein solches Spiel kann vollständig durch die Menge der Akteure Θ, die Menge der Züge Z, die Menge der Alternativen des Akteurs j A_j, die Menge der Interaktionssituationen S^I, die Menge der Umweltzustände S^U, die Menge der Informationszustände des Akteurs j C_j, die Menge der Eintrittswahrscheinlichkeiten der Umweltzustände P und die Nutzenfunktion für die Akteure u_j beschrieben werden:

$$\Gamma = \Gamma(\Theta, Z, A_j, S^I, S^U, C_j, P, u_j).$$

In Darstellung 4 wird ein Beispiel für ein Spiel in extensiver Form angegeben. Es handelt sich um das Spiel in Matrixform aus Tabelle 14. Spiele in extensiver Form werden mit dem »backward induction«-Prinzip gelöst (Kuhn 1953: 209). Nach dieser Methode wird ein Spiel rückwärts vom letzten Zug ausgehend gelöst. Beispielsweise kann Spieler 1 in dem dargestellten Spiel davon ausgehen, dass Spieler 2 auf die Alternative a_{11} mit a_{21} reagieren wird, da sie einen höheren Nutzen als die Alternative a_{22} verspricht. Ebenso wird Spieler 2 auf die Wahl der Alternative a_{12} des ersten Spielers mit a_{21} reagieren. Da Spieler 1 nun weiß, dass nur die Punkte D und F nach der Wahl des zweiten Spielers erreicht werden können, kann er sich für die Alternative a_{11} entscheiden, weil er sich hier wenigstens eine erwartete Auszahlung von 1 sichern kann. Auf die gleiche Weise kann jedes Spiel in extensiver Form mit einem endlichen Baum und vollständiger Information gelöst werden.

Darstellung 4: Spiel in extensiver Form

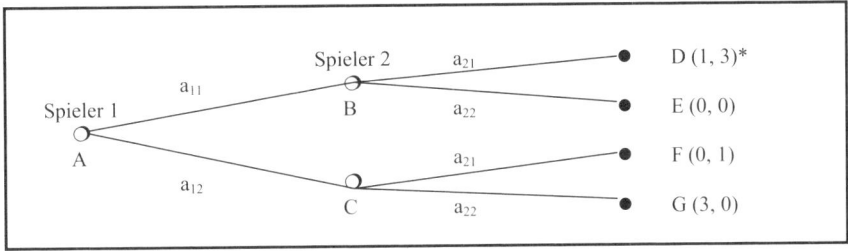

Definition 14: Eine Interaktionssituation $s_{i...i}^*(a_{1ji}^*, ..., a_{kji}^*, ..., a_{\mu ji}^*)$ ist ein *Nash-Gleichgewicht* in einem Spiel in extensiver Form, wenn alle Spieler j ihre optimale Alternative a_{kji}^* – gegeben sei die optimalen Reaktionen der Gegenspieler $a_{k\text{-}ji}^*$ – wählen:

$$u_j(a_{kji}^*, a_{k\text{-}ji}^*) \geq u_j(a_{kji}, a_{k\text{-}ji}^*) \qquad \text{für alle j, } a_{kji} \in A_j \text{ und } a_{k\text{-}ji} \in A_{\text{-}j}.$$

Theorem 6: Für jedes Spiel Γ in extensiver Form mit vollständiger Information und einem endlichen Entscheidungsbaum gibt es mindestens ein Gleichgewicht in reinen Strategien (Kuhn 1953: 209).

Interessanterweise führen beide Darstellungsformen des Spiels aus Darstellung 4 und Tabelle 14 zu demselben Gleichgewichtspunkt s_{11}^*. In der Tat wurde lange angenommen, dass die Matrix- und die extensive Form äquivalent seien, so dass jedes Spiel in extensiver Form auch als Matrixspiel analysiert werden könne (Shubik 1964: 15), bis Selten (1965) zeigte, dass bestimmte Nash-Gleichgewichte eines Spiels in Matrixform in der extensiven Form nicht mehr vernünftig erscheinen.

Darstellung 5: Markteintrittsspiel in extensiver Form

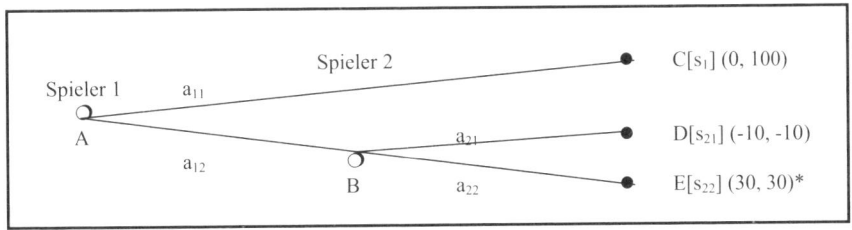

Betrachten wir erneut das Markteintrittsspiel aus Tabelle 16 (in Darstellung 5 ist es als Spiel in extensiver Form dargestellt). Dieses Spiel besitzt in der Matrixform die Gleichgewichte s_{11}^* und s_{22}^*. Dies entspricht den Gleichgewichtspunkten C und E in der extensiven Form. Das Gleichgewicht C ist wenig plausibel, da der Spieler 1 die Alternative a_{11} nur wählt, wenn er erwartet, dass Spieler 2 auf die Alternative a_{12} mit a_{21} reagiert. Eine solche Reaktion des zweiten Spielers ist aber unwahrscheinlich, weil er sich verschlechtern würde. Demnach ist der Eintritt in den Markt die einzige rationale Strategie des ersten Spielers, da er erwarten kann, dass der zweite Spieler sich den Markt friedlich mit ihm teilt. Diese *Verfeinerung des Nash-Gleichgewichts für extensive Spiele* wird *teilspielperfektes Gleichgewicht* genannt. Durch die rückwärtsgerichtete Analyse, d.h. durch die Betrachtung der einzelnen Teilspiele (an jedem einzelnen Entscheidungsknoten wird untersucht, wie sich der Akteur verhalten wird, wenn er weiß, wie sich die nachfolgenden Akteure verhalten), können bestimmte Nash-Gleichgewichte unabhängig davon ausgeschlossen werden, ob sie auf dem Gleichgewichtspfad der Nash-Lösungen liegen.

Definition 15: Eine Interaktionssituation $s_{i...i}^*(a_{1ji}^*, ..., a_{kji}^*, ..., a_{\mu ji}^*)$ ist ein *teilspielperfektes Gleichgewicht* in einem Spiel in extensiver Form, wenn für jedes Teilspiel (beginnend mit dem Zug k) die Interaktionssituation $s_{i...i}^*(a_{kji}^*, ..., a_{\mu ji}^*)$ ein Nash-Gleichgewicht des Teilspiels ist.

Bei der Berücksichtigung von unvollständigen Informationen tritt bei Spielen in extensiver Form ein weiteres Problem auf. Nehmen wir an, dass ein Spieler nicht weiß, welche Alternative sein Gegenspieler vor ihm gewählt hat, so ist für ein Teilspiel außerhalb des Gleichgewichtspfades (die Wahrscheinlichkeit liegt bei 0%) keine bedingte Wahrscheinlichkeit definiert und somit auch das Bayesianische Lösungskonzept nicht anwendbar (Holler/Illing 1996: 110f.). Um trotzdem mit der Bayesianischen Regel arbeiten zu können, bezieht das *sequentielle Gleichgewichtskonzept* die Wahrscheinlichkeitseinschätzungen der Spieler μ in den Fällen mit ein, in denen die Wahrscheinlichkeit gleich Null ist (Kreps/Wilson 1982).

Darstellung 6:
Sequentielles Gleichgewicht in einem modifizierten Markteintrittsspiel

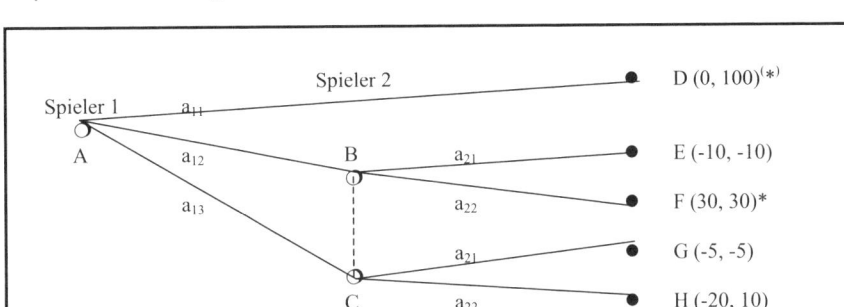

In der Darstellung 6 ist eine modifizierte Form des Markteintrittsspiels abgebildet. Die gestrichelte Linie zwischen den Punkten B und C bedeutet, dass der zweite Spieler nicht weiß, ob der erste Spieler die Alternative a_{12} oder a_{13} gewählt hat. Dasselbe Spiel ist in Tabelle 29 auch in Matrixform dargestellt. In Matrixform besitzt das Spiel die Gleichgewichte $s_{11}^{*}(\sigma_{11}^{*}, \sigma_{21}^{*})$ und $s_{22}^{*}(\sigma_{12}^{*}, \sigma_{22}^{*})$. Dies entspricht den Endpunkten D und F in der extensiven Form. Nehmen wir an, dass sich alle Spieler an den Pfad zum Gleichgewicht $s_{11}^{*}(\sigma_{11}^{*}, \sigma_{21}^{*})$ halten, dann werden die Entscheidungssituationen B und C des zweiten Spielers niemals auftreten (dies entspricht einer Wahrscheinlichkeit von 0%). Sollte sich Spieler 2 unerwarteterweise doch in B oder C befinden, dann kann er die bedingten Wahrscheinlichkeiten $p(B \mid \neg D) = \mu_B$ und $p(C \mid \neg D) = \mu_C = 1 - \mu_B$ nicht bestimmen. Jede beliebige Wahrscheinlichkeitseinschätzung von μ_B und μ_C wäre möglich.

Tabelle 29: Modifiziertes Markteintrittsspiel in Matrixform

		Spieler 2	
		σ_{21}	σ_{22}
	σ_{11}	0, 100*	0, 100
Spieler 1	σ_{12}	-10, -10	30, 30*
	σ_{13}	-5, -5	-20, 10

In dem modifizierten Markteintrittsspiel ist der erwartete Nutzen der Alternative a_{22} für Spieler 2 unabhängig von den genauen Werten von μ_B und μ_C immer besser als die Alternative a_{21}:

$$30\mu_B + 10(1 - \mu_B) > -10\mu_B - 5(1 - \mu_B), \qquad \text{für alle } \mu_B.$$

Da Spieler 1 dies weiß, wird er die Alternative a_{12} immer der Alternative a_{13} vorziehen. Somit wird der Knoten C nie erreicht werden, wodurch die einzige vernünftige Wahrscheinlichkeitseinschätzung $\mu_B = 1$ ist. Nun können die beiden Nash-Gleichgewichte D und F miteinander verglichen werden, und es stellt sich heraus – die Argumentation folgt der Begründung des teilspielperfekten Gleichgewichts im ursprünglichen Markteintrittspiel –, dass nur der Punkt F ein sequentielles Gleichgewicht darstellt.

Definition 16: Eine Interaktionssituation $s_{i...i}*(a_{1ji}{}^*, ..., a_{kji}{}^*, ..., a_{\mu ji}{}^*; \mu)$ ist ein *sequentielles Gleichgewicht* in einem Spiel in extensiver Form, wenn alle Spieler j ihre optimale Alternative $a_{kji}{}^*$ im Zug k – gegeben sind die optimalen Reaktionen der Gegenspieler $a_{-k-ji}{}^*$ in den nachfolgenden Zügen und gegeben ist die konsistente Wahrscheinlichkeitseinschätzung μ – wählen:

$$u_j(a_{kji}{}^*, a_{-k-ji}{}^*; \mu) \geq u_j(a_{kji}, a_{-k-ji}{}^*; \mu) \text{ für alle } j, a_{kji} \text{ und } a_{-k-ji}, \text{ mit } -k > k.$$

Die Konsistenzforderung besagt, dass die Wahrscheinlichkeitseinschätzungen so lange wie möglich mit Hilfe der Bayesianischen Regel gebildet werden. Falls dies nicht mehr möglich sein sollte, weil eine Entscheidungssituation außerhalb eines Gleichgewichtspfades betrachtet wird, stellt die Wahrscheinlichkeitseinschätzung μ die Kalkulationsbasis für die bedingten Wahrscheinlichkeiten entsprechend der Bayesianischen Regel dar. In dem modifizierten Markteintrittspiel sind die beiden Nash-Gleichgewichte D und F auch teilspielperfekte Gleichgewichte, da dieses Spiel aufgrund der Unsicherheit über das Verhalten von Spieler 1 nicht in Teilspiele zerlegt werden kann. Insofern stellt das sequentielle Lösungskonzept eine weitere Verfeinerung der Teilspielperfektheit dar. Andererseits gilt, dass jedes sequentielle Gleichgewicht auch teilspielperfekt ist. Darüber hinaus ist die Existenz eines sequentiellen Gleichgewichts für Spiele in extensiver Form auch mit unvollständiger Information gesichert:

Theorem 7: Für jedes Spiel Γ in extensiver Form mit einem endlichen Entscheidungsbaum gibt es mindestens ein sequentielles Gleichgewicht (Kreps/Wilson 1982: 876).

Darstellung 7: Ein unplausibles sequentielles Gleichgewicht

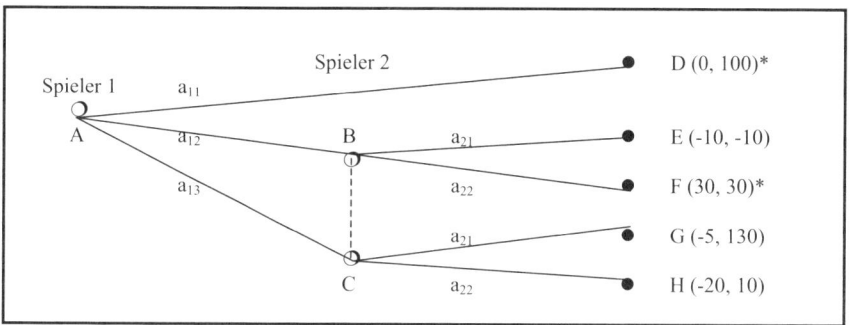

Das sequentielle Gleichgewichtskonzept eliminiert aber nicht alle unvernünftigen Gleichgewichte, da keine Einschränkungen bezüglich der Wahrscheinlichkeitseinschätzungen μ vorgenommen werden. Anhand des Beispiels aus Darstellung 7 kann dies gezeigt werden. Hier ist die Bestimmung des sequentiellen Gleichgewichts von der Wahrscheinlichkeitseinschätzung μ abhängig. Wenn Spieler 2 glaubt, sich in Punkt C zu befinden, wird er die Alternative a_{21} wählen, und wenn Spieler 1 annimmt, dass der zweite Spieler diese Überlegungen anstellt, wird er a_{11} spielen. Der Punkt D ($s_{11}^*(\sigma_{11}^*, \sigma_{21}^*)$ im Matrixspiel) ist ein sequentielles Gleichgewicht. In der Annahme, dass er sich im Punkt B befindet, wird der Spieler 2 a_{22} spielen, woraufhin Spieler 1 die Alternative a_{12} wählen wird. In diesem Fall ist der Punkt F [$s_{22}^*(\sigma_{12}^*, \sigma_{22}^*)$ im Matrixspiel] ein sequentielles Gleichgewicht. Die Wahrscheinlichkeitseinschätzung μ, die zu dem Gleichgewichtspunkt D führt, kann nun folgendermaßen bestimmt werden:

$-10\mu_B + 130(1 - \mu_B) > 30\mu_B + 10(1 - \mu_B)$

$\Leftrightarrow \mu_B < 0{,}75$,   für alle μ_B.

Geht Spieler 2 von einer Wahrscheinlichkeitseinschätzung $\mu_B < 0{,}75$ aus, resultiert daraus das sequentielle Gleichgewicht D, während die Wahrscheinlichkeitseinschätzung von $\mu_B > 0{,}75$ zu dem sequentiellen Gleichgewicht F führt. Problematisch an dieser Vorgehensweise ist, dass die Alternative a_{13} des ersten Spielers von der Alternative a_{11} dominiert wird. Somit ist jede andere Wahrscheinlichkeitseinschätzung als $\mu_B = 1$ unplausibel und lediglich das Gleichgewicht F eine vernünftige Lösung für das Spiel. Eine solche Einschränkung der Wahrscheinlichkeitseinschätzungen wird aber in dem sequentiellen Gleichgewichtskonzept nicht vorgenommen (Holler/Illing 1996: 114ff.).

Das *»trembling-hand«-perfekte Gleichgewicht* stellt eine weitere Verfeinerung des sequentiellen Gleichgewichts dar, obwohl in den meisten Spielen in extensiver Form beide Lösungskonzepte zu demselben Ergebnis führen (Kreps/Wilson 1982: 882f.). Bei dem »trembling-hand«-perfekten Gleichgewichtskonzept wird angenommen, dass die Spieler mit sehr geringer Wahrscheinlichkeit von einem Gleichgewichtspfad abweichen. Damit ist für jeden Entscheidungsknoten eine Wahrscheinlichkeit – wenn auch nur eine kleine – gegeben, wodurch die Bayesianische Regel angewendet werden kann. Der Unterschied zwischen dem sequentiellen Gleichgewicht und dem »trembling-hand«-perfekten Gleichgewicht besteht darin, dass Fehler in dem sequentiellen Lösungskonzept nur in der Vergangenheit auftreten können. Jeder Spieler geht davon aus, dass sich alle Spieler an den Gleichgewichtspfad halten. Dagegen können beim »trembling-hand«-perfekten Lösungskonzept auch in der Zukunft Fehler mit einer geringen Wahrscheinlichkeit auftreten.

In Darstellung 8 ist ein Spiel abgebildet, in dem das »trembling-hand«-perfekte Gleichgewichtskonzept ein sequentielles Gleichgewicht ausschließt. In diesem Spiel sind sowohl D und F sequentielle Gleichgewichte, da Spieler 1 aufgrund einer gleich großen erwarteten Auszahlung indifferent zwischen a_{11} und a_{12} ist. Geht Spieler 1 jedoch wie beim »trembling-hand«-perfekten Lösungskonzept davon aus, dass Spieler 2 im Punkt B ein Fehler durch die Wahl der Alternative a_{21} unterläuft, wird er die Alternative a_{11} spielen. Nach diesem Lösungskonzept bleibt also nur D als Gleichgewicht übrig (Holler/Illing 1996: 118f.).

Darstellung 8: »Trembling-hand«-perfektes Gleichgewicht in extensiver Form

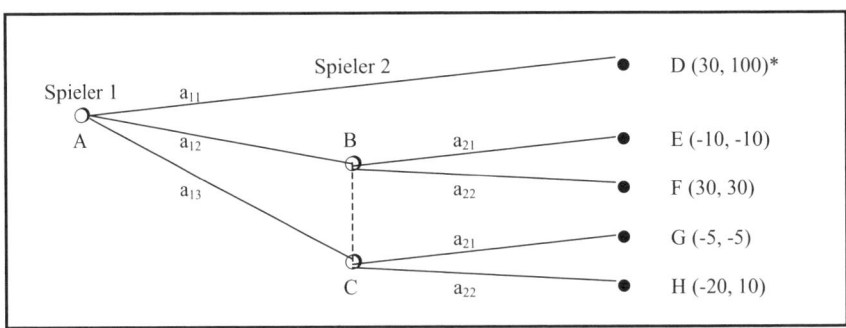

Ist es nun möglich, mit dem spieltheoretischen Instrumentarium ein komplexes Spiel wie z.B. Schach zu lösen? Schach ist ein Nullsummenspiel in extensiver Form mit vollständiger Information. Es gibt nur drei Auszahlungsvarianten (Hart 1992: 30): Weiß gewinnt (1, -1), Schwarz gewinnt (-1, 1) oder das Spiel endet Remis (0, 0). Gemäß der Spieltheorie besitzt dieses Spiel mindestens ein Gleichgewicht (vgl. Theorem 6). Es müsste daher mit Hilfe des »backward-induction«-Prinzips gelöst werden können. Allerdings weisen Spieltheoretiker darauf hin, dass Schach zu komplex und damit der Entscheidungsbaum zu groß ist, um eine rückwärtsgerichtete Analyse erfolgreich durchführen zu können (Neumann/Morgenstern 1947: 124f.). Dem Spieler bleibt lediglich die Strategie übrig, eine überschaubare Menge potentieller Züge zu betrachten und deren »Endpositionen« auf der Basis seiner Erfahrung zu evaluieren (Simon/Schaeffer 1992: 5).

Ein anderes Beispiel mit ähnlichen Problemen ist die Darstellung der Kommunikation. Kommunikation kann als ein Koordinationsspiel in extensiver Form mit vollständiger Information und zwei Auszahlungsvarianten – Verständigung (1, 1) und keine Verständigung (0, 0) – betrachtet werden. Im Gegensatz zum Schachspiel liegt hier aber kein eindeutiger endlicher Entscheidungsbaum vor. Auch wenn ein reales Gespräch keine unendliche Dauer besitzt, ist es aufgrund der unvorhersehbaren Variabilität der Gesprächsdauer nicht möglich, die Endpunkte eines solchen Spiels eindeutig zu bestimmen. Aus diesem Grunde ist eine spieltheoretische Darstellung eines realen Kommunikationsprozesses nicht möglich. Das Problem liegt nicht darin, dass der Entscheidungsbaum zu komplex ist, um analysiert zu werden, sondern vielmehr darin, dass es gar keinen eindeutig definierten Entscheidungsbaum gibt. Die spieltheoretischen Modelle können einen Kommunikationsprozess nur analysieren, wenn die Vielfalt der möglichen Variationen stark vereinfacht dargestellt wird. Dabei besteht allerdings die Gefahr, dass das analysierte Spiel von der Realität zu stark abweicht.

Bis jetzt wurde eine Vielzahl von Gleichgewichtskonzepten vorgestellt, vom Maximin-Kriterium bis hin zu den Verfeinerungen des Nash-Kriteriums in extensiven Spielen. Gerade bei den Verfeinerungen des Nash-Gleichgewichts ging es um die Bestimmung eines eindeutigen Gleichgewichts bei gleichzeitiger Sicherstellung der Existenz eines Gleichgewichts. In der Tat können sehr viele Gleichgewichte als unplausibel ausgeschlossen werden, wodurch jedoch die Existenz eines Gleichgewichtes nicht mehr gewährleistet ist.

Bei dem Gefangenendilemmaspiel (Tabelle 30) handelt es sich um ein völlig anderes Problem. Die Hintergrundgeschichte handelt von einem Staatsanwalt, der zwei Gefangenen ein Verbrechen nachweisen will, obwohl er keine ausreichenden Beweise hat. Er sorgt dafür, dass sie in unterschiedliche Verhörzimmer geführt werden. Anschließend stellt er die Gefangenen vor die Wahl, die Tat zu gestehen (Strategie σ_{j1}) oder weiter auf ihre Unschuld zu beharren (Strategie σ_{j2}). Wenn beide Gefangene nicht gestehen, werden sie wegen eines geringfügigen Verbrechens, wie z.B. illegaler Waffenbesitz, angeklagt (erwartete Strafe von zwei Monaten). Wenn andererseits beide gestehen, wird ihnen eine Strafmilderung von 24 auf 20 Monate versprochen. Sollte allerdings nur einer der beiden gestehen, kommt er durch die Kooperation mit einer einmonatigen Strafe davon, während der andere Gefangene die Höchststrafe erhält (Luce/Raiffa 1957: 95). Dieses Spiel besitzt ein eindeutiges Nash-Gleichgewicht $s_{11}^*(\sigma_{11}^*, \sigma_{21}^*)$. Dieses Ergebnis ist aber aus der Sicht der Gefangenen unerwünscht, da die Summe der Nutzenwerte beider Spieler bei der Strategiekombination $s_{22}(\sigma_{12}, \sigma_{22})$ optimal ist. Die Strategie σ_{j2} wird aber von keinem Spieler gewählt, da sie strikt von der Strategie

σ_{j1} dominiert wird. In diesem Spiel liegt demnach ein Widerspruch zwischen individueller und kollektiver Rationalität vor (Diekmann/Manhart 1989: 135). Aufgrund der Tatsache, dass die Spieltheorie lediglich von der individuellen Rationalität ausgeht, ergibt sich das Problem, Kooperation in realen Gefangenendilemmasituationen zu erklären. Die Erklärung derartiger Phänomene setzt die Ermittlung von Bedingungen voraus, unter denen eine größere Menge von Gleichgewichten als die Menge der Nash-Gleichgewichte individuell rational ist. Im Gegensatz zu den Verfeinerungen der Nash-Gleichgewichte geht es hier somit nicht um die Einschränkung, sondern um die Ausweitung der Menge der möglichen Gleichgewichte.

Tabelle 30: Gefangenendilemmaspiel

		Spieler 2	
		σ_{21}	σ_{22}
Spieler 1	σ_{11}	-20, -20*	-1, -24
	σ_{12}	-24, -1	-2, -2

Auch die Einführung von Kommunikation wie in der korrelierten Gleichgewichtsstrategie würde nichts an der Wahl der Gleichgewichtsstrategie $s_{11}*(\sigma_{11}*, \sigma_{21}*)$ ändern. Beide Spieler würden sich zweifellos in dem Kommunikationsprozess eine Kooperation zusichern, bei der Entscheidung würden sie allerdings ihre Abmachungen vergessen und sich unkooperativ verhalten. Kommunikation hat demnach in der Theorie keinen Effekt auf die Menge der möglichen Gleichgewichte, da es sich bei dem Gefangenendilemmaspiel nicht nur um ein Koordinationsproblem, sondern auch um ein Anreizproblem handelt. Der Überwindung des Anreizproblems steht die zweite Grundannahme der nicht-kooperativen Spieltheorie entgegen, dass keine bindenden Verträge abgeschlossen werden können (Holler/Illing 1996: 20). Auf diese Annahme kann nicht verzichtet werden, weil es die Aufgabe der Forderung bedeuten würde, dass sich Gleichgewichte selbst stabilisieren müssen. Eine Folge davon wäre, dass jedes Interaktionsergebnis aufgrund irgendwelcher bindender Abmachungen ein Gleichgewicht sein könnte.

Ein Versuch, die kooperative Lösung $s_{22}(\sigma_{12}, \sigma_{22})$ als ein individuell rationales Verhalten unter Beibehaltung der Grundannahmen – keine Kommunikation und bindenden Verträge – der nicht-kooperativen Spieltheorie zu erklären, erfolgt über die Iteration von Spielen. Es werden *Spiele in Matrixform mit Wiederholungen* ($|\Omega| = \tau > 1$) betrachtet, welche vollständig durch $\Gamma = \Gamma(\Theta, S^I, u_j, \Omega)$ beschrieben werden. Die Wiederholung solcher Spiele verändert die Anreizstruktur, weil unkooperatives Verhalten eines Spielers durch unkooperatives Verhalten des anderen Spielers in der darauffolgenden Wiederholung des Spiels bestraft wird. Die Iteration übernimmt hier die Funktion eines Sanktionssystems (Voss 1985: 155; Forges 1992: 156). Es besteht bei der

Sanktionierung eines unkooperativen Mitspielers kein Kollektivgutproblem zweiter Ordnung, weil er spielintern durch seine Gegenspieler bestraft wird, indem sie sich in der Folge ebenfalls unkooperativ verhalten und die Gleichgewichtsstrategie spielen. Auf ein externes Sanktionssystem, in dem unkooperatives Verhalten durch unbeteiligte Dritte bestraft wird, kann verzichtet werden. Somit besteht in Spielen mit Wiederholungen ein Anreiz, sich kooperativ zu verhalten, solange Sanktionen in weiteren Spielwiederholungen erwartet werden können.

Allerdings bietet nicht jedes Spiel mit Wiederholungen einen stabilen Anreiz zur Wahl der kooperativen Interaktionssituation $s_{22}(\sigma_{12}, \sigma_{22})$. Bei *Spielen mit endlichen Wiederholungen* ($\tau \neq \infty$) wird trotz der Wiederholungen von allen Spielern die unkooperative Gleichgewichtsstrategie $s_{11}*(\sigma_{11}*, \sigma_{21}*)$ gespielt. Dies ist eine Folge des »backward induction«-Prinzips. Wird ein Spiel zehnmal wiederholt ($\tau = 10$), besteht für beide Spieler in der 10. und letzten Runde kein Anreiz mehr zur Kooperation, da eine Sanktion des unkooperativen Verhaltens in der nächsten Runde nicht mehr möglich ist. Wenn es aber individuell rational ist, in der 10. Runde nicht zu kooperieren, ist schon in der 9. Runde die Drohung unglaubwürdig, unkooperatives Verhalten in der 10. Runde zu bestrafen. Somit werden sich die Akteure auch in der 9. Runde unkooperativ verhalten. Die Argumentation kann für jede Runde bis zur ersten fortgesetzt werden. Die unkooperative Gleichgewichtsstrategie $s_{11}*(\sigma_{11}*, \sigma_{21}*)$ bleibt demnach für das gesamte Spiel die individuell rationale Strategie.

Theorem 8: Sei die Interaktionssituation $s_{...t}*(\sigma_{1t}*, ..., \sigma_{jt}*, ..., \sigma_{mt}*)$ das einzige Nash-Gleichgewicht des Spiels $\Gamma(\Theta, S^I, u_j)$, dann ist $s_{...t}*(\sigma_{1t}*, ..., \sigma_{jt}*, ..., \sigma_{mt}*)$ auch das einzige teilspielperfekte Gleichgewicht des endlich wiederholten Spiels $\Gamma(\Theta, S^I, u_j, \Omega)$ in allen Runden κ.

Dieses Problem tritt bei dem Übergang zu einem *Spiel mit unendlichen Wiederholungen* ($\tau = \infty$) nicht mehr auf, da die Spieler in jeder Runde mit der Sanktionierung unkooperativen Verhaltens in der nächsten Runde rechnen müssen. Kooperatives Verhalten wird zu einer rationalen Strategie, wenn beide Spieler eine Triggerstrategie spielen, die besagt: Spiele in der ersten Runde die kooperative Strategie σ_{j2} und setze diese Strategie solange fort, wie der Gegenspieler ebenfalls die zweite Strategie σ_{-j2} wählt. Sobald aber der andere Spieler von der kooperativen Strategie abweicht, spiele von der nächsten Runde an immer die Strategie σ_{j1}. Allerdings führt diese Triggerstrategie nur unter der Bedingung zu dem kooperativen Gleichgewicht, dass die zukünftigen Auszahlungen nicht abdiskontiert werden ($\delta = 1$). Sollte hingegen einer der Spieler eine starke Präferenz für einen sofortigen Konsum besitzen ($\delta < 1$), werden ihn die zukünftigen Sanktionen nicht mehr abschrecken. In diesem Fall ist die unkooperative Gleichgewichtsstrategie $s_{11}*(\sigma_{11}*, \sigma_{21}*)$ wieder rational.

»Alle in ferner Zukunft wirksamen Strafen haben selbst bei einem hohen Diskontfaktor wenig Bedeutung.« (Holler/Illing 1996: 143)

Theorem 9: *Folk-Theorem 1:* Sei $\Gamma(\Theta, S^I, u_j, \Omega)$ ein unendlich wiederholtes Stufenspiel, dann konvergieren die in den teilspielperfekten Gleichgewichten erreichbaren Auszahlungen unter der Annahme, dass die zukünftigen Auszahlungen nicht abdiskontiert werden ($\delta = 1$), gegen die Menge aller individuell rationalen Auszahlungen V^* (Damme 1987: 164).

Eine Auszahlung wird als individuell rational bezeichnet, wenn sie den Maximin-Wert (das Sicherheitsniveau) übersteigt. Der Maximin-Wert ist der Wert, den sich jeder Spieler unabhängig von seinem Gegenspieler sichern kann. Somit stellt V^* die Menge der Auszahlungskombinationen dar, die einen höheren Gewinn erzielen. Demnach besagt das Folk-Theorem 1, dass durch die unendliche Wiederholung des Gefangenendilemmaspiels sehr viel mehr Gleichgewichte als das Nash-Gleichgewicht des Ein-Runden-Gefangenendilemmaspiels möglich sind (das Spielen der Strategie mit dem Maximin-Wert führt in diesem Beispiel zum unkooperativen Nash-Gleichgewicht; vgl. Güth 1992: 95).

Das Folk-Theorem 2 bezieht sich auf Spiele, in denen abdiskontiert wird. Auch in solchen Spielen kann eine größere Menge von Gleichgewichten – u.a. das kooperative Gleichgewicht der Triggerstrategie – erreicht werden, wenn sich der Diskontfaktor an 1 annähert.

Theorem 10: *Folk-Theorem 2:* Sei $\Gamma(\Theta, S^I, u_j, \Omega)$ ein unendlich wiederholtes Stufenspiel, dann konvergieren die in den teilspielperfekten Gleichgewichten erreichbaren Auszahlungen gegen die Menge aller individuell rationalen Auszahlungen V^*, wenn der Diskontfaktor gegen 1 geht (Fudenberg/Maskin 1986: 539).

Bei der Argumentation für die Befolgung der kooperativen Triggerstrategie tritt allerdings ein Problem auf. Mit der Bestrafung eines unkooperativen Spielers in dem Gefangenendilemmaspiel bestraft der Sanktionierer auch sich selbst. Um sich nicht selbst Schaden zuzufügen, besteht für ihn ein Anreiz, mit dem Sanktionierten neu zu verhandeln, damit erneut die höhere Auszahlung erreicht werden kann. Wenn aber der unkooperative Spieler erwartet, dass sein Gegenspieler lieber neu verhandelt als die Sanktionierung durchzuführen, erscheint die Drohung der Sanktion in jedem Fall unglaubwürdig. Es ist demnach für den unkooperativen Spieler vernünftig, immer unkooperativ zu spielen. Aus diesem Grunde wird die Menge der akzeptablen Gleichgewichte durch das Konzept der *neuverhandlungsstabilen Gleichgewichte* eingeschränkt. Eine Strategie besitzt eine Menge von neuverhandlungsstabilen Gleichgewichten, wenn es die Möglichkeit einer Sanktion ohne eigene Schädigung gibt. Offensichtlich ist die Triggerstrategie im Gefangenendilemmaspiel nicht neuverhandlungsstabil. Es gibt jedoch eine Strategie, die diese Bedingung im Gefangenendilemmaspiel erfüllt: die »Tit-for-Tat«-Strategie (Damme 1989: 208ff.). Auch in dieser Strategie weicht der Spieler von der kooperativen Strategie ab, sobald sein Gegenspieler die Strategie σ_{-j1} gewählt hat. Im Gegensatz zu der Triggerstrategie wechselt er aber wieder zu der kooperativen Strategie, sobald der andere Spieler in der vorherigen Runde die kooperative Alternative σ_{-j2} ausgeführt hat. Den Nutzen durch die Abweichung von dem kooperativen Pfad hat der unkooperative Spieler durch seine einseitige Abweichung von dem unkooperativen Pfad zurückgezahlt. Somit hat sich der kooperative Spieler durch die Sanktion nicht selbst geschadet. Die Menge der Gleichgewichte wird nicht durch das neuverhandlungsstabile Gleichgewichtskonzept eingeschränkt.

Die Spieltheorie kann Bedingungen angeben, unter denen es für Egoisten auch individuell rational sein kann, die kooperative Strategie im Gefangenendilemmaspiel zu spielen. Die Bedingungen sind allerdings ausgesprochen restriktiv, da sie Kooperation als rationale Strategie lediglich in Spielen mit einem unendlichen Zeithorizont ohne starke Abdiskontierungen zulässt. Diese Bedingungen stehen im Widerspruch zu der begrenzten Lebensdauer der Menschen (Holler/Illing 1996: 147). Außerdem dürften ältere Menschen einen höheren Diskontfaktor haben, da sie aufgrund ihrer geringeren Lebenserwartung eine stärkere Präferenz für einen gegenwärtigen Konsum besitzen. Aus diesem Grunde erscheint die spieltheoretische Erklärung des kooperativen Verhaltens als individuell rationales Verhalten wenig plausibel. Werden hingegen nicht einzelne Individuen, sondern evolutionäre Prozesse betrachtet und wird dabei ein Bezug auf Gene genommen, wäre es möglich, mit einem offenen Zeithorizont zu argumentieren (vgl. Axelrod/Hamilton 1981: 1394). Allerdings darf bezweifelt werden, dass es ein Gen gibt, welches für das kooperative Verhalten der Menschen verantwortlich ist.

Der Spieltheorie ist es aber auch möglich, die Kooperation für endliche Spiele zu erklären. Bei einem erweiterten Gefangenendilemmaspiel mit zwei Nash-Gleichgewichten ist es z.B. für bestimmte Varianten dieses Spiels möglich, die kooperative Lösung auch in endlich wiederholten Spielen zu begründen (Friedman 1985; Benoit/Krishna 1985). In Tabelle 31 ist ein Beispiel für ein Stufenspiel mit den Nash-Gleichgewichten $s_{22}*(\sigma_{12}*, \sigma_{22}*)$ und $s_{33}*(\sigma_{13}*, \sigma_{23}*)$ abgebildet. Die für beide Spieler optimale kooperative Lösung stellt die Strategiekombination $s_{11}(\sigma_{11}, \sigma_{21})$ dar. Nehmen wir an, Spieler 1 spielt eine Triggerstrategie in der folgenden Form: Spiele in der ersten Runde die kooperative Strategie σ_{11} und setze diese Strategie solange fort, wie der zweite Spieler ebenfalls die erste Strategie σ_{21} wählt. Spiele in der letzten Runde die zweite Strategie σ_{12}. Wenn aber Spieler 2 von der kooperativen Strategie abweicht, spiele von der nächsten Runde an immer die Strategie σ_{13}. Weiß der zweite Spieler nun, dass der erste diese Triggerstrategie spielt, ist es für ihn optimal, wenn auch er sich kooperativ verhält, denn ein Abweichen in der vorletzten Runde wird ihm nur einen

Gewinn von 1 (6 - 5) einbringen, während er in der letzten Runde 2 (1 - 3) verlieren wird. Die Sanktionierung des unkooperativen Verhaltens ist in diesem Spiel möglich, weil die Differenz in den Auszahlungen der beiden Nash-Gleichgewichte größer als der erwartete Gewinn ist, der durch die Abweichung von der kooperativen Strategienkombination entsteht (vgl. Holler/Illing 1996: 157).

Tabelle 31: Multiple Gleichgewichte in einem Stufenspiel

		Spieler 2		
		σ_{21}	σ_{22}	σ_{23}
	σ_{11}	5, 5	0, 6	0, 0
Spieler 1	σ_{12}	6, 0	3, 3*	0, 0
	σ_{13}	0, 0	0, 0	1, 1*

Theorem 11: *Folk-Theorem 3:* Sei $\Gamma(\Theta, S^I, u_j, \Omega)$ ein endlich wiederholtes Stufenspiel mit mehreren Gleichgewichten, dann konvergieren die in den teilspielperfekten Gleichgewichten erreichbaren Auszahlungen für $\tau \to \infty$ gegen die Menge aller individuell rationalen Auszahlungen V* (Benoit/Krishna 1985: 919f.).

Zumindest kann die Spieltheorie damit die Kooperation in bestimmten Varianten des endlich wiederholten Gefangenendilemmaspiels erklären. Gezeigt wurde allerdings nur, dass Kooperation möglich ist und nicht, dass Kooperation zwangsläufig eintritt. Die Summe der Auszahlungen der kooperativen Lösung ist nur eine von vielen Auszahlungskombinationen der Menge aller individuell rationalen Auszahlungen V*. Es ist allerdings zu erwarten, dass die Kooperation bei zunehmender Gruppengröße abnimmt, da die Wahrscheinlichkeit eines unkooperativen Verhaltens eines einzelnen Spielers steigt, wodurch unkooperatives Verhalten der anderen Spieler provoziert wird (Diekmann/Manhart 1989: 144ff.).

Im Gegensatz zu der nicht-kooperativen Spieltheorie betrachtet die *kooperative Spieltheorie* keine Koordinations- und Anreiz-, sondern Verteilungsprobleme. In kooperativen Spielen werden Kommunikation und bindende Abmachungen zugelassen. Im Unterschied zur nicht-kooperativen Spieltheorie geht es nicht um sich selbst verstärkende Gleichgewichte, sondern um die Frage, wie der Kooperationsgewinn aus einem Tausch gerecht auf die Tauschpartner verteilt werden kann. Das Ziel ist die Ermittlung von rationalen Kriterien für die Verteilung von Kooperationsgewinnen. Angenommen, Spieler 1 besitzt ein Bild, welches er verkaufen möchte. Er verlangt einen Mindestpreis von €1.000. Spieler 2 möchte dieses Bild für maximal €3.000 kaufen. Beide Spieler stellen sich durch einen Tausch besser, wenn der Verkaufspreis zwischen €1.000 und €3.000 liegt. Wenn aber kein Marktpreis vorliegt, müssen die beiden Spieler den möglichen Tauschgewinn von €2.000 untereinander aufteilen. Können sie sich nicht einigen, kann keiner der beiden einen Gewinn erzielen (Spieler 1 behält sein Bild und Spieler 2 sein Geld). Es geht nun um die Frage, welche Verteilungsregeln aus rationalen Gründen empfohlen werden können.

Ein Verhandlungsspiel kann vollständig durch die Menge der Spieler Θ und durch das Variablenpaar (S, d) beschrieben werden: $\Gamma = \Gamma(\Theta, (S, d))$. S ist die Menge aller Auszahlungsvektoren $S = (u_1, ..., u_j, ..., u_m)$ und d ist der Konfliktpunkt $d = (d_1, ..., d_j, ..., d_m)$, der erreicht wird, wenn sich die Spieler nicht einigen können.

Eine Lösung für das Verhandlungsspiel wurde von John Nash vorgeschlagen. Die *Nash-Lösung* empfiehlt eine Verteilung der Kooperationsgewinne, bei der das Produkt der Gewinne beider Spieler maximal ist. Dieses Lösungskonzept führt bei gleichen Nutzenfunktionen der Spieler zu einer Aufteilung der Kooperationsgewinne im gleichen Verhältnis.

Definition 17: Ein Auszahlungsvektor (u_1^*, u_2^*) ist in einem Zweipersonenspiel (S, d) eine *Nash-Lösung*, wenn das Produkt der Gewinne $(u_j^* - d_j)$ beider Spieler j maximal wird:
$N(S, d) = max\ (u_1^* - d_1)(u_2^* - d_2)$ für $(u_1^*, u_2^*) \in S$, $u_j^* > d_j$ für alle j (Nash 1950: 157).

Der maximale Auszahlungsvektor (u_1^*, u_2^*) kann mit Hilfe der Lagrange-Technik ermittelt werden (Ableitung der Lagrange-Funktion nach u_1, u_2 und λ):
$L = (u_1 - d_1)(u_2 - d_2) - \lambda H(u_1, u_2)$.
H(S) stellt den äußeren Rand der Menge aller Auszahlungsvektoren S dar. Die Nebenbedingung H(S) sorgt also dafür, dass erstens die optimale Lösung überhaupt erreichbar ist und es zweitens zu einer Randlösung kommt. Die Spieler sollten sich nach Nashs Meinung an diese Regel halten, weil es sich um ein faires Verhandlungsergebnis handelt. Die Nash-Lösung erfüllt die vier folgenden Axiome (u.a. Nash 1950: 157ff.):

Axiom 6: *Skaleninvarianz*. Für jedes Verhandlungsspiel (S, d) und für beliebige reelle Zahlen $a_j > 0$ und b_j, ist $N(S', d') = a_j N(S, d) + b_j$, wenn gilt:
$u_j' = a_j u_j + b_j$ und $d_j' = a_j d_j + b_j$ für $j = 1, ..., m$; u_j' und $d_j' \in S'$.

Dieses Axiom besagt, dass die Nash-Lösung unabhängig von positiven affinen Transformationen der Nutzenfunktion ist. Es spielt also keine Rolle, ob der Nutzen in €, DM oder in »Gefühlseinheiten« ausgedrückt wird.

Axiom 7: *Symmetrie*. Für jedes Verhandlungsspiel (S, d) soll gelten:
$u_1 = u_2$ und $d_1 = d_2$ für u_j und $d_j \in S$.

Das Axiom der Symmetrie unterstellt die Unabhängigkeit von der Position des Spielers. Ein Spiel unterscheidet sich nicht von einem anderen Spiel, wenn nur die Positionen der Spieler vertauscht werden. Es handelt sich hierbei um eine sehr starke Forderung, da von der Möglichkeit interpersoneller Nutzenvergleiche ausgegangen wird.

Axiom 8: *Unabhängigkeit von irrelevanten Alternativen.* Wenn das Verhandlungsspiel (S, d) einen identischen Konfliktpunkt d mit dem Spiel (S', d) besitzt, und wenn S' eine Teilmenge von S (S'$\subseteq$ S) und N(S, d) ein Element von S (N(S, d) $\in$ S') ist, dann gilt: N(S', d) = N(S, d).

Demnach ist für die Nash-Lösung lediglich der Konfliktpunkt d und das Ergebnis der Verhandlung relevant. Zusätzliche schlechtere Alternativen verändern das Ergebnis nicht.

Axiom 9: *Pareto-Optimalität.* Für jedes Verhandlungsspiel (S, d) sollte es kein x $\neq$ N(S, d) in S geben, so dass: $x_1 \geq N_1(S, d)$ und $x_2 \geq N_2(S, d)$.

Dieses Axiom besagt, dass sich kein Spieler im Pareto-Optimum mehr verbessern kann, ohne einen anderen schlechter zu stellen.

Theorem 12: Jede Lösung, die die Axiome 6-9 erfüllt, ist mit der Nash-Lösung N(S, d) identisch (Roth 1979: 8).

Tabelle 32: Asymmetrische Nash-Lösung

monetäre Auszahlungen		Nutzen	
Spieler 1	Spieler 2	Spieler 1	Spieler 2
€0	€100	0,00	1,00
€25	€75	0,25	0,98
€50	€50	0,50	0,90
€75	€25	0,75	0,75
€100	€0	1,00	0,00

Die Anwendbarkeit der Nash-Lösung wird aber durch das Axiom 7 eingeschränkt, da die Forderung der Symmetrieeigenschaft nur erlaubt, Spiele mit identischen Akteuren zu behandeln. Bewerten die Akteure monetäre Auszahlungen anders oder besitzen sie unterschiedliche Risikoeinstellungen, ist die Nash-Lösung nicht mehr problemlos anzuwenden. Wenn sich beispielsweise zwei Spieler über die Aufteilung von €100 einigen müssen, empfiehlt die Nash-Lösung, dass jeder Spieler €50 erhalten soll. Ist allerdings der erste Spieler reich, während Spieler 2 arm ist, wird derselbe Geldbetrag Spieler 2 einen größeren Nutzen bringen als Spieler 1 (siehe Tabelle 32). Wird nach der Nash-Lösung eine »faire« Auszahlung ausgehandelt, wird Spieler 1 €75 und Spieler 2 €25 erhalten. Für diese Geldbeträge ist das Produkt der Nutzenwerte maximal: 0,75 • 0,75 = 0,5625 (Luce/Raiffa 1957: 129f.).

Bei einem Spiel unter Unsicherheit tritt ein ähnlicher Effekt auf. Ein solches Verhandlungsspiel besitzt als Nutzengrenze eine Lotterie L = (p, A; (1 - p), B), wobei für die Spieler $u_j(A) > u_j(B)$ gilt. In einem symmetrischen Verhandlungsspiel wird bei der Nash-Lösung von p = 0,5 Risikoneutralität der Spieler unterstellt werden. Handelt es sich aber um ein asymmetrisches Spiel, in dem ein Spieler risikoaverser (p < 0,5) als der andere Spieler ist, kann p < 0,5 als Konzession des risikoaversen Spielers an den anderen Spieler aufgefasst werden, um einen Konflikt zu vermeiden (Roth 1979: 35ff.).

Eine asymmetrische Nash-Lösung liegt somit vor (Axiom 7 gilt nicht), wenn die Spieler Geldbeträge verschieden bewerten oder ein Spieler risikoaverser als der andere ist. Asymmetrie kann aber auch durch unterschiedliches Verhandlungsgeschick entstehen. Eine asymmetrische Nash-Lösung kann folgendermaßen dargestellt werden:

$$AN(S, d) = \max (u_1^{0*} - d_1)^a (u_2^{0*} - d_2)^{1-a} \qquad \text{für } (u_1^{0*}, u_2^{0*}) \in S, u_j^{0*} > d_j \text{ für alle j.}$$

Der Wert a kann als Maß für die Angst eines jeden Spielers vor dem Scheitern der Verhandlungen relativ zur Verhandlungsmacht aufgefasst werden. Das Symmetrieaxiom entspricht der Forderung nach identischer Verhandlungsmacht der Spieler (Svejnar 1986: 1061). Demnach ist eine Abweichung von der Nash-Lösung auf unterschiedliche Ressourcenausstattungen bzw. unterschiedliche Einstellungen (z.B. zum Risiko) der Spieler zurückzuführen.

Kritisch an dem Lösungskonzept von Nash ist, dass aus dem Symmetrieaxiom die Forderung nach der interpersonellen Vergleichbarkeit der Nutzen geschlossen werden kann. Nutzenwerte und Präferenzen müssen dafür objektiv vorliegen. Dies widerspricht aber den grundsätzlichen Annahmen der ökonomischen Theorie, dass die Präferenzen und die daraus abgeleiteten Nutzenwerte nur subjektiv gegeben sind (vgl. Holler/Illing 1996: 201).

Ein alternatives Lösungskonzept wurde von Ehud Kalai und Meir Smorodinsky entwickelt. Die *Kalai-Smorodinsky-Lösung* (1975) berücksichtigt nicht nur die Nutzenfunktion u_j und den Konfliktpunkt d, sondern auch die optimistischsten Erwartungen jedes Spielers m_j. Die Kooperationsgewinne werden nach diesem Lösungskonzept von dem Konfliktpunkt d aus proportional bis zu dem Idealpunkt $m = (m_1, ..., m_j, ..., m_m)$ auf die Spieler verteilt (siehe Darstellung 9).

Definition 18: Ein Auszahlungsvektor $(u_1{}^*, u_2{}^*)$ ist in einem Zweipersonenspiel (S, d) eine *Kalai-Smorodinsky-Lösung*, wenn die Gerade L(d, m) zwischen dem Konfliktpunkt d und dem Idealpunkt m die Nutzengrenze H(S) in dem Punkt $(u_1{}^*, u_2{}^*)$ schneidet, d.h. $(u_1{}^*, u_2{}^*)$ ist der maximal erreichbare Punkt auf der Geraden L(d, m) für $m_j(S, d) \equiv \max \{x_j \mid x \in S, x \geq d\}$ (Kalai/Smorodinsky 1975: 516).

Darstellung 9:
Graphische Darstellung der Nash-Lösung, der Kalai-Smorodinsky-Lösung und der proportionalen Lösung

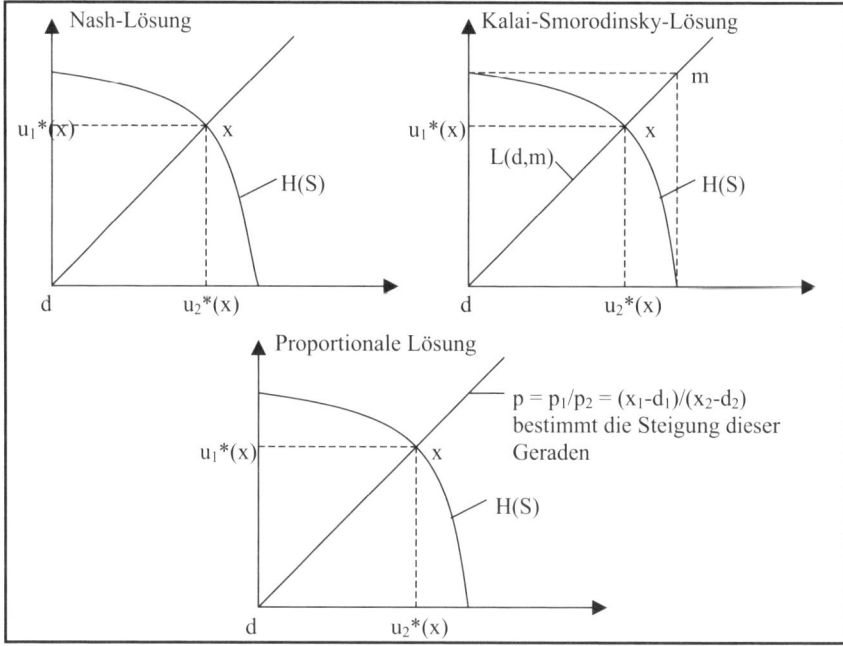

Die Kalai-Smorodinsky-Lösung ersetzt das Axiom 8 (Unabhängigkeit von irrelevanten Alternativen) der Nash-Lösung durch das Axiom der individuellen Monotonie.

Axiom 10: *Individuelle Monotonie* (für ein Zweipersonenspiel). Gilt für die Verhandlungsspiele (S', d) und (S, d) die Gleichung $m_j(S', d) = m_j(S, d)$ für Spieler j, dann folgt, falls S eine Teilmenge von S' (S' $\supseteq$ S) ist:
$KS_{-j}(S', d) \geq KS_{-j}(S, d)$ für -j $\neq$ j.

Theorem 13: Jede Lösung, die die Axiome 6, 7, 9 und 10 erfüllt, ist mit der Kalai-Smorodinsky-Lösung KS(S, d) identisch (Kalai/Smorodinski 1975: 516).

Für alle symmetrischen Verhandlungsspiele (S, d) führen die Kalai-Smorodinsky-Lösung und die Nash-Lösung zu identischen Ergebnissen. Da auch die Kalai-Smorodinsky-Lösung auf der Symmetrieeigenschaft beruht, gilt für dieses Lösungskonzept die
gleiche Kritik an der Forderung der interpersonellen Nutzenvergleichbarkeit. Ebenso
wie die Nash-Lösung reagiert die Kalai-Smorodinsky-Lösung sensitiv auf Risikoeinstellungen.

Die *proportionale Lösung* stellt ein weiteres Verteilungskonzept dar. Bei dieser Lösung werden Kooperationsgewinne in einem festen Verhältnis (im egalitären Spezialfall
im gleichen Verhältnis) auf die Spieler verteilt (siehe Darstellung 9).

Definition 19: Ein Auszahlungsvektor (u_1^*, u_2^*) ist in einem Zweipersonenspiel (S, d)
eine *proportionale Lösung*, wenn für jeden Vektor strikt positiver reeller
Zahlen $p = (p_1, p_2)$ mit $p_j > 0$ gilt:
$P(S, d) = \lambda(S, d)p + d$ für $\lambda(S, d) \equiv \max \{x_j | (x_j p + d) \in S\}$
(Kalai 1977: 1626; Myerson 1977: 1631f.; Roth 1979: 79f.).

Die Kooperationsgewinne werden im Verhältnis p auf die einzelnen Spieler verteilt.
Wenn P(S, d) = x ist, entspricht der Zugewinn der beiden Spieler: $(x_1 - d_1)/(x_2 - d_2)$
$= p_1/p_2$. Die Forderung $p_j > 0$ stellt sicher, dass die Lösung individuell rational ist. Ein
Sonderfall der proportionalen Lösung ist die egalitäre Lösung. Bei dieser Lösung wer-
den die Gewinne im gleichen Verhältnis verteilt ($p_1 = p_2$): $x_1 - d_1 = x_2 - d_2$ (Thomson
1994: 1243).

Die proportionale Lösung schränkt das Axiom der Pareto-Optimalität (Axiom 9)
der Nash-Lösung ein, während es auf der anderen Seite das Axiom der individuellen
Monotonie (Axiom 10) der Kalai-Smorodinsky-Lösung erweitert.

Axiom 11: *Schwache Pareto-Optimalität.* Für jedes Verhandlungsspiel (S, d) sollte es
kein $x \neq P(S, d)$ in S geben, so dass:
$x_1 > P_1(S, d)$ und $x_2 > P_2(S, d)$.

Während das Axiom 9 der Pareto-Optimalität fordert, dass eine Veränderung nur zu-
lässig ist, wenn sich ein Akteur verbessern kann, ohne einen anderen schlechter zu stellen, so schwächt das Axiom 11 diese Forderung ab, indem es nur solche Veränderungen
zulässt, bei denen sich beide Akteure verbessern. Es handelt sich dabei um eine Einschränkung von Axiom 9, weil weniger Veränderungen akzeptiert werden.

Axiom 12: *Strenge Monotonie.* Eine Lösung P eines Verhandlungsspiels (S, d) ist monoton, wenn für jeden Spieler j gilt, falls S eine Teilmenge von S' (S' $\supseteq$ S) ist: P_j(S', d) $\geq$ P_j(S, d).

Das Axiom 12 garantiert, dass bei einer Ausweitung des Möglichkeitsraumes zusätzliche Kooperationsgewinne allen Spielern zugute kommen. Da das Axiom 12 eine Erweiterung von Axiom 10 ist, ist die proportionale Lösung auch individuell monoton.

Theorem 14: Jede Lösung, die die Axiome 7, 11 und 12 erfüllt, ist mit der proportionalen Lösung P(S, d) identisch (Thomson 1994: 1251)

Es ist leicht ersichtlich, dass es sich bei der Kalai-Smorodinsky-Lösung um einen weiteren Spezialfall der proportionalen Lösung handelt, bei dem das Verhältnis p durch m und d spezifiziert wird (unter der Annahme der Symmetrie ist sie mit der egalitären Lösung identisch).

Bei der proportionalen Lösung kommt zu den üblichen Problemen mit der Symmetrieeigenschaft noch ein weiteres Problem hinzu: das Gleichheits-Effizienz-Dilemma. Aufgrund der Forderung, Kooperationsgewinne in einem festen proportionalen Verhältnis auf die Spieler zu verteilen, und dem Axiom der schwachen Pareto-Optimalität, dass sich immer beide Spieler verbessern müssen, kommt es zu Effizienzverlusten, wenn ein Akteur sein Sättigungsniveau erreicht. Dieser Akteur wird weiterhin Ressourcen erhalten, die er nicht mehr nutzen kann. Angenommen, zwei Spieler versuchen, mit Hilfe der egalitären Lösung einen geschenkten Kuchen aufzuteilen. Beiden würde die Hälfte des Kuchens zustehen. Wenn ein Spieler aber nur ¼ des Kuchens essen kann, würde sein restliches Viertel verderben. Das Axiom der schwachen Pareto-Optimalität verhindert, dass sich nur der hungrige Spieler verbessert und ¾ des Kuchens konsumiert, während der satte Spieler sich nicht weiter verbessert (Holler/Illing 1996: 214f.).

Ein weiterer Kritikpunkt ist, dass das Verhältnis p, mit dem die Kooperationsgewinne verteilt werden, nicht theorieintern ermittelt, sondern exogen vorgegeben wird. Damit ist theoretisch jedes beliebige Austauschverhältnis denkbar, auch ausgesprochen »unfaire«.

Es stellt sich nun die Frage, welches dieser verschiedenen Lösungskonzepte der kooperativen Spieltheorie die »fairste« Regel ist. Die kooperative Spieltheorie kann keine Aussagen darüber machen, welches Lösungskonzept in einem tatsächlichen Verhandlungsspiel angewendet werden soll. Dabei haben die Lösungen unterschiedliche Vor- und Nachteile (Gleichheit vs. Effizienz). Welches Konzept von den Akteuren gewählt wird, hängt letztlich von den Einstellungen zu den Vor- und Nachteilen ab und kann nicht spieltheoretisch beantwortet werden.

1.2.4. Ort der Handlung

In der Spieltheorie wurde keine klare Vorstellung davon entwickelt, in welchem Kontext Interaktionen ablaufen. Spiele werden vollständig durch die Spielregeln definiert, ohne dabei auf die Umwelt, in der die Interaktionen stattfinden, Bezug zu nehmen. Die Interaktionen in der Spieltheorie finden in einem institutionsfreien Raum statt. Dadurch scheint das spieltheoretische Instrumentarium besonders geeignet zu sein, um die Entstehung von Institutionen zu untersuchen.

Soziale Institutionen können als Lösungen von Problemen verstanden werden, die in typischen spieltheoretischen Interaktionssituationen auftreten (Ullmann-Margalit 1977: 9). Zu den typischen Problemen in der Spieltheorie gehören: die Koordinations- und Anreizprobleme in der nicht-kooperativen Spieltheorie sowie die Verteilungsprobleme in der kooperativen Spieltheorie. Dabei stellen die endogenen Gleichgewichtspunkte der entsprechenden Spiele die Konventionen der sozialen Institutionen dar (Voss 1985: 133). Eine solche Erklärung ist gerade für die Koordinations- und Anreizprobleme interessant, da die nicht-kooperative Spieltheorie auf exogene Sanktionssysteme verzichtet (es gibt keine Kommunikation und keine bindenden Vereinbarungen). Gleichgewichte stellen hier das Resultat individuell rationalen Handelns dar und sind nicht das Ergebnis eines kollektiven Entscheidungsprozesses (Voss 1985: 209).

Das stärkste Argument für die Entstehung von Institutionen resultiert aus der Begründung der kooperativen Lösung im Gefangenendilemmaspiel. Wenn es zu zeigen gelingt, dass individuell rationale Akteure auch unter den schlechtesten Bedingungen kooperieren, besteht kein Grund, auf irgendeine kollektive Moral als Entstehungsursache für Institutionen zurückzugreifen. Es wäre möglich, die Existenz eines Gesellschaftsvertrages theoretisch zu untermauern. Wie gezeigt wurde, ist die kooperative Lösung im Gefangenendilemmaspiel nur unter sehr starken Annahmen begründbar. Dazu gehören die Transparenz (vollständige Information) und der offene Zeithorizont (unendliche Wiederholungen) des Spiels (gilt nur für bestimmte Gefangenendilemmasituationen mit mehreren Nash-Gleichgewichten).

Davon unberührt bleibt bei dieser spieltheoretischen »Erklärung« der Institutionsentstehung eine ganz entscheidende Frage. Warum sollen aus Spielen mit Koordinations-, Anreiz- oder Verteilungsproblemen Institutionen entstehen, wenn sie jederzeit durch rationale Individuen ohne Institutionen gelöst werden können? Unter diesen Bedingungen ist eine Institutionalisierung ineffizient. Nur wenn rationale Individuen solche Probleme nicht ohne weiteres lösen können, erbringt eine Institutionalisierung eine Effizienzsteigerung. Allerdings könnte die Entstehung von Institutionen dann nicht mehr spieltheoretisch erklärt werden, weil die Spieltheorie in diesem Fall Spiele mit Koordinations-, Anreiz- und Verteilungsproblemen nicht mehr unter der Annahme rationaler Individuen lösen kann.

1.2.5. Kritik

In der Spieltheorie wurden Methoden entwickelt, mit denen selbst ausgesprochen komplexe Entscheidungssituationen unter Interdependenzbedingungen sehr präzise analysiert werden können. Die Stärke der spieltheoretischen Modelle – die Präzision – ist aber auch eine ihrer größten Schwächen, denn eine solch formal-logische Analyse realer Interaktionen ist in der Spieltheorie nur möglich, weil sehr *strikte Annahmen* getroffen werden. Dazu gehört vor allem die Annahme, dass allen Spielern die Spielregeln bekannt sind. Die Spielregeln sind klar und deutlich formuliert und lassen keinen Zweifel zu. Klare und präzise Regeln sind eine notwendige Voraussetzung für die Analyse strategischer Interdependenz, da das Verhalten des Gegenspielers ohne sie nicht logisch antizipiert werden kann. Davon abgesehen, dass in realen Interaktionen die Verhaltensregeln nicht immer zweifelsfrei definiert sind, wird in der Spieltheorie nicht einmal der Versuch unternommen, zu begründen, warum die Spieler gleiche Vorstellungen über die Spielregeln besitzen. Die Herkunft der Regeln bleibt unklar (Kreps 1990b: 129).

Für Spiele in extensiver Form sind für eine formale Analyse aber nicht nur die Spielregeln eine notwendige Voraussetzung, sondern auch eine vollständige Darstellung des Entscheidungsbaumes. Dabei ist entgegen der in der Spieltheorie vertretenen Meinung nicht die Komplexität des Entscheidungsbaumes realer Interaktionen (wie z.B. beim Schach) das größte Problem (Kreps 1990b: 136), sondern die Tatsache, dass die wenigsten realen Interaktionen einen finiten und eindeutig definierten Entscheidungsbaum besitzen. Um reale Interaktionen mit Hilfe der spieltheoretischen Konzeptionen analysieren zu können, muss die Komplexität der realen Entscheidungssituation drastisch reduziert werden. Dabei besteht die Gefahr, dass wesentliche Elemente der realen Interaktion im Modell unberücksichtigt bleiben. Wenn z.B. nur eine begrenzte und überschaubare Anzahl von Alternativen im Modell abgebildet wird, mag es glaubwürdig erscheinen, dass der modellierte Akteur anspruchsvolle rationale Verfahren in seiner Entscheidung verwendet, während der reale Akteur aufgrund der zu großen Komplexität der realen Situation nach Faustregeln handelt. Eine Folge davon ist, dass häufig eine große Diskrepanz zwischen dem realen Verhalten und dem spieltheoretischen Gleichgewichtsverhalten vorliegt.

Ein weiterer genereller Kritikpunkt betrifft die *ausschließliche Analyse des Gleichgewichtsverhaltens*. Die Spieltheorie sagt so gut wie nichts über Verhalten in Ungleichgewichtssituationen aus. Ihr fehlt mit anderen Worten eine Theorie des dynamischen Verhaltens (Kreps 1990b: 105).

Trotz der präzisen formal-logischen Methoden treten bei der Analyse Probleme auf. So gibt es zahlreiche Entscheidungssituationen, in denen *mehrere Gleichgewichtspunkte* vorliegen, ohne dass es eine Möglichkeit gibt, ein Gleichgewicht den anderen Gleichgewichten nach rationalen Kriterien vorzuziehen (Kreps 1990b: 97). Zwar können mit

Verfeinerungen des Nash-Gleichgewichts eine ganze Reihe von unplausiblen Gleichgewichten ausgeschlossen werden, bei den weitestgehenden Verfahren ist die Existenz einer Lösung aber nicht mehr gesichert. Darüber hinaus gibt es auch Entscheidungssituationen, in denen sich die Gleichgewichte durch nichts unterscheiden (reine Koordinationsprobleme). Hier können auch Verfeinerungen nicht weiterhelfen. Dabei stellt sich die Wahl von Schelling-Punkten als theorieexterne Begründung von spieltheoretisch unbegründbaren Gleichgewichten heraus (Boudon 1977: 7; Kreps 1990b: 101; Bohman 1992: 219).

Ein weiteres Problem bei der Bestimmung eines Gleichgewichtspunktes ist, dass nicht in jedem Fall offensichtlich ist, welche Lösungsstrategie vernünftigerweise gewählt werden soll, und somit ebensowenig klar ist, welche Lösungsstrategie von rationalen Akteuren gewählt wird. Die Problematik der Wahl zwischen der Nash- und der Maximin-Strategie in gemischten Strategien in Nicht-Nullsummenspielen wurde bereits ausführlich diskutiert.

Auf der anderen Seite geht es bei der *Erklärung der Kooperation* nicht um eine exaktere Bestimmung des Gleichgewichtspunktes oder der Gleichgewichtsstrategie, sondern um die Notwendigkeit, eine größere Menge von Verhaltensweisen als von der Spieltheorie vorausgesagt zuzulassen. Gegen die spieltheoretischen Erklärungsversuche wird eingewendet, dass die Annahme der Entsprechung eines unendlichen Spieles mit einer Approximation endlicher Spiele (Güth/Kliemt 1995: 58) und die Annahme, dass die Individuen ihre zukünftigen Gewinne nicht abdiskontieren, nicht akzeptabel ist (vgl. Elster 1986: 12). Somit gelingt es der Spieltheorie nicht, Kooperation unter realitätsnahen Annahmen zu erklären. Dementsprechend sind die Kooperationsgewinne eine Folge und nicht die Ursache der Kooperation (Bohman 1992: 223).

Die angestrengten Versuche der Ökonomen, Kooperation über rationale Nutzenüberlegungen zu erklären, werden als eine Folge des dogmatischen methodischen Vorgehens mit dem Resultat aufgefasst, dass dabei häufig die Realität aus dem Blickfeld verschwindet. Es ist nun einmal nicht möglich, jedes Verhalten als *nutzenorientiertes Verhalten* zu beschreiben. Es gibt viele Verhaltensweisen, die durch andere Motive bestimmt werden, welche aber in der Spieltheorie keine Berücksichtigung finden (Güth/ Kliemt 1995: 58f.). Eine Folge davon ist, dass Interaktionen immer nur mit einem idealisierten, aber niemals mit einem konkreten Interaktionspartner stattfinden (Geulen 1981: 38).

In der experimentellen Spieltheorie wurden eine ganze Reihe von Studien durchgeführt, um die Übereinstimmung des theoretisch prognostizierten und des realen Verhaltens in Spielen mit Koordinations-, Anreiz- und Verteilungsproblemen zu testen. Die Darstellung dieser Experimente beginnt mit den Koordinations- und Anreizproblemen der *nicht-kooperativen Spieltheorie*.

In reinen *Koordinationsspielen*, in denen es keinen Interessenkonflikt zwischen den Akteuren gibt, stellte sich heraus, dass die Individuen (wie aufgrund der theoretischen

Diskussion ja auch vermutet werden konnte) erhebliche Schwierigkeiten haben, beim einmaligen Spielen (bzw. in der ersten Phase eines Spiels mit Wiederholungen) eine Strategie zu wählen, die zu einem Gleichgewicht führt. Die meisten Personen scheinen in solchen Situationen eine Strategie zu bevorzugen, die den möglichen Verlust minimiert (entsprechend dem Maximin-Prinzip, aber im Kontrast zum Nash-Kriterium). Außerdem ergaben die Studien, dass sich keineswegs die auszahlungsdominanten Gleichgewichte im weiteren Verlauf durchsetzen müssen. Gerade wenn die zu Beginn des Spiels angewendeten Verlustvermeidungsstrategien zu einem auszahlungsdominierten Gleichgewicht führen, kann sich ein solches Gleichgewicht zu einem Schelling-Punkt entwickeln, auch wenn es nicht Pareto-optimal ist (van Huyck/Battalio/Beil 1990).

In einem anderen Experiment konnte gezeigt werden, dass die Einführung von Kommunikation viel eher zu einem Pareto-optimalen Gleichgewicht führt. Allerdings galt dies nur für die einseitige Kommunikation (nur ein Akteur konnte seinem Interaktionspartner etwas mitteilen), während die zweiseitige Kommunikation (beide Akteure konnten sich gegenseitig etwas mitteilen) nicht zu signifikanten Verbesserungen im Vergleich zu der Situation ohne Kommunikation führte (Ochs 1995: 223). Die Wahl eines bestimmten Gleichgewichts in einem Koordinationsspiel hängt demnach von der Struktur des Spiels (Sicherheitsniveau und Auszahlungsdominanz) und der ersten Erfahrung der Gruppe mit diesem Spiel ab (Ochs 1995: 245).

Bei den Studien zum *Gefangenendilemma- und ähnlichen Spielen* steht im Gegensatz zu den Koordinationsspielen die Analyse des Anreizproblems im Vordergrund. Hier geht es vor allem um die Frage, ob die Akteure wirklich so egoistisch sind, wie es von den ökonomischen Theorien angenommen wird. Wäre die Egoismus-Annahme eine angemessene Annäherung an die Realität, dürfte es in experimentell durchgeführten Spielen mit einem Gefangenendilemmaproblem nicht zu einer Kooperation kommen. Tatsächlich konnten aber in den Experimenten hohe Kooperationsquoten nachgewiesen werden. Die Psychologen Marwell und Ames (1979: 1350) wiesen eine Kooperationsquote von 41% nach, die erheblich von den prognostizierten 0% der Spieltheorie abwich. Diese Studie regte zu zahlreichen von Ökonomen durchgeführten Experimenten an. Im Unterschied zu Marwell und Ames wiederholten sie die Spiele, so dass die Versuchsteilnehmer die Möglichkeit hatten, zu lernen. In der ersten Periode ergaben sich Kooperationsquoten um 40% wie bei Marwell und Ames, während die Kooperationsquote in der letzten Periode auf 10% sank (Kim/Walker 1984: 22 [von 41% auf 11%]; Isaac u.a. 1984: 128 [von 51% auf 37%]; Andreoni 1988: 296 [von 25% auf 12%]). Hier konnte eine Annäherung an das suboptimale Nash-Gleichgewicht nach einigen Wiederholungen festgestellt werden.

Selten und Stoecker (1986) zeigten in einem weiteren Experiment, wie sich die Kooperationsquote über einen längeren Zeitraum von 25 Superspielen mit je 10 Runden entwickelte. Das entscheidende Resultat war, dass die Spieler bei den späteren Superspielen früher damit begannen, sich unkooperativ zu verhalten. Im Verlauf der früheren Superspiele lernten die Akteure, welches Risiko sie eingehen, wenn sie nicht als erste unkooperativ spielen. Diese Überlegung lief zwangsläufig darauf hinaus, dass immer früher die unkooperative Alternative gewählt wurde.

Die Frage, ob ein Spiel mit einer nicht genau festgelegten Anzahl von Wiederholungen genauso wie ein Spiel mit unendlichen Wiederholungen behandelt werden kann, wurde in einem anderen Experiment überprüft. Roth und Murningham (1978: 194f.) stellten fest, dass in den Spielen, in denen eine weitere Runde mit großer Wahrscheinlichkeit folgte, in der ersten Runde 36% der Personen kooperierten, während in den Spielen, die nur mit einer sehr kleinen Wahrscheinlichkeit fortgeführt wurden, sich immerhin noch 19% kooperativ verhielten. Diese Experimente erbrachten jedoch keine Klarheit darüber, ob Spiele mit unbestimmt vielen Wiederholungen zu ähnlichen Ergebnissen führen wie Spiele mit unendlichen Wiederholungen. In jedem Fall ist auch in dieser Studie die Kooperationsquote für Spiele, die mit großer Wahrscheinlichkeit enden, zu hoch.

Das Ausmaß der Kooperation scheint nicht nur negativ von der Wiederholung des Spiels abzuhängen, sondern auch andere Variablen führen zu erheblichen Schwankungen der Kooperationsquote. Im direkten Zusammenhang mit der Wiederholung von Spielen steht die Möglichkeit der Individuen, Erfahrungen zu sammeln. Entsprechend der Erwartung kooperieren unerfahrene Spieler mehr als erfahrene. Eine weitere wichtige Variable, die einen großen Einfluss auf die Kooperationsquote hat, ist die marginale Substitutionsrate des privaten Gutes für das öffentliche Gut (MPCR: »marginal per capita return«). Steigt die MPCR, zahlt sich eine Investition in das öffentliche Gut in einem größeren Maße aus, und dementsprechend sinkt der Anreiz, sich unkooperativ zu verhalten und in das private Gut zu investieren. Logischerweise führt eine Erhöhung der MPCR zu einer dramatischen Steigerung der Kooperationsquote. Gleichzeitig verliert der negative Einfluss der Wiederholungen seine Wirkung in Spielen mit einer hohen MPCR (Isaac u.a. 1984).

Einen sehr großen Einfluss auf das Ausmaß der Kooperation besitzt die Kommunikation. Wenn die Individuen vor einer Entscheidung miteinander kommunizieren, sind sie wesentlich eher geneigt, sich kooperativ zu verhalten (Dawes u.a. 1977: 5 [von 30% auf 72%]; Isaac/Walker 1988: 600 [von 19% auf 75%]). Dies steht in besonders scharfem Gegensatz zu der spieltheoretischen Betrachtung der Kommunikation als irrelevante Variable. Kommunikation ist lediglich »cheap talk« ohne Folgen für die Entscheidung, denn jedes rationale Individuum wird alles mögliche versprechen und dennoch in der Entscheidung nur rationale Gleichgewichtskonzepte verwenden (welche in einem endlichen Gefangenendilemmaspiel zwangsläufig unkooperatives Verhalten empfehlen). Offensichtlich führt Kommunikation aber dazu, dass sich die Akteure bei ihrer späteren Entscheidung gebunden fühlen.

Es können demnach drei Variablen bestimmt werden, die einen sehr starken Einfluss auf die Kooperationsquote besitzen. Dazu gehören die MPCR und die Kommunikation, die das Ausmaß der Kooperation erhöhen, sowie die Wiederholungen, die die Kooperationsbereitschaft senken. In direktem Zusammenhang mit den Wiederholungen steht die Erfahrung der Akteure und das ökonomische Training. Auch diese beiden Variablen reduzieren die Kooperationsquote drastisch. Andere Variablen führen zu geringeren Veränderungen der Kooperationsquote, wobei vielfach die Wechselwirkungen dieser Variablen noch geklärt werden müssen. Das Verhalten der Versuchsteilnehmer kann folgendermaßen zusammengefasst werden (Ledyard 1995: 172f.):

1) Die spieltheoretische Prognose, dass die Akteure sich in einem Gefangenendilemmaspiel oder einem ähnlichen Spiel mit Anreizproblemen nicht kooperativ verhalten, kann nicht bestätigt werden.

2) Die in der Spieltheorie verwendete Egoismus-Annahme kann ebenfalls nicht durch die Altruismus-Annahme ersetzt werden, da einerseits Trittbrettfahrerverhalten in unterschiedlichem Ausmaß auftritt und andererseits gezeigt werden kann, dass selbst in den Fällen, in denen kein Konflikt zwischen Eigen- und Gruppeninteressen besteht, die Individuen sowohl gegen ihre eigenen als auch gegen die Interessen ihrer Gruppen handeln.

Daraus lassen sich drei Typen von Spielern ableiten:

1) Spieler, die sich entsprechend der Nash-Strategie verhalten und nicht kooperieren (50% aller Spieler);

2) Spieler, die sich entsprechend der Nash-Strategie verhalten, wenn die Anreize groß genug sind, und ansonsten aus normativen, moralischen, altruistischen oder habituellen Gründen kooperieren (40% aller Spieler);

3) Spieler, die sich »irrational« verhalten, d.h. auf eine unvorhersehbare Weise handeln (10% aller Spieler).

Eventuell lässt sich dieses sogenannte »irrationale« Verhalten aber dennoch erklären. Moralische kategorische Imperative und habituelle Verhaltensmuster können zu Entscheidungen führen, die sich sowohl gegen die Selbstinteressen als auch gegen die Gruppeninteressen richten können, da moralische und habituelle Verhaltensweisen zwar irgendwann einmal zu optimalen kollektiven bzw. individuellen Ergebnissen führen sollten, diese aber keineswegs noch adäquat für aktuelle Entscheidungsprobleme sein müssen. Es kann zu »irrationalem« Verhalten kommen, wenn die Verhaltensregeln nicht schnell genug an Umweltveränderungen angepasst werden. Irrational ist dieses Verhalten demnach nur in dem Fall, wenn davon ausgegangen wird, dass die Individuen in systematischer Art und Weise auf Umweltveränderungen reagieren.

In den Experimenten zur *kooperativen Spieltheorie* beschäftigten sich die Ökonomen hauptsächlich mit der Überprüfung des *Nash-Lösungskonzeptes*. Bei dem Versuch, Nashs Verteilungsprinzip zu testen, ergaben sich erhebliche Schwierigkeiten, die damit zusammenhingen, dass die Kontrolle der Nutzenfunktionen der Spieler ausgesprochen problematisch war. Für die Anwendung der Nash-Regel war es eine notwendige Voraussetzung, dass die Spieler die Nutzenfunktion ihrer Gegenspieler kannten. Um dieses Problem in den Griff zu bekommen, entwickelten Roth und Malouf eine binäre Lotterie.

»In these *binary lottery games*, each agent i can eventually win only one of two monetary prizes, a large prize λ_i or a small prize σ_i (with $\lambda_i > \sigma_i$). The players bargain over the distribution of »lottery tickets« that determine the probability of receiving the large prize: e.g. an agent i who receives 40% of the lottery tickets has a 40% chance of receiving λ_i and a 60% chance of receiving σ_i. Players who do not reach agreement in the allotted time each receive σ_i. Since the information about preferences conveyed by an expected utility function is meaningfully represented only up to the arbitrary choice of origin and scale (and since Nash's theory of bargaining is explicitly constructed to be independent of such choices), there is no loss of generality in normalizing each agent's utility so that $u_i(\lambda_i) = 1$ and $u_i(\sigma_i) = 0$. The utility of agent i for any agreement is then precisely equal to his probability of receiving the amount λ_i - i.e., equal to the percentage of lottery tickets he has received. Thus in a binary lottery game, the pair (S, d) which determines the prediction of Nash's theory is precisely equal to the set of feasible divisions of the lottery tickets.« (Roth 1988: 978)

Unter vier Bedingungen testeten Roth und seine Kollegen die Vorhersage der Nash-Strategie, dass die Aufteilung der Lotterielose im gleichen Verhältnis vorgenommen wird: Sie variierten die Informationsstruktur (in der Situation mit partieller Information kennt jeder Spieler nur die Auszahlung, die er gewinnen kann, während in der Situation mit vollkommener Information jeder Spieler auch die möglichen Auszahlungen des Gegenspielers kennt) und die Auszahlungen (in einer Situation waren die Gewinne identisch, und in einer anderen Situation war der Gewinn eines Spielers dreimal höher als der Gewinn des Gegenspielers). Unter den Bedingungen der partiellen Information (unabhängig von der Auszahlungssituation) und der vollkommenen Information in den Fällen mit gleichen Gewinnauszahlungen einigten sich die meisten Akteure tatsächlich auf eine gleiche Verteilung der Lotterielose. Allerdings gab es unter der Bedingung mit vollkommener Information und unterschiedlichen Gewinnauszahlungen eine Abweichung von der prognostizierten Gleichverteilung. Die meisten Einigungen lagen zwischen den beiden »focal points«, der »equal probability«- (0,5; 0,5) und der

»equal expected value«-Einigung (0,75; 0,25). Anscheinend hatten die meisten Diskussionen dazu geführt, dass die unfaire Ausgangssituation wenigstens zum Teil dadurch ausgeglichen wurde, dass der Spieler mit der geringeren Gewinnauszahlung einen größeren Anteil an den Lotterielosen erhielt. Hier lag ein Konflikt zwischen zwei Gleichverteilungsnormen vor, welcher in den meisten Fällen durch einen Kompromiss gelöst wurde (Roth/Malouf 1979: 591; Roth/Malouf 1982: 174).

Die spieltheoretischen Experimente zeigen, dass die Spieltheorie in fast keinem Fall das Verhalten annähernd aller Individuen korrekt beschreiben kann. Dennoch verhält sich ein beträchtlicher Teil der Akteure gemäß den Vorhersagen der Spieltheorie. Als Fazit bleibt, dass die Annahme rationaler Nutzenabwägungen einen großen Anteil bei der Erklärung der aufgetretenen Phänomene leisten kann (unter bestimmten Rahmenbedingungen viele dieser Phänomene sogar vollständig erklären kann). Neben dem Nutzenmotiv gibt es aber eine ganze Reihe anderer Motive (Normen, Moral, Altruismus und Sinnstrukturen), die ebenfalls das Verhalten maßgeblich beeinflussen. Es dürfte für die Zukunft besonders interessant sein, den jeweiligen Einfluss dieser anderen Motive weiter zu untersuchen.

1.2.6. Übungsfragen

1. Warum existiert das Problem des Mikro-Makro-Übergangs in der Spieltheorie nicht, und zu welcher Theorie konvergiert sie bei der Behandlung sehr vieler Akteure?
2. Diskutieren Sie die Vor- und Nachteile, die aus der Verwendung von mathematischen Modellen bei der Berücksichtigung von Interaktionen in der Spieltheorie resultieren (Berücksichtigen Sie Lindenbergs Methode der abnehmenden Abstraktion.)!
3. Lösen Sie das folgende Nullsummenspiel sowohl mit der Maximin- als auch mit der Nash-Lösung!

Tabelle 33: Übungsspiel

		Spieler 2	
		σ_{21}	σ_{22}
Spieler 1	σ_{11}	-3, 3	-2, 2
	σ_{12}	1, -1	-1, 1

4. Welche Probleme können bei der Verwendung einer Nash-Lösung (unter Berücksichtigung der Verfeinerungskonzepte) bei der Suche nach einem Gleichgewichtspunkt auftreten?
5. Welche Probleme verursacht die Anwendung der nicht-kooperativen Spieltheorie bei der Lösung von Koordinationsproblemen, wie dem »Kampf der Geschlechter«-Spiel oder dem Angsthasenspiel?

6. Lösen Sie das folgende Spiel in extensiver Form!

Darstellung 10: Übungsspiel in extensiver Form

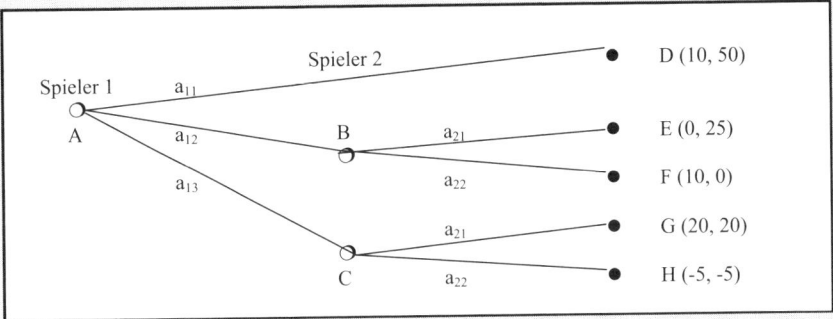

7. Lösen Sie das folgende Spiel in extensiver Form mit Hilfe des sequentiellen Lösungskonzeptes!

Darstellung 11: Übungsspiel in extensiver Form

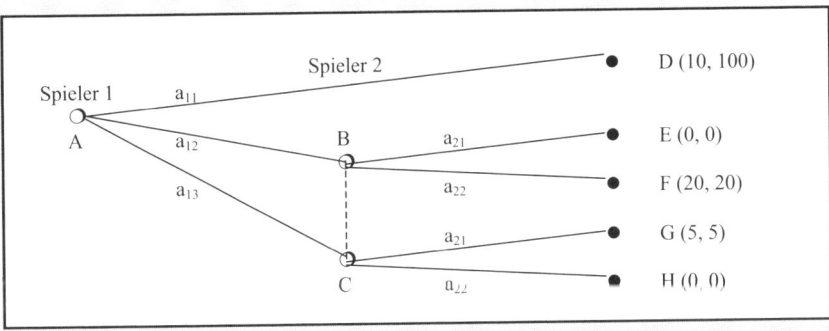

8. Welche Probleme treten bei der Darstellung eines Kommunikationsprozesses als Spiel in extensiver Form auf?
9. Beurteilen Sie die spieltheoretischen Lösungen des Gefangenendilemmas bezüglich der Realitätsnähe der Modellannahmen!
10. Welche Probleme treten bei der Nash-Lösung für Verhandlungsspiele im Zusammenhang mit dem Symmetrieaxiom auf?
11. Unter welchen Bedingungen führen die Nash-, die Kalai-Smorodinsky- und die proportionale Lösung in Verhandlungsspielen zu identischen Ergebnissen?
12. Wie wird die Entstehung von sozialen Institutionen in der Spieltheorie erklärt, und wieso folgt aus dieser Erklärung die Effizienz bestehender Institutionen?

1.2.7. Literaturhinweise

Die Darstellung der Spieltheorie folgt hier weitestgehend dem ausgesprochen leicht verständlichen Lehrbuch von Holler und Illing (1996). Eine immer noch lesenswerte Einführung in die Grundideen der Spieltheorie kommt von Luce und Raiffa (1957). Mathematisch anspruchsvollere Darstellungen der spieltheoretischen Grundkonzepte befinden sich in Owen (1982) und unter Berücksichtigung des neuesten Standes in Myerson (1991). Das Mikroökonomik-Lehrbuch von Kreps (1990a) gibt eine Einführung in die Spieltheorie als einen Teil der mikroökonomischen Theorie.

Damme (1987) gibt einen guten Überblick über die Verfeinerungen des Nash-Gleichgewichtes sowohl für die Matrix- als auch für die extensive Form. Als Vertiefung der Darstellung des Bayesschen Gleichgewichtskonzeptes bietet sich Myerson (1985) an. Eine ausführlichere Darstellung der Theorie wiederholter Spiele mit weiterführenden Literaturhinweisen befindet sich in Holler und Illing (1996). Eine lesenswerte Diskussion des Nash-Lösungskonzeptes der kooperativen Spieltheorie liefert das Lehrbuch von Luce und Raiffa (1957). In Roth (1979) befindet sich eine systematische Darstellung der drei hier behandelten Lösungskonzepte (Nash-, Kalai-Smorodinsky- und proportionale Lösung). Weniger formal anspruchsvoll ist dagegen die Darstellung in Holler und Illing (1996).

Eine Auseinandersetzung mit den Differenzen zwischen Mikroökonomik und Spieltheorie befindet sich in Kreps (1990b). Dieser Beitrag von Kreps ist besonders empfehlenswert, weil er eine selbstkritische Analyse der Probleme in der spieltheoretischen Modellbildung beinhaltet. Einen Überblick über die Ergebnisse der empirischen Forschung liefert *The Handbook of Experimental Economics* von Kagel und Roth (1995). Die experimentellen Ergebnisse über reine Koordinationsprobleme werden in dem Handbuch von Ochs (1995), Gefangenendilemmaprobleme von Ledyard (1995) und die Verteilungsprobleme der kooperativen Spieltheorie von Roth (1995) zusammengefasst.

1.3. Tauschtheorien

Die Tauschtheorien stellen eine heterogene Gruppe von Ansätzen dar, die soziale Beziehungen als Tauschbeziehungen darstellen und soziale Phänomene auf der Makroebene - wie das Phänomen der Existenz einer Gesellschaft - als die Folge dieser Tauschbeziehungen beschreiben. Die erste Tauschtheorie wurde 1961 in dem Buch *Social behavior, - Its elementary forms* von George Caspar Homans (1910-1989) vorgestellt. Homans studierte in Harvard, lehrte dort von 1939 an und wurde 1953 ordentlicher Professor. Er war zur selben Zeit in Harvard wie Talcott Parsons, dem Begründer der makrosoziologisch ausgerichteten Strukturell-funktionalen Theorie, der Homans ausgesprochen skeptisch gegenüber stand. In seinem Aufsatz *Bringing men back in* von 1964 kritisierte er Talcott Parsons für die Vernachlässigung der Individuen in seiner makrosoziologischen Perspektive. Homans versuchte, diesen Mangel durch die Herleitung allgemeiner soziologischer Gesetzmäßigkeiten aus Aussagen über individuelles Verhalten zu beheben. Die Aussagen über das individuelle Verhalten entnahm er der behavioristischen Verhaltenspsychologie und der Mikroökonomik. Somit war Homans der erste Soziologe, der ökonomische Konzepte in die soziologische Theorie einführte.

Die Verknüpfung von Behaviorismus und Ökonomik in den Arbeiten von Homans führte in der Folge zu erheblichen Unterschieden zwischen den einzelnen tauschtheoretischen Ansätzen, da diesen Theorien in wichtigen Punkten unterschiedliche Konzepte zugrunde liegen. Je nachdem, ob ein Tauschtheoretiker mehr Gewicht auf die psychologische (wie z.B. Richard Marc Emerson) oder die ökonomische Fundierung seines Ansatzes (wie z.B. Peter Michael Blau) legte, ergaben sich unterschiedliche Argumentationslinien.

Bei denjenigen Ansätzen, die der Ökonomik näher als der psychologischen Verhaltenstheorie stehen, wird die Abgrenzung zur Rational Choice-Theorie problematisch. Im Gegensatz zur Rational Choice-Theorie werden in den ökonomischen Tauschtheorien keine Nutzenmaximierung und keine klaren und prazisen Praferenzen unterstellt. Je mehr allerdings ein Rational Choice-Ansatz auf solche »harten« Spezifikationen verzichtet, desto schwieriger wird eine Abgrenzung zwischen diesen beiden Theorienkomplexen. Um dieses Problem zu entschärfen, könnte der Bereich der Analyse als Abgrenzung zwischen Tauschtheorien und der Rational Choice-Theorie verwendet werden. Der Rational Choice-Ansatz beschäftigt sich wie die Mikroökonomik mit der Erklärung von Makrozusammenhängen (auf gesellschaftlicher Ebene), während die Tauschtheorien die Mesoebene (Gruppen oder Netzwerke) behandeln. Auch diese Trennungslinie ist nicht eindeutig, bestimmte Autoren wurden jedoch nach diesem Kriterium in diesem Buch dem Rational Choice-Ansatz und/oder den Tauschtheorien zugeordnet.

1.3.1. Grundlagen der Theorie

1.3.1.1. Ausgangspunkt der Analyse

Der Ausgangspunkt der Tauschtheorien ist die fundamentale Kritik an der Annahme des strukturellen Funktionalismus von Emile Durkheim und Talcott Parsons, dass Rollen und Institutionen im Sinne von soziologischen Tatbeständen (Durkheim 1968: 102) gegeben sind, ohne die Ursachen für deren Bildung zu untersuchen. Parsons wird vorgeworfen, dass eine Analyse der Funktion von Institutionen für das gesamte System ohne eine Bestimmung der Entstehungsgründe von Rollen und Institutionen nicht möglich ist (Homans 1969: 7ff). Dementsprechend geht es in den Tauschtheorien um die Untersuchung der Funktion der Institutionen für die einzelnen Individuen und nicht um die Funktion von Institutionen für das gesamte System. Somit ist die einzige funktionale Voraussetzung, die Institutionen erfüllen müssen, die Schaffung eines Anreizsystems für die Individuen, damit diese die Institutionen aufrechterhalten (Homans 1961: 384). Soziale Prozesse werden nur über individuelles Verhalten und nicht über Systembedürfnisse erklärt (Coleman 1986: 1).

Die Summe (die Gesellschaft) ist in den (frühen Versionen der) Tauschtheorien nicht mehr als ihre Teile (die Individuen). Die Makrotheorie wird demnach aus der Mikrotheorie hergeleitet. Wie die Mikroökonomie, die Rational Choice-Theorie und die Spieltheorie gehen auch die Tauschtheorien vom Methodologischen Individualismus aus. Allerdings wird von einigen Vertretern der Tauschtheorien ein weiter gehender Reduktionismus als in der Mikroökonomik und der Spieltheorie gefordert. Die dem Behaviorismus nahestehenden Tauschtheoretiker führen Rollen und Institutionen nicht nur auf individuelles Verhalten, sondern auf die psychologischen Prozesse zurück, die dem individuellen Verhalten zugrunde liegen.

> »[...] there are no general sociological propositions [...] and that the only general propositions of sociology are in fact psychological.« (Homans 1964: 817)

Das *Ziel der Analyse* ist die Erklärung der Natur von Gruppen, Netzwerken oder körperschaftlichen Akteuren. Dabei geht es vor allem um den Nutzengewinn der einzelnen Individuen in sozialen Interaktionen und um die Distribution der erzielten Nutzengewinne.

1.3.1.2. Annahmen über den Menschen

Das Menschenbild in den Tauschtheorien geht von einem *freien und selbstinteressierten* Akteur aus. Sein Handeln wird nicht durch internalisierte Normvorstellungen, Rollenerwartungen, kulturelle Prägungen oder Gewaltandrohungen bestimmt (Homans

1967: 13). Interaktionen werden von den Akteuren freiwillig eingegangen, weil sich die Individuen einen Nutzengewinn von ihnen versprechen, und die Interaktionen werden abgebrochen, wenn die Akteure keinen Nutzen mehr aus ihnen ziehen können (Blau 1964: 91).

Das Menschenbild der Tauschtheorien stimmt in weiten Bereichen mit dem des Homo oeconomicus überein. Ebenso wie in der Mikroökonomik, der Rational Choice-Theorie und der Spieltheorie ist dieses Menschenbild auch in den Tauschtheorien universell, wobei in allen diesen Theorien von der spezifischen Kultur der Individuen abstrahiert wird. Dass der Aspekt der Kultur in den Tauschtheorien nicht berücksichtigt wird, könnte an der Herleitung einiger Hypothesen aus behavioristischen Experimenten mit Tieren liegen. Es wird zwar nicht behauptet, dass es keine Unterschiede zwischen Menschen und Tieren gibt, dennoch gehen behavioristische Vertreter lediglich von quantitativen und nicht von qualitativen Unterschieden aus. Demzufolge sind die Menschen zu größeren kognitiven Leistungen fähig, die sich aber nicht grundsätzlich von denen der Tiere unterscheiden (Ekeh 1974: 100ff.). Kultur ist ein qualitativer Unterschied zwischen Menschen und Tieren, der bei dieser Sichtweise nicht mehr berücksichtigt werden kann. Diese Argumentation ist aber nicht zwingend, denn es ist sehr wohl möglich, nur von quantitativen Unterschieden zwischen Menschen und Tieren auszugehen, ohne die Kultur zu vernachlässigen. Nach dieser Auffassung würden allerdings nicht nur die Menschen Kultur besitzen, sondern auch die Tiere, wenn auch in einem sehr kleinen (quantitativen) Umfang. Der tiefere Grund für die Nichtbehandlung der Kultur dürfte eher in der Unmöglichkeit der direkten objektiven Erfassung der Kultur liegen. Dies ist auch der Grund, warum sich Ökonomen gegen weiche Spezifikationen der Präferenzen wehren, weil diese eben nicht ohne Probleme beobachtet werden können.

Wie in den anderen ökonomischen Ansätzen wird auch in den Tauschtheorien von *rationalen* Individuen ausgegangen. Im Gegensatz zur Mikroökonomik, dem Rational Choice-Ansatz und der Spieltheorie wird rationales Verhalten aber nicht mit nutzenmaximierendem Verhalten gleichgesetzt. Es wird von einer schwächeren Version der Rationalitätsdefinition ausgegangen. Ein Akteur verhält sich rational, wenn er eine Alternative mit einem besseren Ergebnis einer Alternative mit einem schlechteren Ergebnis vorzieht. Weitere Aussagen über ein konkretes Selektionsverfahren werden nicht getroffen. Folglich ist die Optimalität einer Entscheidung nicht mehr gewährleistet, da sie lediglich besser als eine Alternative und nicht besser als alle möglichen Alternativen ist (Homans 1961: 80ff.; Blau 1964: 19; Emerson 1981: 31). Diese Abschwächung des Rationalitätsbegriffs resultiert aus den unterschiedlichen und zum Teil auch vermischten Konzeptionen der Selektionsmethode im Behaviorismus (Reiz-Reaktions-Schema) und in der Ökonomik (Nutzenmaximierung). Da das Reiz-Reaktions-Schema eine geringere Rationalität erfordert, ist diese Definition der kleinste gemeinsame Nenner.

1.3.1.3. Annahmen über die Gesellschaft

Die Gesellschaft oder Gruppen besitzen in den Tauschtheorien keine eigene Identität bzw. Charakteristika. Sie resultieren aus den partikularistischen Interessen der Individuen und dienen der Bedürfnisbefriedigung der Mitglieder (Blau 1964: 19f.). Gruppen können als das Muster sozialer Interaktionen aufgefasst werden (Blau 1955: v). Allerdings bleibt unklar, ob die individualistisch hergeleitete Gesellschaft als Vertragsgesellschaft oder als Marktgesellschaft interpretiert wird. Wie die Diskussion der ökonomischen Theorie gezeigt hat, bestehen diese beiden Möglichkeiten der Darstellung einer Gesellschaft, wenn von selbstinteressierten und nutzenorientierten Individuen ausgegangen wird.

Auch wenn die Tauschtheoretiker keine direkte Stellung zu dieser Frage beziehen, können Analogien zu Netzwerkstrukturen gezogen werden. Die Gesellschaft kann je nach Struktur des Netzwerkes sowohl als *Vertragsgesellschaft* als auch als *Marktgesellschaft* aufgefasst werden (auch eine Mischung beider Auffassungen ist möglich). Das Konzept der Vertragsgesellschaft entspricht der Netzwerkdarstellung des körperschaftlichen Akteurs: $[(P_1)-A_1]-[A_2-(P_2)]$. Die zentralen Merkmale eines körperschaftlichen Akteurs sind

1) das geschlossene Auftreten gegenüber anderen Gruppen oder Einzelpersonen (G_1-G_2) und
2) die interne Interaktionsbeziehung zwischen dem Prinzipal und dem Agenten (P_1-A_1), der die Gruppe nach außen hin vertritt.

Demgegenüber entspricht die Marktgesellschaft der eigentlichen Netzwerkdarstellung:

$$A\text{-}B\text{-}C \text{ oder } \begin{array}{c} A \\ / \backslash \\ B \text{---} C \end{array} \quad \text{(Emerson 1981: 46f.)}.$$

Es wird dabei nicht unterstellt, dass ein Netzwerk in der einen oder anderen Form das Resultat eines intendierten oder unintendierten Verhaltens ist, noch dass sich die Akteure der Struktur des Netzwerkes, in dem sie sich befinden, bewusst sind. Diese Analogien zwischen der Netzwerkstruktur und der Auffassung von der Gesellschaft sollen lediglich auf den Sachverhalt hinweisen, dass soziale Gebilde, die durch einen »Vertrag« entstanden sind, wohl in den meisten Fällen graphisch als körperschaftliche Akteure dargestellt werden können und dass im Gegensatz dazu spontan entstandene soziale Gebilde (wie Märkte) eher ungeordnete Netzwerkstrukturen aufweisen werden.

1.3.1.4. Methodologie

Zu den methodologischen Grundlagen der Tauschtheorien gehören ebenso wie in der Mikroökonomik, dem Rational Choice-Ansatz und der Spieltheorie der Methodologische Individualismus und Poppers Kritischer Rationalismus. Weiterhin hat die Methodologie der behavioristischen Verhaltenspsychologie einen großen Einfluss auf die Tauschtheorien. Die Vertreter der Tauschtheorien übernehmen vom Behaviorismus die Ablehnung der Methode des Verstehens der zugrundeliegenden Motivstrukturen durch die Introspektion (Ekeh 1974: 95). Statt dessen beschränken sie sich auf die Analyse beobachtbarer objektiver Verhaltensweisen (die Reaktion) und deren Ursachen (den Reiz). Wie in den ökonomischen Theorien werden objektive Verhaltensänderungen auf objektive Umweltveränderungen zurückgeführt. Im Gegensatz zur Ökonomik wird nicht versucht, das Verhalten über nicht erhebbare subjektive Präferenzen zu erklären. In diesem Punkt sind die behavioristischen Tauschtheoretiker wesentlich konsequenter. Sie führen gar nicht erst eine Variable ein, die sie im nachhinein nicht bestimmen können. Damit entledigen sie sich der Diskussion über eine harte oder weiche Spezifikation der Präferenzen, und folglich müssen sie sich auch nicht gegen einen Tautologie-Vorwurf wehren.

1.3.2. Beschreibung/Erklärung der individuellen Entscheidung

1.3.2.1. Elemente der Entscheidung

Die Elemente der Entscheidung stimmen in den Tauschtheorien mit denen aus der Mikroökonomik und dem Rational Choice-Ansatz überein. Es wird von einer Menge der Alternativen A, einer Menge der Umweltsituationen S und einer Menge der Eintrittswahrscheinlichkeiten für die Umweltzustände P ausgegangen.

Menge der Alternativen $\quad\quad\quad\quad\quad A = \{a_1, ..., a_i, ..., a_n\}$
Menge der Umweltsituationen $\quad\quad\quad S = \{s_1, ..., s_g, ..., s_q\}$
Menge der Eintrittswahrscheinlichkeiten $\quad P = \{p_1, ..., p_g, ..., p_q\}$

Die einzelnen Alternativen a_i können durch die Ergebnisse der Handlung x_{ig} differenziert werden.

Ergebnis der Handlung $\quad\quad\quad\quad x_{ig}$, mit $i = 1, ..., n$ und $g = 1, ..., q$
Mit der Nutzenfunktion u können die Alternativen a_i über ihre Ergebnisse x_{ig} bewertet und in eine Rangfolge gebracht werden.
Nutzen (individueller) $\quad\quad\quad\quad\quad u = u(x_{ig})$

1.3.2.2. Prozess der Entscheidung

Aufgrund der Tatsache, dass der Entscheidungsprozess nicht ohne weiteres dem Beobachter zugänglich ist, verzichten die Tauschtheorien auf dessen Behandlung.

1.3.2.3. Ergebnisermittlung in der Entscheidung

In den Tauschtheorien wird davon ausgegangen, dass die Entscheidungsfindung durch individuelle Nutzenüberlegungen motiviert wird (Blau 1964: 91). Der (Brutto-)Nutzen kann ganz allgemein als das definiert werden, was eine Person durch einen Tausch erhält. Dabei werden je nach Herkunft des Forschers verschiedene Begriffe für »Nutzen« synonym verwendet: Wert (in der Soziologie), Verstärkung (in der Psychologie), Belohnung, Ergebnis und Payoff (in der Sozialpsychologie).

Kosten stellen andererseits das dar, was eine Person in einem Tausch abgibt. Hinzu kommt der mentale und körperliche Arbeitsaufwand während eines Tausches (Transaktionskosten) und das, was ihr an Möglichkeiten entgeht, wenn sie ein Tauschgeschäft einem anderen vorzieht (Opportunitätskosten). Der Nettonutzen entspricht dem Bruttonutzen nach Abzug der Kosten. Unter Nutzen ist im folgenden nur noch der Nettonutzen zu verstehen.

Der Nutzen kann in den Tauschtheorien sowohl als absoluter Wert bzw. Wert einer Aktivitätseinheit als auch als ein Wert in Relation zu einem Erwartungsniveau aufgefasst werden. Die erste Definition entspricht der ökonomischen Theorie des erwarteten Nutzens bzw. Grenznutzens, während die zweite Interpretation mit dem Konzept der eingeschränkten Rationalität von Simon übereinstimmt. Welche Nutzendefinition verwendet wird, hängt von der Wahl der Selektionsmethode ab.

Es wird nicht festgelegt, durch was der Nutzen eines Individuums erzeugt wird. Wie beim modernen Homo oeconomicus kann eine emotionale Belohnung die finanziellen Verluste einer Handlung ausgleichen. Der Nutzenbegriff ist somit ebenfalls mit Altruismus oder Masochismus vereinbar.

> »Remember that the rewards involved in exchange theory can be of any type whatsoever, and it is said that emotional reward can offset money loss.« (Skidmore 1975: 79)

Trotzdem wird in den meisten tauschtheoretischen Modellen von der Egoismus-Annahme ausgegangen. Egoismus wird dabei als selbstinteressiertes Verhalten definiert. Dieser Annahme liegt die Konzeption der Handlung als Tausch zugrunde. Ein Tausch basiert auf der Erwartung einer Gegenleistung für die eigene Leistung. Die Vorstellung von einer Entschädigung für die eigenen Verluste, die durch eine Interaktion hervorgerufen werden, stehen per Definition im Widerspruch zu einem echten Altruismus, bei dem unter Umständen keine Gegenleistung erwartet wird (vgl. Ekeh 1974: 169).

Der Nutzen besitzt wie in der Ökonomik zwei Wertkomponenten: der Wert einer Sache an sich und die Frequenz, mit der eine Sache in der letzten Zeit konsumiert wurde (Homans 1961: 43f.). Es wird angenommen, dass der Nutzen eines Gutes mit der Häufigkeit des Konsums abnimmt, bis hin zu einem Sättigungsniveau, bei dem ein Akteur kein Interesse mehr an einem weiteren Konsum besitzt. Die Hypothese 1 wurde von Homans in Anlehnung an das ökonomische Konzept des abnehmenden Grenznutzens aufgestellt. In den Formulierungen der Hypothese spricht Homans davon, dass der Wert jeder weiteren Belohnungs*einheit* geringer wird. Dabei vermischt er zwei unterschiedliche Fragen. Die Grenznutzentheorie behandelt die Konsum*menge* eines Gutes in *einer* Entscheidungssituation (die Frage lautet: *wieviel Einheiten* eines Gutes soll ich konsumieren?), während Homans – von der behavioristischen Verhaltenspsychologie ausgehend – ein anderes Problem betrachtet. Für ihn ist die *Frequenz* des Auftretens einer Handlung über eine *Periode* von Entscheidungssituationen hinweg entscheidend (die Frage lautet: *wie oft* soll ich eine Handlung wiederholen?). Der erste Teil seiner Hypothese bezieht sich eindeutig auf eine Periode (die jüngste Vergangenheit), so dass es unsinnig ist, im zweiten Teil die Menge eines Gutes zu berücksichtigen. Aus diesem Grunde weicht die hier dargestellte Formulierung der Hypothese von der ursprünglichen Formulierung von Homans (1961: 55) ab.

Hypothese 1:   Je häufiger eine Person in der nahen Vergangenheit eine bestimmte Belohnung erhielt, desto weniger wertvoll wird für sie diese Belohnung (*Entbehrungs-Sättigungshypothese*).

Die Anforderungen an die Präferenzen fallen in den Tauschtheorien im Vergleich zur Mikroökonomik, der Rational Choice-Theorie und der Spieltheorie wesentlich geringer aus. Es wird auf eine axiomatische Fundierung des Ansatzes verzichtet. Dadurch kann auf eine eindeutige und vollständige Ordnung (Friedman 1987: 53) sowie auf konsistente und konstante Präferenzen (Blau 1964: 18) verzichtet werden. Allerdings wird übereinstimmend mit der Sichtweise der Ökonomik von exogenen Präferenzen ausgegangen. Sie sind exogen, weil sie nicht aus einer gerade ablaufenden Tauschbeziehung heraus erklärt werden können. Präferenzen sind vielmehr das Resultat aller bisherigen Tauschbeziehungen (Homans 1961: 45). Die verhaltenspsychologisch geprägten Tauschtheorien sehen den Vorgang der Präferenzbildung als langfristige Konditionierung an (Emerson 1987: 16). Im Gegensatz dazu akzeptieren die ökonomisch orientierten Tauschtheorien psychologische Ursachen für die Präferenzbildung, ohne diese jedoch genauer zu spezifizieren (Blau 1964: 19f.).

Starke Anforderungen stellen die Tauschtheorien hingegen an die Nutzenfunktion. Wie in der Rational Choice-Theorie und in der Spieltheorie wird von einer kardinalen

Nutzenfunktion ausgegangen. Kardinale Skalen sind nicht nur für die Darstellung von Unsicherheit, sondern auch für die Behandlung des Fairnessproblems notwendig. Die interpersonelle Vergleichbarkeit der Nutzenniveaus setzt ein kardinales Nutzenkonzept voraus (Emerson 1987: 12 und 40ff.).

In den Tauschtheorien werden bei der Behandlung der *Restriktionen* vor allem die sozialen Restriktionen hervorgehoben. Restriktionen werden dabei je nach Vertreter sowohl positiv als Ressourcen als auch negativ als Kosten interpretiert. Im positiven Sinne entspricht den Ressourcen die Belohnungskapazität eines Individuums für die anderen Individuen (Emerson 1969: 388). Je weniger wertvoll die Güter einer Person sind, die sie tauschen kann, desto restriktiver sind ihre Möglichkeiten, einen Tausch mit einem günstigen Tauschverhältnis auszuhandeln. Weitere Ressourcen können der Status bzw. die Machtposition der Person sein (Blau 1964: 115, 124 und 132). Diese Arten des sozialen Kapitals können die Menge der potentiellen Tauschpartner vergrößern, wodurch auch ein besseres Tauschverhältnis ausgehandelt werden kann. Im Gegensatz dazu können Sanktionen und Moral als Restriktionen im negativen Sinne aufgefasst werden, da sie über die entstehenden Kosten den Nutzen einer Alternative verringern (Blau 1964: 258f.; Voss 1985: 78f.).

Zu der Sichtweise der *Selektionsmethode* gibt es in den Tauschtheorien gravierende Unterschiede. Entweder wird von einem Reiz-Reaktions-Schema oder von einem nutzenmaximierenden rationalen Wahlverhalten ausgegangen (Coleman 1973: 23ff.; Ekeh 1974: 180f.; Raub/Voss 1981: 9). Das in der behavioristisch orientierten Tauschtheorie bevorzugte *Reiz-Reaktions-Schema* besagt, dass Menschen und Tiere in systematischer Form auf gleiche Reize reagieren. Dies entspricht der Annahme in der Mikroökonomik und der Rational Choice-Theorie, dass sich die Individuen systematisch an Umweltveränderungen anpassen. Dem Reiz-Reaktions-Schema der behavioristischen Tauschtheorien liegt die Idee der operanten Konditionierung im Gegensatz zu dem Konzept der klassischen Konditionierung des älteren Behaviorismus zugrunde. Bei der klassischen Konditionierung wird ein natürlicher Reiz (z.B. Futter/Nahrung) mit einem neutralen Reiz (z.B. Glockenläuten) mit dem Ziel verbunden, die mit dem natürlichen Reiz verbundene Reaktion (z.B. Speichelproduktion) auch durch den vorher neutralen Reiz auszulösen. Das klassische Beispiel hierfür ist der Pawlowsche Hund. Jede Fütterung des Hundes wurde mit einer Glocke eingeläutet, mit dem Effekt, dass der Hund nach einer Weile auch dann mit der Speichelproduktion auf das Läuten der Glocke reagierte, wenn es nicht zu einer Fütterung kam. Demgegenüber gehen Homans und die anderen verhaltenspsychologischen Tauschtheoretiker von der operanten Konditionierung lediglich im Sinne einer Verhaltensverstärkung aus (Homans 1961: 18). Ein Verhalten wird durch das Ergebnis des Verhaltens positiv oder negativ verstärkt. Ein Verhalten bzw. eine Reaktion wird nur gezeigt, wenn zwei Punkte vorliegen: das Individuum muss erstens ein Interesse (ein natürlicher Reiz) haben, in einer Situation (ein neutraler Reiz) zu handeln, und es muss zweitens über Konditionierungen

erworbene Kenntnisse besitzen, wie die Interessen in dieser Situation am wirkungs-
vollsten umgesetzt werden können. Im Unterschied zur klassischen Konditionierung
erfolgt eine Reaktion erst, wenn neben dem neutralen Reiz auch ein natürlicher Reiz
und das nötige Wissen über eine erfolgversprechende Strategie in dieser Situation vorliegen (Emerson 1969: 384f.; Opp 1972: 44f.). Der Gegenstand der Analyse bei dieser
Interpretation des Reiz-Reaktions-Schemas ist somit freiwilliges Verhalten und nicht
ein unfreiwilliger Reflex (Homans 1961: 17).

Dem Reiz-Reaktions-Schema liegt nicht die Annahme zugrunde, dass zwangsläufig
ein optimales Resultat verwirklicht wird. Da lediglich vergangene Erfahrungen und
nicht die zukünftigen erwarteten Entwicklungen berücksichtigt werden, ist ein optimales Ergebnis nicht garantiert. Optimal wäre ein Ergebnis nur, wenn ein Akteur mit
einer konstanten Umwelt konfrontiert würde. Andererseits liegen dem Reiz-Reaktions-Schema die folgenden Hypothesen zugrunde (Homans 1961: 53):

Hypothese 2:   Je häufiger eine bestimmte Handlung einer Person belohnt wurde,
                desto häufiger wird die Person diese Handlung wiederholen (*Erfolgs-
                hypothese*).

Die Erfolgshypothese entspricht einer psychologischen Begründung von subjektiven
Wahrscheinlichkeitseinschätzungen. Die erwartete Eintrittswahrscheinlichkeit einer
Belohnung wird durch die vergangene Erfahrung eines Individuums determiniert.

Hypothese 3:   Kontinuierlich belohnte Handlungen einer Person treten nach Beendi-
                gung der Belohnungen seltener auf als die diskontinuierlich belohnten.

Hypothese 3 leitet sich aus der Erfolgshypothese ab. Wenn eine Handlung mit einer
geringen Wahrscheinlichkeit belohnt wird, wird das Ausbleiben der Belohnung erst offensichtlich, nachdem diese Handlung mehrmals ausgeführt wurde. Hingegen ist es
sofort offensichtlich, dass eine Handlung nicht mehr belohnt wird, wenn diese Handlung vorher regelmäßig belohnt worden ist (Opp 1972: 66).

Hypothese 4:   Je größer die Übereinstimmung des vorliegenden Reizes mit Reizen
                vergangener Situationen ist, bei denen eine Handlung belohnt wurde,
                desto ähnlicher wird die Handlung diesen damaligen Handlungen
                sein (*Reizhypothese*).

Die Reizhypothese kann als eine Art Definition der Situation aufgefasst werden, die
ein zentraler Bestandteil soziologischer Theorien ist. Im Gegensatz zu der soziologischen Auffassung wird die Situation nicht bewusst konstruiert, sondern eine Situation
wird zu einem automatisch erkannten Reiz assoziiert (Homans 1961: 54). Die Formu-

lierung dieser Hypothese ist allerdings nicht unkritisch, da das erforderliche Ähnlichkeitsniveau, welches für das Erkennen eines Reizes notwendig ist, nicht präzise definiert wird. Eine Falsifikation ist somit nicht möglich, weil ein Ausbleiben der Handlung immer damit begründet werden kann, dass der vorliegende Reiz nicht im ausreichenden Maße mit dem Reiz vergangener Situationen übereinstimmte (Boger 1986: 110).

Hypothese 5:	Je wertvoller die Belohnung einer Handlung für eine Person in der Vergangenheit war, desto häufiger wird die Person diese Handlung wiederholen (*Werthypothese*).

Die Werthypothese bezieht sich nur auf den Wert eines Handlungsergebnisses, unabhängig von der Frequenz des Auftretens (Hypothese 1) und dem Fall unter Unsicherheit (Hypothese 2). Wenn ein Akteur zwischen zwei Handlungsalternativen wählen muss, die mit der gleichen Häufigkeit aufgetreten sind und belohnt wurden, wird er sich für die Alternative entscheiden, die für ihn wertvoller ist. Die Werthypothese vergleicht somit den Nutzen verschiedener Handlungen miteinander (Homans 1961: 55). Im zeitlichen Verlauf wirken die Werthypothese und die Entbehrungs-Sättigungshypothese in entgegengesetzte Richtungen, wobei sich diese Tendenzen letztlich gegenseitig aufheben. Eine wertvolle Handlung (wertvoller als andere Alternativen) wird nach Hypothese 4 häufig wiederholt. Die häufigen Wiederholungen verringern nach Hypothese 1 den Nutzen (der Wert dieser Alternative nimmt in Relation zu den anderen Alternativen ab), so dass sie nach Hypothese 4 nicht mehr so häufig wiederholt wird.

Hypothese 6a:	Wenn eine Person eine erwartete Belohnung (bzw. eine unerwartete Bestrafung) nicht erhält (bzw. erhält), wird sie mit einer höheren Wahrscheinlichkeit aggressives Verhalten zeigen, und die Ergebnisse solchen Verhaltens werden dadurch wertvoller (*Frustrations-Aggressionshypothese*).
Hypothese 6b:	Wenn eine Person eine unerwartete Belohnung (bzw. eine erwartete Bestrafung) erhält (bzw. nicht erhält), wird sie mit einer höheren Wahrscheinlichkeit billigendes Verhalten zeigen, und die Ergebnisse solchen Verhaltens werden dadurch wertvoller (*Billigungshypothese*).

Im Gegensatz zu den bisherigen Hypothesen sind die Hypothesen 6a und 6b (Homans 1974: 37 und 39) nicht mehr logisch aus dem Reiz-Reaktions-Schema ableitbar. Die Entbehrungs-Sättigungshypothese, die Erfolgshypothese und die Werthypothese beziehen sich auf vergangene Erfahrungen im Zeitpunkt einer Entscheidung. Die Reizhypothese betrifft die Übereinstimmung von gegenwärtigen und vergangenen Reizen in einer Entscheidung. Diesen Hypothesen ist gemeinsam, dass sie die Wahl einer Handlungsalternative erklären. Hingegen behandeln die Hypothesen 6a und 6b die Folgen einer Handlung, die keinen Einfluss auf den Entscheidungsprozess haben können, da es sich um unerwartete Folgen handelt. Es ist weder klar, auf welcher theoretischen Basis diese Hypothesen gebildet worden sind, noch aus welchem Grunde sie von Homans formuliert wurden, da die beiden Hypothesen keinen Beitrag zur Erklärung von Wahlhandlungen leisten. Ein möglicher Grund für die Einführung dieser Hypothesen könnte sein, dass Homans durch die psychologische »Begründung« positiver und negativer Sanktionen das Kollektivgutproblem bei der Erschaffung und Erhaltung eines Sanktionssystems umgehen wollte. Das Kollektivgutproblem zweiter Ordnung entfällt, wenn die Sanktionierung für den Sanktionierer einen Nutzen bringt (vgl. Weede 1992: 88f.).

Im Gegensatz zu den behavioristisch orientierten Vertretern gehen einige Vertreter der Tauschtheorien nicht vom Reiz-Reaktions-Schema, sondern von einem *Nutzenmaximierungsverfahren* als Selektionsmethode aus. In der Regel präzisieren sie nicht genauer, was sie unter einem »Nutzenmaximierungsverfahren« verstehen. Dennoch kann davon ausgegangen werden, dass mit »Nutzenmaximierung« die Methoden der Grenznutzentheorie für Fälle unter Sicherheit und der Erwartungsnutzentheorie für Fälle unter Unsicherheit gemeint sind.

Das Reiz-Reaktions-Schema und das Nutzenmaximierungsprinzip unterscheiden sich im wesentlichen in der zeitlichen Orientierung der Handlung. Das Nutzenmaximierungskonzept besitzt einen Vergangenheits-, Gegenwarts- und Zukunftsbezug. Zukünftig erwartete Ergebnisse werden auf der Basis von in der Vergangenheit erlangten Erfahrungen unter Berücksichtigung der gegenwärtigen Umweltbedingungen evaluiert. Dem Reiz-Reaktions-Schema fehlt hingegen der Zukunftsbezug. Eine Handlung wird aufgrund einer in der Vergangenheit erfolgten operanten Konditionierung und der in der Gegenwart wahrgenommenen Reize durchgeführt (Emerson 1976: 341). Verhalten stellt somit eine spontane Reaktion auf einen Reiz dar.

»Conditioning theory does two things. It addresses the origins of values as discussed above, and it links those values to behavior without going through (in theory) any conscious deliberations. Decision theory takes values as given and assumes some cognitive weighing of *alternative* actions in the process of selecting from among alternatives (decision making). While alternatives play a role in conditioning theory, *the conditioning process removes alternatives* over time. The result is action without »decision«; yet action which *is* beneficial by and large.« (Emerson 1981, S. 41)

In beiden Selektionsmechanismen bestimmt der Nutzen die Wahl einer Handlungsalternative. Allerdings ist dies für das Nutzenmaximierungsverfahren der zukünftige

Nutzen einer gegenwärtigen Entscheidungssituation, während es für das Reiz-Reaktions-Schema der vergangene Nutzen einer gegenwärtigen Reizsituation ist. Behavioristisch-adaptives und ökonomisch-rationales Verhalten als das Resultat dieser beiden Selektionsmechanismen konvergiert nur in den Fällen, in denen in einer konstanten Umwelt ähnliche Individuen ähnliche Erfahrungen in ähnlichen Situationen sammeln (Braun 1998: 151).

Die folgenden Argumente werden für die Nutzenmaximierung und gegen das Reiz-Reaktions-Schema angeführt (Voss 1985: 11ff.):

1) Das ökonomische Modell ist im Gegensatz zum Behaviorismus ein intentionales Modell. Die Individuen wählen auf der Basis ihrer Wünsche. Beim Nutzenmaximierungsprinzip spielen nicht nur die externen Bedingungen (die Restriktionen), sondern auch die Präferenzen eine entscheidende Rolle. Diese subjektive Ebene wird beim Reiz-Reaktions-Schema – selbst wenn von einer operanten Konditionierung ausgegangen wird – stark vernachlässigt. Allerdings bereitet gerade der subjektive Teil der ökonomischen Theorie den Ökonomen große Probleme, wie die Diskussion der Mikroökonomie und der Rational Choice-Theorie gezeigt hat, so dass dieses Argument relativiert wird.

2) Für die Prognose ist in einem behavioristischen Modell die gesamte Konditionierungsgeschichte der Akteure maßgeblich. Diese Konditionierungsgeschichten dürften aber kaum für große Gruppen ermittelbar sein. Eine Anwendung des Reiz-Reaktions-Schemas ist somit außerhalb von Kleingruppen in Laborexperimenten nicht möglich.

3) Das behavioristische Verhaltensmodell kann keine Aussagen in Situationen treffen, in denen Individuen vor strukturell neuen Problemen stehen. In solchen Reizsituationen wurde in der Vergangenheit keine Verhaltensweise verstärkt. Diese Argumentation täuscht allerdings darüber hinweg, dass sich auch die ökonomische Theorie in solchen Situationen Problemen gegenübersieht. Wenn eine Situation so neu ist, dass nicht einmal Nutzenvorstellungen über mögliche Ergebnisse von Handlungen vorliegen, kann auch die ökonomische Theorie keine Aussage über das gezeigte Verhalten machen.

Auf der anderen Seite kann das Reiz-Reaktions-Schema habituelles Verhalten besser als die Nutzenmaximierungsmethode erklären. Habituelles Verhalten ist jetzt das Resultat einer Reihe von Verstärkungen einer bestimmten Handlung, die jedesmal automatisch beim Auftreten eines bestimmten Reizes durchgeführt wird, ohne dass ständig eine neue Entscheidung darüber getroffen wird, ob diese Alternative immer noch zu optimalen Ergebnissen führt (Thibaut/Kelley 1959: 28; Weede 1992: 117).

In Bezug auf den Grad der Informiertheit unterscheiden sich dagegen alle Versionen der Tauschtheorien von der Mikroökonomik und der Rational Choice-Theorie. Es wird nicht unterstellt, dass für jeden Tausch aggregierte Marktpreise bzw. Schattenpreise vorliegen (Blau 1964: 94). Da in den Tauschtheorien die Existenz eines Preismechanismus nicht angenommen wird, folgt daraus, dass die Akteure nicht über vollständige *Informationen* verfügen müssen. Die vollständige Informiertheit der Akteure wird in der Mikroökonomik und dem Rational Choice-Ansatz über die Marktpreise garantiert, mit dem Effekt, dass sich diejenigen Akteure finden, die sich durch einen Tausch verbessern können. Wenn alle Tauschtransaktionen abgewickelt wurden, gibt es in diesen Theorien im Gleichgewicht keine weiteren Akteure, die sich durch einen Tausch verbessern können, ohne einen anderen schlechter zu stellen. Hingegen ist in den Tauschtheorien, aufgrund des Fehlens von Marktpreisen, nicht gewährleistet, dass eine Tendenz zum Gleichgewicht im Sinne eines Pareto-optimalen Verteilungszustandes existiert.

1.3.3. Beschreibung/Erklärung der Interaktion

1.3.3.1. Elemente der Interaktion

Im Gegensatz zur individuellen Entscheidung wird hier noch die Menge der Interaktionssituationen S^I hinzugefügt. Die Interaktionssituation s_{ii} ist das Ergebnis der Kombination der Alternativen a_i der beiden Spieler (für j = 1, 2).

Menge der Alternativen des Akteurs j	$A_j = \{a_{j1}, ..., a_{ji}, ..., a_{jn}\}$
Menge der Interaktionssituationen	$S^I = \{s_{11}, ..., s_{ii}, ..., s_{nn}\}$
Menge der Umweltsituationen	$S^U = \{s_1, ..., s_g, ..., s_q\}$
Menge der Eintrittswahrscheinlichkeiten	$P = \{p_1, ..., p_g, ..., p_q\}$

Das Handlungsergebnis x_{iig} ist in der Interaktion nicht nur von der Handlung a_{1i} eines Akteurs und den Eintrittswahrscheinlichkeiten der Umweltzustände p_g abhängig, sondern auch von der Handlung a_{2i} des Interaktionspartners.

Ergebnis der Handlung	x_{iig}, mit i = 1, ..., n und g = 1, ..., q

Mit der Nutzenfunktion u können die einzelnen Alternativen wie in der individuellen Entscheidung verglichen werden.

Nutzen (individueller)	$u = u(a_i(x_{iig}))$

1.3.3.2. Prozess der Interaktion und die Ergebnisermittlung

Soziales Verhalten bzw. Verhalten in Interaktionen wird generell als Tausch aufgefasst (Homans 1961: 13). So wird z.B. auch in der Bitte um Hilfe ein Tauschgeschäft gesehen, bei dem die hilfesuchende Person die gewünschte und erhaltene Hilfe mit Respekt und Dankbarkeit »bezahlt«.

»A consultation can be considered an exchange of values; both participants gain something, and both have to pay a price. The questioning agent is enabled to perform better than he could otherwise have done, without exposing his difficulties to the supervisor. By asking for advice, he implicitly pays his respect to the superior proficiency of his colleague. This acknowledgment of inferiority is the cost of receiving assistance. The consultant gains prestige, in return for which he is willing to devote some time to the consultation and permit it to disrupt his own work.« (Blau 1955: 108)

Dabei wird das Tauschverhalten nicht nur auf ökonomische Märkte beschränkt, sondern es existiert überall (Blau 1964: 88). Das ökonomische (auf Märkten) und das soziale Tauschverhalten (in allen anderen Fällen) bilden demnach die Menge aller Tauschbeziehungen. Im Unterschied zu dem Tauschverständnis der anderen ökonomischen Theorien wird in den Tauschtheorien aber von langfristigen, nicht-zufälligen und personengebundenen Austauschverhältnissen ausgegangen. Demgegenüber sind die Austauschbeziehungen in der Mikroökonomie und der Rational Choice-Theorie nicht personengebunden (Blau 1955: 178; Emerson 1972b: 60). Hier werden die Tauschpartner über den Markt zusammengeführt, ohne dass die persönlichen Charakteristika der Personen eine Rolle spielen.

Interaktionen werden in den Tauschtheorien nach zwei verschiedenen Kriterien klassifiziert. Die erste Ordnungskategorie ist die Größe der Gruppe. Hier werden Interaktionen in dyadischen Beziehungen von Austauschbeziehungen in Gruppen von mehr als 2 Personen (Netzwerken) unterschieden. Das zweite Klassifikationskriterium bezieht sich auf die Art des Austausches. Tauschbeziehungen können danach unterschieden werden, ob es sich um einen direkten Tausch oder um einen indirekten Tausch handelt. Beim direkten Tausch wird von demjenigen, der etwas erhält, auch eine Gegenleistung erwartet. Der direkte Tausch kann sowohl in dyadischen Beziehungen als auch in Netzwerkstrukturen auftreten. Dagegen kann der indirekte Tausch nur in Netzwerken auftreten, da hier die Gegenleistung nicht von demjenigen erwartet wird, der etwas erhalten hat, sondern nur eine Gegenleistung von irgend jemandem aus dem Netzwerk bzw. der Gruppe. Des weiteren können der direkte und der indirekte Tausch danach unterschieden werden, ob sofort eine vergleichbare Gegenleistung erwartet wird, oder ob nur erwartet wird, dass über eine längere Periode von Transaktionen vergleichbare Gegenleistungen erbracht werden. Der erste Fall wird mutuell kontingenter Tausch genannt, während der zweite Fall von Emerson (1981: 33) als produktive Austauschbeziehung bezeichnet wird.

Beginnen werde ich die Diskussion mit den *dyadischen Beziehungen mit mutuell kontingentem Tausch*. Die Analyse dieser Austauschbeziehungen geht vor allem auf Homans zurück. Interaktionen werden im Rahmen des Reiz-Reaktions-Schemas interpretiert. Es wird davon ausgegangen, dass eine Interaktion möglich ist und zumindest ein

Individuum ein unbefriedigtes Interesse besitzt. Die Initiation der Transaktion durch diese Person kann als ein Reiz für die zweite Person aufgefasst werden, wenn eine bestimmte Reaktion, die das Interesse der ersten Person befriedigen würde, auf diesen Reiz hin in der Vergangenheit belohnt wurde. Die Ausführung der erwünschten Handlung wirkt nun ebenfalls als Reiz für die erste Person, die zweite zu belohnen. Die Belohnung der ersten Person wirkt dabei als Verstärker für die zweite Person, während die Durchführung der erwünschten Handlung einen Verstärker für die Initiierung der Interaktion durch die erste Person darstellt (vgl. Homans 1961: 52; Emerson 1972a: 45; Opp 1972: 113f.).

Wenn bei dieser Transaktion beidseitig wertvolle Leistungen getauscht werden, ist zu erwarten, dass sich diese Interaktion in derselben Form häufiger wiederholt (Hypothese 5), zumindest bis ein bestimmtes Sättigungsniveau erreicht ist (Hypothese 1). Eine Wiederholung einer Transaktion mit derselben Person wird die Frequenz der Interaktionen zusätzlich erhöhen, weil die gegenseitigen Reize besser aufeinander abgestimmt werden können, wodurch eine höhere Übereinstimmung der Reize mit den Reizen in den vergangenen Situationen erreicht wird (Hypothese 4).

> »The image of social exchange given by Homans is of two operant men somehow encountering one another in which the act (operant) emitted by the first is a positive reinforcer for the second. The second, then, emits an operant to the first that is a positive reinforcer for the first. This sequence of emissions and reinforcements continues to satiation as affected by certain other conditions. The explanation of the interaction rests upon the reinforcement histories of the two.« (Andrew/Willer 1981: 14).

Demnach ist zu erwarten, dass ressourcenarme Akteure häufiger Interaktionen veranlassen werden als ressourcenreiche Akteure, während ressourcenreiche Akteure vermutlich mehr Interaktionen haben werden (Homans 1961: 199 und 202).

Ein alternativer Ansatz zur Darstellung von dyadischen Tauschbeziehungen kommt von Thibaut und Kelley (1959). Sie versuchen in Anlehnung an die Spieltheorie, den Tausch mit Hilfe einer Auszahlungsmatrix (siehe Tabelle 34) zu analysieren. Im Gegensatz zu den Annahmen der Spieltheorie gehen sie jedoch nicht davon aus, dass die Akteure vollkommene Informationen über die Auszahlungsmatrix besitzen. Auch wird nicht angenommen, dass die Auszahlungen über einen längeren Zeitraum stabil sind. Somit gibt es keine dominanten Lösungen oder Gleichgewichtsstrategien, vielmehr wird die tatsächliche Kombination der realisierten Alternativen von der Interaktionsgeschichte abhängen.

Tabelle 34: Beispiel einer Auszahlungsmatrix in dyadischen Beziehungen

		Person 2		
		a_1 (s_{i1})	a_2 (s_{i2})	...
Person 1	a_1 (s_{1i})	4, 2	0, 0	...
	a_2 (s_{2i})	1, 4	2, 3	...
	...	...	...	

Spieltheoretisch inspirierte Analysen konnten sich in den Tauschtheorien nicht durchsetzen, da die spieltheoretischen Lösungskonzepte bei der Realitätszunahme der Darstellung nicht mehr handhabbar sind (Emerson 1987: 13). Allerdings kann der Grund für die ablehnende Haltung der meisten Tauschtheoretiker gegenüber der Spieltheorie ebensogut auf den nicht sehr erfolgreichen Versuch von Thibaut und Kelley zurückgeführt werden, Austauschbeziehungen mit Hilfe der Spieltheorie zu erklären. Der Grund für das Scheitern einer spieltheoretischen Analyse von Austauschbeziehungen ist allerdings nicht auf die mangelnde Erklärungskraft der Spieltheorie zurückzuführen, sondern darauf, dass sich Thibaut und Kelley auf die für diese Zwecke ungeeignete Theorie beziehen. Sie analysieren Austauschbeziehungen mit Hilfe der nicht-kooperativen Spieltheorie. Im Gegensatz zur kooperativen Spieltheorie behandelt die nicht-kooperative Spieltheorie jedoch keine Verteilungsprobleme (die zentrale Frage bei Austauschbeziehungen), sondern Koordinations- und Anreizprobleme. Die kooperative Spieltheorie scheint somit durchaus für die Analyse von Austauschbeziehungen hilfreich zu sein, zumal mit ihr sowohl effiziente als auch faire Verteilungsregeln dargestellt werden können.

In *dyadischen Beziehungen mit produktivem Austausch*, in denen die Gegenleistung für eine erbrachte Leistung nicht sofort, sondern über einen längeren Zeitraum hinweg erwartet wird, kommt ein weiteres bestimmendes Analyseelement hinzu. Produktive Austauschbeziehungen können einen intrinsischen Wert besitzen, welcher dem mutuell kontingenten Tausch fehlt (Blau 1964: 15 und 36). Nur das Ergebnis der Interaktion ist für den mutuell kontingenten Tausch relevant. Im Gegensatz dazu hat die Tauschbeziehung an sich schon einen Wert in der produktiven Austauschbeziehung. Der Grund hierfür ist leicht ersichtlich, denn während beim mutuell kontingenten Tausch nach jeder Transaktion abgerechnet wird, bestehen in produktiven Austauschbeziehungen immer noch Erwartungen an zukünftige Gegenleistungen. Hinzu kommt, dass ein Vertrauensverhältnis eine notwendige Voraussetzung für eine produktive Austauschbeziehung ist, da ja nicht sofort abgerechnet wird (Blau 1964: 94 und 107). Dieses Vertrauensverhältnis kann als Investition in das soziale Kapital dieser Beziehung verstanden werden, wodurch auch erklärbar ist, warum die produktive Austauschbeziehung einen eigenen Wert besitzt. Produktive Austauschbeziehungen entstehen demnach durch Vertrauensbildung in mutuell kontingenten Tauschsituationen.

»Typically, however, social exchange relations evolve in a slow process, starting with minor transactions in which little trust is required because little risk is involved and in which both partners can prove their trustworthiness, enabling them to expand their relation and engage in major transactions. Thus, the process of social exchange leads to the trust required for it in a self-generating fashion.« (Blau 1968: 454)

Über die produktiven Austauschbeziehungen gewinnen die Tauschtheorien eine Dimension, die den anderen ökonomischen Theorien fehlt. Wenn bestimmte dyadische Beziehungen einen größeren Wert besitzen, weil zwischen diesen beiden Personen z.B. ein besonderes Vertrauensverhältnis besteht, wird es wichtig, mit wem interagiert wird. Damit stehen aber nicht nur die Handlungsalternativen zur Wahl, sondern auch die Interaktionspartner (Blau 1964: 18). Neben den Vorteilen für Mitglieder einer produktiven Austauschbeziehung können diese Austauschbeziehungen aber auch zur Ineffizienz des Marktes beitragen. Mangelndes Vertrauen kann z.B. in einem Markt mit vielen produktiven Austauschbeziehungen wie eine Markteintrittsbarriere wirken. Damit ist ein vollständiger Wettbewerb nicht mehr sichergestellt.

Die dyadischen Konzeptionen der Tauschtheorien blieben allerdings nicht von Kritik verschont. Ihnen wurde die Vernachlässigung der sozialen Struktur, in der der Tausch stattfindet, vorgeworfen (Anderson/Willer 1981: 11). Diese Kritik führte zu einer Ausdehnung der Analyse auf Netzwerke (mit mehr als 2 Personen) bzw. auf körperschaftliche Akteure (mindestens 2 Personen). Mit dieser Erweiterung wechselte auch der Analyseschwerpunkt. In den dyadischen Tauschtheorien steht das Individuum mit seiner Nutzenfunktion im Mittelpunkt. Im Gegensatz dazu geht es in den netzwerkorientierten Tauschtheorien um den Einfluss der sozialen Struktur auf die Austauschbeziehungen (Turner, J.H. 1987: 223f.). Ein *Austausch-Netzwerk* wird dabei folgendermaßen definiert:

Definition 20: Ein *Austausch-Netzwerk* ist eine Menge von zwei oder mehr verbundenen Austauschbeziehungen mit mindestens 3 Akteuren (sowohl natürliche Personen als auch körperschaftliche Akteure), welche sich sowohl durch ihre Ressourcenausstattung als auch durch ihre Austauschopportunitäten unterscheiden können. Die Austauschbeziehungen sind so miteinander verbunden, dass der Tausch in einer Beziehung abhängig vom Tausch (bzw. Nichttausch) in einer anderen Beziehung ist:
a) Eine Verbindung ist positiv, wenn der Tausch in einer Beziehung abhängig vom Tausch in einer anderen Beziehung ist.
b) Eine Verbindung ist negativ, wenn der Tausch in einer Beziehung abhängig vom Nichttausch in einer anderen Beziehung ist (Emerson 1969: 396f.; Cook/Emerson 1978: 724f.).

Die Grenzen eines Netzwerkes zeigen sich an den Stellen, wo die Abhängigkeit zwischen Austauschbeziehungen einen Wert von Null oder nahe bei Null annimmt. Beispiele für negative Verbindungen sind kompetitive Märkte und Verabredungs-Netzwerke. In beiden Fällen kann eine Interaktion nur mit einem von mehreren Akteuren durchgeführt werden. Positive Verbindungen liegen dann vor, wenn mit einem Akteur nur nach einem vorherigen Tausch mit einem anderen Akteur interagiert werden kann. Ein Beispiel für ein Netzwerk mit sowohl positiven als auch negativen Verbindungen ist in Darstellung 12a) abgebildet (die dazugehörige Matrix der Abhängigkeiten ist in Tabelle 35 dargestellt). Bei diesem Netzwerk handelt es sich um ein politisches Patronagemodell. Der Akteur A kann durch einen Tausch mit C Güter erlangen, die von den Akteuren B_1, B_2 und B_3 nachgefragt werden. Die Tauschbeziehungen A-B sind somit positiv abhängig von der Tauschbeziehung A-C. Andererseits wird angenommen, dass die Beziehung A-C unabhängig von den Transaktionen zwischen A und den verschiedenen B's ist, deshalb nehmen die Abhängigkeiten den Wert Null an. Die einzelnen Akteure B_1, B_2 und B_3 stehen hingegen in Konkurrenz zueinander, da nur einer C's Gut durch eine Interaktion mit A erhalten kann. Die Abhängigkeiten sind also negativ (Emerson 1981: 50f.). Netzwerke mit nur positiven Abhängigkeiten zwischen den Austauschbeziehungen werden vermutlich in größeren Gruppen kaum auftreten, da es sehr selten vorkommt, dass keine alternativen Quellen für die Erlangung eines Gutes vorliegen (Cook u.a. 1983: 278).

Tabelle 35: Matrix der Abhängigkeiten der einzelnen Austauschbeziehungen in einem politischen Patronagenetzwerk

	A-C	A-B_1	A-B_2	A-B_3
A-C	-	0	0	0
A-B_1	1	-	-1	-1
A-B_2	1	-1	-	-1
A-B_3	1	-1	-1	-

Quelle: Emerson 1981: 50, Fig. 2.3.

Eine Position in einem Netzwerk ist eine Menge von Akteuren, deren Interaktionspartner gleichförmig sind. In dem oben diskutierten Patronagebeispiel besitzen die Akteure B_1, B_2 und B_3 die gleiche Position. Aber auch die Akteure D, E und F in den anderen Netzwerken b)-e) aus Darstellung 12 stellen identische Positionen dar (die gestrichelte Linie steht für Austauschbeziehungen mit geringeren Kooperationsgewinnen).

Darstellung 12: Beispiele für verschiedene Netzwerkstrukturen

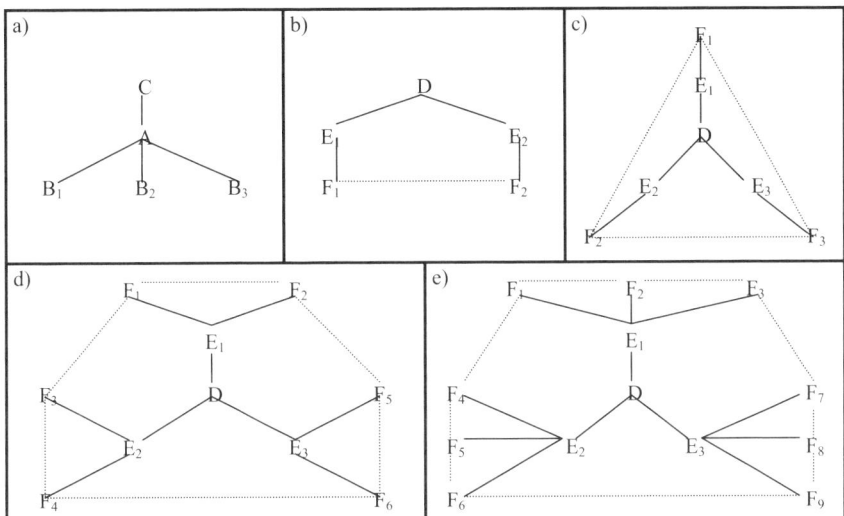

Quelle: Beispiele aus Emerson 1981: 50 und Cook u.a. 1983: 280.

Mit Hilfe dieser Definitionen kann die Auswirkung verschiedener Netzwerkstrukturen auf die Machtverteilung analysiert werden. Es wird angenommen, dass die Opportunitätsstruktur der einzelnen Akteure maßgeblich für die Machtverteilung verantwortlich ist (Cook u.a. 1983: 281). Je mehr potentielle vorteilhafte Interaktionspartner ein Akteur besitzt, desto größer wird seine Machtposition in den Verhandlungen über die Aufteilung des Tauschgewinns sein. Für die Prognose solcher Machtpositionen in *negativen Netzwerken* wurde die »power-dependence«-Theorie entwickelt. Die Macht des einen Akteurs wird als äquivalent zu der Abhängigkeit eines anderen Akteurs interpretiert (Emerson 1969: 390). Es handelt sich somit um einen relativen Machtbegriff. In dem Beispiel der politischen Patronage ist die Position des Akteurs A stärker als die Position der Akteure B_1, B_2 und B_3, da unter diesen Wettbewerb herrscht, während A ein Monopolist ist. Akteur A ist in einer schwächeren Position als Akteur C, weil A nur durch das Gut von C überhaupt in der Lage ist, eine Machtposition gegenüber den Akteuren B_1, B_2 und B_3 aufzubauen. Es gilt sogar, dass A um so abhängiger (erpressbarer) von C wird, je mächtiger A gegenüber der Position B wird, da er immer mehr verlieren kann, wenn C einen Tausch verweigert.

Definition 21: Die *Abhängigkeit* einer Person A_1 von einer Person A_2 resultiert direkt aus dem Interesse von A_1 an den Gütern von A_2 und variiert invers mit A_1's Opportunitäten, diese Güter durch Transaktionen mit anderen Personen zu erhalten (Cook 1977: 66).

Der erste Teil der Abhängigkeitsdefinition betrifft die subjektiven Präferenzen der Individuen. Der zweite Teil bezieht sich dagegen auf den Einfluss der objektiven Netzwerkstruktur auf die Ausbildung von Abhängigkeitsverhältnissen. Bei der eigentlichen Netzwerkanalyse wird jedoch nur die objektive Struktur für die Analyse der Machtverteilungen berücksichtigt.

Allgemein können für die Netzwerke 9b)-e) folgende Hypothesen aus der »power-dependence«-Theorie abgeleitet werden (Cook u.a. 1983: 285):

Hypothese 7:   Im Verlauf mehrerer Austauschsituationen wird die Position E eine größere Machtfülle erreichen als die Positionen D und F.

Hypothese 8:   Die Machtdifferenzierung zwischen E und F wird eher auftreten als die Machtdifferenzierung zwischen E und D, da erst durch die Machtausübung von E über F E seine Position auch gegenüber D verbessern kann.

Hypothese 9:   Im Gleichgewicht werden die Machtpositionen von E gegenüber F und D identisch sein.

Nehmen wir an, dass die durchgezogenen Linien Austauschbeziehungen mit einem möglichen Kooperationsgewinn von 24 darstellen, während die gestrichelten Linien für Austauschbeziehungen mit einem möglichen Kooperationsgewinn von 8 stehen. Dann kann im Gleichgewicht ein Akteur der Position F mit einem Gewinn von 4 (8 ÷ 2) rechnen, da dies einer fairen Teilung des Kooperationsgewinnes einer Transaktion mit einem anderen Akteur F (dem schlechtesten Fall) entspricht. Wenn ein Akteur F in einer Transaktion mit einer anderen Person der Position F einen Gewinn von 4 erzielen kann, wird er es vorziehen, eine Interaktion mit einem Akteur E einzugehen, wenn er dadurch geringfügig mehr erhalten kann. Demnach kann eine Person in der Position E einen Gewinn von ca. 20 $(24 - (4 + \varepsilon))$ erwarten. Dies bedeutet aber auch, dass der Akteur in Position D nicht mehr als einen Gewinn von 4 realisieren kann, da er mit den Personen der Position F in Konkurrenz steht. Wenn der Akteur D an ihrer Stelle mit einem Akteur E eine Transaktion durchführen möchte, muss er ihr Angebot unterbieten. So werden im Gleichgewicht die Akteure der Positionen D und F einen Gewinn von 4 erreichen, während die Akteure in der Position E einen Gewinn von 20 erhalten. Asymmetrische Austauschverhältnisse sind somit die Folge strukturell unterschiedlicher Machtpositionen (Molm 1987: 102). Die Tauschrate von 1 zu 5 zugunsten von E gegenüber D und F kann dabei als Quotient der Abhängigkeiten d_{ED}/d_{DE} bzw. d_{EF}/d_{FE} interpretiert werden (Marsden 1987: 134).

Allerdings trifft die oben ausgeführte Begründung eines Gleichgewichts lediglich auf das Netzwerk 9d) zu, da nur hier die Anzahl der Akteure gerade ist, dass heißt, nur in diesem Netzwerk findet jeder Akteur einen Austauschpartner. In den Netzwerken

9b), c) und e) hingegen befindet sich eine ungerade Anzahl von Personen. Es wird in diesen Fällen immer eine Person geben, die keinen Transaktionspartner finden und somit auch keinen Gewinn erzielen wird. Sie wird demnach bereit sein, ein anderes Austauschpaar durch ein Dumping-Angebot zu sprengen, denn diese Person wird sich durch jede Transaktion, bei der sie nur geringfügig mehr als Null erhält, besser stellen. Trotzdem wird ein Akteur der Position E nicht einen Gewinn von nahezu 24 erreichen können, da zumindest ein Teil der Akteure F sich auf einen fairen Tausch untereinander einlassen könnten. Nehmen wir z.B. an, dass im Netzwerk 9c) die Akteure F_1 und F_3 miteinander interagieren, dann werden plötzlich die Akteure E_1 und E_3 durch D erpressbar. Die beiden Akteure der Position E besitzen nun keine Alternative mehr und müssten sich gegenseitig unterbieten, um D zu überzeugen, eine Interaktion mit ihnen einzugehen. Daher ist meiner Meinung nach nicht erklärbar, wie es zu einem Gleichgewicht in Netzwerken mit einer ungeraden Anzahl von Akteuren kommen kann. Je nach Konstellation der bisherigen Vereinbarungen können sich Akteure jeder Position in einer erpressbaren Lage befinden.

Hypothese 10: Die Effekte aus den Hypothesen 6-8 werden um so stärker ausfallen, je größer die zu verteilenden Kooperationsgewinne sind.

Hypothese 11: Die Machtposition von E gegenüber D wird sich langsamer im Netzwerk 9c) entwickeln als im Netzwerk 9b).

Hypothese 12: Die Machtposition von E gegenüber F wird sich im Netzwerk 9d) schneller als im Netzwerk 9c) und langsamer als im Netzwerk 9e) entwickeln.

Hypothese 13: Die Machtposition von E gegenüber D wird sich im Netzwerk 9d) schneller als im Netzwerk 9c) und langsamer als im Netzwerk 9e) entwickeln.

Die Hypothesen 10-12 setzen die Anzahl der alternativen Tauschpartner in Beziehung zu der Geschwindigkeit, mit der sich die Machtpositionen ausbilden. Grundsätzlich gilt: je mehr Alternativen ein Akteur in einer Machtposition (abhängigen Position) besitzt, desto schneller (langsamer) werden sich die Machtpositionen herausbilden (Cook u.a. 1983: 286ff.).

Auch wenn in den tauschtheoretischen Netzwerkanalysen von einer Tendenz zum Gleichgewicht (Gleichgewicht entspricht hier den theoretisch vorausgesagten Austauschverhältnissen) ausgegangen wird, so wird doch nicht unterstellt, dass ein solches Gleichgewicht tatsächlich realisiert wird. Ein solcher Anpassungsprozess zum Gleichgewicht wird durch Prinzipien der Fairness gestört (Cook/Emerson 1978: 728).

Hypothese 14: Je mehr Informationen über die anderen Akteure vorliegen und je mehr sich die Interaktionspartner gegenseitig verpflichtet fühlen, desto weiter wird das Ergebnis vom Gleichgewichtspunkt entfernt sein.

Der Einführung von Fairnessnormen liegt die Vorstellung zugrunde, dass die Individuen nicht nur einen nutzenbringenden Tausch, sondern auch einen »fairen« Tausch anstreben (Homans 1961: 72). Gesellschaftlich als »fair« akzeptierte Verteilungsnormen reduzieren also den Einfluss von Macht und Abhängigkeiten auf die Verteilung der Kooperationsgewinne. Allerdings ist nicht immer eindeutig, welche Verteilungsnorm als »fair« bzw. »gerecht« angesehen wird. Homans gibt als einer der wenigen ein klares Prinzip für eine »faire« Verteilungsnorm an. Das Gesetz der ausgleichenden Gerechtigkeit besagt, dass sich die Nettogewinne eines jeden Akteurs aus einer Austauschbeziehung proportional zu ihren Transaktionskosten (beim mutuell kontingenten Tausch) bzw. ihren Investitionen in die (produktive) Austauschbeziehung verhalten sollen (Homans 1961: 235). Dieses Kriterium entspricht der proportionalen Lösung der kooperativen Spieltheorie, wobei die Proportionen durch die Kosten der Interaktion für die einzelnen Akteure determiniert sind.

In den Tauschtheorien wird die Wahl der Interaktionspartner und die Verteilung der Kooperationsgewinne durch zwei Nutzenvergleiche determiniert. Der intrapersonale Nutzenvergleich der einzelnen Handlungsalternativen sorgt dafür, dass sich eine Transaktion für ein Individuum lohnt. Der interpersonale Nutzenvergleich ist für die Bestimmung einer »fairen« Tauschrate notwendig. Das Zusammenspiel dieser beiden Nutzenvergleiche bestimmt das Ergebnis.

Im Gegensatz zu den negativen Netzwerken ist die Anwendung der »power-dependence«-Theorie für die Ermittlung von Machtpositionen in *positiven Netzwerken* nicht geeignet, da hier die Interaktion mit einer Person nur erfolgreich durchgeführt werden kann, wenn auch mit den anderen Akteuren interagiert wird. Für die Bewertung von Positionen in positiven Netzwerken wird das Zentralitätsprinzip verwendet. Das Zentralitätsprinzip wird als das wichtigste Analyseinstrument für Kommunikationsnetzwerke und soziometrische Netzwerke bezeichnet. Es kann dabei auf verschiedene Arten konzeptualisiert werden. Eine Möglichkeit ist das »betweenness«-Kriterium. Dieses Kriterium basiert auf der Häufigkeit, mit der eine Position zwischen zwei anderen Positionen liegt, die auf dem kürzesten Weg miteinander verbunden sind. Mit diesem Kriterium wird einer zentralen Position eine besondere Machtfülle zugesprochen, weil sie einen strategisch wichtigen Punkt im Netzwerk einnimmt. Dieses Zentralitätskriterium steht z. B. in einem Kommunikationsnetzwerk für die Kontrolle eines Positionsinhabers über den Informationsfluss und damit auch für die Fähigkeit, Informationen zurückzuhalten oder zu verzerren (Freeman 1978: 221).

Eine alternative Methode zur Bestimmung einer zentralen Position ist das »closeness-based«-Kriterium. Mit Hilfe dieses Kriteriums kann ein Index ermittelt werden, der die Entfernung einer Position zu allen anderen Positionen misst. Dabei werden die Verbindungslinien gezählt. Zentralität entspricht hier der kürzesten Distanz zu allen anderen Positionen (vgl. Sabidussi 1966).

Für die Netzwerke 9b)-e) kann die folgende Hypothese sowohl auf der Basis des »betweenness«-Kriteriums als auch mit Hilfe des »closeness-based«-Kriteriums formuliert werden (Cook u.a. 1983: 284):

Hypothese 15: Der Akteur D wird eine größere Machtfülle erreichen als die Akteure in der Position E, und die Akteure E werden mächtiger sein als die Akteure in der Position F, da die Position D zentraler als die Position E und die Position E zentraler als die Position F ist.

Je nach Art des Netzwerkes (positiv oder negativ) ist demnach entweder D oder E in der besseren Position bei einem mutuell kontingenten Tausch. Lediglich die periphere Position F ist immer in der schlechtesten Position.

Eine besondere Form von Austauschbeziehungen in Netzwerken ist der *generalisierte Tausch*. Es handelt sich hierbei um ein Netzwerk mit indirektem Tausch und mit produktiven Austauschbeziehungen. Bei einem generalisierten Tausch kommt es nicht zu gegenseitigen Leistungen der Interaktionspartner (A ⇔ B, B ⇔ C, C ⇔ A), sondern jedes Mitglied einer Gruppe erhält seine Gegenleistung von einem anderen Gruppenmitglied (A ⇒ B, B ⇒ C, C ⇒ A). Die Beziehungen in einem solchen Netzwerk können zusätzlich als produktive Austauschbeziehungen bezeichnet werden, da hier keine Sicherheit über die Gegenleistungen von anderen Personen besteht. In einem System mit generalisiertem Tausch müssen sowohl eine Vertrauensbasis als auch Normen über die gerechte Verteilung der Kooperationsgewinne der Gruppe vorhanden sein (Ekeh 1974: 56 und 59). Es geht hier also nicht um die Verteilung von Kooperationsgewinnen in dyadischen Beziehungen (ob nun isoliert oder in Netzwerken), sondern um die Verteilung von Kooperationsgewinnen ganzer Gruppen.

Die Bedingungen für einen generalisierten Tausch – Vertrauen und Verteilungsnormen – schränken dabei die selbstinteressierte Nutzenorientierung der Individuen erheblich ein. Wenn jetzt der Nutzen- bzw. der Ergebnisbezug ganz aufgegeben und durch den symbolischen Wert eines generalisierten Austausches ersetzt wird (Lévi-Strauss 1969: 139), hat man den Boden der individualistischen Tauschtheorien vollständig verlassen und ist beim Strukturalismus von Claude Lévi-Strauss (*1908) angekommen.

1.3.4. Ort der Handlung

Auch in den Tauschtheorien finden die Transaktionen wie in den anderen ökonomischen Theorien vornehmlich auf Märkten statt (Blau 1955: 121ff.). Allerdings unterscheiden sich die *sozialen Märkte* der Tauschtheorien von den ökonomischen Märkten der Mikroökonomie und der Rational Choice-Theorie. Es wird nicht mehr von sehr vielen Akteuren in vollkommenen Wettbewerbsmärkten ausgegangen. Vielmehr haben die meisten sozialen Märkte eine überschaubare Menge an Akteuren, wodurch das Interdependenzproblem der Spieltheorie eingeführt wird (Homans 1961: 69; Voss 1985: 26). Die Handlungen einer Person beeinflussen in den Tauschtheorien auch das Ergebnis der Handlungen anderer Personen. Allerdings werden im Gegensatz zu der Annahme der Spieltheorie, dass die Positionen aller Akteure vertauschbar sind, nun auch die strukturellen Unterschiede der Positionen mitberücksichtigt (Blau 1964: 104f.; Voss 1985: 56). Folglich spielen in den Tauschtheorien auch die spezifischen Beziehungen der Akteure untereinander, wie ihre vergangene Interaktionsgeschichte mit den herausgebildeten Vertrauensstrukturen, in einem sozialen Markt eine Rolle. Um die relationalen Bindungen und Opportunitäten analysieren zu können, werden die Beziehungen der Akteure in sozialen Märkten als ein Netzwerk dargestellt. Insofern wird die Vorstellung eines perfekten ökonomischen Marktes durch detailliertere Netzwerkstrukturen ersetzt (Emerson 1981: 35).

Der zweite Unterschied hängt damit zusammen, dass es keinen Preismechanismus gibt (weder als Markt- noch als Schattenpreis). Somit gibt es keinen Zustand der vollkommenen Information. Der Preis wird durch eine Tauschrate ersetzt, welche durch den Quotient der Abhängigkeiten ermittelt und durch Fairnessnormen beeinflusst wird.

Ein weiterer Unterschied betrifft die Art des Austausches. Während in ökonomischen Märkten nur der mutuell kontingente Tausch auftritt, können in sozialen Märkten auch produktive Austauschbeziehungen vorkommen, mit der Folge, dass einzelne Transaktionen auf sozialen Märkten ausgesprochen einseitige Leistungen beinhalten können, denn erst auf lange Frist werden die entsprechenden Gegenleistungen erwartet (Blau 1964: 93; Voss 1985: 56).

Neben den (sozialen) Märkten werden in den Tauschtheorien wie in der Mikroökonomie und dem Rational Choice-Ansatz auch *Institutionen* mitberücksichtigt. Institutionen können als Netzwerke mit indirektem Tausch verstanden werden (Homans 1961: 385; Blau 1964: 259). Eine Person, die eine Leistung für ein anderes Gruppenmitglied erbringt, erwartet keine Gegenleistung von dieser Person, sondern von der Gruppe. Im Gegensatz zum generalisierten Tausch wird kein System produktiver Austauschbeziehungen angenommen. Bei Institutionen handelt es sich vielmehr um Netzwerke im Sinne eines körperschaftlichen Akteurs mit indirektem mutuell kontingentem Tausch. Die Bereitschaft, für eine bestimmte Zeitspanne Leistungen für andere Personen ohne direkte Gegenleistung zu erbringen, wird durch geregelte Leistungen der Institution an die Person »erkauft«. So wird eine Sekretärin von ihrer Firma dafür bezahlt, dass sie für ihren Vorgesetzten administrative Aufgaben erledigt. Institutionen werden also im Gegensatz zu generalisierten Austauschbeziehungen ganz eindeutig auf individuelle Nutzenüberlegungen zurückgeführt. Diese Nutzenüberlegungen sind in Netzwerken mit generalisiertem Tausch schon sehr stark durch Verteilungsnormen und das gegenseitige Vertrauen der Akteure eingeschränkt worden (Ekeh 1974: 85).

Damit wird der Anspruch unterstrichen, die Institutionsentstehung endogen – d.h. theorieintern – erklären zu können. Institutionen werden konstituiert (entweder durch vertragliche Übereinkunft oder durch Evolution), wenn durch sie die Effizienz des Systems erhöht werden kann (Thibaut/Kelley 1959: 84f. und 138f.; Voss 1985: 81). Effizienzsteigerungen können beispielsweise realisiert werden, wenn durch die Institutionalisierung Transaktionskosten vermieden werden können (Opp 1983: 193). Es wird jedoch nicht angenommen, dass eine Institution immer im Interesse aller Akteure ist (es müssen nicht alle Mitglieder einer Gruppe einer vertraglichen Übereinkunft zustimmen), sondern lediglich davon ausgegangen, dass eine Institution im Interesse einiger Akteure liegt (Emerson 1981: 62f.).

Ein weiterer Grund für die Konstituierung einer Institution ist die Überwindung von Koordinationsproblemen. Institutionen lösen Koordinationsprobleme durch die Festschreibung von Schelling-Punkten als sozial akzeptierte Verhaltensweisen. Durch die Beseitigung der Koordinationsprobleme werden die Transaktionskosten reduziert und somit die Effizienz gesteigert. Wenn die Entstehung einer Institution aus der Erwartung der Individuen auf zukünftige Nutzenzuwächse heraus erklärt wird, wird jedoch nicht unterstellt, dass sich die Akteure in den Institutionen weiterhin an zukünftigen Ergebnissen orientieren. Statt dessen wird angenommen, dass sich Individuen in Institutionen eher an Routinen und traditionelle Verhaltensweisen halten (Thibaut/Kelley 1959: 29 und 61f.). Diese Argumentation ist interessant, da die Institutionalisierung ökonomisch (zukunftsorientierte Nutzenmaximierung) erklärt wird, während das Verhalten in den konstituierten Institutionen im Sinne eines behavioristischen Reiz-Reaktions-Schemas (vergangene Konditionierungen ohne Zukunftsbezug) beschrieben wird.

1.3.5. Kritik

Der erste Kritikpunkt wendet sich nicht in erster Linie gegen die Tauschtheorien, sondern gegen das behavioristische Forschungsprogramm in einem Teil dieser Theorien. In der Psychologie wurde zu Beginn der sechziger Jahre die bis dahin an den Universitäten vorherrschende Theorie des Behaviorismus vom Kognitivismus verdrängt. Den Behavioristen wurde vorgeworfen, dass sie die Bewusstseinsvorgänge der Individuen (sowohl die Informationsverarbeitung als auch die Motive des Handelns) vernachlässigen würden. Dabei kann die Annahme, dass die Individuen auf Reize ihrer Umwelt reagieren, als durchgängige und einseitige Situationsabhängigkeit interpretiert werden. Gegen die einseitige Determinierung des Verhaltens durch die Umweltbedingungen wurde von kognitivistischen Psychologen eingewendet, dass eben nicht nur die Situation das Verhalten bestimmt, sondern die Individuen auch zur Selbststeuerung in der Lage seien. Die zentrale Kategorie »Verhalten« wurde durch das »reflexive Subjekt« ersetzt. Die kognitivistische »Revolution« kann somit als eine Wende vom »Mechanismus« zum »Rationalismus« verstanden werden (Weiner 1972: 313).

Der nächste Einwand richtet sich gegen die Egoismus-Annahme in den Tauschtheorien. Es wird bezweifelt, dass alle Akteure immer nur ihre eigenen Interessen verfolgen (Abrahamson 1970: 284). Allerdings weist Simpson darauf hin, dass es auf der Basis von Blaus Unterscheidung von intrinsischem und extrinsischem Nutzen (der intrinsische Nutzen wird aus der Interaktionssituation und der extrinsische Nutzen aus den getauschten Gütern gezogen) möglich ist, Altruismus mit dem intrinsischen Nutzen in Verbindung zu bringen.

»The source of outcomes is not a trivial matter. For example, our theorists all indicate that altruistic behavior can be psychologically profitable; but its rewards come from inside the altruist himself and not from the beneficiary of the altruistic behavior, or else it is not altruism at all but approval seeking. There is no room for altruism in a theory that restricts the source of rewards to one's interaction partner.« (Simpson 1972: 14)

Gegen die Verwendung des Reiz-Reaktions-Schemas für die Erklärung der Selektion der Handlung wird eingewendet, dass aufgrund des fehlenden Zukunftsbezuges Individuen in unbekannten Situationen vor unlösbaren Entscheidungsproblemen stehen würden. Da die Akteure in neuen Situationen nicht auf frühere Konditionierungen zurückgreifen können, wissen sie nicht, mit welcher Reaktion sie auf die unbekannten Reize reagieren sollen (Ekeh 1974: 121). Hier wird offensichtlich, dass den Individuen die Fähigkeit abgesprochen wird, ihre Zukunft bewusst zu gestalten und kreativ auf Neues zu reagieren (Geulen 1981: 34f.).

Ein weiterer Kritikpunkt betrifft die unzulängliche Darstellung von Rollen in den Tauschtheorien. Zwar können rollentypische Interaktionsmuster über wechselseitig aufeinander abgestimmte Reiz-Reaktions-Schemata beschrieben werden. Bei einer solchen Rollendefinition geht aber der Systembezug der Rolle verloren. So fehlt diesem Rollenkonzept sowohl der Positionsbezug (dies gilt nur für die dyadischen Tauschtheorien, nicht aber für den Netzwerkansatz) als auch die Einbindung in ein von den Akteuren gemeinsam geteiltes Bedeutungssystem bzw. in eine gemeinsame Lebenswelt (vgl. Joas 1973: 24f.). Die Vernachlässigung der Interpretationsleistungen der Individuen hängt dabei mit der Vernachlässigung der kognitiven Prozesse zusammen.

Wie die Darstellung von Rollen weist auch die Darstellung der Sanktionen Defizite auf. Sanktionen wirken sich in den Tauschtheorien auf zwei verschiedene Arten auf die Akteure aus. Einerseits haben positive Sanktionen einen positiven Effekt auf den Sanktionierten und andererseits haben negative Sanktionen einen positiven Effekt auf den

Sanktionierer (Homans 1961: 46 und 57). Hingegen spielen negative Sanktionen für den Sanktionierten kaum eine Rolle.

»The use of punishment is an inefficient means of getting another person to change his behavior: it may work but it seldom works well [...]. Punishment or its threat is still less efficient when it is used not just to stop a person from doing something but to get him to perform a particular action [...] punishment makes rewarding any action that allows him to avoid or escape the punishment and not just the one we have in mind.« (Homans 1974: 26)

»Punishment is not a very effective method of influencing behavior, as has been increasingly recognized. [...] Later experiments by Skinner and Estes essentially confirmed the conclusion that punishment is a poor reinforcer.« (Blau 1964: 224)

Diese Einschätzung der negativen Sanktionen als irrelevante Variable für das Verhalten des Sanktionierten ist nicht verwunderlich, da negative Sanktionen in der behavioristischen Terminologie keine Verstärker sind. Bestrafungen verstärken keine Handlungen, sie löschen sie.

»Homans stated that punishment does not work well in getting someone to act. That is hardly surprising since punishment, by its operant definition, is a method of extinguishing behavior. Blau states that punishment is a poor reinforcer. But Blau is wrong. Punishment is not a *poor* reinforcer - it is not a reinforcer at all.« (Anderson/Willer 1981: 12)

Problematisch ist diese Sichtweise, wenn Verstärker und Nutzen als synonyme Begriffe verwendet werden, denn in diesem Fall wird eine negative Sanktion nicht zu Nutzenverlusten führen. Damit wird es aber unmöglich, Zwang und Konflikte in Tauschbeziehungen darzustellen (Anderson/Willer 1981: 12). Die Analyse der dyadischen Tauschbeziehungen bleibt somit auf den freiwilligen Tausch von gleichwertigen Individuen beschränkt (Simpson 1972: 14f.). In der Netzwerkanalyse werden zwar Macht und Abhängigkeit eingeführt, allerdings nur als strukturelle Merkmale des Netzwerkes. Auf der individuellen Ebene bleibt dieser Punkt ungelöst.

Die empirische Überprüfung der *Hypothesen über das individuelle Verhalten* erweist sich, trotz des Anspruchs, eine testbare Theorie formuliert zu haben, als besonders schwierig. Zum einen handelt es sich dabei um das Problem, dass es in einem behavioristischen Forschungsprogramm nicht möglich ist, unabhängig von der gezeigten Handlung zu messen, was ein Individuum als belohnend empfindet. Es handelt sich hier um das Problem der Ermittlung der Präferenzen, wie es auch in der Makroökonomik und der Rational Choice-Theorie auftaucht. Wenn aber die Präferenzen aus dem Verhalten abgeleitet werden, können die Hypothesen über individuelles Verhalten nicht mehr auf ihren Wahrheitsgehalt hin überprüft werden.

> »»Reward« and »value« are indeed used as explanatory terms, but in every case they are used to explain something that has already happened, and they are used ad hoc. That is, we might observe a man doing something and, to explain his doing it, suggest that it must have been rewarding to him or else he would not have done it. [...] Whatever he might have done, the explanation could be the same. There is no way to prove the theory wrong if it is.« (Skidmore 1981: 115)

Bei der Reizhypothese kommt ein weiteres Problem hinzu. Ohne eine präzise Angabe, bei welchem Ähnlichkeitsniveau eine Handlung auf einen modifizierten Reiz folgt, kann diese Hypothese nicht getestet werden, da jeder empirische Widerspruch zu der Hypothese darauf zurückgeführt werden könnte, dass der modifizierte Reiz den Reizen der vergangenen Situationen nicht ähnlich genug war.

Das dritte Problem resultiert aus der Tatsache, dass die verschiedenen Hypothesen unterschiedliche Entwicklungstendenzen prognostizieren (nach der Erfolgs- und Werthypothese sollte ein Verhalten häufiger auftreten, während es nach der Entbehrungs- und Sättigungshypothese seltener gezeigt werden sollte). Dadurch ist jede Entwicklungstendenz mit dieser Theorie zu erklären und die Hypothese kann durch einen empirischen Test nicht mehr falsifiziert werden.

> »Die Schwierigkeiten mit den Homans'schen Hypothesen entstehen vor allem dadurch, dass sie zu tautologischem Gebrauch oder Mißbrauch einladen, dass die teilweise gegenläufigen Prognosen [...] ohne Quantifizierung der Konzepte Sättigung, Wert etc. nicht zu einem abschließenden Urteil bzw. einer prüfbaren Erwartung zusammengesetzt werden können.« (Weede 1992: 96)

Lediglich zu der Frustrations-Aggressionshypothese liegen empirische Ergebnisse vor, die allerdings die Hypothese 6 nicht bestätigen. Die empirischen Studien ergaben, dass Frustration weder eine hinreichende noch eine notwendige Bedingung für aggressives Verhalten ist (Heckhausen 1989: 305f.). Da die Frustrations-Aggressionshypothese dazu diente, die Aufrechterhaltung des Sanktionssystems zu begründen, kann somit dieses Kollektivgutproblem zweiter Ordnung nicht psychologisch gelöst werden. Es bedarf weiterhin einer Erklärung, warum Akteure die Bereitschaft zeigen, ein abweichendes Verhalten einer anderen Person zu sanktionieren, zumal es ihnen individuelle Kosten verursacht, während der Nutzen, der aus der Aufrechterhaltung der sozialen Ordnung entsteht, der gesamten Gruppe zugute kommt.

Im Gegensatz zu den Hypothesen über das individuelle Verhalten konnten die *Hypothesen über den Einfluss von Netzwerken auf die Ressourcenverteilung* ohne größere Probleme überprüft werden. Hypothese 7, die besagt, dass die abhängigeren Akteure D (im Zentrum) und F (an der Peripherie) wesentlich geringere Anteile an den Auszahlungen erhalten werden als die Akteure in der Position E, stellte sich als signifikant ($p \leq .01$) in der letzten von drei Perioden heraus. Die Zunahme der Differenz über die drei Perioden war ebenfalls signifikant ($p \leq .05$). Die Hypothese, dass die Differenzen zwischen den Auszahlungen in den Interaktionen zwischen E-F gegenüber den Interaktionen zwischen E-D früher auftreten werden (Hypothese 8), war ebenfalls signifikant ($p \leq .01$). Auch die neunte Hypothese, dass in der letzten Phase die Differenzen in den Auszahlungen zwischen E-F und E-D gleich sind, konnte bestätigt werden. Allerdings waren die Unterschiede nur in der Situation mit hohen Kooperationsgewinnen eindeutig nicht signifikant, während sie in der Situation mit geringen Kooperationsgewinnen knapp das Signifikanzniveau verfehlten ($p \leq .07$). Vermutlich hatte sich hier noch kein Gleichgewicht eingestellt.

Dagegen konnte die Hypothese, dass die Effekte der Hypothesen 7-9 um so stärker ausfallen, je größer die Kooperationsgewinne werden (Hypothese 10), nur zum Teil bestätigt werden. Bezüglich der Hypothese 7 war der Anstieg der Auszahlungsunterschiede nur zwischen E und D signifikant ($p \leq .05$). Für die Hypothese 8 konnte die Zunahme des Effektes bestätigt werden ($p \leq .05$), während der Unterschied zwischen den Situationen mit hohen und geringen Kooperationsgewinnen bei der Hypothese 9 nicht signifikant war.

Die Hypothesen 11-13 konnten aufgrund der zu hohen Kosten eines Experimentes mit realen Versuchsteilnehmern nur als Computersimulation getestet werden. Die Annahme, dass die Anzahl der Tauschpartner, die die einzelnen Akteure besitzen, einen maßgeblichen Einfluss auf die Geschwindigkeit hat, mit der sich Machtpositionen ausbilden, wurde durch die Ergebnisse der Computersimulation gestützt (Cook u.a. 1983).

In einer weiteren Studie von Cook und Emerson (1978) wurde die Hypothese 14 überprüft. Sie konnten zeigen, dass die Information über die Situation der anderen Versuchsteilnehmer zu einer signifikant geringeren Ausnutzung der Machtposition führte ($p \leq .05$). Vermutlich wirkten hier ebenso wie beim Test des Nash-Lösungskonzeptes für Verteilungsfragen Gleichverteilungsnormen, die eine Reihe von Akteuren davon abhielten, ihre Macht einzusetzen.

Die tauschtheoretischen Experimente konnten somit den größten Teil der Hypothesen über den Einfluss der Netzwerkstrukturen auf das individuelle Verhalten bestätigen, auch wenn erhebliche Zweifel an der behavioristischen Darstellung des individuellen Verhaltens angebracht sind.

1.3.6. Übungsfragen

1. Aus welchem Grund wird in den Tauschtheorien im Gegensatz zur Mikroökonomik und zur Rational Choice-Theorie eine schwächere Rationalitätsannahme verwendet?

2. Warum spielen in den Tauschtheorien weder die subjektiven Präferenzen noch die Kultur der Akteure bei der Erklärung des menschlichen Verhaltens eine Rolle?

3. Wieso gehen Tauschtheoretiker in der Regel von der Egoismus-Annahme aus?

4. Welches Problem tritt bei der von Homans wie folgt formulierten Entbehrungs-Sättigungshypothese auf: »Je öfter eine Person in jüngster Vergangenheit von einer anderen Person eine belohnende Aktivität erhielt, desto geringer wird für sie der Wert jeder weiteren Einheit jener Aktivität sein«?

5. Diskutieren Sie die Verwendung eines kardinalen Nutzenkonzeptes in den Tauschtheorien unter Berücksichtigung des Anspruchs, nur auf objektiv messbare Merkmale zurückzugreifen!

6. Erläutern Sie, warum verhaltenspsychologische Tauschtheoretiker mit Hilfe des Reiz-Reaktions-Schemas freiwilliges Verhalten und keine unfreiwilligen Reflexe analysieren!

7. Warum leisten die Frustrations,-Aggressions- und Billigungshypothese keinen Beitrag zur Erklärung des menschlichen Verhaltens?

8. Diskutieren Sie die Vor- und Nachteile des Nutzenmaximierungsverfahrens gegenüber dem Reiz-Reaktions-Schema bei der Erklärung des menschlichen Verhaltens!

9. Beschreiben Sie einen mutuell kontingenten Tausch in einer Dyade mit Hilfe des Reiz-Reaktions-Schemas sowie mit Hilfe der Spieltheorie!

10. Durch welches Merkmal unterscheiden sich dyadische Beziehungen mit produktivem Austausch von Beziehungen mit mutuell kontingentem Austausch?

11. Wie beurteilen Sie die Einführung von Fairnessnormen unter Berücksichtigung der Annahme egoistischer Akteure in den Tauschtheorien?

12. Wodurch unterscheiden sich die sozialen Märkte der Tauschtheorien von den Märkten der Mikroökonomik?

1.3.7. Literaturhinweise

Für eine tiefergehende Auseinandersetzung mit den Tauschtheorien ist bei der Lektüre folgende Reihenfolge zu empfehlen. Es sollte mit Homans' (1961) Darstellung der dyadischen Beziehungen mit mutuell kontingentem Tausch begonnen werden. In dem Aufsatz von Homans (1964) wird die tauschtheoretische Kritik an der Strukturell-funktionalen Theorie dargelegt. Eine Analyse der dyadischen Beziehungen mit produktivem Tausch befindet sich in Blau (1964). Emerson (1981) gibt einen guten Überblick über die Tauschtheorie als Netzwerktheorie. Eine Darstellung der »power-dependence«-Theorie geben Cook (1977) und Molm (1987). Ekeh (1974) stellt die verschiedenen tauschtheoretischen Konzeptionen einander gegenüber. Insbesondere die Abgrenzung der Tauschtheorien zum Strukturalismus von Claude Lévi-Strauss wird von ihm sehr gut herausgearbeitet. Zur Konzeption von sozialen Märkten und Institutionen in den Tauschtheorien siehe Blau (1964) und Voss (1985).

Zum empirischen Gehalt der Hypothesen über das Verhalten der Menschen von Homans äußert sich Boger (1986). Die zentralen experimentellen Ergebnisse bezüglich der Hypothesen über die Auswirkung der Netzwerkstruktur auf die Verteilung der Kooperationsgewinne werden in Cook u.a. (1983) vorgestellt.

1.4. Exkurs: Das Nutzenkonzept

Die zentrale erklärende Variable des menschlichen Verhaltens war in allen behandelten Theorienkomplexen (Mikroökonomie und Rational Choice-Theorie, Spieltheorie und Tauschtheorien) der »Nutzen«. Allerdings sind die Vorstellungen über den Inhalt des Nutzenbegriffs nicht immer identisch. Es geht hier vor allem um die Frage, ob der Nutzen psychologisch definiert werden soll oder nicht.

Im 18. und 19. Jahrhundert wurde in der Ökonomik Nutzen als ein Maß für Freude, Glück oder Wohlbefinden angesehen. Der Nutzenbegriff stand damit nicht nur für eine subjektive Bewertung einer Alternative. Vielmehr war der Nutzen eine psychologische bzw. physiologische Größe für die Bewertung der inneren Zufriedenheit. Für Bentham, Gossen oder Jevons stellte der Nutzen keine abstrakte Variable dar, sondern ein reales Maß für das Sättigungsniveau von seelischen oder körperlichen Bedürfnissen. Im Grunde waren Nutzen und Emotionen synonyme Begriffe.

> »In Victorian days, philosophers and economists talked blithely of »utility« as an indicator of a person's overall well-being. Utility was thought of as a numeric measure of a person's happiness. Given this idea, it was natural to think of consumers making choices so as to maximize their utility, that is, to make themselves as happy as possible.« (Varian 1996: 54)

Diese Sichtweise gilt heute noch für die Tauschtheorien. Aufgrund der behavioristischen Wurzeln wird hier mit dem Nutzenbegriff (oder welcher synonyme Begriff auch immer verwendet wird) Gefühl oder Vergnügen gleichgesetzt (Thibaut/Kelley 1959: 12; Homans 1961: 33f.).

Auf der anderen Seite wurde der Nutzenbegriff in der Ökonomik entpsychologisiert. Das utilitaristische Nutzenkonzept als ein Maß für die emotionale Befriedigung wurde ersetzt durch das Konzept der »revealed preferences« (Samuelson 1938). Die Präferenzen und die prognostizierten Handlungen ergeben sich nun nicht mehr aus den Nutzenwerten der einzelnen Alternativen, sondern die Präferenzen und die Nutzenfunktion werden von den gezeigten Handlungen abgeleitet.

> »Originally, preferences were defined in terms of utility: to say a bundle (x_1, x_2) was preferred to a bundle (y_1, y_2) meant that the x-bundle had a higher utility than the y-bundle. But now we tend to think of things the other way around. The *preferences* of the consumer are the fundamental description useful for analyzing choice, and utility is simply a way of describing preferences.« (Varian 1996: 55)
> »From the point of view of introspection of the person in question, the process runs from his preference to his choice, but from the point of view of the scientific

observer the arrow runs in the opposite direction: choices are observed first and preferences are then presumed from these observations.« (Sen 1973: 241)

Demnach offenbart eine Person ihre Präferenzen, wenn sie eine Alternative einer anderen vorzieht, obwohl beide möglich gewesen sind.

Definition 22: *Das Prinzip der »revealed preferences«* (für einen Zwei-Güter-Fall). Wenn (x_1, x_2) das gewählte Güterbündel mit den Preisen (p_1, p_2) und (y_1, y_2) ein anderes erreichbares Güterbündel ist (es muss gelten: $p_1x_1 + p_2x_2 \geq p_1y_1 + p_2y_2$), wird (x_1, x_2) gegenüber (y_1, y_2) präferiert, solange der Akteur stabile Präferenzen besitzt und sich nutzenmaximierend verhält (Varian 1996: 117f. und 120).

Der Grund für die Einführung des Konzeptes der »revealed preferences« lag an den Problemen der Ökonomen, den Nutzen im Sinne von Freude oder Emotionen zu messen. Dabei handelt es sich um den schon diskutierten Standpunkt der Ökonomen, dass Präferenzen nicht empirisch erhoben werden können. Um dieses Problem zu vermeiden, werden nach dem Prinzip der »revealed preferences« die subjektiven Präferenzen aus dem objektiv beobachtbaren Verhalten hergeleitet.

»[...] the econometric theory of demand does study human beings, but only as entities having certain patterns of market behaviour; it makes no claim, no pretence, to be able to see inside their heads.« (Hicks 1956: 6)

Als Folge des Verzichts auf die psychologischen Annahmen über den Nutzen bzw. über die Präferenzen wird der Anspruch, eine subjektivistische Theorie zu vertreten, zugunsten des beobachtbaren Verhaltens bzw. zugunsten beobachtbarer Aggregate aufgegeben. Die ökonomische Theorie wird nunmehr als unabhängig von psychologischen Annahmen und Erkenntnissen angesehen (Lewin 1996: 1293f.). Das Interesse der Ökonomik verschiebt sich weg von den Motiven der Handlung hin zu den Handlungen bzw. den Folgen der Handlungen.

»Shifting attention from the motives to the means by which the motives are realized provides the necessary connection. That is, rather than attempt to introduce security, power, prestige, and so forth into the theory directly, we ask instead: to what activities do these motives give rise? These activities, rather than the motives, are then made a part of the model.« (Williamson 1974: 111)

Es wird nicht davon ausgegangen, dass der Nutzen kardinal gemessen werden kann (dies gilt nicht für die axiomatisch formulierte Erwartungsnutzentheorie und die Spieltheorie), und dennoch soll es sich bei den Präferenzen nicht nur um ex post Rationalisierungen handeln, sondern um Präferenzen mit irgendeinem unspezifizierten psychologischen Inhalt. Demnach beruht das Nutzenkonzept einerseits auf psychologischen Überlegungen, während andererseits die psychologischen Grundlagen der ökonomischen Theorie mit Hilfe des Konzeptes der »revealed preferences« als irrelevant erklärt werden. Diese widersprüchlichen Einstellungen zur Psychologie werden von Lewin als Sens Paradox bezeichnet.

> »The inconsistent coexistence of both psychological and antipsychological ideas within the economic discipline is somewhat puzzling, and begs some explanation. I call this quandary Sen's paradox.« (Lewin 1996: 1294)

Die Einführung des Prinzips der »revealed preferences« führt nicht nur zu einer paradoxen Einstellung gegenüber der Psychologie, sie hat auch schwerwiegende methodologische Probleme zur Folge. Einerseits wird das individuelle Verhalten in der Ökonomik durch die Präferenzen der Akteure erklärt. Andererseits werden aber die Präferenzen wiederum aus dem gezeigten Verhalten abgeleitet. Diese Argumentation führt, wie Emerson treffend ausführt, zu einem infiniten Regress:

> »Why does a person perform an act? Because he finds the results rewarding. How do you know it was rewarding? Because he performed the act? Why did he do this rather than that? Because this has greater expected utility than that? How do you know? Because decisions maximize expected utility.« (Emerson 1981: 38)

Darüber hinaus führt das Konzept der »revealed preferences« auch zu tautologischen Aussagen (Marini 1992: 29), da so ermittelte Annahmen über die Präferenzen nicht mehr falsifiziert werden können (Zey 1992: 15). Jedes ungewöhnliche Verhalten könnte im nachhinein dadurch »erklärt« werden, dass einfach eine Präferenz für dieses ungewöhnliche Verhalten unterstellt wird, selbst wenn es sich dabei um ein offensichtlich selbstschädigendes Verhalten handelt. Folglich kann nichts mehr ausgeschlossen und somit auch nichts mehr erklärt werden (Frank 1997: 215f.).

Ein weiteres Problem stellen die strikten Annahmen dar, die bei der Anwendung des Konzeptes der »revealed preferences« unterstellt werden. Stabile Präferenzen und eine nutzenmaximierende Selektionsmethode sind eine notwendige Voraussetzung für die Anwendung dieses Konzeptes. Wenn allerdings Akteure auch Verhaltensweisen aufweisen, die nicht von dem Nutzenmaximierungsprinzip geleitet werden oder die Akteure keine stabilen Präferenzen besitzen, führt das Konzept der »revealed preferences« zu systematisch falschen Aussagen.

Das Prinzip der »revealed preferences« scheint demnach keine angemessene Lösung für die Bestimmung von Präferenzen zu sein (Morgenstern 1972: 1168). Damit entfällt der Grund für eine Entpsychologisierung des Nutzenbegriffs, denn letztlich macht die Verwendung eines subjektiven Nutzenkonzeptes nur dann Sinn, wenn Nutzen und Emotionen als synonyme Begriffe verwendet werden.

> »The rationalists speak of tastes, not emotions, but for analytical purposes, the two play exactly parallel roles. Thus, a person who is motivated to avoid the emotion of guilt may be equivalently described as someone with a »taste« for honest behavior.« (Frank 1997: 240)

Literaturhinweise zum Exkurs

Eine gute Einführung in das Konzept der »revealed preferences« gibt Varian (1996: Kap. 7). Eine exzellente Diskussion der Entpsychologisierung des Nutzenbegriffs durch das Konzept der »revealed preferences« und die daraus resultierenden Folgen befindet sich in dem Aufsatz von Lewin (1996).

2. Die soziologischen Theorien

2.1. Phänomenologische Soziologie

Die Phänomenologische Soziologie ist durch die grundlegenden Arbeiten von Alfred Schütz (1899-1959) konstituiert worden. Alfred Schütz studierte an der Universität in Wien Jura, Ökonomie und Philosophie. Schon während seines Studiums wurde er von Friedrich August von Hayek in einen Diskussionskreis gerufen, dessen Mehrheit der Mitglieder auch in den Mises-Kreis aufgenommen wurde. Neben dem Mises-Kreis, an dessen Treffen Schütz von 1922 bis 1932 teilnahm, gehörte er auch dem Geistkreis und der nationalökonomischen Gesellschaft an. Alfred Schütz war also ein Schüler der ökonomischen Österreichischen Schule.

Da Alfred Schütz jüdischer Abstammung war, konnte er in Wien keine wissenschaftliche Laufbahn einschlagen und musste einen anderen Beruf ausüben. So beschränkte sich seine wissenschaftliche Tätigkeit, neben seiner Arbeit als Finanzjurist im internationalen Bankbereich, auf Diskussionen und einen regen Briefverkehr mit anderen Wissenschaftlern. Erst nach seiner Emigration in die USA nahm er 1943 seine Lehrtätigkeit in Soziologie an der Graduate Faculty der New School for Social Research in New York auf, deren Professoren ausschließlich Emigranten waren.

Der ökonomische Hintergrund von Alfred Schütz ist für das Verständnis seiner Theorie von besonderer Relevanz, da erst durch diesen seine Kritik am ökonomischen Ansatz deutlich wird, und diese Kritik erklärt wiederum, warum er in anderen Disziplinen nach Lösungen für diese Probleme suchte. Die Antworten fand Schütz in der Soziologie von Max Weber und der Philosophie von Edmund Husserl.

2.1.1. Grundlagen der Theorie

2.1.1.1. Ausgangspunkt der Analyse

Ebenso wie in den ökonomischen Theorien war auch für Alfred Schütz das *Individuum* der Ausgangspunkt der Analyse. Er teilte Max Webers *Methodologischen Individualismus* und sah wie Weber den Schlüssel für sozialwissenschaftliche Theorien in einer »verstehenden« Handlungstheorie. Das »Verstehen« einer Handlung ist sowohl für den Handelnden als auch für den beobachtenden Wissenschaftler von zentraler Bedeutung. Somit ist das Einzelindividuum die Basis bzw. das »Atom« einer Handlungstheorie. Daraus ergibt sich, dass alle sozialen Gebilde auf individuelles Handeln zurückgeführt werden müssen.

»Begriffe wie »Staat«, »Genossenschaft«, »Feudalismus« und ähnliche bezeichnen für die Soziologie, allgemein gesagt, Kategorien für bestimmte Arten menschlichen Zusammenhandelns, und es ist also ihre Aufgabe, sie auf »verständliches« Handeln und das heißt ausnahmslos: auf Handeln der beteiligten Einzelmenschen, zu reduzieren.« (Weber, Max 1913: 264)

Es gibt aber auch berechtigte Einwände gegen die These, dass Alfred Schütz ein methodologischer Individualist im Sinne von Max Weber gewesen ist. Dies hängt damit zusammen, dass Schütz zwar die Idee des »Verstehens« und in Verbindung damit das Konzept der Idealtypen von Max Weber übernahm, Weber aber gleichzeitig dafür kritisierte, das Problem des »Sinnverstehens« nicht wirklich gelöst zu haben (Grathoff 1978: 395). Um das Problem zu beseitigen, wandte sich Alfred Schütz der Phänomenologie von Edmund Husserl zu. Mit Hilfe der phänomenologischen Reduktion konnte Alfred Schütz »Verstehen« auf subjektive Bewusstseinsleistungen reduzieren, ohne den für das »Verstehen« zwingend nötigen intersubjektiven Charakter zu verlieren.

Alfred Schütz nimmt so eine Zwischenposition im Methodologischen Individualismus ein. Er grenzt sich sowohl von Max Weber, der nur den intersubjektiven Charakter des »Verstehens« betrachtet, als auch von den ökonomischen Theorien ab, die nur den subjektiven Aspekt von Handlungen (den individuellen Nutzen) behandeln, ohne dabei die intersubjektive Ebene (die Sprache oder die Kultur) zu berücksichtigen. Schütz betrachtet dagegen die subjektive *und* die (subjektiv fundierte) intersubjektive Seite des »Verstehens« (Srubar 1993: 35; Prendergast 1993: 47).

Das *Ziel der Theorie* von Alfred Schütz war eine philosophisch-phänomenologische Fundierung der Sozialwissenschaften, um so zu einer einheitlichen Methodologie für die Soziologie, die Ökonomie und die Geschichte zu gelangen (Prendergast 1986: 1). Dieses Unterfangen muss unter dem Gesichtspunkt des damals immer noch lebendigen Methodenstreits betrachtet werden, der von dem Begründer der Österreichischen Schule Carl Menger und dem führenden Vertreter der Historischen Schule Gustav von Schmoller begonnen wurde. Die Arbeit von Alfred Schütz kann als ein Versuch aufgefasst werden, die Österreichische Schule gegen die Kritik der Historischen Schule zu verteidigen.

»The picture of Schutz that emerges from this interpretation is that of a loyal member of a school who acts to protect its theoretical superstructure by correcting serious shortcomings in its epistemological self-understanding.« (Prendergast 1986: 4)

Schmoller und seine Anhänger warfen den Vertretern der Österreichischen Schule vor, sie würden die zeitliche, räumliche und kulturelle Dimension von sozialen Phänomenen vernachlässigen. Sie lehnten die deduktive Methode ab, bei der generelle Aussagen allein durch Logik aus den Annahmen hergeleitet werden. Schütz Antwort darauf war, dass es möglich ist, mit Hilfe des Prinzips der abnehmenden Abstraktion und dem Konzept der Idealtypen den Graben zwischen universellen Aussagen über Menschen und Gesellschaften und den real existierenden Menschen und Gesellschaften zu überbrücken (Prendergast 1986: 22f.). Da sich letztlich die Position von Carl Menger in der Ökonomie durchsetzte, wurde den Arbeiten von Alfred Schütz nur wenig Interesse innerhalb der Ökonomik entgegengebracht, weil keine Notwendigkeit mehr bestand, zwischen diesen Extrempositionen zu vermitteln.

In diesem Sinne versuchte Schütz, eine generelle Theorie für die Sozialwissenschaften zu formulieren, die die Ökonomik, die Soziologie und die Geschichtswissenschaft miteinander vereinigen sollte. Übrigens hat auch Menger (1883: 148ff.) die Ökonomie als einen Zweig einer solchen generellen Theorie angesehen, im Gegensatz zu heutigen Vertretern des Ökonomischen Imperialismus, die die Ökonomie als überlegene Sozialwissenschaft bezeichnen.

2.1.1.2. Annahmen über den Menschen

Der Mensch wird in der Phänomenologischen Soziologie sowohl als *frei* als auch *sozialisiert* angesehen. Die phänomenologische Analyse beginnt mit der subjektiven Erfahrung bzw. mit den subjektiven Interessen und somit mit dem freien Individuum. Dieses Individuum konstruiert die soziale Wirklichkeit erst durch die Interpretation seiner Umwelt auf der Basis seiner subjektiven Erfahrung, die das Resultat seiner vergangenen Handlungen sind. Allerdings sind die Erfahrungen des Individuums in sozialen Situationen gemacht worden, so dass die Kategorien der Situationsdefinition sozialen Ursprungs sind. Somit wird dieser Teil der subjektiven Erfahrung mit anderen Akteuren geteilt (Schütz/Luckmann 1979: 151 und 293). Alfred Schütz wählte das freie Individuum lediglich aus pädagogischen Gründen als Ausgangspunkt seiner Analysen. Er glaubte nicht, dass es subjektive Erfahrungen ohne einen sozialen Bezug geben könne (Schütz/Gurwitsch 1985: 279f.). Demnach besteht ein großer Teil des Erfahrungsschatzes der Individuen trotz der Definition über subjektive Bewusstseinsvorgänge aus sozialen Erfahrungen.

Neben diesen subjektiven Erfahrungen, die eher zufällig in sozialen Situationen mit anderen geteilt werden, gibt es auch eine ganze Reihe von Wissenselementen, die in der Sozialisation erlernt werden. Dies sind vor allem die Kultur, die Sprache und im Zusammenhang damit die Regeln des alltäglichen Miteinanders. Dieses Wissen ist für ein Individuum eine notwendige Voraussetzung, um ein vollwertiges Mitglied der Gesellschaft zu werden. Durch die Habitualisierung dieses Wissens verringert das Individuum seinen Handlungsspielraum. Es wird beispielsweise ein Auto nur noch als »Auto« bezeichnen und nicht mehr als »Fahrrad«. Die Einschränkung des Handlungsspielraums durch die Kultur und die Sprache ermöglicht wiederum erst die Kommunikation und Interaktion mit anderen Mitgliedern einer Gesellschaft. Demnach kann sich ein Individuum in einer Gesellschaft erst frei bewegen, wenn es die Menge aller möglichen Handlungsalternativen auf die kulturell vordefinierten Handlungsalternativen beschränkt. Erst die Beschränkung der Freiheit durch die Kultur macht den sozialen Menschen frei. Ohne Sozialisation wäre er andererseits völlig frei, aber auch kein Mitglied der Gesellschaft. Die Sozialisation hat bezüglich der sozialen Erfahrung einen besonderen Stellenwert, weil die Menschen in eine bereits existierende soziale Welt hineingeboren werden. Die Individuen müssen erst lernen, in dieser Welt zu wirken, bevor sie diese Welt durch ihr Wirken verändern können. Die Bewegungsfreiheit in einem kulturellen Rahmen ist demnach eine Voraussetzung für die Fähigkeit, die Kultur zu verändern. Demnach produziert und reproduziert der Mensch die Gesellschaft, indem er sich im Rahmen kleiner Variationen an die kulturellen Vorgaben hält und wird gleichzeitig von ihr geformt (Berger/Luckmann 1966: 62 und 120). Individuen konstituieren Institutionen, Institutionen konstituieren Individuen und Individuen brauchen Institutionen, um miteinander interagieren zu können (Luckmann 1975: 7).

Für die Phänomenologische Soziologie ergibt sich nun das Problem, zu erklären, *wie Intersubjektivität entsteht*, wenn die Analyse mit der phänomenologisch reduzierten subjektiven Erfahrung begonnen wird. Die Gesamtheit der subjektiven Erfahrungen eines Individuums besteht nicht nur aus intersubjektiv geteilten Erfahrungen, sondern auch aus Erlebnissen, die es nur alleine erlebte. Somit können aufgrund der unterschiedlichen Biographien der Menschen ihre Erfahrungen niemals identisch sein. Sie bleiben immer individuell und sind nur dem jeweiligen Individuum subjektiv bekannt (Schütz 1936: 7228). Um die Handlungen eines anderen Menschen »verstehen« zu können, muss ein Akteur aber in der Lage sein, seinen Worten und seinen Handlungen einen objektiv (intersubjektiv) verständlichen Sinn zuzuschreiben.

»Da aber der Motivationszusammenhang und damit der subjektive Sinnzusammenhang des Handelns auf dem gesamten Erfahrungsvorrat des Handelnden grundiert ist, ergibt sich mit Notwendigkeit, dass der objektive Sinn, den der Beobachter einem fremden Handeln interpretierend erteilt, mit dem subjektiven Sinn, den der Handelnde mit seinem Handeln meint, notwendig inkommensurabel ist.« (Schütz 1936: 7228f.)

Wie ist es aber möglich, einer Handlung einen objektiven Sinnzusammenhang zuzuschreiben, wenn weder der objektive noch der subjektive Sinnzusammenhang des beobachteten Akteurs durch den Beobachter erfahren werden kann (Tatematsu 1979: 113). Dieses Problem wird von Schütz mit Hilfe der Annahme der intersubjektiv geteilten Typen gelöst. Jeder Akteur bezieht sich bei der intersubjektiven Sinnkonstitution auf den Teil des Erfahrungsvorrats, den er mit anderen teilt, der mit anderen Worten in irgendeiner Form typisch für diese sozialen Situationen ist. Dabei wird pragmatisch mit den subjektiv unterschiedlichen Erfahrungselementen umgegangen. Jedes Individuum geht davon aus, dass eine andere Person die Situation in ähnlicher Weise wie es selbst sieht. Es kommt demnach nicht darauf an, ob die Handlung eines anderen in allen Details verstanden wird. Wenn z.B. eine Person in einem Raum mit sehr vielen Schuhen durch eine Glasscheibe beobachtet wird, wie sie einer anderen Person Geld überreicht und dafür einen Karton erhält, fällt es den meisten Menschen sehr leicht, diese Handlung als einen Schuhkauf zu verstehen. Fast jeder hat schon einmal ähnliche Erfahrungen gemacht, die es ihm erlauben, solche Handlungen als typische Handlungen wahrzunehmen, auch wenn kein weiteres Verständnis der genauen Hintergründe dieser Handlung vorliegt.

Die Überwindung des Grabens zwischen subjektiven und objektiven Sinnstrukturen über intersubjektiv geteilte typische Erfahrungen reicht allerdings als Begründung der Möglichkeit des Verstehens noch nicht aus. Die Fähigkeit, subjektive Erfahrungen mit anderen zu teilen, bedarf wiederum einer Erklärung. Schütz führt diese Fähigkeit auf die »Urerfahrung« eines Anderen im Wir zurück.

> »Aber das ursprüngliche Recht dieser Erfassung eines subjektiven Sinnzusammenhanges ist nur aus der realen oder potentiellen Wirbeziehung abzuleiten. Denn nur in dieser wird das Du in dem besonderen Augenblick seiner Dauer als ein Selbst erlebbar.« (Schütz 1932: 184)

Die Wir-Beziehung ist in der Terminologie von Schütz eine Beziehung, in der jeder dem anderen seine Aufmerksamkeit zuwendet. Das entscheidende Merkmal dieser Beziehung ist die besondere Erlebnisnähe. Im Gegensatz zu dem Beobachten einer Person oder der Beziehung zu einem guten Bekannten, der aber im Moment nicht anwesend ist, können konkrete Handlungen des anderen durch die eigene Verwicklung in diese nachempfunden werden. Nur während der Dauer der Wir-Beziehung ist es aufgrund dieser Erlebnisnähe möglich, eine subjektive Erfahrung mit einem anderen Menschen zu einer bestimmten Zeit und in einem bestimmten Raum zu teilen (Schütz 1932: 183f. und 196).

> »Nur dann ist es möglich, dass mein Bewusstseinsstrom und sein Bewusstseinsstrom in echter Gleichzeitigkeit verlaufen können: er und ich altern zusammen.« (Schütz/Luckmann 1979: 91)

Bei der Herleitung der intersubjektiv geteilten Typen aus der gemeinsamen Erfahrung bezieht sich Alfred Schütz auf die Phänomenologie von Edmund Husserl (1859-1938). Im Gegensatz zu Husserls' Vorgehen verzichtet Schütz aber auf eine vollständige transzendentale Reduktion auf subjektive Bewusstseinsabläufe. Statt dessen konstruiert er die Intersubjektivität mundan, indem er gemeinsame (intersubjektive) Bewusstseinsabläufe in der Wir-Beziehung zuläßt (Schütz 1959: 97).

Aus den in vielen verschiedenen Wir-Beziehungen gewonnenen intersubjektiven Erfahrungen können die Individuen besonders häufig auftretende persönliche Merkmale, Handlungsabläufe und Situationen zu Personentypen, Handlungstypen und Situationstypen zusammenfassen (Schütz 1932: 207). Mit Hilfe der zunehmenden Anonymisierung der verschiedenen mit spezifischen Akteuren geteilten Erfahrungen wird der Übergang zu allgemein geteilten, intersubjektiven Typen möglich (Grathoff 1975: 99). Dieses Verfahren zur Bildung von Idealtypen entspricht dem *Prinzip der zunehmenden Abstraktion*.

Nachdem diese Idealtypen gebildet worden sind, helfen sie wiederum, die Vorgänge in der Welt zu verstehen. Dies gilt sowohl für Erzählungen über das Verhalten unbekannter Personen oder beobachtetes Verhalten als auch für Vorgänge in Wir-Beziehungen. Die allgemeinen Idealtypen werden dabei durch die Erfahrungen mit einer besonderen Person oder in einer besonderen Situation zu spezifischen Typen angereichert (Berger/Luckmann 1966: 31). Je mehr konkrete Erfahrungen bzw. je mehr Informationen vorliegen, desto spezifischer können die Typen ausfallen. So werden gute Freunde, mit denen man viel zusammen erlebt hat, nicht mehr als Idealtypen, sondern als konkrete Typen wahrgenommen. Dadurch bleibt einem ein Freund auch nach mehreren Jahren ohne Kontakt noch vertraut. Durch das spezifische Wissen von seinen damaligen Interessen können Prognosen gewagt werden, in welcher Form er von dem typischen Lebenslauf abgewichen ist. Es ist natürlich nicht auszuschließen, dass sich sein Leben völlig anders entwickelt hat. Aber selbst solche Abweichungen werden im nachhinein auf der Basis von Idealtypen oder besonderen Kenntnissen von ihm *verständlich* sein. Die Transformation von Idealtypen in individualisierte Typen stellt das *Prinzip der abnehmenden Abstraktion* dar.

Direkte Beziehungen zu anderen Menschen können somit nach dem Grad der Anonymität bzw. der Symptomfülle variieren. In anonymen Situationen mit anonymen Menschen werden generelle Idealtypen verwendet, während in bekannten Situationen mit bekannten Menschen stark angereicherte spezifische Typen verwendet werden, die im Extremfall außerhalb dieser Situation ganz und gar untypisch sind (Grathoff 1977: 72).

Bei den Idealtypen und individualisierten Typen handelt es sich um Vorstellungen und nicht um Erfahrungen mit einem konkreten Anderen (Schütz/Luckmann 1979: 106). Idealtypen werden zwar aus konkreten Erfahrungen gewonnen und mit Hilfe konkreter Erfahrungen in individualisierte Typen transformiert, aber es bleiben nur typische Vorstellungen, die nicht der Summe der erworbenen Erfahrungen entsprechen müssen. Ebensowenig stimmen Typen im Sinne von Frames mit dem ökonomischen Konzept der Restriktionen überein. Die Typenhaftigkeit von Personen, Handlungen oder Situationen reduziert die Anforderungen bei der Wahrnehmung der Umwelt, da die nicht wahrgenommenen Aspekte als typische Aspekte rekonstruiert werden können, und sie fokussiert die Wahrnehmung auf die typischen Handlungsalternativen. Dennoch handelt es sich dabei nicht um die Frage, ob eine Handlungsalternative möglich oder unmöglich ist (auch die untypischen Handlungsalternativen können weiterhin durchgeführt werden), sondern um die Frage, ob die Zuordnung eines Aspektes der Umwelt *a* zum Typ *A* angemessen oder nicht angemessen ist (Schütz 1932: 216). Es handelt sich dabei um ein kognitives Assoziationsproblem und nicht um ein Entscheidungsproblem über die effizienteste Handlungsalternative.

Idealtypen und individualisierte Typen sind einem steten Wandel unterworfen. Jedesmal wenn eine Person Erfahrungen sammelt, die nicht den typischen Erwartungen entsprechen, werden die Typen modifiziert.

> »We first define the new fact; we try to catch its meaning; we then transform step by step our general scheme of interpretation of the world in such a way that the strange fact and its meaning becomes compatible and consistent with all the other facts of our experience and their meanings.« (Schütz 1944: 507)

Allerdings führt nicht jede Abweichung von den typischen Erwartungen zu einer Anpassung der Idealtypen. Die meisten Abweichungen können »im routinemäßigen Ablauf der Ereignisse in der natürlichen Einstellung routinemäßig in Fraglosigkeit überführt« werden. Erst wenn eine Erfahrung im klaren Widerspruch zu den Typen steht, kommt es zu einer Modifikation der Typen (Schütz/Luckmann 1979: 32f.). In manchen Fällen bleiben die Typen auch unverändert, und ein neuer Typ wird für diese untypische Situation neu erschaffen. Die Konstruktion neuer Typen setzt allerdings voraus, dass die Gründe für diese Abweichung verstanden werden.

Ein zentrales Medium der Intersubjektivität stellt die Sprache dar. Die Verwendung von gemeinsam geteilten Symbolen in der Sprache erleichtert das Verständnis anderer Handlungen erheblich. Durch die Sprache können relevante Aspekte einer Situation, Person oder Handlung hervorgehoben werden, wodurch eine präzisere Zuordnung zu spezifischen Typen durch eine andere Person ermöglicht wird. Die Sprache stellt dabei einen Speicher von gesammelten Erfahrungen und Sinnelementen einer Gruppe dar (Berger/Luckmann 1966: 36f.). Kommunikation erleichtert somit zwar die intersubjektive Verständigung, sie erzeugt aber keine Intersubjektivität. Kommunikation ist vielmehr eine Folge von Intersubjektivität. Erst die im subjektiven Bewusstsein konstruierten intersubjektiven Idealtypen ermöglichen die Kommunikation, da die Konstruktion bzw. das Erlernen von Symbolen in der Sprache auf der Urerfahrung in der Wir-Beziehung und den daraus abgeleiteten Idealtypen beruht (Waldenfels 1979: 7).

Die Existenz intersubjektiv geteilter Typen wird möglich durch (Schütz 1953: 7ff.):

1) die Reziprozität der Perspektiven (biographische Unterschiede sind unwichtig)
   a) die Vertauschbarkeit der Standpunkte (eine Situation kann auch aus der Perspektive des Interaktionspartners betrachtet werden)
   b) die Kongruenz der Relevanzsysteme (für einen Akteur sind dieselben Dinge wie für seinen Interaktionspartner relevant);
2) den sozialen Ursprung des Wissens (subjektive Erfahrungen in sozialen Situationen);
3) das Wissen über die soziale Verteilung des Wissens (ein Akteur weiß, dass Ärzte typischerweise etwas über Medizin wissen, auch wenn er nichts über Medizin weiß).

Die Frage, ob es sich in der Phänomenologischen Soziologie um *rationale* oder *nicht-rationale* Akteure handelt, ist nicht ohne weiteres zu beantworten. Es gibt genügend Stellen in den Arbeiten von Alfred Schütz, an denen er betont, dass Rationalität kein Merkmal des Alltagslebens ist. Andererseits gibt es aber auch Aufsätze, in denen Schütz den Akteuren Rationalität zuschreibt. Die Unklarheit in dieser Frage geht auf die sehr diffuse Verwendung des Begriffs der »Rationalität« in Alfred Schütz' Werk zurück (Powell/Thomason 1988: 324f.).

Schütz gibt mehrere Definitionen für Rationalität an. Rational ist ein Handeln demnach, wenn es (Schütz 1943: 138ff.):

1) vernünftig,
2) geplant,
3) vorhersagbar oder
4) logisch ist,
5) bzw. wenn die beste von mindestens zwei Alternativen ausgewählt wird.

Die Punkte 2., 4. und 5. stimmen mit der Rationalitätsdefinition der Ökonomik überein (vorausgesetzt, logisch wird hier als konsistent interpretiert). Hier bezieht sich Rationalität auf den *subjektiven Sinn* einer Handlung (vgl. Schütz 1984b: 289). Nach dieser Rationalitätsdefinition wird die Handlung gewählt, die in der Zukunft den größten erwarteten Nutzen erbringt. Die Evaluation dieser zukünftigen Ergebnisse setzt sowohl eine klare Ziel-Mittel-Relation als auch einen analytischen Prozess voraus. In diesem Sinne wird eine Handlung weiterhin als »*rational*« bezeichnet, wenn eine Evaluation und ein Vergleich der zu erwartenden Ergebnisse stattgefunden hat und die beste Alternative aus mehreren Alternativen ausgewählt wurde. Eine Handlung ist somit subjektiv sinnvoll in Bezug auf die Präferenzen und Restriktionen des Akteurs.

Auf der anderen Seite weist die Gleichsetzung von rational mit vernünftig bzw. vorhersagbar auf einen *intersubjektiven Sinn* der Handlung hin. Dies betrifft die Verwendung von Typen in Interaktionen mit anderen Personen in der Form, dass eine Handlung verständlich ist. Rationalität bedeutet hier, dass typische Symbole einer Sprache verwendet werden, die der Interaktionspartner auch versteht. Wenn eine Person z. B. in einer Bäckerei Brot kaufen möchte, weil sie Hunger hat, sollte sie das, was sie kaufen möchte, auch in der landesüblichen Sprache und nicht in einer Phantasiesprache benennen. Nur die Verwendung der intersubjektiv geteilten Typen (die landesübliche Sprache) macht einen Erfolg (den Hunger stillen zu können) wahrscheinlich (solange die Verkäuferin die landesübliche Sprache versteht und Brot verkaufen möchte). Erst die gemeinsame unreflektierte Nutzung von intersubjektiv geteilten Typen ermöglicht in Interaktionen den Erfolg der Handlung.

Die Definition des intersubjektiv sinnvollen Verhaltens als rationales Verhalten ist allerdings contra-intuitiv. Rationales Verhalten als intersubjektiv sinnvolles Verhalten ist nur gewährleistet, wenn nicht weiter über die Verwendung von intersubjektiv geteilten Typen nachgedacht wird, genau im Gegensatz zur subjektiven Rationalität, in der die Reflexion das entscheidende Mittel zur Ermittlung der besten Alternative ist. Denn nur wenn die Sprache im großen und ganzen als gegeben hingenommen wird, ohne dass ein Akteur darüber nachdenkt, ob z. B. die Bezeichnung »rot« oder »grün« besser zur roten Farbe passt, wird die Möglichkeit der Verständigung weiter aufrechterhalten. Um dieses Problem zu vermeiden und um die subjektive Ebene besser von der intersubjektiven trennen zu können, wird intersubjektiv rationales Verhalten als »sinnvolles« Verhalten bezeichnet. »Rationales« und »sinnvolles« Verhalten stellen zwei Aspekte der Rationalität dar. Rationalität im Sinne von »rational« bezieht sich auf den subjektiven Nutzen einer Handlung sowohl in Entscheidungen isolierter Akteure als auch in Interaktionen, während Rationalität im Sinne von »sinnvoll« die gemeinsame Orientierung von intersubjektiv geteilten Typen in Interaktionen hervorhebt.

Es folgt eine kurze Darstellung des Unterschieds zwischen Spieltheorie und der Phänomenologischen Soziologie. Die Spieltheorie betrachtet »rationales« Handeln unter der Berücksichtigung des Interdependenzproblems. Die Interdependenz der Interaktionen wird dabei rückwärts vom Ergebnis ausgehend über die erwarteten Nutzenwerte gelöst. Die Phänomenologische Soziologie hingegen betrachtet »sinnvolles« Verhalten. Auch hier geht es um das Interdependenzproblem, allerdings nicht um die strategische Interdependenz, sondern um die Interdependenz der Sinnstrukturen. Handlungen werden nicht nach dem Kriterium des zukünftigen Nutzens ausgewählt, sondern nach dem Kriterium, ob es sich um eine typische Handlung handelt, die von einem anderen Akteur verstanden wird.

Nach der Begriffsklärung ist nun leichter festzustellen, ob es sich in der Phänomenologischen Soziologie um »rationale« oder »sinnvolle« Handlungen handelt. Die Antwort ist: Akteure handeln sowohl »rational« als auch »sinnvoll«, nur nicht zwangsläufig zur gleichen Zeit. Es kann sogar vorkommen, dass ein Verhalten weder »rational« noch »sinnvoll« ist. Traditionelle Verhaltensregeln wie die typischen Rituale der Begrüßung in einer Gesellschaft sind beispielsweise »sinnvoll«, aber nicht »rational«. Traditionelles bzw. habituelles Verhalten entspricht nicht der Definition von Rationalität im Sinne von »rational«, weil keine Reflexion stattfindet. Es werden weder die erwarteten Konsequenzen der Handlung evaluiert – der Akteur nimmt einfach an, dass es dieselben wie beim letzten Mal sein werden – noch steht mehr als eine Alternative zur Auswahl. Statt dessen wird habituelles Verhalten automatisch und halb-bewusst ausgeführt (Schütz 1943: 137). Es handelt sich dabei um Methoden bzw. Rezepte für Probleme, die in der Vergangenheit einmal »rational« gelöst wurden, deren Brauchbarkeit für das vorliegende Problem aber nicht weiter überprüft wird (Schütz/Parsons 1978: 39).

Alfred Schütz sah die Aufgabenverteilung in den Sozialwissenschaften folgendermaßen: Die Ökonomik war für ihn die Wissenschaft, die sich mit dem »rationalen« Handeln (dem subjektiven Sinn von Handlungen) beschäftigt, während die Soziologie diejenige Wissenschaft war, die das »nicht-rationale« oder »sinnvolle« Handeln (den intersubjektiven Sinn von Handlungen) analysiert (Schütz 1955: 5).

2.1.1.3. Annahmen über die Gesellschaft

In der Phänomenologischen Soziologie wird die Gesellschaft nicht über einen Gesellschaftsvertrag konstruiert. Vielmehr handelt es sich bei der Gesellschaft um eine *soziale Tatsache* (Durkheim 1968: 102), da jeder Mensch bei seiner Geburt schon eine Gesellschaft vorfindet, die ihn prägt.

> »Um dem Mißverständnis vorzubeugen, die Denkobjekte seien das Ergebnis eines »contrat social«, muss betont werden, dass sie für jeden einzelnen, der in eine geschichtliche Situation hineingeboren ist, schon in der Sprache vorfindbar sind.« (Schütz/Luckmann 1979: 89)

Aber im Gegensatz zu einer Konzeption der Gesellschaft als eine soziale Tatsache nach Durkheim, ist sie für die phänomenologischen Soziologen nur eine soziale Tatsache, weil die Menschen, die in ihr leben, sie laufend konstruieren und rekonstruieren.

> »Die Institutionen der Gesellschaft bestehen nicht an sich, sondern nur dadurch, dass der Mensch sie anerkennt, ihnen Rechnung trägt.« (Yamasaki 1989: 95)

Dabei wird aber nicht ausgeschlossen, dass sich die »Gesellschaft« für einen Einzelnen als Zwangsapparat darstellen kann. Wenn eine Gruppe bei der Sozialisierung eines Individuums »versagt« und dieses Individuum daraufhin mit anderen idealtypischen Konstruktionen die Welt der anderen in Frage stellt, werden diejenigen, die am Erhalt des Status-quo ein Interesse haben, mit Hilfe von Sanktionen versuchen, die alten idealtypischen Konstruktionen aufrechtzuerhalten (Berger 1963: 81f.). Insofern sind die Sanktionsmechanismen für jede Gesellschaft von »höchster Relevanz« (Schütz 1932: 225). Die Sanktionen sind im Verhältnis und im zeitlichen Ablauf zu der habituellen Verwendung der intersubjektiv geteilten Idealtypen jedoch sekundär (Berger/Luckmann 1966: 52). Das liegt daran, dass Idealtypen selbstregulierend wirken: Wenn mich eine andere Person verstehen soll, *muss* ich auf gemeinsam geteilte Typen bzw. in anonymen Situationen auf Idealtypen zurückgreifen.

Trotz der Selbstregulierung der Idealtypen und des Sanktionsmechanismus ist es möglich, die Welt zu verändern. Allerdings ist der individuelle Einfluss auf solche Prozesse verschwindend gering. Veränderungen haben eher den Charakter von unintendierten Folgen menschlichen Verhaltens (Luckmann 1992: 4). Dies schließt natürlich nicht aus, dass in modernen Staaten durch Regierungen Institutionen und sogar Sprache (z.B. Rechtschreibreform) per Gesetz festgelegt werden können. Aber selbst hier gilt, dass sich in den wenigsten Fällen die Idee nur einer Person durchzusetzen vermag. Zusätzlich besteht noch ein Unterschied zwischen der schriftlichen Fixierung eines Gesetzes und dessen Befolgung. Daraus ergibt sich, dass unsere Möglichkeiten, Einfluss auf die intersubjektiv geteilten Idealtypen zu nehmen, sehr gering sind, obwohl wir erst durch unser eigenes Verhalten diese Idealtypen konstruieren.

> »Obgleich wir meist Nachahmer sind und unter günstigen Umständen geringe Verbesserungen hinzufügen, nehmen wir aktiv und kontinuierlich an den geschichtlichen Gebilden teil.« (Yamasaki 1989: 96)

Aufgrund der Tatsache, dass in der Interaktion mit bekannten Personen die Idealtypen durch besondere Kenntnisse einer Person angereichert und zu individualisierten Typen transformiert werden, ist sofort ersichtlich, dass in solchen Interaktionen Veränderungen der Strukturen sehr leicht möglich sind. Generell kann gesagt werden: je kleiner die Gruppe, desto größer ist der individuelle Einfluss auf die Strukturen in dieser. Demzufolge sind in einer Gesellschaft mit vielen kleinen Subkulturen viele Veränderungen zu erwarten, während homogene Gesellschaften vermutlich ausgesprochen stabil sind. So ist es nicht besonders überraschend, dass z.B. japanische Phänomenologen die Konstanz der Gesellschaft betonen, andererseits die Gesellschaft von amerikanischen Phänomenologen (bzw. Ethnomethodologen) als in ständigem Fluss befindlich beschrieben wird. Das Fazit ist also, dass die Gesellschaft von den Menschen getragen (und manchmal auch gestaltet) wird und sie doch eine soziale Tatsache für diese Menschen bleibt (Berger/Luckmann 1966: 58).

Wenn phänomenologische Soziologen von Phänomenen auf der gesellschaftlichen Ebene sprechen, beziehen sie sich auf die *Lebenswelt*. Der Begriff der Lebenswelt geht auf die Phänomenologie Edmund Husserls zurück.

Die Lebenswelt »ist die raumzeitliche Welt der Dinge, so wie wir sie in unserem vor- und außerwissenschaftlichen Leben erfahren und über die erfahrenen hinaus als erfahrbar wissen.« (Husserl 1962: 141)

Für Schütz, der der relativ diffusen Verwendung des Lebensweltbegriffs durch Husserl ausgesprochen kritisch gegenüberstand (Schütz/Gurwitsch 1985: 379), war die Lebenswelt hingegen die Welt, »wie sie sich in unserer alltäglichen Erfahrung darbietet« (Gurwitsch 1971: 12). Die Elemente der Lebenswelt sind die intersubjektiv geteilten Idealtypen, die in ihr als fraglos gegeben und sozial gebilligt angesehen werden. Ihre Strukturen beinhalten das Wissen über die soziale Verteilung des Wissens, und – was noch wichtiger ist – sie geben an, was in einem konkreten sozialen Umfeld einer konkreten Gruppe zu einem konkreten Zeitpunkt relevant ist und was nicht (Schütz 1959: 97).

»My knowledge of everyday life has the quality of an instrument that cuts a path through a forest and, as it does, projects a narrow cone of light on what lies just ahead and immediately around; on all sides of the path there continues to be darkness.« (Berger/Luckmann 1966: 42)

Es gibt Phänomenologische Soziologen, die Husserl folgend die Lebenswelt in erster Linie als private subjektive Welt konzipieren (z.B. Malhotra/Deegan 1978: 142). Aufgrund der Tatsache, dass Alfred Schütz bei der Begründung der Intersubjektivität über die Urerfahrung in der Wir-Beziehung eine transzendentale Reduktion vermied, und da sich die Lebenswelt auf der Basis der intersubjektiven Idealtypen konstituiert, ist es angebrachter, die Lebenswelt von vornherein als eine intersubjektive Lebenswelt anzusehen.

»So ist meine Lebenswelt von Anfang an nicht meine Privatwelt, sondern intersubjektiv; die Grundstruktur ihrer Wirklichkeit ist uns gemeinsam.« (Schütz/Luckmann 1979: 26)
»Die alltägliche Lebenswelt ist also grundsätzlich intersubjektiv, ist Sozialwelt.« (Schütz/Luckmann 1979: 39)

Jedes Individuum konstruiert zwar die Lebenswelt individuell, die verwendeten Elemente zur Konstruktion dieser subjektiven Lebenswelten sind aber die intersubjektiv geteilten Idealtypen.

»*Prinzipiell* konstruiert jeder Mensch seine spezifische, einmalige Lebenswelt. *Faktisch* sind die je subjektiven Lebenswelten nur relativ originell. D.h. unter ähnlichen »objektiven« Bedingungen konstruieren Menschen auch »ähnliche« Lebenswelten.« (Hitzler/Honer 1984: 60)

Somit ist die Lebenswelt aller Mitglieder einer Gesellschaft für die Belange des alltäglichen Lebens in einem ausreichenden Maße gleich. In der natürlichen Einstellung wird sich jedes Individuum auf die mit den anderen geteilte und fraglos gegebene Lebenswelt beziehen. Ebenso entspricht es der natürlichen Einstellung, dass ein Akteur annimmt, dass die Mitmenschen dieselbe Lebenswelt in der gleichen Weise als fraglos gegeben akzeptieren, wie er annimmt, dass sie von ihm dasselbe annehmen (Schütz/ Luckmann 1979: 25 und 88). Hierbei handelt es sich durchaus um eine interessante Parallele zur Spieltheorie. Denn rationale Lösungen sind in der Spieltheorie nur möglich, wenn beide Spieler voneinander wissen, dass sie das gleiche Lösungsverfahren anwenden (z.B. Nash-Lösung oder Maximin-Lösung).

Weitere Charakteristika der natürlichen Einstellung sind die (Schütz 1971: 153):

1) Annahme der Konstanz der Weltstruktur;
2) Annahme der Konstanz der Gültigkeit unserer Erfahrung von der Welt;
3) Annahme der Konstanz unserer Möglichkeiten, auf die Welt ein- und in ihr zu wirken.

Durch die Annahme der Konstanz der Weltstruktur, der Gültigkeit unserer Erfahrung von der Welt und unserer Möglichkeit, auf die Welt ein- und in ihr zu wirken, wird im Grunde erst gewährleistet, dass Handlungen habituell durchgeführt werden können, ohne zu evaluieren, wie sich eine Handlung in der Zukunft auswirken wird. Damit wird auch klar, dass »rationales« Handeln kein Grundelement der natürlichen Einstellung sein kann. Denn es ist gerade die Aufgabe des »rationalen« Handelns, sich optimal an die dynamischen (und eben nicht konstanten) Umweltveränderungen (Restriktionsänderungen) anzupassen.

Bei der Lebenswelt handelt es sich um eine exklusive Welt. Es gibt zwar verschiedene, durch Raum und Zeit getrennte Lebenswelten, aber es kann immer nur eine Lebenswelt wirklich sein. Die Existenz der einen schließt die Existenz anderer Lebenswelten aus (Waldenfels 1989: 20). Die intersubjektive Lebenswelt ist jedoch nicht das einzige soziale Phänomen. Auf einer höheren (objektiveren) Ebene befindet sich jedes Individuum auch in einem Milieu. Bei dem Milieu handelt es sich nicht so sehr um Wissenselemente wie in der Lebenswelt, sondern es umfasst die Dinge, die auf ein Individuum in einer Lebenswelt einwirken. Z.B. finden sich in der Lebenswelt idealtypische Formen der Begrüßung wie »Guten Tag!« oder »Hallo!« Im Gegensatz dazu steht das Milieu für die Wahrscheinlichkeit, von anderen Personen mit »Guten Tag!« oder »Hallo!« begrüßt zu werden. Damit das Milieu aber auf eine Person einwirken kann, muss sie zuerst die Phänomene mit Hilfe der Idealtypen in der Lebenswelt interpretieren (Hitzler/Honer 1984: 61 und 69). Andererseits hängt das, was als idealtypisch in einer Lebenswelt angesehen wird, von der Art und Weise ab, wie das Milieu auf die Individuen einer Gesellschaft einwirkt. Grathoff (1989a, S. 374) bezeichnete dementsprechend das Milieu »als Übergangsform zwischen System und Lebenswelt«, wodurch es eine vermittelnde Rolle zwischen der objektiven und der intersubjektiven Ebene einnimmt.

Daraus folgt, dass die Lebenswelt die fraglos gegebene Grundlage unseres Handelns ist und durch unsere Handlungen konstituiert und modifiziert wird.

> »Die Lebenswelt ist also eine Wirklichkeit, die wir durch unsere Handlungen modifizieren und die andererseits unsere Handlungen modifiziert.« (Schütz/ Luckmann 1979: 28)

2.1.1.4. Methodologie

Der methodologische Ausgangspunkt von Alfred Schütz war der *Methodologische Individualismus* (Schütz/Luckmann 1979: 13) Der Begriff »Theorie« in den empirischen Wissenschaften war für Schütz (1954: 260) die explizite Formulierung von Beziehungen zwischen Variablen, mit denen empirisch erfassbare Regelmäßigkeiten erklärt werden können.

Er forderte für solche »Theorien«, dass (Schütz 1943: 147):
1) sie kompatibel mit den Prinzipien der formalen Logik sein sollen;
2) ihre Elemente klar und deutlich formuliert sein sollen;
3) sie nur wissenschaftlich verifizierbare Annahmen beinhalten sollen, die mit dem gesamten wissenschaftlichen Wissen vereinbar sind.

Es wird deutlich, dass Alfred Schütz die naturwissenschaftliche Methodik als unverzichtbare Voraussetzung für sozialwissenschaftliches Arbeiten ansah. Sie ist für die Überprüfung von Forschungsergebnissen durch andere Wissenschaftler von zentraler Bedeutung.

> »Mit diesen Thesen distanziert sich Schütz deutlich von Diltheys Postulat, dass für die Sozialwissenschaften (als Teil der Geisteswissenschaften) die (»naturwissenschaftliche«) Methode des Erklärens unangemessen und nur die Methode des Verstehens adäquat sei; ebenso distanziert er sich von all jenen, die das Aufgabenfeld der Sozialwissenschaften auf eine reine (idiographische) Beschreibung individueller Phänomene bzw. Phänomenkonstellationen beschränken wollen.« (Eberle 1984: 107)

Aber ebenso wie Schütz den Anhängern der einen Extremposition vorwarf, aus der Unterschiedlichkeit von natur- und sozialwissenschaftlichen Phänomenen die falsche Schlussfolgerung zu ziehen, dass in den Sozialwissenschaften nicht die Methodik der

Naturwissenschaften gelten könne, so warf er den Anhängern der anderen Extremposition vor, die Unterschiedlichkeit dieser Phänomene zu übersehen und aus diesem Grunde nur die naturwissenschaftliche Methodik in den Sozialwissenschaften zuzulassen (Schütz 1953: 4).

Der Unterschied zwischen den Natur- und den Sozialwissenschaften liegt in dem Umstand, dass in den Sozialwissenschaften nicht wie in den Naturwissenschaften Objekte, sondern Subjekte betrachtet werden, die die soziale Welt mit ihren Phänomenen erst erschaffen. Der Gegenstand der Untersuchung der Sozialwissenschaften wird also durch die Handlungen der Menschen konstituiert, deren Handeln aber schon durch diese Welt geprägt ist. D.h. dass sie diese Welt, die sie aufrechterhalten, interpretieren. Damit wird klar, dass es sich in den Naturwissenschaften um Konstruktionen erster Ordnung handelt, während in den Sozialwissenschaften der Wissenschaftler Konstruktionen zweiter Ordnung (Konstruktionen von Konstruktionen der Menschen) verwendet (Natanson 1962: xxxvf.).

> »It must be admitted that this problem of dealing with subjective phenomena in objective terms is *the* problem for the methodology of the social sciences.« (Schütz/Parsons 1978: 36)

Die Lösung des Problems wird in der Methode des Verstehens gesehen. Der Sozialwissenschaftler kann nur von objektiven Regelmäßigkeiten sprechen, wenn er auf die subjektiven Motive der Menschen, die diese Phänomene erzeugen, zurückgreift. Dies bedeutet keinen Verzicht auf kausale bzw. »gesetzmäßige« Erklärungsversuche, sondern schließt die subjektiven Sinnentwürfe der Handelnden mit ein (Schütz 1943: 146f.). Schütz bezeichnet hier das Postulat der subjektiven Interpretation als adäquate Vorgehensweise:

> »In order to explain human actions the scientist has to ask what model of an individual mind can be constructed and what typical contents must be attributed to it in order to explain the observed facts as the result of the activity of such a mind in an understandable relation. The compliance with this postulate warrants the possibility of referring all kinds of human action or their result to the subjective meaning such action or result of an action had for the actor.« (Schütz 1953: 34)

In diesem Zusammenhang kritisiert Schütz die Ökonomik auch dafür, dass sie nur mit einem ganz bestimmten Idealtyp (einem nutzenmaximierenden Egoisten in Marktsituationen) arbeitet, ohne konkretere individualisierte Typen oder andere Situationstypen zu betrachten.

»But why form personal ideal types at all? Why not simply collect empirical facts? [...] Do we not have modern economics as an example of a social science which does not deal with personal ideal types, but with curves, with mathematical functions, with the movement of prices, or with such institutions as bank systems or currency? Statistics has performed the great work of collecting information about the behavior of groups. Why go back to the scheme of social action and to the individual actor? The answer is this: It is true that a very great part of social science can be performed and has been performed at a level which legitimately abstracts from all that happened in the individual actor. But this operating with generalizations and idealizations on a high level of abstraction is in any case nothing but a kind of intellectual shorthand. Whenever the problem under inquiry makes it necessary, the social scientist must have the possibility of shifting the level of this research to that of individual human activity, and where real scientific work is done this shift will always become possible.« (Schütz 1943: 146)

Der letzte Kritikpunkt geht auf den schon erwähnten Methodenstreit in der Ökonomik zurück. Der Versuch von Schütz, die Österreichische Schule gegen die Kritik der Historischen Schule zu verteidigen, führt ihn auch von der modernen Ökonomik weg, die lediglich eine universelle Handlungstheorie vertritt, die auf extremen Idealtypen beruht. Schütz fordert hingegen, dass solche Theorien mit abstrakten Idealtypen (die durchaus ihre Berechtigung besitzen) bei der Analyse eines konkreten Problems mit Hilfe des Prinzips der abnehmenden Abstraktion mit Inhalt (Kultur) gefüllt werden müssen.

»To say that the consumer is a pure anonymous »one« – an image that brings to mind the original geometric analogy behind the whole aprioristic approach – is to create a personal ideal type, a general conception of economic man, that is stripped of all but the most irreducible cultural and psychological differentiations required of any conceivable definition of economic action. For Schutz, the a priori foundation of any abstract-deductive social science is a formal model composed of definitions of the typical agents, plans, and conditions of action in its subject area. The more generalizing the science, the fewer the predicates and differences embodied in the definitions of the formal model; the more concrete or »historical« the discipline, the greater the number of predicates and differences, leading to greater specificity.« (Prendergast 1986: 17)

Heute berufen sich vornehmlich die Vertreter der hermeneutischen Sozialforschung auf diese Überlegungen von Alfred Schütz. Es handelt sich dabei um ein qualitatives Forschungsprogramm, welches auf nicht-standardisierte Datenerhebungsverfahren zurückgreift. Der Verzicht auf standardisierte Datenerhebungsverfahren geht einher mit dem Verzicht auf einseitige, in sich abgeschlossene Erklärungsmodelle (wie in den ökonomischen Theorien) und ermöglicht es dem Forscher, unvoreingenommen Feldforschung zu betreiben. Dadurch wird es möglich, neue Zusammenhänge aufzudecken und somit die eigentlichen Motive der Akteure zu ermitteln. In Einzelfallstudien wird so mit Hilfe von Dokumentanalysen, Beobachtungen und Interviews ein möglichst detailgetreues Abbild der realen Handlungssituation in ihrem kulturellen Kontext nachgezeichnet. Die Ergebnisse mehrerer solcher Einzelfallstudien werden schließlich zu Typen zusammengefasst. Auf diese Weise wird eine einseitige theoriegesteuerte Erklärung des menschlichen Verhaltens vermieden. Problematisch an einigen dieser hermeneutischen Ansätze ist allerdings, dass über die Interpretation des gezeigten Verhaltens hinaus keine kausalen Erklärungsmodelle entwickelt werden.

Wird die Forderung von Alfred Schütz nach der gleichzeitigen Verwendung der naturwissenschaftlichen Methoden und der Methode des »Verstehens« sowie ihrer Trennung von »rationalem« und »sinnvollem« Verhalten verknüpft, folgt daraus, dass das Ziel in den Sozialwissenschaften die Konstruktion rationaler Modelle menschlichen Verhaltens sein soll und nicht die Konstruktion von Modellen rationalen Handelns (wie es in der Ökonomik üblich ist). Es soll ein regelmäßig und verständlich auftretendes Verhalten in einem logischen Modell berücksichtigt werden, auch wenn es sich nicht unbedingt um ein »rationales« Verhalten handelt.

»The rationality of the construction of the model is one thing and in this sense all properly constructed models of the sciences – not merely of the social sciences – are rational; the construction of models of rational behavior is quite another thing.« (Schütz 1953: 35)

2.1.2. Beschreibung/Erklärung der individuellen Entscheidung

2.1.2.1. Elemente der Entscheidung

In der Phänomenologischen Soziologie gibt es in der Entscheidung eines isolierten Akteurs zwei Mengen, die als relevant betrachtet werden. Es handelt sich dabei um die Menge der Alternativen A und die Menge der Umweltsituationen S.

Menge der Alternativen $\qquad A = \{a_1, ..., a_i, ..., a_n\}$
Menge der Umweltsituationen $\qquad S = \{s_1, ..., s_g, ..., s_q\}$

Es gibt *zwei* Variablen, nach denen die Alternativen und Umweltsituationen unterschieden werden können. Das Ergebnis der Handlung bzw. die Folge der Alternative

x_i ermöglicht die Differenzierung der Alternativen. Die Klarheit der Wissenselemente k_g ist hingegen das Merkmal, nach dem die Umweltsituationen unterschieden werden können.

Ergebnis der Handlung	x_i, mit $i = 1, ..., n$
Klarheit der Wissenselemente	k_g, mit $g = 1, ..., q$

Die unterschiedlichen Ausprägungen der Elemente der Mengen A und S können durch die zwei Bewertungsfunktionen u und t nach Präferenzen geordnet werden. Der Nutzen u ist das Kriterium, durch das die verschiedenen Alternativen a_i mit ihren erwarteten Ergebnissen x_i bewertet werden. Die Umweltsituationen s_g werden hingegen auf das Ausmaß der Übereinstimmung k_g von in Situationstypen gespeicherten Wissenselementen mit den »real« wahrgenommenen Elementen der Situation hin überprüft. Je größer $t(k_g)$ ist, desto klarer und eindeutiger kann einer wahrgenommenen Situation ein Situationstyp zugeordnet werden.

Nutzen (individueller)	$u = u(x_i)$
Sinn (Situationstypen)	$t = t(k_g)$

2.1.2.2. Prozess der Entscheidung

Im Gegensatz zu den ökonomischen Theorien, die ihren Schwerpunkt der Analyse auf die Resultate von Entscheidungen legen, beschäftigt sich die Phänomenologische Soziologie vornehmlich mit dem Prozess der Entscheidung. Dementsprechend haben sich die Phänomenologen wesentlich intensiver als die Ökonomen mit *Framing-Prozessen* auseinandergesetzt. In der Phänomenologischen Soziologie wird der Framing-Prozess in Anlehnung an William James (1842-1910) als *Definition der Situation* bezeichnet (Schütz 1943: 145). Der Begriff der »Definition der Situation« betont die aktive Leistung eines Akteurs bei der Konstruktion eines angemessenen Situationstyps. Dabei liegt dem Konzept der »Definition der Situation« die Idee von James zugrunde, dass eine Situation erst durch ihre Definition »real« wird. Individuen greifen bei der Situationsdefinition auf ihren Wissensvorrat an Idealtypen und spezifischen Typen zurück. Die lebensweltliche Interpretation der Situation ermöglicht es ihnen, die relevanten Elemente aus der Fülle an Informationen, die sie wahrnehmen, auszusondern. Neben den lebensweltlichen Vorgaben bestimmt auch das Interesse, welche Elemente als relevant angesehen werden. Das Interesse eines Akteurs entspricht dabei nicht dem Nutzen eines Akteurs. Der Nutzenbegriff bezieht sich auf die erwarteten Folgen einer Handlung, während der Begriff des Interesses eine allgemeine Orientierung ohne konkrete Handlungsabsicht beschreibt. Ein junger Mann, der ein allgemeines Interesse für schnelle Wagen besitzt, muss keine konkrete Kaufabsicht für einen solchen Wagen besitzen. Schütz (1971: 160) bezeichnet das Kriterium für die Auswahl der relevanten Wissenselemente aus der Menge aller wahrgenommenen Merkmale der realen Situation als »Motivationsrelevanz.« Wenn die Wissenselemente im persönlichen Erfahrungsvorrat für eine motivationsrelevante Bestimmung eines Situationstyps ausreichen, wird die Definition der Situation habituell vollzogen.

> »Reichen die in solchen Abstufungen im Wissensvorrat jeweils verfügbaren Elemente zur motivationsrelevanten Definition der Situation hin, dann vollzieht sich diese selbst als »selbstverständlich« in der Weise des fraglos gegebenen.« (Schütz 1971: 161)

Die Wissenselemente in einer Situation sind zwar theoretisch »unbeschränkt auslegbar«, da reale Situationen unendlich viele Merkmale besitzen, in der Praxis ist aber »jede Situation nur beschränkt auslegungsbedürftig« (Schütz/Luckmann 1979: 149). Es geht somit im alltäglichen Leben nicht darum, einen Situationstyp zu finden, der in allen Details mit der realen Situation übereinstimmt, sondern lediglich einen Situationstyp zu identifizieren, der in den wenigen relevanten Merkmalen zur realen Situation passt. In der Regel erfolgt eine solche Identifikation spontan und ohne große Probleme.

Erst wenn ein Individuum neue Erfahrungen macht, die nicht mit den aus dem Wissensvorrat abgeleiteten Erwartungen übereinstimmen (also nur die Erfahrungen, die es nicht mehr typisch erfassen kann), oder die Wissenselemente in seinem Wissensvorrat nicht für eine motivationsrelevante Definition der Situation ausreichen, beginnt es, sich Gedanken über die Situation zu machen. Das Kriterium für die Auswahl der Wissenselemente in solchen Situationen nennt Schütz (1971: 161) »thematische Relevanz.«

> »Nur wenn eine in diesem Sinn [hinreichend zur Bewältigung der Situation] adäquate Deckung zwischen Thema und Wissenselement nicht zustande kommt, stockt der routinemäßige Erfahrungsablauf, und das Thema wird zum Problem.« (Schütz/Luckmann 1979: 242)
> »Zuvor war die Definition der Situation ein Teil der Lösung des Problems, *jetzt ist sie selbst das Problem*.« (Esser 1991b: 438)

Die thematische Relevanz führt zu einer rationalen Situationsdefinition. Die Rationalität bezieht sich allerdings auf die Sinnstrukturen und nicht auf die Nutzenkomponente. Es geht um die Bestimmung eines »sinnvollen« Situationstyps, der ein bestimmtes Niveau an Glaubwürdigkeit, Klarheit und Widerspruchslosigkeit erfüllt (vgl. Schütz/Luckmann 1979: 172). Die Definition der Situation stellt somit einen Assoziationsprozess dar, bei dem der *gegenwärtig* wahrgenommenen Situation die in der *Ver-*

gangenheit gemachten Erfahrungen bzw. die daraus abgeleiteten Idealtypen zugeordnet werden, und nicht ein ökonomisches Maximierungsproblem der in der *Zukunft* erwarteten Ergebnisse.

Durch die Interpretation der wahrgenommenen Informationen auf der Basis der Lebenswelt und der eigenen Interessen setzt die Definition der Situation einen Rahmen für die Handlung. Sie legt einen problembezogenen Ausschnitt der Lebenswelt mit bestimmten typischen Situationen, Handlungen und Akteuren fest. In der natürlichen Einstellung erfolgt die Situationsdefinition habituell. Erst wenn die habituelle Definition der Situation problematisch wird, wird eine befriedigende Definition der Situation »sinnvoll« gewählt. Die Individuen besitzen dabei eine Präferenz für glaubwürdige, klare und widerspruchslose Definitionen.

Die Definition der Situation setzt nicht nur einen Rahmen für die Handlung fest, indem sie die für diese Situation relevanten Typen bestimmt, sondern legt auch das weitere Verfahren zur Bestimmung der Handlungsalternativen fest. Alfred Schütz unterscheidet in diesem Zusammenhang »offene« und »problematische« Möglichkeiten. Bei offenen Möglichkeiten handelt es sich um Handlungsalternativen, die in der Lebenswelt/Situationsdefinition fraglos gegeben sind. Problematische Möglichkeiten sind hingegen eine Menge von Handlungsalternativen, die gleichzeitig wahrgenommen werden, sich aber gegenseitig ausschließen, so dass ein Akteur dem Problem gegenübersteht, zwischen ihnen wählen zu müssen (Schütz 1951: 182f.). Die Definition der Situation bestimmt nun, ob ein Akteur offene oder problematische Möglichkeiten wahrnimmt.

Die Wahrnehmung offener Möglichkeiten führt zu typischen bzw. habituellen Verhaltensweisen, die – ohne hinterfragt zu werden – halb-bewusst oder automatisch ausgeführt werden (Schütz 1955: 7). Dem Akteur kommen keine weiteren Alternativen in den Sinn, nicht einmal die Alternative, die Handlung nicht auszuführen. Die Nicht-Durchführung einer Alternative stellt für Schütz in Bezug auf Routinen oder z.B. das Problem, einem entgegenkommenden Autofahrer auszuweichen, keine echte Alternative dar.

> »In keinem dieser beiden Fälle gibt es eine dem Handelnden deutlich bewusste, in der Erinnerung normalerweise wieder faßbare Wahl zwischen inhaltlich verschiedenen Entwürfen.« (Schütz/Luckmann 1984: 50f.)
> »In unserem Beispiel ist übrigens das Nichteingehen auf den Entwurf von sich aus kein ernsthafter Gegenentwurf: wenn ich sehr hungrig bin, gehe ich nicht »nur so« *nicht* mittagessen.« (Schütz/Luckmann 1984: 57)

Sobald bei den habituellen Handlungen Probleme auftreten, werden die offenen Möglichkeiten zu problematischen. Beispielsweise wird die habituelle Angewohnheit einer Person, »jeden Morgen einen Waldlauf zu machen«, dadurch problematisch, dass sie sich ein Bein bricht. Andererseits kann ein Problem hervorgerufen werden, weil die relevanten Merkmale einer realen Situation nicht zu den vorliegenden Situationstypen passen.

»Men stop and think only when the sequence of doing is interrupted, and the disjunction in the form of a problem forces them to stop and rehearse alternative ways – over, around or through – which their past experience in collision with this problem suggest.« (Schütz 1943: 140)

Der Akteur sieht sich nun dem Zwang ausgesetzt, zwischen verschiedenen Handlungsalternativen (inkl. der Alternative, nicht zu handeln) zu wählen. Die Wahl der Handlungsalternative erfolgt über ein »rationales« Verfahren. Bei diesen Verfahren kann es sich sowohl um Maximierungs- (Schütz 1951: 174; Schütz 1955: 5) als auch um »satisficing«-Verfahren handeln (Eberle 1988: 96). Es folgt eine formale Zusammenfassung der Entscheidung (Etzrodt 2000: 777):

1. Schritt: Die Festlegung des Modus (Definition der Situation)

Eine Definition der Situation erfolgt habituell, wenn die Merkmale des Situationstyps $s_g \in S$ in ausreichender Form mit den Merkmalen der realen Situation s^* übereinstimmen. Der Grad der Klarheit und der Widerspruchslosigkeit der Zuordnung zu einem bestimmten Situationstyp muss nahezu eins sein: $t(k_g) \approx 1$. In diesem Fall wird dieser Situationstyp automatisch zu der realen Situation assoziiert.

Wenn ein Problem auftritt und $t(k_g)$ weit von 1 entfernt ist, wird mit Hilfe eines »satisficing«-Verfahrens eine angemessene Definition der Situation bestimmt. Es wird ein Situationstyp s_g gesucht, bei dem $t(k_g)$ ein zufriedenstellendes Niveau ψ erreicht.

1) Bestimme ein Niveau von k_g, für das $t(k_g) = \psi$ ist. Das Anspruchsniveau wird automatisch in der natürlichen Einstellung der Lebenswelt bestimmt, wobei ein starkes allgemeines Interesse an einem Sachverhalt das Niveau erhöht.

2) Suche einen Situationstyp s_g, für das $t(k_g) \geq \psi$ ist. Breche die Suche ab, nachdem ein Situationstyp s_g dieses Kriterium erfüllt hat. Falls kein s_g dieses Niveau erfüllt, reduziere ψ und beginne von vorne bzw. konstruiere einen neuen Situationstyp s_{q+1} mit den Merkmalen der realen Situation.

Wie auch immer ein Modus festgelegt wird, ob nun fraglos gegeben oder »sinnvoll« gesucht, dieser gibt vor, mit welchem Verfahren die später praktizierte Handlungsalternative ermittelt wird. Eine habituelle Situationsdefinition kann sowohl ein habituelles als auch ein »rationales« Verfahren aktivieren. Beispielsweise wird ein Aktienhändler an der Börse problemlos den Kurs eines Wertpapiers ermitteln können (habituelle Definition der Situation), ohne deswegen dieses Papier sofort zu kaufen (habituelles Verfahren). Er wird sich statt dessen überlegen, ob sich ein Kauf der Aktie für diesen Preis lohnt (»rationales« Verfahren). Ebenso kann eine »sinnvolle« Situationsdefinition sowohl zu habituellen als auch zu »rationalen« Entscheidungsverfahren führen.

2. Schritt: Die Festlegung der Alternative

a) bei einem habituellen Verfahren
    Wurde durch die Definition der Situation ein habituelles Verfahren festgelegt, enthält die Alternativenmenge A genau ein Element a_1. Diese Alternative wird automatisch befolgt, bis sie problematisch wird. In diesem Fall erfolgt ein Wechsel zum »rationalen« Verfahren.

b) bei einem »rationalen« Verfahren
    Es kommt zu einem »rationalen« Verfahren, wenn durch die Definition der Situation die Alternativenmenge A mehr als ein Element a_i enthält oder diese Menge nur ein problematisches Element a_1 umfasst. Die Auswahl der Alternative erfolgt durch einen vorher definierten Prozess – entweder in einem »satisficing«- oder in einem Maximierungsverfahren.

Somit führt die Definition der Situation entweder direkt zu einem habituellen Verhalten, oder sie liefert den Rahmen für ein »rationales« Handeln, indem sie die relevanten Merkmale für die Wahl zwischen den Handlungsalternativen festlegt.

2.1.2.3. Ergebnisermittlung in der Entscheidung

Genauso wie in der Ökonomik wird die Handlung in der Phänomenologischen Soziologie als geplant angesehen.

> »Das treibende Motiv der Handlung ist die Erreichung eines Ziels, und dieses Ziel ist vom Handelnden vorentworfen worden.« (Schütz/Luckmann 1984: 14)

Dieser Entwurf wird auf der Basis der vergangenen Erfahrungen vollzogen und projiziert die Auswirkungen des Handelns in die Zukunft. Die Projektion beruht nicht nur auf allgemeinen Erfahrungen, sondern vor allem auf Erfahrungen in spezifischen Situationen, die mit dieser Situation vergleichbar sind. Das Entwerfen der Projektion findet in einem Rahmen statt, der durch die Definition der Situation gesetzt ist (Schütz 1951: 162 und 165). Dabei handelt es sich um eine Situation mit problematischen Möglichkeiten.

> »This is the situation which most of the modern social sciences assume to be the normal one underlying human action. It is assumed that man finds himself at any time placed among more or less well-defined problematic alternatives or that a set of preferences enables him to determine the course of his future conduct.« (Schütz 1951: 173f.)

Allerdings wird in der Phänomenologischen Soziologie nicht angenommen, dass vor jeder Handlung dieser Entwurf neu konstruiert wird. Vielmehr gehen die Phänomenologen davon aus, dass der Mensch in der Regel auf Handlungsprojektionen zurückgreift, die er in der Vergangenheit entworfen hat. Dieses Verhalten bleibt natürlich entworfen, wobei ihm der aktuelle Zukunftsbezug fehlt (und das demnach nicht mehr »rational« ist). Genau das ist unter habituellem Verhalten zu verstehen. Eine Handlung wird immer wieder durchgeführt, in einer Weise, die irgendwann »rational« konstruiert wurde, aber in der aktuellen Situation nicht hinterfragt wird. Habituelles Verhalten ist also ein Verhalten, bei dem ein Akteur nicht auf Umweltveränderungen reagiert.

Ökonomisch formuliert handelt es sich bei habituellem Verhalten um ein Verhalten, das eine Elastizität bezüglich der Kosten (Preiselastizität) von $\eta = 0$ und eine Restriktionselastizität (Einkommenselastizität) von $\varepsilon = 0$ besitzt. Natürlich reagiert der Handelnde trotzdem auf Umweltveränderungen, die es ihm unmöglich machen, sein habituelles Verhalten durchzuführen. Der gewohnheitsmäßige Waldläufer kann mit seinem gebrochenen Bein sein habituelles Verhalten nicht mehr fortsetzen. Diese Handlung ist jetzt problematisch geworden, was zu einem Wechsel hin zu einem »rationalen« Handeln führt (als Alternativen kommen möglicherweise Hanteltraining oder eine Diät in Frage). Die Person reagiert aber nur auf eine Einengung des Möglichkeitsraumes, wenn die habituelle Alternative nicht mehr im Möglichkeitsraum liegt. Eine Ausweitung des Möglichkeitsraumes bleibt dagegen *immer* unberücksichtigt. Hier liegt übrigens ein logischer Fehler in der Arbeit des Ökonomen Gary Becker (1962) vor, in der er nachzuweisen versuchte, dass bei habituellem Verhalten die gleichen Anpassungsprozesse wie bei einer »rationalen« Handlung stattfinden. Dabei übersah er die Tatsache, dass eine Ausweitung des Möglichkeitsraumes nicht zu einer Veränderung des habituellen Verhaltens führt.

Wenn ein problematisch gewordener habitueller Entwurf oder von vornherein mehrere Alternativen vorliegen, sieht sich der Handelnde vor die Aufgabe gestellt, zwischen diesen Alternativen zu wählen. Aufgrund der Nähe von Alfred Schütz zur ökonomischen Theorie kann die Wahl über eine *Nutzenfunktion* $u(x_i)$ dargestellt werden, auch wenn weder Schütz noch andere Phänomenologische Soziologen den Nutzenbegriff in Bezug auf ihre Theorie verwendet haben. Die Handlungsalternativen a_i werden nach der Bewertung der zu erwartenden Resultate x_i als *Präferenzen* geordnet. Im Gegensatz zu den Ökonomen macht Schütz in Bezug auf die Präferenzen eine Unterscheidung zwischen einem Um-zu- und einem Weil-Motiv. Das Um-zu-Motiv bezieht sich auf das Ergebnis x_i, während das Weil-Motiv bestimmt, welche Handlungsalternativen a_i von dem Akteur wahrgenommen werden.

»The project is the intended act imagined as already accomplished, the in-order-to motive is the future state of affairs to be realized by the projected action, and the project itself is determined by the because motive.« (Schütz 1960: 212f.)

Die in der Vergangenheit gewonnenen Erfahrungen kumulieren in dem Weil-Motiv. Das Weil-Motiv legt im Zusammenspiel mit der Definition der Situation die Menge der wählbaren Alternativen a_i und den Bewertungsmaßstab $u(x_i)$ fest. Weil jeder Mensch seine persönliche Lebensgeschichte hat, kommen nur bestimmte Alternativen und Bewertungsmaßstäbe für ihn in Frage.

> »We may say that the murderer has been motivated to commit his deed because he grew up in this and that environment, had these and those childhood experiences, etc. This class of motives, which we shall call »[..] because motives« refers from the point of view of the actor to his past experience which have determined him to act as he did.« (Schütz 1953: 17)

Demnach sind die aus der Vergangenheit abgeleiteten Weil-Motive nicht das Resultat einer bewussten Wahl. Die Handlungen, die zu der Bildung der aktuellen Weil-Motive geführt haben, mögen zwar bewusst gewählt worden sein, aber die Summe der aus diesen Handlungen entstandenen Erfahrungen war nicht geplant. Die Lebensgeschichte und damit die Weil-Motive eines Individuums sind die unintendierten Nebenfolgen der einzelnen Handlungen.

> »[...] man plant sein Handeln, aber nicht seine Neigung zum Handeln.« (Schütz/Luckmann 1984: 35)

Im Gegensatz zum Weil-Motiv bezieht sich das Um-zu-Motiv auf die Zukunft einer Handlung. Während der Entwurf einer Alternative durch die vergangenen Erfahrungen motiviert wird, wird die Durchführung einer Handlung durch das erwartete Ergebnis x_i motiviert. Eine Alternative a_i wird gewählt, um das Resultat x_i zu erreichen.

> »We may say that the motive of the murderer was to obtain the money of the victim. Here »motive« means the state of affairs, the end, which the action has been undertaken to bring about. We shall call this kind of motive the »in-order-to motive«.« (Schütz 1951: 163)

Das Um-zu-Motiv determiniert die Wahl einer Alternative durch das Ziel, während das Weil-Motiv das Ziel selbst durch die Resultate der vergangenen Handlungen motiviert (Schütz/Luckmann 1979: 262f.). Die Unterscheidung von Weil- und Um-zu-Motive verdeutlicht die Differenzen zwischen habituellem und »rationalem« Verhalten. Habituelles Verhalten wird durch das Weil-Motiv dominiert. Die vergangenen Erfahrungen führen in diesem Fall zu spontanen typischen Reaktionen. Eine Person verhält sich so und nicht anders, *weil* sie es immer so macht.

»But what does it mean that my fear of snakes becomes the because motive of my actual experiences? [...] my fear of them is always potentially present, so to speak in a neutral manner, but ready to be actualized at any moment when circumstances are such that the presence of snakes becomes plausible. My fear is in this sense a *habitual possession*; it is *a potential set of typical expectations to be actualized under typical circumstances leading to typical reactions* [...].« (Schütz 1970: 53f.)

Dagegen spielen in einer »rationalen« Entscheidung beide Motive eine Rolle. Das Weil-Motiv legt die Alternativen a_i fest, die zur Auswahl stehen, und das Um-zu-Motiv evaluiert die Alternativen nach ihrem Ergebnis. *Weil* eine Person aufgrund ihrer Vergangenheit das Resultat x_1 der Alternative a_1 gegenüber dem Resultat x_2 der Alternative a_2 vorzieht ($u(x_1) > u(x_2)$), wählt sie a_1, *um* x_1 *zu* erreichen.

»Es zeigt sich erstens, dass das Handlungsziel das Handeln und somit selbstverständlich auch die einzelnen Schritte des Handelns motiviert, und zweitens, dass die [...] Wahl von Handlungszielen durch Einstellungen, durch Ablagerungen spezifischer, handlungsrelevanter Erfahrungen und Erlebnisse motiviert wird.« (Schütz/Luckmann 1984: 34)

Somit handelt es sich bei dem Um-zu-Motiv um das freie individuelle Element der Entscheidung, im Gegensatz zu dem Weil-Motiv, das durch die teilweise unbewusste und ungeplante Lebensgeschichte bestimmt ist. Das gemeinsame Wirken beider Motive bestimmt die Wahl einer Handlungsalternative. Den Motivzusammenhang zwischen Weil- und Um-zu-Motiven nenne ich *intrapersonalen Motivzusammenhang*.

Mit dem Problem der *Unsicherheit* als weiterem Bestandteil der Nutzenfunktion (wie im Rational Choice-Ansatz) hat sich weder Alfred Schütz noch ein anderer phänomenologischer Soziologe (so weit mir bekannt ist) auseinandergesetzt. Es gibt Gründe, anzunehmen, dass Schütz die Behandlung von Unsicherheit abgelehnt hat. So wäre es durchaus möglich, dass er von der Österreichischen Schule die generelle Abneigung gegen das kardinale Nutzenkonzept übernommen hat. Mises betonte immer die Nicht-Messbarkeit subjektiver Werte, und demzufolge verzichtete er auf mathematische Methoden (Mises 1949: 210ff.).

»Das Handeln mißt nicht den Nutzen, es wählt zwischen verschiedenen Nutzen; die subjektiven Werte sind daher ordinal, nicht kardinal angeordnet.« (Eberle 1988: 74)

Da aber kardinale Präferenzen von Neumann und Morgenstern als notwendige Voraussetzung für die Behandlung von Risiko bzw. Unsicherheit angegeben wurden (Neumann/Morgenstern 1947: 28), kann daraus abgeleitet werden, dass Schütz einer Berücksichtigung von Unsicherheit vermutlich ablehnend gegenüber gestanden hat.

Allerdings hat Schütz dazu niemals eindeutig Stellung genommen. Mir ist nur eine Stelle in seinem Werk bekannt, wo er diese Frage kurz anschneidet. Es handelt sich um eine Stelle in den Vorarbeiten zu seinem Lebenswerk, welches er selber nicht mehr vollenden konnte und das schließlich von Thomas Luckmann geschrieben wurde (freundlicherweise sind die Originalmanuskripte bei Luckmann mit abgedruckt).

> »Die vorstehende Erwägung bzgl. Projektieren auf Grund bisheriger Erfahrungen und das Problem der Statistik, Extrapolation, Trend, Stochastik.
> (Das »Mögliche«
> das »Wahrscheinliche«
> das »Plausible« – zu beachten, in welchem Maße die Kategorien der objektiven und subjektiven Chance in den Begriffen des Möglichen und Wahrscheinlichen enthalten sind, während das Plausible darüber hinaus auch auf die Kategorien des objektiven und subjektiven Sinns verweist. – All dies noch sehr genau zu überlegen.)« (Schütz 1984b: 274)

Schütz diskutiert hier den Zusammenhang zwischen Risiko bzw. Unsicherheit (*objektive und subjektive Chance*) auf der einen Seite und dem Interdependenzproblem der Spieltheorie (also die *Plausibilität* eines Schelling-Punktes in einem Koordinationsproblem) auf der anderen Seite. Welche Position er aber letztendlich bezüglich der Unsicherheit eingenommen hätte, muss offen bleiben.

Bei der Frage, ob *Restriktionen* mitberücksichtigt werden, ist Alfred Schütz hingegen eindeutig. Er sagt klar, dass nur Alternativen in Reichweite miteinander verglichen werden (Schütz 1951: 173). Schütz stellt hier explizit die Verbindung zur Ökonomik her:

> »Bedeutung der »Welt in Reichweite« für Durchführbarkeit des Projekts: Die Mittel müssen entweder in Reichweite sein oder in Reichweite gebracht werden können; dies die wirkliche Bedeutung des »Knappheitsprinzips« in Economics.« (Schütz 1984a: 271f.)

Was genau als eine Restriktion angesehen wird, bleibt offen. Es scheint sich hier aber um externe Restriktionen (etwas wie Kapital und nicht wie kognitive Fähigkeiten oder Rollen) zu handeln (Schütz/Luckmann 1984: 47).

Die Verbindung von Nutzenfunktion und Restriktionen in der *Selektion* ist meines Erachtens ebenfalls nicht klar definiert. An einigen Stellen spricht Schütz von einer simultanen Wahl (Schütz 1951: 178f.), und an anderen stellt er die Verbindung zum Marginalnutzenprinzip her (Schütz 1951: 174), was für ein Maximierungsverfahren spricht. Andererseits entsteht in vielen Passagen der Eindruck, Schütz würde ein »satisficing«-Konzept im Sinne von Herbert Simon verwenden.

> »The technique of choice is this: The mind of the actor runs through one alternative and then through the other till the decision falls from his mind – to use the words of Bergson – as a ripe fruit falls from the tree.« (Schütz 1943: 141)

Meine Schlussfolgerung daraus ist, dass Schütz sowohl Maximierungsverfahren als auch »satisficing«-Verfahren in der Selektion zulässt. Welches Verfahren konkret angewendet wird, ist schon in der Definition der Situation bestimmt worden. In der Phänomenologischen Soziologie können somit drei verschiedene Verhaltensformen unterschieden werden:

1) Habituelles Verhalten
   Ein Akteur führt die Handlung a_1, welche das einzige Element der Alternativenmenge A ist, solange aus, bis die Restriktionen dies unmöglich machen.
2) »Rationales« Handeln
   a) »Rationales« Handeln im »satisficing«-Verfahren
      Suche nach einer Alternative $a_i \in A$, bei der $u(x_i)$ ein zufriedenstellendes Niveau ψ erreicht.
      1) Bestimme ein Niveau von x_i, für das $u(x_i) = \psi$ ist.
      2) Suche ein a_i, für das $u(x_i) \geq \psi$ ist. Breche die Suche ab, nachdem ein a_i dieses Kriterium erfüllt hat. Falls kein a_i dieses Niveau erfüllt, reduziere ψ und beginne von vorne.
   b) »Rationales« Handeln mit Maximierungsverfahren
      Suche nach einer Alternative $a_i \in A$, bei der $u(x_i)$ unter Berücksichtigung der Restriktionen g einen maximalen Wert annimmt.
      Maximiere $u(x_i)$ unter der Nebenbedingung g: $L = u(x_i) + \lambda(g)$.

2.1.3. Beschreibung/Erklärung der Interaktion

2.1.3.1. Elemente der Interaktion

In der Interaktion wird die Darstellung des Verhaltens wesentlich komplexer. Die Menge der Alternativen A wird durch die Menge der Akteure Θ und die Menge der Züge Z präzisiert. Für jede Interaktionssequenz z_k hat ein bestimmter Akteur θ_j bestimmte Alternativen a_{jki} zur Auswahl. Des weiteren wird neben der Menge der Umweltsituationen S^U, in denen die Handlung stattfindet, zusätzlich noch die Menge der Situationen S^I, die durch die Kombination der gewählten Alternativen a_{jki} der verschiedenen Akteure θ_j in den Zügen z_k entstehen können, mit in die Planung einbezogen. Im Gegensatz zu der ökonomischen Spieltheorie ist es allerdings nicht nötig, dass diese Mengen vollständig definiert sind. Je nach Bedarf sind sie nur beschränkt auslegungsbedürftig.

Menge der Akteure	$\Theta = \{\theta_1, ..., \theta_j, ..., \theta_m\}$
Menge der Züge	$Z = \{z_1, ..., z_k, ..., z_\mu\}$
Menge der Alternativen des Akteurs j	$A_j = \{a_{j11}, ..., a_{jki}, ..., a_{j\mu n}\}$
Menge der Interaktionssituationen	$S^I = \{s_{11...\mu 1}, ..., s_{1i...\mu i}, ..., s_{1n...\mu n}\}$
Menge der Umweltsituationen	$S^U = \{s_1, ..., s_g, ..., s_q\}$

Drei Variablen ermöglichen die Unterscheidung der Elemente der oben genannten Mengen. Das Ergebnis der Handlung $x_{j1i...\mu n}$ des Akteurs j resultiert aus der Wahl der einzelnen Alternativen a_{jki} dieses Akteurs und a_{-jki} aller anderen Akteure in den Zügen z_k. Für jede Interaktionssituation $s_{1i...ki}$ kann jedem Akteur j ein Handlungsergebnis $x_{j1i...kn}$ zugeordnet werden. Die Wahl einer Handlungsalternative a_{jki} in einem bestimmten Zug z_k hängt aber nicht nur vom erwarteten Ergebnis aller Handlungen ab, sondern auch von der Bewertung der Übereinstimmung einer Alternative mit typischen Alternativen. Das Maß r_{ki} gibt an, ob es sich bei einer Alternative a_{jki} im Zug z_k um eine rollenkonforme und somit verständliche Alternative handelt. Die Verständlichkeit einer Handlungsalternative ist von besonderer Bedeutung, da nur auf Handlungen, die von den Interaktionspartnern nachvollzogen werden können, eine sinnvolle Reaktion erwartet werden kann. Letztlich bezieht sich die Klarheit der Wissenselemente k_g wie in der Entscheidung eines isolierten Akteurs auf die Menge der Umweltsituationen S^U.

Ergebnis der Handlung	$x_{j1i...\mu i}$, mit j = 1, ..., m und i = 1, ..., n
Rollenkonformität	r_{ki}, mit k = 1, ..., μ und i = 1, ..., n
Klarheit der Wissenselemente	k_g, mit g = 1, ..., q

Nach der Unterscheidung der Elemente in den Mengen können diese Unterschiede nun bewertet werden. Die Alternativen a_{jki} der Akteure j können danach bewertet werden, welchen Nutzen u ihnen das Ergebnis $x_{j1i...\mu i}$ einbringt. Andererseits können die Alternativen a_{jki} auch nach ihrer Rollenkonformität r_{ki} geordnet werden. Es geht hier um die Frage, inwiefern die Alternative a_{jki} in typischer Weise zu der vorherigen Alternative a_{-jk-1i} und nachfolgenden Alternative a_{-jk+1i} der Interaktionspartner passt. Es wird gemessen, ob a_{-jk+1i} bzw. a_{jki} eine typische Reaktion auf a_{jki} bzw. a_{-jk-1i} darstellt. Im Gegensatz zur Spieltheorie bezieht sich diese Typik nicht auf den erwarteten Nutzen, sondern ihr liegt die Kultur der Interaktionsteilnehmer zugrunde. Es gibt somit zwei Präferenzordnungen für die Auswahl der Handlungsalternativen. Handlungsalternativen können sowohl nach dem Nutzen- als auch nach dem Sinnkriterium geord-

net werden. Dabei müssen die Ordnungen keineswegs identisch sein. Die Umweltsituationen s_g werden wiederum auf die Übereinstimmung $t(k_g)$ von Situationstypen
mit der real wahrgenommenen Situation hin überprüft.

Nutzen (individueller)	$u = u(x_{j1i...\mu i})$
Sinn (Handlungstypen)	$t = t(r_{ki})$
Sinn (Situationstypen)	$t = t(k_g)$

2.1.3.2. Prozess der Interaktion

Auch in der Interaktion beginnt der Prozess der Entscheidung mit der Definition der
Situation. Aber im Gegensatz zu der Situationsdefinition eines isolierten Akteurs hängt
dieser *Framing-Prozess* nicht mehr nur von einer Person ab. Es geht nicht nur darum,
einen Situationstyp $s_g \in S^U$ zu finden, dessen Wissenselemente in ausreichender Form
an Klarheit und Widerspruchslosigkeit mit der realen Situation s* übereinstimmen. Es
muss ein Situationstyp s_g gefunden werden, der dieses Kriterium nicht nur für das Individuum selbst, sondern auch für den anderen erfüllt. Dieses Problem wird von den
Beteiligten dadurch gelöst, dass sie bei der Situationsdefinition nur gemeinsam geteilte
Erfahrungen berücksichtigen. In einer Interaktion mit einer fremden Person wird
dementsprechend auf Idealtypen zurückgegriffen. Dabei gilt wie bisher, dass die Situationsdefinition automatisch bzw. habituell erfolgt, bis sie problematisch geworden ist.

> »The cultural pattern peculiar to a social group functions for its members as an
> unquestioned scheme of reference. It determines the strata of relevance for their
> »thinking as usual« in standardized situations and the degree of knowledge
> required for handling the tested »recipes« involved.« (Schütz 1944: 499)
> »The knowledge correlated to the cultural pattern carries its evidence in itself –
> or, rather, it is taken for granted in the absence of evidence to the contrary. It is
> a knowledge of trustworthy recipes for interpreting the social world and for
> handling things and men in order to obtain the best results in every situation
> with a minimum of effort by avoiding undesirable consequences.« (Schütz
> 1944: 501)

In der Interaktion tritt jedoch ein zusätzliches Problem auf: das *Interdependenzproblem*
(Schütz 1943: 142). Das Erreichen von Zielen ist nicht mehr unabhängig von den Reaktionen der anderen Akteure auf die eigenen Handlungen. Um ein gewünschtes Ziel
zu verwirklichen, müssen die erwarteten typischen Reaktionen der Interaktionspartner
mit in den eigenen Entwurf der Handlung einbezogen werden. Die eigenen Motive,
eine bestimmte Alternative durchzuführen, müssen in einem Zusammenhang mit den
Motiven des Interaktionspartners stehen, eine zu der eigenen Handlung passende Al-

ternative zu »wählen«. Das Ziel bzw. das Um-zu-Motiv einer Person muss bei dem Gegenüber ein Weil-Motiv aktivieren, welches zu der gewünschten Reaktion führt. Dieser Motivzusammenhang kann als *interpersonaler Motivzusammenhang* bezeichnet werden. Lediglich über diesen Motivzusammenhang wird sicher gestellt, dass die eigene Alternative a_{jki} verständlich ist und zu einer typischen Reaktion a_{-jk+1i} führt, so dass das gewünschte Ergebnis $x_{j1i...\mu i}$ erzielt werden kann (Schütz 1932: 166).

Ein Beispiel soll diesen Sachverhalt verdeutlichen. Angenommen, ein Akteur geht in eine Bäckerei, um Brot zu kaufen. Sein Ziel ist die Verwirklichung des Ergebnisses $x_{j11...\mu 1}$ »Brot essen«. Er besitzt im ersten Zug die beiden Alternativen a_{j11} den Kaufwunsch »in der landesüblichen Sprache äußern« und a_{j12} den Kaufwunsch »in einer fremden Sprache äußern«. Daraufhin besitzt der Bäcker im zweiten Zug die Alternativen a_{-j21} »Brot überreichen« und a_{-j22} »Brot nicht überreichen«. Im dritten Zug hat der erste Akteur die Wahl zwischen den Alternativen a_{j31} »Preis bezahlen« bzw. a_{j32} »Preis nicht bezahlen«. Erst wenn in jedem Zug von allen beteiligten Akteuren die erste Alternative gewählt wurde, kann der Käufer sein Ziel, das Brot zu essen, realisieren. Die verständliche Einleitung der Transaktion durch den Käufer erhöht die Wahrscheinlichkeit, dass der Bäcker in der gewünschten Form reagiert. Dieses Beispiel ist allerdings unproblematisch, da der interpersonale Motivzusammenhang durch intrapersonale Motivzusammenhänge verstärkt wird. Der intrapersonale Motivzusammenhang des Bäckers lautet: *weil* er ein Geschäftsmann ist, überreicht er das Brot, *um* den Preis *zu* erhalten. Hingegen wird die Bezahlung des Preises durch den Käufer folgendermaßen motiviert: *weil* er hungrig ist, bezahlt er den Preis, *um* das Brot essen *zu* können. Die jeweils erwünschte Gegenreaktion sorgt dafür, dass sich die beteiligten Akteure typisch verhalten.

Darstellung 13:
Verkettung der interpersonalen Motivzusammenhänge zwischen Akteur A und Akteur B in der Interaktion mit »rationalem« Handeln

Akteur A		Akteur B	
Vergangenheitsbezug	Zukunftsbezug	Zukunftsbezug	Vergangenheitsbezug
	Um-zu-Motiv$_1$ ⇐	⇨	Weil-Motiv$_1$
Weil-Motiv$_2$ ↘ etc.	Um-zu-Motiv$_3$ ⇐	Um-zu-Motiv$_2$ ⇨ Um-zu-Motiv$_4$	Weil-Motiv$_3$

Quelle: Weigert 1975, S. 89.

Eine Interaktion kann somit als eine Verkettung von Um-zu- und Weil-Motiven aufgefasst werden (siehe Darstellung 13). In längeren Interaktionen muss das Um-zu-Motiv der einen Person in »sinnvoller« Weise zu dem Weil-Motiv des Anderen führen. Der Andere wird wiederum durch das Weil-Motiv zu der Bildung eines Um-zu-Motivs animiert, welches bei der ersten Person wieder ein Weil-Motiv aktiviert. Die Verbindung zwischen dem eigenen Um-zu-Motiv und dem fremden Weil-Motiv entspricht dem interpersonalen Motivzusammenhang, während die Verknüpfung der eigenen Um-zu- und Weil-Motive den intrapersonalen Motivzusammenhang darstellt. Der interpersonale Motivzusammenhang ist intersubjektiv und bezieht sich auf die Sinnstrukturen. Dagegen ist der intrapersonale Motivzusammenhang rein subjektiv und beschäftigt sich mit den Nutzenabwägungen.

> »Das Um-zu-Motiv für das Wirken des einen ist es, Bedingungen für das Weil-Motiv eines bestimmten Wirkens des anderen zu schaffen; das daraus entstehende Um-zu-Motiv des Adressaten dieses Wirkens ist seinerseits auf ein bestimmtes Wirken des ersten Handelnden gerichtet.« (Schütz/Luckmann 1984: 118)

Im alltäglichen Leben besitzt nur ein Teil der Interaktionen eine solche Komplexität. In vielen Situationen liegt nur bei einem Interaktionsteilnehmer ein Um-zu-Motiv vor. Dies ist beispielsweise der Fall, wenn jemand eine andere Person nach dem Weg fragt. Ein Akteur geht auf eine andere Person zu, *um* den Weg *zu* finden. Die zweite Person hat keinen Vorteil, wenn sie die Auskunft erteilt. Ihr fehlt ein Um-zu-Motiv. Die Beantwortung der Frage erfolgt vielmehr habituell, *weil* es sich so gehört oder *weil* man anderen Menschen hilft. Hier aktiviert das Weil-Motiv keine Um-zu-Motive, zwischen denen gewählt werden muss, sondern motiviert ein Verhalten direkt.

> »The in-order-to motive of my action is to obtain adequate information which, in this particular situation, presupposes that the understanding of my in-order-to motive will become the other's because-motive to [...] furnish me this information – provided he is able and willing to do so, which I assume he is.« (Schütz 1953: 17)

Eine Interaktion, bei der nur ein Akteur ein konkretes Ziel verfolgt, wird in Darstellung 14 abgebildet. Die Reaktionen auf die vorherigen Handlungen entsprechen hier dem habituellen Verhalten. Im Gegensatz zu dem »rationalen« Handeln des Bäckers, dessen Reaktion durch die Wahl eines nutzbringenden Um-zu-Motivs bestimmt wurde, wird das Verhalten hier durch die »sinnvollen« Rollenvorgaben gelenkt. Für die Konstitution eines »sinnvollen« Motivzusammenhangs ist lediglich die Verknüpfung des eigenen Um-zu-Motivs mit dem Weil-Motiv des Interaktionspartners nötig.

Darstellung 14:
Verkettung der interpersonalen Motivzusammenhänge zwischen Akteur A
und Akteur B in der Interaktion mit habituellem Verhalten

Akteur A		Akteur B	
Vergangenheitsbezug	(Zukunftsbezug)		Vergangenheitsbezug
	Um-zu-Motiv$_1$	⇨	Weil-Motiv$_1$
Weil-Motiv$_2$	⇦	Verhalten	⤸
⤶	Verhalten	⇨	Weil-Motiv$_3$
etc.	⇦	Verhalten	⤸

Quelle: Etzrodt 2001: 77.

An dieser Stelle ist es sinnvoll, die Unterschiede zwischen Spieltheorie und Phänomenologischer Soziologie zu verdeutlichen. Beide Theorien analysieren das Interdependenzproblem. In der Spieltheorie werden, wie es von einer Theorie »rationalen« Handelns zu erwarten ist, allerdings nur die Um-zu-Motive behandelt. Extensive Spiele (Spiele über mehrere Züge) werden rückwärts (vom Ergebnis aus) analysiert. Letztlich bestimmt das Ergebnis, welcher Interaktionspfad gewählt wird. Die Phänomenologische Soziologie berücksichtigt dagegen auch das Weil-Motiv, wodurch es möglich wird, jede einzelne Interaktionssequenz ohne Kenntnis des genauen Ergebnisses zu analysieren. Jede Interaktionssequenz kann daraufhin überprüft werden, ob einer Handlung und der Reaktion auf diese Handlung typische Um-zu- und Weil-Motiv zugrunde lagen. Daher kann die Phänomenologische Soziologie auch Interaktionen behandeln, die keinen klar definierten bzw. endlichen Entscheidungsbaum besitzen.

Häufig wird von Kritikern der Phänomenologischen Soziologie gegen diese Verkettung von Um-zu- und Weil-Motiven zwischen verschiedenen Personen eingewendet, dass den Akteuren keine Handlungsfreiheit zugestanden wird. Die erste Person kann nur ein Um-zu-Motiv wählen, welches zu dem Weil-Motiv der zweiten Person passt, wobei dieses Weil-Motiv mit einem Um-zu-Motiv verbunden ist, welches wiederum zu dem Weil-Motiv der ersten Person führen muss. So ist die Interaktion vollständig durch die idealtypische Interaktionsstruktur vorgegeben, ohne den Akteuren Raum für Abweichungen zu lassen.

> »Our projects are both freely chosen goals of our in-order-to motives and determined results of our because-motives. Since the latter reflect in-order-to motives of persons we respond to, and since they initially choose to obey socially engineered typifications integrated into their stocks of knowledge at hand, we are, in a sense, »forced« to »choose« a project consistent with these typifications. As members of society we are free only to obey.« (Gorman 1975: 10)

Dieser Vorwurf trifft die Phänomenologische Soziologie aber nicht in jedem Fall. In Interaktionen mit »rationalem« Handeln hat jeder Akteur die Wahl zwischen verschiedenen Handlungsalternativen. Eine Änderung des Interaktionspfades ist bei jedem Übergang vom Weil-Motiv zum Um-zu-Motiv möglich. In diesen Fällen gibt es jeweils mehrere »sinnvolle« Alternativen, die nach »rationalen« Kriterien ausgewählt werden. Z.B. bedeutet die Einhaltung der Regeln beim Schachspiel durch die Verwendung intersubjektiv geteilter Typen nicht, dass ein Spieler nicht versuchen wird, durch die Verwendung von Zügen zu gewinnen, die sein Gegenüber eben nicht voraussieht.

Auch für vollständig standardisierte Interaktionen (z.B. religiöse Riten wie die Beichte) ist diese Kritik nicht zutreffend. Das Um-zu-Motiv des ersten Akteurs, welches eine Kette von Weil-Motiven mit den dazugehörigen habituellen Verhaltensweisen auslöst, ist freiwillig gesetzt worden. Die Entscheidung, einen Priester um eine Beichte zu bitten, erfolgt in der Regel ohne Zwang. Die Wahl dieser Handlungsalternative impliziert, dass sich der Akteur auch mit dem rituellen Ablauf der Beichte einverstanden erklärt. Insofern erscheint es nicht angemessen, die Phänomenologische Soziologie für die Vernachlässigung der Freiheit der Akteure zu kritisieren.

Sowohl für »rationales« als auch für habituelles Verhalten gilt, dass die Wahrscheinlichkeit der Realisierung eines Projektes mit der Verwendung von typischen Strukturen steigt. Die höhere Wahrscheinlichkeit bei der Verwendung von verständlichen Alternativen motiviert wiederum die Ausführung dieser typischen Handlungen (Schütz 1932: 179).

> »Freilich, je standardisierter das betreffende pattern of action ist, um so größer ist die subjektive Chance der Konformität und damit des Erfolges intersubjektiven Betragens.« (Schütz 1984b: 291)

An dieser Stelle möchte ich noch auf einige Definitionen von Alfred Schütz (1932: 163ff.) eingehen. Schütz nennt die Zuwendung zu fremden Motivstrukturen *Fremdeinstellung*. Als *Fremdwirken* definiert er dagegen, wenn auf andere Personen eingewirkt werden soll bzw. andere bewegt werden sollen, etwas zu tun. Fremdwirken und Fremdeinstellung zusammengenommen ergeben das *soziale Handeln*. Durch dieses Handeln soll eine Wirkung bei einer anderen Person erzielt werden, wobei es für den Erfolg notwendig ist, dass die Motivstrukturen des anderen mit einbezogen werden.

> »Jedes Fremdwirken vollzieht sich innerhalb einer Fremdeinstellung, und zwar als soziales Handeln, aber nicht jede Fremdeinstellung und auch nicht jedes soziale Handeln ist Fremdwirken.« (Schütz 1932: 165)

So geschieht die Tätigkeit, ein Buch zu lesen, zwar in Fremdeinstellung, ohne dabei aber fremdwirken zu wollen. Andererseits ist ein habituelles Verhalten, welches nur durch ein Weil-Motiv motiviert wird, auch eine Art »Fremdwirken«, denn dieses »Fremdwirken« ist ein Teil des typischen Handlungsablaufs. Es kann allerdings nicht als echtes Fremdwirken bezeichnet werden, weil dieses Verhalten nicht ausgeführt wird, *um* wiederum eine Handlung des Gegenübers bewusst *zu bewirken*. Das habituelle Verhalten bleibt im Grunde *fremdbewirktes* Verhalten. Es ist ein *soziales Verhalten* und kein soziales Handeln im engeren Sinne. Eine *soziale Beziehung* ist letztendlich eine Beziehung, in der beide Interaktionsteilnehmer ihr soziales Handeln bzw. ihr soziales Verhalten auf die Motivstrukturen der jeweils anderen Person ausrichten. Der interpersonale Motivzusammenhang ist die Grundlage für *jede* Art der sozialen Interaktion (Schütz 1953: 17).

Die in einer Lebenswelt vorfindbaren idealtypischen Handlungsabläufe können in der Form standardisiert sein, dass sie einen festgefügten institutionellen Rahmen abgeben. In diesem Rahmen ist der interpersonale Motivzusammenhang soweit aufeinander abgestimmt, dass die Abfolge des sozialen Verhaltens jedes einzelnen Interaktionsteilnehmers klar definiert ist, so dass für ihn dieses habituelle Verhalten fraglos gegeben ist. Dieses Verhalten im institutionellen Rahmen wird in der Phänomenologischen Soziologie Rollenverhalten genannt (vgl. Schütz 1953: 14; 1959: 97).

Je unbekannter mir mein Gegenüber demnach ist, desto vernünftiger ist es, mich auf die institutionellen Rollenvorgaben zu verlassen. Daraus folgt das Paradox der Rationalität in der Lebenswelt. Je »sinnvoller« ich mein Verhalten in der Interaktion gestalte, d.h. je mehr ich auf standardisierte Handlungsmuster zurückgreife, desto mehr ist der Erfolg meiner Handlung garantiert. Gleichzeitig wird mein Handlungsraum immer mehr eingeschränkt und somit auch meine Möglichkeiten, eine »rationale« Wahl zwischen mehreren Alternativen durchzuführen.

> »To be sure, the more standardized the prevailing action pattern is, the more anonymous it is, the greater is the subjective chance of conformity and, therewith, of the success of intersubjective behavior. Yet – and this is the paradox of rationality on the common-sense level – the more standardized the pattern is, the less the underlying elements become analyzable for common-sense thought in terms of rational insight.« (Schütz 1953: 26)

Es handelt sich darum, eine Alternative $a_{jki} \in A_j$ zu finden, die unter der Berücksichtigung der Reaktion des anderen Akteurs $a_{-jk+1i} \in A_{-j}$ zu einer »sinnvollen« Verkettung der Motivstrukturen in der Interaktionssituation $s_{1i...\mu i} \in S^I$ führt. Die Kombination von a_{jki} und a_{-jk+1i} muss so weit typisch sein, dass $t(r_{ki}) \approx 1$ ist. Die Typen müssen mit relativer Sicherheit zueinander passen. Schütz (1943: 137; 1953: 26; 1984b: 291) betont allerdings immer wieder, dass es sich hierbei nicht um Sicherheit im mathematischen Sinne handelt. Eine Sicherheit in diesem Sinne wird nicht angestrebt. Er sieht hierin eher ein Plausibilitätskriterium. Es geht darum, ob eine Handlung plausibel zu einer anderen passt. Der Weg zur Feststellung dieser Alternative kann wiederum auf drei Arten erfolgen.

1) Habituelles Verhalten
   Die Handlung a_{jk1}, welches das einzige Element der Alternativenmenge A ist, wird solange ausgeführt, wie die Restriktionen oder der Verlauf der Interaktion dies nicht unmöglich machen.

2) »Sinnvolles« Handeln
   a) »Sinnvolles« Handeln mit »satisficing«-Verfahren
      1) Suche nach einer Alternative a_{jki}, bei der $t(r_{ki})$) ein zufriedenstellendes Niveau ψ erreicht.
      2) Bestimme ein Niveau von r_{ki}, für das $t(r_{ki}) = \psi$ ist.
      3) Suche ein a_{jki}, für das $t(r_{ki}) \geq \psi$ ist. Breche die Suche ab, wenn ein a_{jki} dieses Kriterium erfüllt. Falls kein a_{jki} dieses Niveau erfüllt, reduziere ψ und beginne von vorne.
   b) »Sinnvolles« Handeln mit Maximierungsverfahren
      Suche nach einer Alternative a_{jki}, bei der $t(r_{ki})$ einen maximalen Wert annimmt.
      Maximiere $t = t(r_{ki}) \rightarrow t' = 0$ und $t'' < 0$ sind jeweils ein hinreichendes Kriterium für ein relatives Maximum. Da es sich um ein Sinnproblem handelt, macht die Berücksichtigung von Restriktionen keinen Sinn. Theoretisch ist es denkbar, dass die Farbe rot auch »blau« genannt werden kann. Es gibt bei diesem Problem offensichtlich einen unendlichen Möglichkeitsraum.

2.1.3.3. Ergebnisermittlung in der Interaktion

Aufgrund der Berücksichtigung des interpersonalen Motivzusammenhanges (der intersubjektiven Sinnkonstitution) neben dem intrapersonalen Motivzusammenhang (der subjektiven Nutzenüberlegungen) wird die Ergebnisermittlung in der Interaktion in der Phänomenologischen Soziologie ausgesprochen komplex. Da die Handlungsalternativen sowohl nach dem erwarteten Nutzen als auch nach der Verständlichkeit für den Interaktionspartner geordnet werden können, ist nicht klar, welches die beste Alternative ist. Aufgrund des Schwerpunkts seiner Analyse und der Komplexität der Interaktion glaubt Alfred Schütz, dass bei der Bildung der Präferenzordnung die Sinnkomponente wichtiger als die Nutzenkomponente ist. Schütz sieht die Interaktion hauptsächlich als ein Koordinationsproblem an, wobei das Problem durch das Auffinden von Idealtypen (Schelling-Punkte) gelöst wird.

> »We come, therefore, to the conclusion that »rational action« on the common-sense level is always action within an unquestioned and undetermined frame of constructs of typicalities of the setting, the motives, the means and ends, the courses of action and personalities involved and taken for granted.« (Schütz 1953: 25f.)

Die Nutzenkomponente spielt bei der Erklärung von Ergebnissen nur eine geringe Rolle. Diese Position von Schütz ist aus dem Grunde bemerkenswert, weil er sich selbst an einer Stelle auf die Väter der Spieltheorie Neumann und Morgenstern bezieht (Schütz 1984a: 262). Da die Spieltheorie Analyseinstrumente für die Verbindung von Prozess (Sinnkonstitution) und Ergebnis (Nutzenüberlegungen) besitzt, stellt sie eine interessante Ergänzung zur Phänomenologischen Soziologie dar. Vermutlich hat sich Alfred Schütz aber zu spät – erst ein Jahr vor seinem Tod schaffte er den Bezug zur Spieltheorie – mit Neumann und Morgenstern auseinandergesetzt, um die Spieltheorie für seine Theorie nutzen zu können. Unter dem Aspekt, dass die Spieltheorie selbst in der Ökonomik sehr lange keine Berücksichtigung fand, ist eine Kritik an Schütz wegen der mangelnden Berücksichtigung der Spieltheorie nicht angemessen.

Es ist allerdings nicht auszuschließen, dass Alfred Schütz auch nach einer genaueren Auseinandersetzung mit der Spieltheorie bei der Ergebnisermittlung der Sinnkomponente einen höheren Stellenwert als der Nutzenkomponente eingeräumt hätte. Wäre er auf die kritischen Anmerkungen des Spieltheoretikers und Nobelpreisträgers Reinhard Selten gestoßen, dass aufgrund der Komplexität der meisten Spiele und der begrenzten kognitiven Fähigkeit der Akteure strikt »rationale« Lösungen sehr unwahrscheinlich sind (Kirchgässner/Frey 1997: 197), hätte ihn das vermutlich nur bestärkt, davon auszugehen, dass Institutionen generell Nutzenüberlegungen ausgrenzen und das Verhalten über Rollenvorgaben geregelt wird.

2.1.4. Ort der Handlung

Aufgrund der Tatsache, dass Nutzenüberlegungen in der Interaktion so gut wie unberücksichtigt bleiben, ist sofort ersichtlich, dass Handlungen in der Phänomenologischen Soziologie nicht in *Märkten* stattfinden, denn Märkte sind durch Nutzenabwägungen charakterisiert. Statt dessen findet soziales Handeln bzw. soziales Verhalten in *Institutionen* statt, die sich dadurch auszeichnen, dass sie den Akteuren eine klare Abfolge von Motivzusammenhängen und den damit in Verbindung stehenden Alternativen liefern. Dem Akteur erscheint diese Abfolge als fraglos gegeben.

> »[...] institutions provide procedures through which human conduct is patterned, compelled to go, in grooves deemed desirable by society. And this trick is performed by making these grooves appear to the individual as the only possible ones.« (Berger 1963: 87)

Damit erfüllt die Institution gleich zwei wesentliche Funktionen: die Entlastung der Akteure in einer komplexen Situation bei gleichzeitiger Voraussagbarkeit der Reaktionen der anderen.

»Der Einzelne braucht, wenn das gesellschaftliche Repertoire an Institutionen Lösungen nicht nur bereitstellt, sondern ihn zu deren Gebrauch verpflichtet, erstens nicht selbst nach Lösungen zu suchen. Zweitens muss er sich hinsichtlich der Lösung nicht mit anderen Handelnden erst mühsam (etwa über die Vorteile der einen gegenüber einer anderen Lösung argumentierend) abstimmen. Hinzu kommt, dass drittens die institutionalisierten Handlungsweisen »überprägnant« sind, also leicht einprägsam und dadurch fast automatisch anwendbar.« (Luckmann 1992: 156f.)

Dabei ist die Chance, überhaupt zu einem Ergebnis in der Interaktion zu kommen, wichtiger als das eigene Ergebnis.

»Intersubjektiv ist [..] der Vorteil der Verläßlichkeit: auch wenn es nicht die denkbar beste Lösung gewesen sein mag, die festgelegt wurde (in den ideologisierenden Selbstdeutungen der Institutionen wird das selbstverständlich kaum zugestanden) – sie wurde nun einmal festgelegt und ist so eine Lösung, bei der man sich aufeinander verlassen kann.« (Luckmann 1992: 157)

Institutionen entstehen dadurch, dass Individuen in wiederholter Weise typisch aufeinander reagieren und dieses Verhaltensmuster schließlich für alle Personen, die in dieser Lebenswelt wirken, standardisiert wird (Schütz 1953: 14). Für die Generation, die diese Institution erschaffen hat, spielt das Sanktionssystem nur eine sekundäre Rolle, da jeder den »Sinn«, der der Institution zugrunde liegt, »versteht«. Die nächste Generation muss hingegen zur Konformität mit den Regeln einer Institution erzogen werden, damit die Interaktion innerhalb einer Institution nicht gestört wird. Probleme können auftreten, wenn sich die Umstände, die zu der Institutionalisierung geführt haben, ändern. In diesem Fall ist der Sinn einer Institution, der zu der Konstitution des »Sinns« führte, nicht mehr zwangsläufig fraglos gegeben. Damit auch die nächste Generation diesen »Sinn« aufrechterhält, benötigt die Institution ein Sanktionssystem, welches die Hinzugekommenen davon abhalt, einen neuen »Sinn« zu setzen, der der gegebenen Situation u.U. besser angepasst ist (Berger/ Luckmann 1966: 56ff.).

»All transmission of institutional meaning obviously implies control and legitimation procedures. These are attached to the institutions themselves and administered by the transmitting personnel.« (Berger/Luckman 1966: 66f.)

Sozialer Wandel ist demnach auf Sozialisationsversäumnisse bzw. auf ein Versagen des Sanktionssystems und eines Wandels der Umweltbedingungen zurückzuführen.

»The possibility of »individualism« (that is, of individual choice between discrepant realities and identities) is directly linked to the possibility of unsuccessful socialization.« (Berger/Luckmann 1966: 157)

Institutionen sind ein Produkt der Freiheit, um mit der Komplexität der Interaktion zurecht zu kommen. Paradoxerweise führt diese freie Handlung zu einer Einschränkung der Handlungsfreiheit in der Zukunft (Zijderveld 1970: 31).

Gerade bei der Behandlung von Institutionen wirkt es sich negativ aus, dass die Phänomenologen die Nutzenkomponente in der Interaktion vernachlässigt haben. Denn die Konzepte, die in der Phänomenologischen Soziologie erarbeitet wurden, reichen für eine wesentlich komplexere Darstellung von Institutionen, die auch Märkte miteinschließen würde, aus. Leider wurden die Möglichkeiten dieses Ansatzes nicht vollständig ausgeschöpft.

2.1.5. Kritik

Die Phänomenologische Theorie wurde von verschiedenen Seiten angegriffen. Makrosoziologen und symbolische Interaktionisten kritisierten die Phänomenologen für die zu starke subjektive Ausrichtung der Theorie, während die Ethnomethodologen die Phänomenologische Soziologie dafür kritisierten, dass sie das Verhalten des Menschen durch objektive Vorgaben determiniert sehe.

Die Kritik an dem subjektiven Ausgangspunkt der Analyse in der Phänomenologischen Soziologie kann in zwei Punkte unterteilt werden: 1) vernachlässigt die Phänomenologische Soziologie das System bzw. das Umfeld der Handlung, und 2) bleibt der Übergang von den subjektiven zu den objektiven Sinnstrukturen ungelöst.

Genaugenommen richtet sich der erste Punkt nicht nur gegen die Phänomenologische Soziologie, sondern gegen alle Theorien, die vom Methodologischen Individualismus ausgehen. Die Kritiker nehmen an, dass in einer Gesellschaft »objektive Gesetzmäßigkeiten« gelten, die nicht aus den Bewusstseinsvorgängen und Handlungen der Individuen heraus erklärbar sind. Wird die Analyse mit dem Individuum begonnen, müssen interaktive und strukturelle Bedingungen der Handlungen unberücksichtigt bleiben.

»Schutz's social science is no science. It is a complex product of his humanism, a theoretical ideology affirming in its »results« its own necessary and unquestioned premise: that »the world of objective mind« can be reduced to the behaviour of individuals. The cost of his humanism is a social world in which there are no social or historical laws [...].« (Hindess 1972: 24)

Aus diesem Grunde wird beispielsweise von Habermas vorgeschlagen, von einer Wechselwirkung der phänomenologisch hergeleiteten Lebenswelt und dem objektiven sozialen System auszugehen (Habermas 1967: 120ff.). Gegen diese Kritik wird von den Phänomenologen eingewendet, dass Habermas' Konzept des kommunikativen Handelns nicht die phänomenologische Reduktion ersetzen kann, weil der intersubjektive Charakter der Kommunikation zuerst geklärt werden muss, bevor mit Hilfe der Kommunikation der Graben zwischen subjektiven Bewusstseinsvorgängen und objektiven Sinnstrukturen überbrückt werden kann.

> »Nicht Kommunikation begründet Intersubjektivität, sondern die intersubjektiv geteilten und im Handeln leibhaft erfahrenen Symbole des Handlungserlebens ermöglichen überhaupt erst Kommunikation mit dem Anderen, konstituieren somit Lebenswelt.« (Grathoff 1989b: 69)

Im übrigen ist gegen das Argument, dass die Phänomenologische Soziologie das System vernachlässigen würde, einzuwenden, dass die Phänomenologen keineswegs die gesellschaftlichen Rahmenbedingungen unberücksichtigt lassen. In der Phänomenologischen Soziologie wird immer wieder die Wechselwirkung von individuellen Handlungen und deren strukturellen Vorgaben für die Konstituierung der Gesellschaft betont. Es ist richtig, dass nicht von der Existenz von objektiven Gesetzmäßigkeiten der sozialen Systeme ausgegangen wird. Dies ist aber nur dann ein Problem, wenn es tatsächlich solche Gesetzmäßigkeiten gibt, was zu beweisen ist.

Der zweite Kritikpunkt ist dagegen wesentlich ernstzunehmender. Es wird bezweifelt, dass eine soziale bzw. objektive Welt durch subjektive Bewusstseinsvorgänge konstruiert werden kann. Die phänomenologische Reduktion wird als zu weitgehend für die soziologische Fragestellung angesehen (Heap/Roth 1973: 361; Giddens 1976: 31; Perinbanayagam 1978: 146f.). Wenn die kommunikativen Sinnstrukturen hinterfragt werden, bleibt nichts mehr übrig als isolierte Individuen mit isolierten Gedanken, die anderen nicht mehr mitgeteilt werden können. Ohne die Möglichkeit der Kommunikation sind Menschen nicht mehr zu einer Interaktion fähig (Perinbanayagam 1975: 506ff.; Giddens 1976: 51f.; Habermas 1981: 198). Ohne Interaktionen wiederum kann die Existenz einer Gesellschaft nicht mehr begründet werden.

Diese Kritik ist nicht so leicht zu widerlegen, da es in der Tat keinen Beweis für eine Urerfahrung in einer Wir-Beziehung gibt, aus der Verhaltens-, Situations- und Personentypen abgeleitet werden können. Dabei ist diese Urerfahrung in einer Wir-Beziehung für Schütz aber der einzige Ausweg aus der Sackgasse der individuellen Bewusstseinsvorgänge. Er kann auf sie in seiner Herleitung intersubjektiver Sinnstrukturen aus subjektiven Erfahrungen nicht verzichten. Allerdings muss gesagt werden, dass die Argumentation von Alfred Schütz in sich schlüssig ist, auch wenn der empirische Gehalt dieser Begründung vermutlich nicht überprüft werden kann. Eines ist jedoch möglich: die Lösung des Intersubjektivitätsproblems von Schütz kann mit der Lösung des Individualismusproblems von Mead verglichen werden. Hierbei schneidet Schütz' Argumentation wesentlich besser als Meads Versuch ab, subjektive Gedankengänge aus objektiven Sinnstrukturen abzuleiten. Für die interpretative Soziologie gibt es derzeit keine bessere Begründung für die Koexistenz subjektiver und objektiver (intersubjektiver) Wissenselemente.

Weiterhin wurde den soziologischen Phänomenologen von Ethnomethodologen und auch philosophischen Phänomenologen vorgeworfen, dass mit der Erklärung einer Handlung durch das Um-zu- und das Weil-Motiv ein Widerspruch vorliegt. Gemäß dem Um-zu-Motiv soll der Akteur frei nach subjektiven Kriterien handeln, während das Weil-Motiv die Handlungen in der Interaktion über objektive Typen bzw. Sinnstrukturen determiniert.

Schütz wird dafür kritisiert, dass er bei der Beschreibung von Handlungen in Interaktionen zu sehr auf das Weil-Motiv und die objektiven (intersubjektiven) Sinnstrukturen zurückgreift. Dabei bleibt die Möglichkeit der freien Wahl der Individuen auf der Strecke (Khairy 1986: 130). Diese Kritik trifft sicherlich zu, nur muss auch berücksichtigt werden, dass Schütz als Ökonom diese Wahlfreiheit der Individuen durchaus anerkannt hat. Es war aber nicht das Ziel von Schütz, eine ökonomische Interpretation des Handlungsproblems zu liefern, sondern eine, die die Defizite der ökonomischen Theorie beheben kann. Diese liegen nicht in der Erklärung von gewählten Handlungen, sondern betreffen die Beschreibung von automatisch durchgeführten Handlungen. Trotzdem ist die Kritik nicht unberechtigt, da es Schütz zumindest in der Interaktion nicht gelungen ist, die subjektive Nutzenkomponente und die intersubjektive Sinnkomponente gleichwertig zu behandeln. Allerdings muss auch hier eingeschränkt werden, dass sich Schütz dieses Mangels seiner Theorie anscheinend bewusst war und sich mit dem Gedanken beschäftigte, ihn mit Hilfe der Spieltheorie zu beheben, wozu er aber aufgrund seines frühen Todes nicht mehr kam. Leider ist diese Idee von keinem seiner Schüler weiter verfolgt worden.

Die Kritik an der gleichzeitigen Verwendung von subjektiven und objektiven Variablen bei der Erklärung des Verhaltens schließt sich direkt an die Kritik an, dass eine Verwendung von objektiven Erklärungsvariablen unvereinbar mit der phänomenologischen Reduktion sei (Hindess 1972: 6; Gorman 1975: 12; Peritore 1975: 134f.). Gegen diesen Kritikpunkt wird eingewendet, dass Schütz bei seiner Herleitung der intersubjektiven Sinnstrukturen aus der Urerfahrung in einer Wir-Beziehung auf eine totale transzendentale Reduktion verzichtet. Schütz verwendet die transzendental-phänomenologische Methode, solange mit ihr die Handlung von einem »solipsistischen Ich« behandelt werden kann. Hingegen versucht er den transzendental nicht begründbaren Sachverhalt der Konstitution der Intersubjektivität mundan zu erklären. Auf der mundanen (alltäglichen oder profanen) Ebene ist Intersubjektivität zweier Individuen mit subjektiven Bewusstseinsvorgängen möglich, wenn sie gemeinsame Erfahrungen machen. Hier liegen den subjektiven Bewusstseinsvorgängen in der natürlichen Einstellung intersubjektive Symbole der Lebenswelt zugrunde (Hall 1977: 266).

Schütz wie auch andere Phänomenologen (dies gilt auch für Husserl) gehen davon aus, dass eine phänomenologische Analyse auch auf der mundanen Ebene durchführbar ist (Spiegelberg 1960: 133f., 160 und 690f.; Hall 1977: 268). Das von Schütz angewendete Verfahren entspricht einer möglichen Anwendung phänomenologischer Methoden, weil er die für die Erklärung von Handlungen relevanten Begriffe wie »Sinn« und »Motivzusammenhänge« auf subjektive Bewusstseinsvorgänge bezieht, auch wenn er bei der Lösung des Intersubjektivitätsproblems auf eine transzendentale Reduktion verzichtet. Dabei verschiebt sich die Schützsche Begründung der Konstitution der Intersubjektivität weg von der transzendentalen Herleitung aus subjektiven Bewusstseinsvorgängen hin zu der mundanen Bestimmung der Sinnstrukturen aus einer als selbstverständlich gegebenen Lebenswelt.

> »Es ist nicht mehr das transzendentale Bewusstsein, sondern die Transzendenz der Lebenswelt, innerhalb derer Intersubjektivität von Schütz als weltsetzend, d.h. »mundan« erkannt wird.« (Grathoff 1983: 97)

Der wesentliche Unterschied zwischen der Phänomenologischen Soziologie und den ökonomischen Theorien ist die Berücksichtigung bzw. Nichtberücksichtigung von habituellem Verhalten. Beide Seiten gehen von individuellen Nutzenmaximierern aus. Für die Phänomenologen wird dieser subjektive Nutzenbezug aber bei Entscheidungen isolierter Personen durch Routinen und in Interaktionen durch die Vorgabe der intersubjektiven Sinnstrukturen eingeschränkt, so dass es vorkommen kann, dass eine Handlungsalternative automatisch durchgeführt wird, weil sie habitualisiert ist, obwohl sie nicht die nutzenbringendste Alternative ist. Es handelt sich bei der Phänomenologischen Soziologie um eine Erweiterung des ökonomischen Ansatzes, welche aber nur gerechtfertigt ist, wenn sich empirisch nachweisen lässt, dass Personen Handlungen durchführen, ohne bei der Entscheidungsfindung Alternativen betrachtet zu haben (nicht einmal die Alternative, diese Handlung nicht durchzuführen).

Es gibt zwei verschiedene Varianten, die Existenz oder Nichtexistenz von »automatischen« Verhaltensweisen zu überprüfen. In der ersten Variante werden Personen beobachtet, deren alltägliche Lebenswelt mit ihren fraglos gegebenen Routinen und Sinnstrukturen durch Krisen in Frage gestellt werden. In der zweiten Variante wird der EntscheidungsProzess mit den Methoden der empirischen Sozialforschung untersucht. Das Ziel dieser Studien war es zwar nicht, die Kernthese der Phänomenologischen Soziologie zu überprüfen, dennoch sind sie für diese Fragestellung hilfreich. Wichtig ist hier der Unterschied zwischen den beiden Studien-Varianten. Die erste Variante bezieht sich auf die intersubjektiven Sinnstrukturen der Lebenswelt, während die zweite Gruppe von Studien sich mit isolierten Entscheidungen von Individuen auseinandersetzt. Im ersten Fall stehen habitualisierte Sinnstrukturen im Vordergrund, während es im zweiten Fall um habitualisierte Handlungen mit einem reinen Nutzenbezug geht.

Auf das Aufdecken von fraglos gegebenen alltäglichen Sinnstrukturen haben sich die Ethnomethodologen spezialisiert. In sogenannten Krisenexperimenten verletzt ein Experimentator in Interaktionen bewusst bestimmte Konventionen, um zu sehen, wie der Interaktionspartner darauf reagiert. Im folgenden sind einige Beispiele aufgeführt:

Beispiel 1
S: »Hi, Ray. How is your girl friend feeling?«
E: »What do you mean, how is she feeling? Do you mean physical or mental?«
S: »I mean how is she feeling? What's the matter with you?« (Garfinkel 1963: 221)

Beispiel 2
S: »How are you?«
E: »How am I in regard to what? My health, my finance, my school work, my peace of mind, my ...«
S: [Red in face and suddenly out of control.] »Look! I was just trying to be polite. Frankly, I don't give a damn how you are.« (Garfinkel 1963: 222)

Bemerkenswert an diesen Beispielen ist, dass die Fragen, die die Experimentatoren den Versuchsteilnehmern gestellt haben, durchaus logisch sind und trotzdem zu heftigen Abwehrreaktionen bei dem Interaktionspartner führten. Ein solches Verhalten ist auf der Basis der Nutzenkomponente nicht erklärbar. Erst wenn die Sinnkomponente dieser Interaktionen betrachtet wird, wird offensichtlich, warum die Interaktion hier scheiterte. Die Fragen der Experimentatoren waren zwar logisch, aber sie waren auf keinen Fall sinnvoll. Sie durchbrachen die fraglos gegebenen Sinnstrukturen bzw. Konventionen und zwangen die Versuchsteilnehmer, den Sinn ihrer Worte neu zu konstituieren. Erst jetzt kann mit dem Nutzenkonzept argumentiert werden, denn die Kosten der Neudefinition der Sinnstrukturen übersteigen zumindest im zweiten Beispiel den Nutzen der Interaktion und lassen den Abbruch der Interaktion zur besseren Alternative werden.

In einem anderen Experiment, bei dem eine Versuchsperson zu einem Ticktacktoe-Spiel eingeladen wurde, hielt sich der Experimentator nicht an die allgemein bekannten Spielregeln. Nachdem die Versuchsperson ihren Zug X gemacht hatte, spielte der Experimentator den unerlaubten Zug O (Garfinkel 1963: 197ff.).

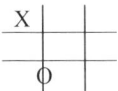

Auch hier führte die Regelverletzung in den meisten Fällen zu einer Gegenreaktion. Dabei war die häufigste Reaktion die Aufforderung an den Experimentator, seinen Zug zu erklären. Die Akteure waren also an einer Klärung der zugrundeliegenden - nun nicht mehr fraglos gegebenen - Sinnstrukturen interessiert (siehe Tabelle 36). Die zweithäufigste Reaktion war der Ausdruck von Ärger über die unvorhergesehenen Probleme und deren Verursacher. Lediglich 5% der Versuchsteilnehmer gingen anscheinend nicht von vornherein bekannten Spielregeln aus, denn sie zeigten keine Reaktion auf die Regelverletzung.

Tabelle 36: Reaktionen auf die Regelverletzung beim Spiel Ticktacktoe (N = 253)

	N	in %
Bitte um eine Erklärung	131	51,8
Beschuldigungen, Kritik und Ablehnung des Experimentators	66	26,1
Reaktion, aber keine der oben genannten	43	17,0
keine Reaktion	13	5,1

Quelle: Garfinkel 1963, S. 203, Tabelle 7-2.

Dieses Beispiel ist besonders interessant, weil es sich hierbei in der spieltheoretischen Terminologie um ein Nullsummenspiel in extensiver Form handelt. Aber selbst in diesem von der Spieltheorie beschreibbaren Fall wird die Bedeutung der fraglos gegebenen Sinnstrukturen, durch die die Interaktionen erst ablaufen können, deutlich.

Im Gegensatz zu den Krisenexperimenten ist das Ziel der Studien der empirischen Sozialforschung über den EntscheidungsProzess nicht das Aufdecken von fraglos gegebenen Sinnstrukturen, sondern die Untersuchung von realen Entscheidungen auf ihre Struktur hin, d.h. z.B. die Anzahl der berücksichtigten Alternativen, die Anzahl der Phasen, die eine Entscheidung durchläuft, welche Selektionsmethode (simultane Maximierungsverfahren oder sequentielle Eliminations- bzw. »satisficing«-Verfahren oder gemischte Verfahren) verwendet wurde. In Tabelle 37 sind die für dies Thema wichtigsten Ergebnisse von vier Studien zusammengefasst worden. Die erste Studie von Friedrichs und Opp beschäftigte sich mit dem EntscheidungsProzess bei der Wahl des Urlaubszieles und der Berufswahl. Enste untersuchte das Geldanlageverhalten. Kehl setzte sich mit der Wahl einer Grundschule auseinander, und Wald betrachtete die Entscheidungsverläufe beim Computerkauf. Auch wenn der Vergleich solcher Untersuchungen problematisch ist, da bei der Klassifikation des Entscheidungsverhaltens immer ein Interpretationsspielraum besteht, der je nach Forscher anders ausgefüllt wird (Enste 1995: 132) und diese Daten, um sie vergleichbar zu machen, noch einmal reinterpretiert werden mussten, lassen sich doch einige interessante Einsichten gewinnen. Z.B. variiert der Anteil derjenigen Personen, die nicht wählen bzw. nur eine Alternative wahrnehmen, von 10% beim Geldanlageverhalten bis zu 41% bei der Wahl einer Grundschule. Dabei zeigt die Untersuchung von Kehl, dass nicht in allen Fällen, in denen nur eine Alternative betrachtet wird, dieses Verhalten als habituell bezeichnet werden kann. In ihrer Studie wurden die Kinder nur in 16 der 21 Fälle auf eine Schule geschickt, die schon ihre Geschwister besuchten. In den anderen Fällen wurden die Kinder auf andere Schulen geschickt, oder die Eltern hatten noch keine Erfahrungen mit diesem Problem gesammelt. Habituelles Verhalten setzt aber per Definition voraus, dass eine schon einmal getroffene Wahlentscheidung wiederholt wird. Demnach sind lediglich 31% der Entscheidungen als habituelles Verhalten zu bezeichnen.

Tabelle 37:
Zusammenfassung der Ergebnisse einiger empirischer Studien über den Entscheidungsprozess

	Friedrichs/Opp 1996 (N = 89)	Enste 1995 Enste 1998 (N = 102)	Kehl 1998 (N = 51)	Wald 1998 (N = 149)
$\|A\| = 1$	21 (24%) Reise: 30% Beruf: 21%	10 (10%)	21 (41%) davon Delegation: 1 (1%)	28 (19%) davon Affekt: 1 (1%)
$\|A\| > 1$	68 (76%)	92 (90%)	30 (59%)	121 (81%)
davon: einstufige simultane Verfahren	33 (37%)	(6%)[3]	10 (20%)	35 (23%)
mehrstufige simultane Verfahr.	8 (9%)		0 (0%)	7 (5%)
sequentielle Verfahren[1]	27 (30%)	(72%)	20 (39%)	72 (48%)
Delegation[2]	0 (0%)	(12%)	0 (0%)	7 (5%)
1 Phase	63 (71%)	?	33 (65%)	132 (87%)
2+ Phasen	26 (30%)	?	18 (35%)	17 (13%)

Anmerkungen:

[1] Unter den sequentiellen Verfahren sind sowohl Entscheidungsverläufe über mehrere Phasen (mit Ausnahme der mehrstufigen Entscheidungen, die nur simultane Verfahren beinhalten) als auch die verschiedenen Eliminationsverfahren, bei denen die einzelnen Alternativen sukzessiv mit einem K.O.-Kriterium, Restriktionen oder einem Anspruchsniveau verglichen werden, zusammengefasst.

[2] Hier sind nur die Fälle aufgelistet, in denen eine Person in der ersten Phase mehrere Alternativen wahrgenommen hat, es aber vorzog, die Entscheidung zwischen diesen Alternativen an jemand anderen zu delegieren.

[3] Enste gibt nur die Häufigkeit an, mit der bestimmte Selektionsmethoden in allen Phasen auftreten (219 Fälle). Er macht z.B. keine Angaben darüber, wie oft reine einstufige simultane Verfahren vorkommen. Dadurch sind diese Prozentangaben nicht mit den Prozentangaben der anderen Studien vergleichbar.

Quelle: Eigener Entwurf, Daten nach Friedrichs/Opp 1996, S. 14ff.; Enste 1995, S. 109, 111 und 132; Kehl 1998, S. 71ff.; Wald 1998, S. 95ff.

In der Studie von Wald wurde dagegen kein habituelles Verhalten beim Computerkauf festgestellt (keine Testperson kaufte einen Computer bei einem Händler, bei dem sie schon einmal einen Computer gekauft hatte). Auch wenn keine vergleichbare Auf-schlüsselung des Nicht-Wahlverhaltens für die anderen beiden Studien vorliegt, so kann doch festgehalten werden, dass ein beträchtlicher Teil der Personen in bestimmten Wahlsituationen habituell handelt. Daneben haben simultane Maximierungsver-fahren, wie sie von den ökonomischen Theorien angenommen werden, einen Anteil von 46% bei der Wahl des Urlaubszieles und des Berufes, während nur 20% der Per-sonen die geeignete Grundschule mit Hilfe einer simultanen Selektionsmethode wäh-len (die Studie von Enste wird hier nicht mehr berücksichtigt). In fast allen anderen Fällen werden weniger anspruchsvolle sequentielle Verfahren verwendet. Sequentielle Verfahren sind zwar teilweise komplexer als simultane Verfahren, weil sie über mehrere Phasen gehen, sie stellen aber in jeder Phase weniger kognitive Anforderungen an den Entscheidungsträger. Häufig werden hier verschiedene Verfahren gemischt (z.B. kommt es nicht selten vor, dass die Menge aller möglichen Alternativen durch K.O.-Kriterien, Restriktionen oder Anspruchsniveaus in der ersten Phase reduziert wird, während in der letzten Phase unter den verbliebenen Alternativen simultan gewählt oder die Entscheidung letzten Endes doch noch delegiert wird). Eine weitere Vereinfa-chung des Entscheidungsproblems ist die Delegation. Sie tritt häufig am Ende eines sequentiellen Entscheidungsverfahrens auf, wenn die Testpersonen sich trotz aller Be-mühungen nicht entscheiden können. Delegationen treten relativ selten in der ersten Phase auf. In 5% der Fälle beim Computerkauf wurde die Entscheidung zwischen mehreren wahrgenommenen Alternativen delegiert, während in einem Fall bei der Wahl einer Grundschule die einzige Alternative die Delegation war (verschiedene Schulen wurden dabei nicht evaluiert). Das Fazit aus den Ergebnissen dieser Studien ist, dass keine einzelne Selektionsmethode in den behandelten Fällen mehr als 50% der Handlungen beschreibt. Es gibt eine Vielzahl von ausgesprochen individuellen Lö-sungswegen.

Es werden mehrere Bedingungen für die Verwendung einer Selektionsmethode (insbesondere für habituelles Verhalten) angegeben (diese Hypothesen lassen sich aus den Ergebnissen der einzelnen Studien ableiten):

Hypothese 16: Je höher die Frequenz und je regelmäßiger das Auftreten einer Hand-lung ist, desto eher wird sie habituell durchgeführt.

Hypothese 17: Je geringer das Interesse einer Person ist, desto eher wird eine Hand-lung habituell durchgeführt (hoch signifikant mit $p \leq .001$ in Enste 1995).

Hypothese 18: Die Kosten bei fehlerhaften Entscheidungen haben keinen signifikan-ten Einfluss auf die Komplexität der Selektionsmethode (nicht signi-fikant $p > .05$ in Enste 1995).

Hypothese 19: Je komplexer ein Problem ist (d.h. je mehr Alternativen eine Person von Anfang an wahrnimmt), desto eher wird eine Entscheidung mit

> Hilfe eines sequentiellen Verfahrens ermittelt und desto seltener ein si-
> multanes Verfahren angewendet (hoch signifikant mit p ≤ .001 in
> Kehl 1998).

Mit Hilfe dieser Hypothesen kann die Relevanz des habituellen Verhaltens bzw. se-
quentieller Selektionsmechanismen für bestimmte Entscheidungssituationen vorausgesagt werden.

Es gibt gute Gründe, davon auszugehen, dass es eine ganze Reihe von Problemen
(besonders die alltäglich wiederkehrenden Entscheidungssituationen) gibt, in denen
die Akteure habituell handeln. Wenn dem aber so ist, muss eine allgemeine Handlungstheorie auch dieses Verhalten erklären können. Die derzeitige »mainstream«-
Ökonomie kann eine solche Erklärung im Gegensatz zu der Phänomenologischen Soziologie nicht leisten.

2.1.6. Anhang: Ethnomethodologie

Die Ethnomethodologen untersuchen ebenso wie die Phänomenologen Alltagsaktivi-
täten. Das Ziel der ethnomethodologischen Forschung ist die Analyse der Methoden,
mit der die Akteure eine »sinnvolle« Welt konstruieren und vorfinden.

> »Ethnomethodological studies analyze everyday activities as members' methods
> for making those same activities visibly rational-and-reportable-for-all-practical-
> purposes, i.e., »accountable«, as organizations of commonplace everyday activi-
> ties. [...] Their study is directed to the tasks of learning how members' actual,
> ordinary activities consist of methods to make practical actions, practical cir-
> cumstances, common sense knowledge of social structures, and practical socio-
> logical reasoning analyzable [...].« (Garfinkel 1967: viif.)

Ethnomethodologen sehen die Welt nicht als objektiv gegeben an, sondern betrachten
die soziale Wirklichkeit als einen Prozess bzw. als einen fortwährenden Vollzug der Akteure. In Bezug auf das Hobbesche Problem ergibt sich dadurch folgende Verschiebung
der Fragestellung:

> »[We] have chosen to ask not how order is possible, but rather to ask how a
> sense of order is possible.« (Mehan/Wood 1975: 116)

Der Begründer der Ethnomethodologie Harold Garfinkel (*1917) ist ein Schüler Talcott Parsons'. Dennoch nimmt Garfinkel in fast allen Punkten eine konträre Position
zu der Strukturell-funktionalen Theorie Parsons' ein. Er lehnt eine Erklärung des Verhaltens durch Normbefolgung ab. Um das für die Koordination von Handlungen

grundlegende Problem der intersubjektiven Ordnung zu lösen, greift Garfinkel auf die Arbeiten von Alfred Schütz zurück.

> »In developing his approach [...], Garfinkel did not take up the question-begging Parsonian proposal that institutionalized norms guarantee an intersubjective cognitive order. Instead, drawing upon the work of Husserl and Schutz, he began from the notion that intersubjective sense is the product of an active process which proceeds within a framework of taken-for-granted assumptions which Schutz had described under the heading of the attitude of everyday life.« (Heritage 1984: 305)

Trotz vieler Übereinstimmungen zwischen der Ethnomethodologie und der Phänomenologischen Soziologie gibt es auch einige gravierende Unterschiede. Im Gegensatz zu Schütz, der die Konstitution von Sinnstrukturen über subjektive Bewusstseinsabläufe zu einer intersubjektiv geteilten Lebenswelt verfolgt, wodurch er sowohl Entscheidungen von isolierten Akteuren als auch Entscheidungen in Interaktionen behandelt, verkürzt Garfinkel das Forschungsprogramm – davon ausgehend, dass die Akteure über ein Wissen verfügen, welches die Merkmale der Theorie von Schütz erfüllt (Mehan/Wood 1975: 196) –, und beginnt gleich mit der Konstruktion von intersubjektiven Sinnstrukturen.

> »Garfinkel löst also Schütz' Handelnden, welcher auf der Basis seines persönlichen Wissensvorrates mit Hilfe verschiedener Idealisierungen Zeichen und Anzeichen interpretiert, auf in einen Menschen, welcher die Methoden der Verständigung beherrscht.« (Eberle 1984: 474)

Bezogen auf die »sinnvollen« Motivzusammenhänge in der Interaktion verfolgen die Ethnomethodologen ein radikaleres Forschungsprogramm als die phänomenologischen Soziologen. Schütz setzt die natürliche Einstellung voraus, um die Wissensstrukturen der Akteure analysieren zu können. Hingegen sind die Ethnomethodologen an den Methoden interessiert, die die Akteure bei der täglichen Reproduktion dieser Wissensstrukturen verwenden. Daher wird die natürliche Einstellung in Experimenten in Frage gestellt, um die Methoden der Akteure aufzudecken.

> »Der wesentliche Gegensatz zwischen Garfinkel und Schütz scheint hier darin zu liegen, dass Garfinkel eine Beschreibung, Analyse und Klassifikation der Methoden der Gesellschaftsmitglieder zu entwickeln sucht – eine, wie Zimmermann und Pollner sagen, »Methodographie« im Gegensatz zu einer »Ethnographie« –, während Schütz auf der Ebene der Alltagswelt damit beschäftigt war, eine Beschreibung, Analyse und Klassifikation der Strukturen des unter den Ge-

sellschaftsmitgliedern geteilten und verteilten Wissens zu entwickeln.« (Psathas 1979: 184)

In diesem Sinne können die Arbeiten der Ethnomethodologen als eine Demonstration der Bedeutung der Schützschen Prinzipien für die Handlung in Interaktionen verstanden werden (Heritage 1984: 74). Bei diesen Demonstrationen wird der typische Ablauf von Interaktionen durch ungewöhnliches Verhalten gestört, um zu sehen, wie die Akteure versuchen, eine »sinnvolle« Realität zu konstruieren, die mit dem ungewöhnlichen Verhalten vereinbar ist (bzw. wie die Akteure die Realität aufrechterhalten, indem sie das ungewöhnliche Verhalten zurückweisen).

Damit wird auch die Rationalität ein Gegenstand der empirischen Forschung (im Gegensatz zu der Behandlung der Rationalität als eine axiomatische Grundannahme). Garfinkel betont, dass eine »rationale« Handlung in der Interaktion erst möglich wird, wenn der Akteur die »sinnvollen« Motivzusammenhänge als fraglos gegeben berücksichtigen kann.

> »But sociological inquiry accepts almost as a truism that the ability of a person to act »rationally« - that is, the ability of a person in conducting his everyday affairs to calculate, to project alternative plans of action, to select before the actual fall of events the conditions under which he will follow one plan or another, to give priority in a selection of means to their technical efficacy and the rest – depends upon the fact that the person must be able literally to take for granted, to take under trust, a vast array of features of the social order. In order to treat rationally the 1/10th of his situation that, like an iceberg, appears above the water, he must be able to treat the 9/10ths that lies below as an unquestioned and, even more interestingly, as an unquestionable background of matters that are demonstrably relevant to his calculation, but which appear without being noticed.« (Garfinkel 1960: 82)

Aus der methodischen Vorgehensweise ergibt sich, dass Handlungen in der Interaktion als rational (im Sinne von »sinnvoll«) konstruiert betrachtet werden. Sinnproduktion wird somit zum zentralen Ziel der Akteure (Garfinkel/Sacks 1970: 342). Diese starke Betonung des rationalen Umgangs mit den Sinnstrukturen veranlasste viele symbolische Interaktionisten, die Ethnomethodologie als eine spezielle Variante des Symbolischen Interaktionismus anzusehen.

> »Although there is considerable debate among sociologists regarding whether or not ethnomethodology is best categorized as a variety of symbolic interactionism, and while both the affinities and differences between interaction and ethnomethodology have been detailed, one could agree with Wallace [...], who

argues that »insofar as ethnomethodology embraces a theoretic (rather than methodologic) viewpoint, it is clearly interactionistic«. Therefore, ethnomethodology is treated as the last of the major varieties of symbolic interactionism, even though one realizes that fewer and fewer ethnomethodologists are now willing to class themselves as symbolic interactionists.« (Reynolds 1987: 103)

Abgesehen von der Tatsache, dass sich tatsächlich wenige Ethnomethodologen als symbolische Interaktionisten bezeichnen würden, gibt es auch inhaltliche Gründe gegen eine solche Einordnung der Ethnomethodologie. Die wichtigste Unterscheidung ist die, dass Garfinkel den bewussten rationalen Umgang eines Akteurs mit den Sinnstrukturen *auf seine Methode zurückführt* und dieses Ausmaß an Rationalität keineswegs als üblich ansieht. Das unterscheidet ihn deutlich von den symbolischen Interaktionisten, die die bewusste Manipulation von Sinnstrukturen als zentralen Bestandteil der Handlungen *in der Realität* ansehen.

> »If the above description is accurate, decision making in daily life would thereby have, as a critical feature, the decision maker's task of justifying a course of action. The rules of decision making in daily life, i.e., rules of decision making for more or less socially routinized and respected situations, may be much more preoccupied with the problem of assigning outcomes of their legitimate history than with the question of deciding before the actual occasion of choice, the conditions under which one, among a set of alternative possible courses of action, will be elected.« (Garfinkel/Mendlovitz 1967: 114)

Aus der Sicht der Ethnomethodologie orientiert sich der Akteur wie in der Phänomenologischen Soziologie in erster Linie an den fraglos gegebenen Sinnstrukturen und wechselt nur in problematischen Situationen zu bewussten Sinnsetzungen oder sogar zur »rationalen« Wahl einer problematischen Alternative. Für die symbolischen Interaktionisten ist hingegen jede Situation mehr oder weniger problematisch, so dass jede Handlung eine bewusste Sinndeutung und -setzung umfasst. Aus diesem Grunde erscheint es angebrachter, die Ethnomethodologie als eine spezielle Forschungsmethode innerhalb der Phänomenologischen Soziologie aufzufassen (vgl. Douglas 1970: 18).

In einem theoretischen Punkt gehen die Ethnomethodologen aber über die Phänomenologische Soziologie hinaus. Die Phänomenologen sehen die aufeinander abgestimmten interpersonalen Motivzusammenhänge als institutionelle Regeln an. Dem fügen die Ethnomethodologen eine weitere Kategorie von institutionellen Regeln hinzu. Searle bezeichnet diese beiden Kategorien als regulative und konstitutive Regeln. Die regulativen Regeln legen einen typischen Handlungsverlauf durch die Abstimmung von Motiven fest. Die konstitutiven Regeln legen – und das ist neu – den Rahmen fest, in dem neue Handlungsformen konstruiert werden können. Diese Regeln sind grundlegend für Spiele wie Fußball und Schach, aber auch für die Sprache. Eine Person kann ihrem Gegenüber etwas mit vielen verschiedenen Worten sagen, solange sie die grammatischen Regeln einhält. Ebenso können bei einem Schachspiel verschiedene Zugkombinationen gespielt werden, solange jeder Zug den Schachregeln entspricht (Searle 1969: 33ff.). In diesen Fällen motiviert eine bestimmte Handlung bei dem Interaktionspartner nicht eine bestimmte Reaktion, sondern eine von vielen Reaktionen, die durch die konstitutiven Regeln zugelassen werden. Dies halte ich für eine angebrachte Erweiterung des Institutionenbegriffs in der Phänomenologischen Soziologie.

2.1.7. Übungsfragen

1. Erläutern Sie die Prinzipien der zunehmenden und der abnehmenden Abstraktion bei der Bildung von Typen!
2. Wodurch ist die Existenz intersubjektiv geteilter Typen gesichert, obwohl in der Phänomenologischen Soziologie von subjektiven Bewusstseinsvorgängen ausgegangen wird?
3. Diskutieren Sie, inwieweit Alfred Schütz' Differenzierung von subjektiver und intersubjektiver Rationalität eine Erweiterung des ökonomischen Ansatzes darstellt!
4. Beschreiben Sie das Verhältnis zwischen den Individuen und der Gesellschaft in der Phänomenologischen Soziologie!
5. Welcher Unterschied besteht zwischen der Lebenswelt und dem Milieu?
6. Beurteilen Sie Schütz' Forderung nach rationalen Modellen menschlichen Verhaltens anstelle von Modellen rationalen Handelns!
7. Nach welchem Kriterium bestimmt ein Akteur in der Phänomenologischen Soziologie die geeignete »Definition der Situation«, wenn mehrere Situationstypen dafür in Frage kommen?
8. Konstruieren Sie (plausible) Motivstrukturen eines typischen Fußballfans, die ihn dazu veranlassen, zu *jedem* Heimspiel seiner Mannschaft zu gehen (verwenden Sie bei der Beschreibung die Schlüsselwörter »weil« und »um zu«)!
9. Erläutern Sie anhand eines Beispiels die Verknüpfung von subjektiven und intersubjektiven Motivzusammenhängen in einer Interaktion mit problematischen Möglichkeiten!
10. Welche Unterschiede gibt es zwischen der Phänomenologischen Soziologie und der Spieltheorie bei der Behandlung des Interdependenzproblems, und welche Folgen hat dies für die Anforderungen an die zu analysierenden Interaktionen?
11. Diskutieren Sie den Vorwurf, dass das Verhalten der Akteure in der Phänomenologischen Soziologie durch die Weil-Motive und die intersubjektiven institutionellen Rollenvorgaben überdeterminiert ist!

12. Welche Rolle spielt das Sanktionssystem bei der Aufrechterhaltung der fraglos gegebenen institutionellen Ordnung (Beachten Sie den selbstregulierenden Charakter von Sinnstrukturen)?
*13. Wodurch unterscheidet sich das Konzept der Institutionen der Ethnomethodologen von dem der Phänomenologischen Soziologen?

2.1.8. Literaturhinweise

Das grundlegende Werk der Phänomenologischen Soziologie ist Schütz' *Der sinnhafte Aufbau der sozialen Welt* (1932). Allerdings eignet es sich nicht besonders gut als Einführung in die phänomenologische Gedankenwelt (insbesondere neoklassisch sozialisierte Ökonomen werden den Einstieg schwierig finden). Leichter verständlich ist der Doppelband von Schütz und Luckmann (1979/1984), der einen guten Überblick über das Lebenswerk von Alfred Schütz gibt. Der Originalaufsatz von Schütz (1953) konzentriert sich auf die Konzeption der menschlichen Handlung in der Phänomenologischen Soziologie. Grathoff (1977) liefert eine kurze Zusammenfassung der Handlungstheorie von Alfred Schütz. Die Bedeutung der ökonomischen Österreichischen Schule für die Entwicklung der Theorie von Alfred Schütz wird in Prendergast (1986) beleuchtet.

Für die Begründung des intersubjektiven Verstehens über die Urerfahrung in der Wir-Beziehung ist Schütz (1932) unverzichtbar. Das Spannungsverhältnis zwischen Individuum und Gesellschaft sowie das phänomenologische Verständnis der Institutionen wird ausführlich in Berger und Luckmann (1966) behandelt. Eine ausführliche Diskussion der Abgrenzung der Begriffe Situation, Lebenswelt und Milieu liefern Hitzler und Honer (1984). Die der Phänomenologischen Soziologie zugrunde liegenden methodologischen Überlegungen werden in Schütz (1943/1953/1954) diskutiert. Siehe für eine Darstellung der modernen hermeneutischen Verfahren Hitzler und Honer (1997).

Zur Konzeption der »Definition der Situation« in der Phänomenologischen Soziologie siehe Schütz (1971). Betrachtet werden sollte in diesem Zusammenhang auch die ökonomisch formulierte »Definition der Situation« von Esser (1996) und die Kritik an diesem Modell von Etzrodt (2000).

Einen Überblick über die unkonventionellen ethnomethodologischen Studien gibt Garfinkel (1967). Eine kritische Auseinandersetzung sowohl mit der Phänomenologischen Soziologie als auch mit der Ethnomethodologie befindet sich in Giddens (1976).

2.2.   Symbolischer Interaktionismus

Das Forschungsprogramm des Symbolischen Interaktionismus, das seinen Namen Herbert Blumer (*1900) verdankt, wurde durch die Arbeiten von George Herbert Mead (1863-1931) begründet. Neben den Ideen von Mead gingen vor allem die Gedanken der Chicagoer Schule ein, insbesondere die von Charles Horton Cooley (1864-1929), John Dewey (1859-1952) und William Isaac Thomas (1863-1947). George Herbert Mead wurde jedoch zum Ausgangspunkt der verschiedenen Richtungen des Symbolischen Interaktionismus. Mead studierte an der Harvard Universität sowie in Leipzig und Berlin. Er wechselte von der Philosophie zur physiologischen Psychologie. 1891 wurde er Professor für Psychologie an der Universität von Michigan, und von 1894 bis zu seinem Tode war er Professor für Philosophie und Sozialpsychologie an der Universität von Chicago. Diese beiden Fächer wurden grundlegend für die Begründung seines Forschungsprogramms.

Trotz der Tatsache, dass sich die späteren Vertreter des Symbolischen Interaktionismus auf George Herbert Mead beriefen, spielten die Philosophie und die Psychologie keine nennenswerte Rolle in ihren Arbeiten. Eine Folge davon war, dass es zu erheblichen Unterschieden in wesentlichen Punkten zwischen den Theorien des Symbolischen Interaktionismus und Meads Theorie kam.

»The answer seems to be that Mead's work was used relatively *little* within the Chicago tradition of doing sociology and the uses to which it was put were quite *diverse*.« (Fisher, B.M./Strauss 1979: 10)

Aus diesem Grunde werden hier neben Meads Sozialem Behaviorismus die verschiedenen Ansätze des Symbolischen Interaktionismus, wie Blumers Chicagoer Schule, Manford Kuhns (1911-1963) Iowaer Schule und Erving Goffmans (1922-1982) dramaturgischer Ansatz, behandelt. Hinzu kommen die Arbeiten moderner symbolischer Interaktionisten, die aufgrund der schwierigen Abgrenzung in der jüngeren Literatur keinem der drei Ansätze zugeordnet werden. Sie werden lediglich als symbolische Interaktionisten geführt.

Aufgrund der vielen verschiedenen Meinungen innerhalb des Symbolischen Interaktionismus und dem daraus resultierenden Problem, diese Theorie mit einem roten Faden darzustellen, wird zuerst zu jedem Punkt Meads Version beschrieben, um dann die Abweichungstendenzen der verschiedenen Richtungen zu behandeln.

2.2.1. Grundlagen der Theorie

2.2.1.1. Ausgangspunkt der Analyse

Im Gegensatz zu den ökonomischen Theorien und der Phänomenologischen Soziologie ist der Ausgangspunkt der Meadschen Analyse nicht mehr das isolierte Individuum, sondern ein *Individuum in Relation zu anderen Individuen in einer Gruppe*. Mead nimmt an, dass jedes menschliche Verhalten ein soziales Verhalten ist. Die Konstruktion einer Theorie des menschlichen Verhaltens wird erst durch die Berücksichtigung des sozialen Rahmens einer Handlung in einer Gruppe ermöglicht.

»Social psychology studies the activity or behavior of the individual as it lies within the social process; the behavior of an individual can be understood only in terms of the whole social group of which he is a member, since his individual acts are involved in larger, social acts which go beyond himself and which implicate the other members of the group.« (Mead 1934: 6f.)

Mead konzipiert diese Gruppe als eine kooperative Gruppe. Eine kooperative Gruppe ist dadurch charakterisiert, dass sich die Individuen der Gruppe an gemeinsamen sozialen Vorgaben orientieren und somit ihre individuellen Handlungen zu einer sozialen Handlung koordiniert werden.

»I wish, however, to restrict the *social act* to the class of acts which involve the *co-operation of more than one individual*, and whose object as defined by the act, in the sense of Bergson, is a social object. I mean by a social object one that answers to all the parts of the complex act, though these parts are found in the conduct of different individuals. *The objective of the acts is then found in the life-process of the group, not in those of the separate individuals alone.*« (Mead 1925: 263f.; Hervorh. von CE)

Die Kommunikation der Akteure untereinander und die Koordination der Handlungen in den Interaktionen basieren nach Mead nicht mehr auf den Fähigkeiten eines einsamen Individuums. Die Möglichkeit der Verständigung wird auf die Kooperationsbereitschaft in der Gruppe zurückgeführt. Dabei geht Mead sowohl zu Alfred Schütz als auch zu anderen Vorläufern des Symbolischen Interaktionismus wie Charles Horton Cooley auf Distanz (Coser 1977: 340f.). Er versucht nicht mehr, die Handlungen der Individuen über ihr subjektives Bewusstsein zu konstruieren. Mead geht vielmehr davon aus, dass das Bewusstsein von vornherein in dem gesellschaftlichen Prozess objektiv verankert ist.

>He did not attempt to reconstruct the world through introspection [...]. He took as fundamental datum that an »objective life of society« exists, which it behooves the scientist to study.« (Coser 1977: 341)

Obwohl George Herbert Mead und Alfred Schütz als Väter der interpretativen Soziologie aufgefasst werden, sind die Ausgangspunkte ihrer Analysen völlig unterschiedlich. Während Schütz seine Überlegungen mit den subjektiven Bewusstsvorgängen im Individuum beginnt, geht Mead von vornherein von objektiven sozialen Vorgaben in einer Gruppe von Individuen aus. Daraus folgt, dass sich Schütz und Mead mit unterschiedlichen Problemen konfrontiert sehen. Für Schütz besteht das Problem darin, den Übergang von subjektiven Bewusstseinsprozessen zu einer intersubjektiven Verständigung zu erklären. Für Mead ergibt sich das Problem, einen subjektiven und freien Willen zuzulassen, der nicht im Widerspruch zu den objektiven sozialen Vorgaben steht, welche die Verständigung in der Gruppe garantieren. Das Problem von Schütz kann als *Intersubjektivitätsproblem* und das Problem von Mead als *Individualismusproblem* bezeichnet werden.

Diese Überlegungen führen bei Mead zu einem »nicht-individualistischen Begriff des Individuums« (Joas 1980: 80). In Meads Theorie sind es zwar die Individuen, die handeln, aber ihr Handeln wird nicht über die subjektiven und individuellen Bewusstseinsvorgänge, sondern die objektiven sozialen Vorgaben erklärt. Auf der anderen Seite vermeidet Mead einen Determinismus. Die objektiven Vorgaben der Gesellschaft bestimmen das Verhalten nicht vollständig, da das Individuum die Situation definieren und auf das Unerwartete kreativ reagieren muss.

>Mead, Thomas, and Park were antideterministic, in the sense that they sought a balance between completely free-willed actors and actors whose actions were fairly strictly determined – that is, constrained. Interactionists are essentially antideterministic [...].« (Strauss 1978: 16)

Diese Überlegungen von Mead zur nicht-individualistischen Konstruktion des Individuums wurden von den nachfolgenden Vertretern des Symbolischen Interaktionismus auf verschiedene Arten interpretiert. Ausgehend von den Kategorien Individuum, Interaktion und Gesellschaft, können verschiedene Varianten des Symbolischen Interaktionismus ausgemacht werden. Eine der einflussreichsten Interpretationen im Symbolischen Interaktionismus geht auf Blumer zurück. Er sieht die Interaktion als grundlegende Kategorie an. Sowohl die Gesellschaft als auch das Individuum werden im Prozess der Interaktion konstituiert.

>In short, the reliance on symbolic interaction makes human group life a developing process instead of a mere issue or product of psychological or social structure.« (Blumer 1966a: 538)

Im Gegensatz dazu steht die Interpretation von Kuhn und seiner Iowaer Schule. Für ihn ist die Gesellschaft die grundlegende Kategorie, welche den Rahmen für die Interaktion und die Identität der Individuen formt. Eine weitere Interpretationslinie löst den Widerspruch zwischen beiden Positionen dadurch auf, dass sie sowohl die Gesellschaft als auch die Interaktion als einen sozialen Prozess auffasst (Fine 1991: 168). Auf diese Weise verringern sich die Unterschiede zwischen den Kategorien Gesellschaft und Interaktion. Letztlich stellen beide das gleiche Phänomen nur auf unterschiedlichen Ebenen dar, wodurch auch die Frage, ob nun die Gesellschaft die Interaktion konstituiert oder andersherum, damit beantwortet wird, dass die Gesellschaft und die Interaktion sich gegenseitig beeinflussen. Eine weitere Gruppe von symbolischen Interaktionisten geht noch einen Schritt weiter, indem sie von einer gegenseitigen Beeinflussung von Gesellschaft bzw. Interaktion und Individuum ausgeht (u.a. Hewitt 1976: 56; Charon 1979: 171).

Allen symbolischen Interaktionisten ist jedoch eine Position gemeinsam: In keinem Fall ist das Individuum der Ausgangspunkt der Analyse. Somit kann der Symbolische Interaktionismus im Gegensatz zur Phänomenologischen Soziologie nicht mehr zum Methodologischen Individualismus gerechnet werden.

> »[...] the whole (society) is prior to the part (the individual), not the part to the whole; and the part is explained in terms of the whole, not the whole in terms of the part or parts.« (Mead 1934: 7)
>
> »The self is therefore not the ontological starting point for a theory of social order. For Goffman it is an end product, the existence of which depends upon a presentation order which is the primary constraint of situations of co-presence.« (Rawls 1987: 139)

Die Abgrenzung zum Methodologischen Individualismus wird verständlich, wenn das *Ziel der Theorie von Mead* mitberücksichtigt wird. Ihm geht es vor allem um die Untersuchung des Einflusses der sozialen Gruppe auf die Erfahrungen und Verhaltensweisen der Individuen.

> »Social psychology is especially interested in the effect which the social group has in the determination of the experience and conduct of the individual member.« (Mead 1934: 1)

Genau genommen handelt es sich bei Meads Theorie um den Versuch, eine Identitätstheorie zu formulieren, die gleichzeitig eine Handlungstheorie beinhaltet.

2.2.1.2. Annahmen über den Menschen

Ebenso wie in der Phänomenologischen Soziologie werden die Menschen im Symbolischen Interaktionismus sowohl als *frei* als auch *sozialisiert* charakterisiert. Mead beginnt seine Analyse mit einem sozialisierten Individuum, welches in eine bereits existierende Gesellschaft hineingeboren wird und somit die in dieser Gesellschaft vorherrschenden sozialen Konstrukte als objektive Vorgaben akzeptiert. Da aber jedes Individuum neben den in der Sozialisation erworbenen objektiven Erkenntnissen auch subjektive Erfahrungen erworben hat, sind die Ideen, Vorstellungen und Werte sowie das Verhalten eines Individuums niemals vollständig determiniert.

> »These ideas differ from each other as they exist in the conscious experience of different people, but they also have cores of identical content, which in public consciousness act uniformly.« (Mead 1930: 695)

Auch wenn die Akteure subjektive und individuelle Bewusstseinsvorgänge besitzen, sind die Elemente dieser Bewusstseinsprozesse sozialer Herkunft. Bewusstsein und Selbstbewusstsein werden über den Akt der Kommunikation ermöglicht. Erst in der relationalen Beziehung zu anderen Akteuren in einer sozialen Handlung wird ein Individuum sich selbst bewusst, indem es die Perspektive seines Gegenübers einnimmt und somit durch dessen Augen selbst sieht (McKinney 1955: 147). Objektiv geltende Elemente in den individuellen Bewusstseinsvorgängen garantieren, dass ein Akteur die Perspektive eines anderen Akteurs übernehmen kann. Demnach handelt es sich bei diesen objektiven Elementen um eine Voraussetzung für die Möglichkeit der Kommunikation und der Bewusstseinsbildung. In diesem Punkt unterscheidet sich Meads Position stark von der Position von Schütz. Mead lehnt im Gegensatz zu Schütz eine Konstruktion von Intersubjektivität auf der Basis subjektiver Bewusstseinsvorgänge ab.

> »A self that can reach other selves only through the interpretation of states of consciousness that are primarily states of itself, can never be primarily a social self, no matter how social the group may be within as a living organism it has its being.« (Mead 1930: 701)

Aufgrund der Verankerung von objektiven Vorgaben im subjektiven Bewusstseinsprozess der Individuen wird Mead von manchen Autoren eher eine kollektivistische als eine individualistische Position zugeschrieben (Warshay/Warshay 1986: 180). Allerdings grenzt sich die Position von Mead deutlich von anderen Vertretern der kollektivistischen Tradition in der Soziologie ab. So geht z.B. Mead im Vergleich zu Durkheim nicht von sozialen Tatbeständen außerhalb des Individuums aus. Die objektiven Elemente sind vielmehr ein Teil des Individuums selbst (Johnson/Shifflett 1981: 152).

Dementsprechend wird von den meisten symbolischen Interaktionisten hervorgehoben, dass George Herbert Mead eine vermittelnde Position zwischen objektivistischen und subjektivistischen Extrempositionen eingenommen hat.

> »Meads Beitrag [...] läßt sich nicht als schlichte Umdrehung des Verhältnisses von Individuum und Kollektiv – nun zu Gunsten des Kollektivs – verstehen.«
> (Joas 1988: 424)

Meads eigene Meinung zu diesem Thema zu ergründen ist aus dem Grunde besonders schwierig, weil seine Hauptwerke hauptsächlich aus Vorlesungsmitschriften zusammengestellt und posthum veröffentlicht wurden. Daraus ergibt sich, dass die vielen unklaren und widersprüchlichen Formulierungen legitimerweise auf verschiedene Arten interpretiert werden können. Eine Folge der fehlenden Selbsteinordnung von Mead in diesem Problembereich ist, dass sich innerhalb des Symbolischen Interaktionismus sehr unterschiedliche Ansätze auf die Arbeiten von Mead berufen, je nach dem, ob eher seine subjektive oder objektive Seite betont wurde. Die beiden extremsten Interpretationen, gehen auf Blumers Chicagoer Schule und Kuhns Iowaer Schule zurück. Blumer bezieht sich dabei auf die subjektive Seite von Mead, während Mead von Kuhn objektivistisch gelesen wird.

> »Contemporary Meadian social psychology, then, is divided between the two sides which entered into Mead's compromise. Blumer foregoes a degree of the objectivity of Mead's method while maintaining the metatheoretical foundation. The Iowa school reclaim his objectivity [...], but forego the foundation.«
> (Johnson/Shifflett 1981: 153)

Die Betonung der subjektiven Seite von Mead führt innerhalb der Chicagoer Schule zu einer Sichtweise des Individuums, die es als einen ausgesprochen aktiven Teilnehmer im gesellschaftlichen Prozess beschreibt. Es übernimmt nicht einfach nur die Rollenvorgaben, sondern konstruiert die Rollen, die es spielt, kreativ in der Auseinandersetzung mit den anderen Interaktionsteilnehmern (Blumer 1966a: 536). In diesem Sinne wird »role-taking$_1$« von den meisten symbolischen Interaktionisten als interpersonaler kognitiver Prozess aufgefasst, in dem die Rollen von den Akteuren festgelegt werden (»role-making«). Diese Definition grenzt sich von einer Definition des »role-taking$_2$« als Übernahme von klar definierten und festgelegten Rollen ab (Moreno 1951: 551).

Im Gegensatz zu der Konzeption des Akteurs als »role-maker« in der Tradition der Chicagoer Schule wird der Akteur von der Iowaer Schule eher als Rollenspieler angesehen. Er ist ein »role-taker$_2$«, der in der Interaktion festgelegte Rollen spielt.

»An individual learns to occupy a status and to play a role by learning not only the rights and duties of his status and the requisite behavior of his role but, also those of all the other persons in the group or other social system of which this status is a part. He must not only behave in such a way that the expectations of others will be met; he must also be able, reciprocally, to anticipate correctly their behavior.« (Hickman/Kuhn 1956: 35)

Diese Positionen führen zu unterschiedlichen Annahmen über die Resultate von Interaktionen. In der Chicagoer Tradition werden die Interaktionsergebnisse aufgrund der Kreativität der freien Akteure als unvorhersagbar eingestuft. Dagegen sind die Resultate der Interaktion in der Iowaer Schule durch die objektiven Rollenvorgaben klar determiniert. Die Vorhersagbarkeit von Interaktionen geht dabei allerdings auf Kosten des Verhaltensspielraums des Individuums. Die Chicagoer betonen somit den prozessualen Charakter der Interaktion, welche sich erst im Verlauf entwickelt, und die Iowaer betonen die strukturellen Vorgaben für die Individuen in der Interaktion, deren Verlauf von vornherein festgelegt ist (Meltzer/Petras 1970: 11). Die meisten modernen symbolischen Interaktionisten bevorzugen eine Position zwischen diesen beiden Extremen auf dem Kontinuum zwischen Struktur und Prozess (vgl. Stryker 1987: 91).

Der dramaturgische Ansatz von Goffman stellt in diesem Zusammenhang eine dritte Variante dar. Ihm geht es nicht um eine Einordnung in das eindimensionale Kontinuum zwischen dem Chicagoer »role-taking$_1$« bzw. »role-making« und dem Iowaer »role-taking$_2$«. Statt dessen führt er eine weitere Dimension ein. Ihm geht es um die Frage, inwieweit die Akteure mit ihren Rollen übereinstimmen oder zu ihnen auf Distanz gehen. Goffmans Individuum ist ebenso wie Kuhns zuerst einmal ein »role-taker$_2$« bzw. ein Rollenspieler, der die vorgegebenen Rollen übernimmt (Goffman 1961c: 87). Im Gegensatz zu der Auffassung von Kuhn ist damit aber die Aktivität des Individuums noch nicht erschöpft. Der dramaturgische Akteur übernimmt zwar die vorgegebenen Rollen, seine kreative Leistung liegt jedoch in der Performance der Rolle. Er versucht seine Rolle kreativ aufzufüllen und für seine Mitmenschen realistisch darzustellen. Dabei spielt er seine Rollen mal mit größerer und mal mit geringerer Rollendistanz. Rolle und Identität sind in dem dramaturgischen Ansatz von Goffman nicht identisch. Unabhängig von seiner Identität ist ein dramaturgisch kompetenter Akteur in der Lage, seine Rollen überzeugend zu spielen. Der Goffmansche Akteur ist ein »role-taker$_2$« der gleichzeitig ein »role-player« ist.

»An examination of Goffman's early work clearly reveals that he conceptualized human social behavior as a series of »performances« by »actors« who strive to present themselves (who »give« and »give off« »expressions« designed to create an »impression«) as being exactly who and what they claim to be. Social behavior is a performance whose ultimate aim is to convince others of the authenticity of one's self.« (Reynolds 1987: 96)

Werden die unterschiedlichen Positionen zum Verhältnis von Entscheidungsfreiheit und sozialen Zwängen bei der Darstellung von Individuen im Symbolischen Interaktionismus betrachtet, können zwei völlig verschiedene Herangehensweisen festgestellt werden. George Herbert Mead sieht es als ein philosophisches Problem an, welches er mit Hilfe der behavioristischen Psychologie lösen will. Für die nachfolgenden symbolischen Interaktionisten wird es hingegen zu einem soziologischen Problem, welches je nach Geschmack des betreffenden Forschers »gelöst« wird, indem er entweder den strukturellen Rahmen oder die Kreativität der Individuen hervorhebt.

Wie sieht nun der Versuch von Mead aus, das *Individualismusproblem* mit Hilfe der Psychologie zu lösen? George Herbert Mead (1934: 2) greift bei der Behandlung dieses Problems auf die behavioristische Theorie von John Broadus Watsons zurück. Im Gegensatz zu den Behavioristen lässt er es nicht bei einem einfachen Reiz-Reaktions-Schema bewenden (Mead 1922: 158). Für Mead (1934: 13) sind auf einen Reiz immer mehrere Reaktionen möglich. Z.B. führt das Wort »Pferd« als ein Reiz keineswegs zu einem bestimmten Reflex, sondern legt vielmehr eine ganze Reihe von möglichen Reaktionen nahe, wie z.B. ein Pferd reiten, füttern oder verkaufen. Durch den Reiz wird keine bestimmte Reaktion, sondern vielmehr eine Einstellung zu einem Objekt aktiviert. Zu dieser Einstellung assoziiert ein Akteur verschiedene Handlungstendenzen, zwischen denen er eine Wahl treffen muss. Um seine Wahl umzusetzen, konfrontiert er sich selbst mit einem genauer spezifizierten Reiz. Wie im Behaviorismus halten Reize die Handlung in Gang, aber im Gegensatz zur behavioristischen Psychologie legen sie die Handlung nicht eindeutig fest. Der Unterschied liegt darin, dass ein Reiz erst eine Einstellung hervorruft, zu der wiederum mehrere Handlungsalternativen gehören. Somit bestimmt die Konzeptualisierung der Einstellung die Handlung.

> »Der erste Schritt im Gedankengang ist die Einsicht, daß Reize eine vom Organismus aktiv gesuchte Gelegenheit darstellen, bestimmte Verhaltensweisen zu äußern, für die eine Triebspannung bestanden hatte.« (Joas 1978: 19)

Im zweiten Schritt führt Mead das Konstrukt der »signifikanten Symbole« ein. Es handelt sich bei »signifikanten Symbolen« um Reize in Form von Gesten oder Wörtern, die bei allen Gruppenmitgliedern die gleiche Einstellung zu einem Objekt aktivieren (Mead 1922: 243; Mead 1934: 45f.). An einigen Stellen in seinem Werk geht Mead (1927: 79; 1934: 47f.) noch darüber hinaus, indem er unterstellt, dass »signifikante Symbole« nicht nur dieselben Einstellungen in allen Mitgliedern einer Gruppe hervorrufen, sondern auch zu denselben Reaktionen führen. Die Frage, ob »signifikante Symbole« lediglich zu gleichen Einstellungen oder sogar zu gleichen Reaktionen führen, ist für die Begründung des »Verstehens« in der Interpretativen Soziologie ausgesprochen wichtig. Die Herleitung des »Verstehens« aus einer behavioristischen Theorie setzt zwingend voraus, dass alle Interaktionsteilnehmer auf einen Reiz bzw. ein »signifikantes Symbol« mit demselben Reflex reagieren. Beispielsweise müssen alle Mitglieder einer Gruppe einem Wort denselben Sinn zuschreiben, damit sie sich verstehen können. Wenn allerdings jedem »signifikanten Symbol« eine eindeutige Reaktion zugeschrieben wird, haben die Individuen nicht mehr die Wahl zwischen verschiedenen Handlungsalternativen. Es ist nicht möglich, auf der Basis der behavioristischen Psychologie sowohl die Wahlfreiheit als auch die Verständigung der Akteure untereinander in Einklang zu bringen. George Herbert Mead übergeht dieses Problem, indem er erst gar nicht versucht, es in seinem behavioristischen Modell aufzulösen.

Ein Versuch zur Auflösung des Individualismusproblems wird von J. David Lewis (1979) unternommen. Lewis geht davon aus, dass Akteure in der Lage sind, Abweichungen von den objektiv festgelegten Reaktionen auf ein »signifikantes Symbol« innerhalb eines Toleranzbereichs zu erkennen und zu verstehen. Auf diese Weise ist die individuelle Wahlmöglichkeit zwischen geringfügig abweichenden Reaktionen sichergestellt, ohne dabei die Verständigung zu stören. Erst bei einer Überschreitung des Toleranzbereiches treten Missverständnisse auf. Gegen diese Argumentation gibt es allerdings zwei Einwände. Erstens bemüht sich Lewis nicht, die Existenz eines solchen Toleranzbereichs im Rahmen eines behavioristischen Modells zu begründen, und zweitens wird lediglich das Individualismusproblem für geringfügig abweichende Reaktionen im Sinne von Goffmans »role-playing«, aber nicht für das kreative »role-making« gelöst.

Ein anderer Lösungsvorschlag geht auf eine Mead-Interpretation von Reynolds zurück. Reynolds sieht in dem Meadschen Konzept der Perspektivenübernahme und nicht im behavioristischen Verhaltensmodell eine Lösung des Koordinationsproblems der Verständigung.

»If human behavior patterns do not spring from the fact that people are physiologically organized so that they must act in certain ways, what, then, allows them to act in concert? [...] According to George Herbert Mead, humans act in concert because they have the ability to take the other('s) point of view [...].« (Reynolds 1987: 50)

Allerdings stellt auch dieser Ansatz keine Lösung dar, da der Lösungsversuch über die Perspektivenübernahme das Problem nur verschiebt. Die Möglichkeit, die Perspektive einer anderen Person einzunehmen, setzt notwendigerweise voraus, dass die »signifikanten Symbole« für beide Personen zu denselben Einstellungen führen.

»We are calling out in the other person something we are calling out in ourselves, so that unconsciously we take over these attitudes. We are unconsciously
putting ourselves in the place of others and acting as others act [...].« (Mead
1934: 68f.)

Wenn nun Variationen und Abweichungen im Handeln der Personen in der Theorie
zugelassen werden, müssen die zu den »signifikanten Symbolen« assoziierten Einstellungen wandelbar sein, wobei jede Veränderung einer Einstellung für alle anderen Personen verständlich sein muss.

»The very *stimulus* which one gives to another to carry out his part of the common act affects the individual who so *affects the other in the same sense*. He tends
to arouse the activity in himself, which he arouses in the other. He also can in
some degree so place himself in the place of the other or the places of others that
he can share their experience. *Thus*, the *varied means* which belong to compli-
cated human society *can in varying degrees enter into the experience of many members*, and the relationship between the means and the end can enter the
experience of the individual.« (Mead 1938 : 137; Herv. von CE)

Es bleibt ein ungeklärtes Problem, wie die Akteure die von anderen Akteuren neu ge-
schaffenen Einstellungen zu einem Objekt übernehmen sollen, wenn sie sie nicht verstehen. Das Konzept der Perspektivenübernahme hilft hier nicht weiter, weil es das Koordinationsproblem (Intersubjektivitätsproblem) nicht lösen kann, wenn gleichzeitig
das Individualismusproblem gelöst werden soll, da die Möglichkeit der Perspektivenübernahme voraussetzt, dass das Koordinationsproblem bereits gelöst wurde. Somit
liegt bei dem Versuch von Mead das Individualismusproblem, ausgehend von objektiven Sinnstrukturen zu lösen, ein logischer Bruch vor.

Der Symbolische Interaktionist Charles Bolton (1981: 255ff.) kommt deshalb zu
dem Schluss, dass eine Lösung des Intersubjektivitätsproblems unter der Berücksichtigung des Individualismusproblems nicht über ein behavioristisches Verhaltensmodell
zu verwirklichen ist. Statt dessen wird vorgeschlagen, in diesem Punkt Alfred Schütz
zu folgen und von subjektiven Bewusstseinsvorgängen ausgehend das Intersubjektivitätsproblem zu lösen.

Für die modernen Varianten des Symbolischen Interaktionismus ergeben sich aus
dem missglückten Begründungsversuch des Verstehens von Mead erhebliche Probleme, da sie in der Regel auf eine eigene Behandlung des Individualismusproblems verzichten bzw. diese sogar bewusst ablehnen, sie aber andererseits die Ergebnisse der Theorie von Mead als Ausgangspunkt für ihre eigenen Analysen nehmen.

»It is never clear how Blumer defines meaning or shared meaning. [...] Blumer attends to neither the convergent responses which constitute the objective reality of perspectives nor to the significant symbols responsible for those convergent responses.« (McPhail/Rexroat 1979: 457f.)

Sowohl Blumer als auch Kuhn als Vertreter der zwei renommiertesten Schulen beginnen ihre Analysen mit der Feststellung, dass Individuen ihre Handlung in Bezug auf den Sinn von Objekten und nicht in Bezug auf Reize organisieren (Blumer 1962: 182; Hickman/Kuhn 1956: 23). Für Mead resultiert der Sinn von Objekten aus dem Verhalten dem Objekt gegenüber. Sinn steht somit für vorliegende Handlungspläne (Mead 1900: 3; Mead 1922: 158; Mead 1934: 117). Hat Mead noch versucht, die individuellen Handlungspläne aus objektiven »signifikanten Symbolen« abzuleiten, so nehmen die Vertreter der Chicagoer Schule an, dass sich der Sinn in einem sozialen Prozess konstituiert (Blumer 1966a: 539). Die Iowaer Schule verbindet den Sinn von Objekten dagegen mit der Position des Individuums in der Gesellschaft. Nach Hickman und Kuhn (1956: 29) entspricht der Sinn von Objekten den Einstellungen einem Objekt gegenüber. Das Verhalten wird wiederum durch die Einstellung sich selbst gegenüber organisiert (Kuhn/McPartland 1954: 68), und die Selbsteinstellung hängt von der Position ab, welche das Individuum in der Gesellschaft einnimmt (Kuhn 1960: 53f.). Daraus folgt, dass auch der Sinn von Objekten durch die Position des Individuums konstituiert wird.

Wie wird nun in den verschiedenen Ansätzen des Symbolischen Interaktionismus ohne Rückgriff auf die behavioristische Psychologie versucht, das Koordinationsproblem der Verständigung bei gleichzeitiger Behandlung des Individualismusproblems zu lösen? Die Vertreter der Chicagoer Schule versuchen dieses Problem dadurch zu lösen, dass sie davon ausgehen, dass der gemeinsam geteilte Sinn von Objekten oder die gemeinsam geteilten Handlungseinstellungen einem Konsens entspringen. Dieser Konsens zwischen den verschiedenen Interpretationsmöglichkeiten wird spontan ausgehandelt.

»In this latter case the possibility of conflicting interpretations between actors is reduced by the implicit assumption that common understandings arise spontaneously through joint and shared interactions.« (Barbalet 1997: 112)

Das Ergebnis eines Konsensus wäre demnach ein Kompromiss zwischen den eigenen Vorstellungen und den Anforderungen der Situation, insbesondere den Erwartungen der anderen Interaktionsteilnehmer (vgl. Zurcher 1983: 13).

Im Gegensatz zur Chicagoer Schule verzichtet Goffman in seinem dramaturgischen Ansatz auf die Annahme eines spontan sich ergebenden Konsens. Aus diesem Grunde betont Goffman immer wieder die Bedeutung der Moral für die Einhaltung der von anderen erwarteten Rollenhandlungen (Goffman 1959: 13). Dabei wird Moral als eine Art Selbstbeschränkung aufgefasst (Goffman 1969: 127). Darüber hinaus wird die Selbstdarstellung eines Anderen in *taktvoller* Weise akzeptiert, solange man ihm abnimmt, dass die Rolle *ehrlich* gespielt wird (Reynolds 1987: 97). So werden gewisse Abweichungen von der Rollenvorgabe toleriert.

Für Kuhn als Hauptvertreter der Iowaer Schule besitzt jedes Individuum ein allen gemeinsames »core self«, durch welches das Verhalten aller Beteiligten in einer Interaktion voraussagbar wird (Hickman/Kuhn 1956: 21ff.). Diese Stabilität löst das Koordinationsproblem, allerdings unter Vernachlässigung der Individualität.

Allen Varianten des Symbolischen Interaktionismus ist unabhängig von ihrer Position auf dem Kontinuum zwischen einem kreativen Akteur und einem vorgegebene Rollen spielenden Akteur eines gemeinsam: die Überwindung des Individualismusproblems gehört zu den grundlegenden Annahmen dieser Ansätze und ist nicht das Resultat von grundsätzlichen Überlegungen wie bei George Herbert Mead.

Von dem Konzept der »signifikanten Symbole« gelangt Mead zu den Überlegungen über das menschliche Bewusstsein. »Bewusstsein« wird von Mead als der Zustand definiert, in dem einem Individuum die Umwelt zugänglich ist. Davon grenzt Mead z.B. den Zustand des Schlafes ab. »Bewusstsein« resultiert aus dem Umstand, dass die Verwendung von signifikanten Symbolen zu den gleichen Einstellungen zu einem Objekt führt, wodurch sich in Interaktionen die Notwendigkeit ergibt, diese signifikanten Symbole bewusst zu steuern, da das Individuum selbst eine Reizquelle für die anderen Interaktionsteilnehmer darstellt.

> »Der dritte Schritt führt dazu, Situationen zu betrachten, in denen eine geschärfte Aufmerksamkeit auf Objekte allein nicht ausreicht, um die Fortsetzung der Handlung zu ermöglichen. Damit sind die sozialen Situationen gemeint, in denen der Handelnde selbst Stimulus ist und deshalb auf seine eigene Haltungen aufmerksam sein muss, da diese die Reaktionen der anderen und damit die Bedingungen für sein eigenes Reagieren bestimmen. In den sozialen Situationen wird Selbstbewusstsein zuerst funktional.« (Joas 1978: 19)

In diesem Sinne funktioniert das »Bewusstsein« über die Perspektivenübernahme. Indem der Akteur mit sich selbst spricht, wie er auch mit anderen sprechen würde, wird es ihm möglich, die Perspektive des Anderen einzunehmen. Diese Konversation mit sich selbst kann mit dem »Bewusstsein« gleichgesetzt werden (Mead 1922: 160). »Bewusstsein« ist demnach ein Produkt des sozialen Verhaltens.

> »We are rather forced to conclude that consciousness is an emergent from such behavior; that so far from being a precondition of the social act, the social act is the precondition of it.« (Mead 1934: 18)

Ausgehend von den Reizen in Form von signifikanten Symbolen ergibt sich aus der Tatsache, dass mehrere Reaktionen auf einen Reiz möglich sind, das Problem der Wahl. Dieses Problem der Wahl einer geeigneten Reaktion, welche zugleich ein geeigneter Stimulus für den Interaktionspartner sein soll, erzeugt »Bewusstsein«. »Denken« wird dabei als eine Aktivität aufgefasst, die zu der Selektion einer Handlungsalternative führt (Mead 1934: 94f.).

Im letzten Schritt seiner Analyse leitet Mead aus dem Konzept des »Bewusstseins« oder besser »Selbstbewusstseins« das Konzept der Identität eines Individuums ab. Mead knüpft bei seinem Identitätskonzept an die Begriffe »I« und »me« von William James an, ohne dabei aber die Definitionen von James zu übernehmen. James unterscheidet zwei Aspekte der Identität: die »Innenperspektive«, dem »I« als Menge der selbst gesammelten Erfahrungen, und die »Außenperspektive«, dem »me« als die Seite von mir, die von anderen Personen wahrgenommen wird (James 1983: 378f.). Bei Mead handelt es sich hingegen bei beiden Begriffen »I« und »me« um Phasen im Bewusstseinsablauf einer Person. In der Terminologie von James bezieht sich das Identitätskonzept von Mead somit nur auf die »Innenperspektive«.

Als das »me« bezeichnet Mead diejenige Phase im Denkprozess, in der die Einstellungen der anderen Akteure durch die Konfrontation mit »signifikanten Symbolen« selbst eingenommen wird. In dieser Phase wird das Individuum durch die Konventionen, Gewohnheiten und Rollen der Gruppe gelenkt. Das »me« nimmt somit die Funktion eines internen Sanktionssystems wahr, indem es dem Akteur vor Augen hält, was die Mitmenschen von ihm erwarten.

> »If we use a Freudian expression, the »me« is in a certain sense a censor. It determines the sort of expression which can take place, sets the stage, and gives the cue.« (Mead 1934: 210)

Mead sieht die Identität aber nicht nur durch die Phase des »me« bestimmt. Die zweite Phase des Denkprozesses, welche die Identität konstituiert, ist das »I«. In dieser Phase erfolgt die Reaktion des Individuums auf die Einstellungen bzw. Erwartungen der anderen Gruppenmitglieder. Während das »me« eine Handlung in die vorgegebenen Bahnen lenkt, sorgt die Einwirkung des »I« für unkontrollierte Abweichungen von der festgelegten Handlung. Dabei entzieht sich das »I« auch unserer eigenen Kontrolle, wodurch wir uns selbst mit unseren eigenen Handlungen überraschen (Mead 1934: 173ff.). Die Variable »I« sorgt in der Theorie von Mead dafür, dass die Erklärung des menschlichen Verhaltens nicht durch die sozialen Rollen determiniert ist.

In der Literatur werden drei verschiedene Möglichkeiten angegeben, das »I« inhaltlich zu füllen:

1) Das »I« wird als Ausdruck der Triebhaftigkeit aufgefasst (u.a. Morris 1934: xxv; Strauss 1956: xxiv; Joas 1980: 117)

2) Das »I« wird mit dem Gefühl der Freiheit, welches selbstbewusstes Handeln ermöglicht, gleichgesetzt (Mead 1934: 117).

3) Das »I« wird als eine Residualkategorie angesehen, die für die nicht erklärbaren Abweichungen von den durch das »me« definierten Rollenvorgaben steht (Kolb 1944: 292; Becker, H.S. 1950: 20, Fußnote 23; Steiert 1977: 83).

Es ist zu beachten, dass diese Interpretationen des »I« nicht miteinander kompatibel sind. So führt die Definition des »I« sowohl als Trieb als auch freie Wahl zu einem Widerspruch, da Triebe einen unbewussten Ursprung haben, während die freie Wahl üblicherweise mit einer bewussten Wahl gleichgesetzt wird.

> »Mead's »I« involves a paradox: on the one hand it represents freedom, spontaneity, novelty, initiative; on the other hand, however, because the »I« is essentially biologic and impulsive, it is blind and unconscious, a process we become aware of only when it is a fait accompli.« (Zeitlin 1973: 227)

Wird hingegen das »I« lediglich als Residualkategorie angesehen, führt dies zu einem anderen Problem. Über diese Definition des »I« als eine Störvariable ist zwar gewährleistet, dass jedes Verhalten mit der Theorie konform ist, unabhängig davon, ob es den sozialen Rollenvorgaben entspricht oder nicht. Die Allgemeingültigkeit dieser theoretischen Aussagen mit Hilfe einer solchen Definition des »I« wird allerdings durch den Verzicht auf eine *Erklärung* der Abweichungen von den Rollenvorgaben erkauft. Der Wahrheitsgehalt der Theorie wird in diesem Fall auf Kosten des Erklärungsgehaltes erhöht.

Die beiden Phasen des Denkprozesses »I« und »me« ergeben gemeinsam die Identität. Die Identität resultiert aus dem Dialog zwischen dem »I« und dem »me«. Das »I« entspricht der Tendenz zur Abweichung von den Rollenvorgaben, während das »me« für die Beibehaltung der Rollenvorgabe sorgt. In der zeitlichen Abfolge wird zuerst eine Einstellung im »me« im Sinne einer Reaktion auf einen Reiz in der Form eines »signifikanten Symbols« aktiviert. Darauf folgt die Intervention des »I«, wodurch das letztendlich gezeigte Verhalten unvorhersehbar wird.

Dieses Schema der zeitlichen Abfolge wird durch Blumer abgewandelt. Der Prozess beginnt nun mit dem »me«, welches den Rahmen für die Reaktion des »I« festlegt. Das impulsive Verhalten, das aus dem »I« resultiert, wird wiederum durch das »me« gelenkt und kontrolliert.

> »The »I« and the »Me« [...] were regarded by Mead as aspects of an ongoing process – the »Me« setting the stage for the response of the »I«, with the expression of the »I« calling in turn for control and direction by the »Me«.« (Blumer 1966b: 547)

Dieser Prozess wird von den meisten symbolischen Interaktionisten noch verkürzt, so dass er mit dem »I« beginnt und mit dem »me« endet.

> »Propulsion is the function of the »I«, direction the function of the »Me«.«
> (Reynolds 1987: 82)

In der Bewertung der Bedeutung von »I« und »me« in einer sozialen Handlung gibt es erhebliche Unterschiede zwischen der Chicagoer Schule auf der einen Seite und der Iowaer Schule sowie dem dramaturgischen Ansatz von Goffman auf der anderen Seite. Die Vertreter der Chicagoer Tradition messen dem »I« und dem »me« einen gleich großen Anteil an der Erklärung der sozialen Handlungen bei (Kolb 1944: 295f.; Hewitt 1976: 55f.), während die Vertreter der Iowaer Schule und Goffman auf die »Residualkategorie« »I« ganz verzichten und die sozialen Handlungen nur über »me« erklären (für Kuhn: Meltzer/Petras 1970: 9f., für Goffman: Goffman 1961c: 87f.; Goffman 1959: 168). Durch die Vernachlässigung der »I«-Komponente wird die Identität lediglich durch die Einstellungen der anderen Mitglieder in der Gruppe bestimmt. Allerdings wird diese Position von Goffmans dramaturgischem Ansatz abgeschwächt, da sein Konzept des »role-playing« auch eine Distanz zu den vorgegebenen Rollen zulässt. Somit kann ein persönlicher biographischer Teil der Identität neben dem »me« existieren, ohne von ihm erdrückt zu werden.

> »We always find the individual employing methods to keep some distance, some elbow room, between himself and that with which others assume he should be identified. […] Without something to belong to, we have no stable self, and yet total commitment and attachment to any social unit implies a kind of selflessness. Our sense of being a person can come from being drawn into a wider social unit; our sense of selfhood can arise through the little ways in which we resist the pull.« (Goffman 1961a: 319f.)

Die Differenzen in der Beurteilung der Bedeutung von »I« und »me« führen zu unterschiedlichen Definitionen der Identität in den Varianten des Symbolischen Interaktionismus. Ausgehend von der Meadschen Position, dass auf die eigene Identität genauso reagiert wird wie auf die Identitäten der anderen Personen, interpretieren Blumer und andere symbolische Interaktionisten die Identität als die Wahrnehmung von sich selbst als ein Objekt. Akteure nehmen sich als Objekt wahr, wenn sie von sich als Mann oder Frau, Ökonom oder Soziologe, krank oder gesund oder Angehörigem einer bestimmten ethnischen Gruppe sprechen (Blumer 1981: 137f.). Da die Identität einer Person aus dem Wechselspiel der Phasen des »I« und des »me« resultiert, wird sie als ein Prozess aufgefasst. Allerdings ist die Zuschreibung der Selbstkategorisierung als Mann oder Frau zum Prozess der Identität nicht unproblematisch. Wenn Identität als ein Prozess aufgefasst wird, in dem in der Phase des »me« die Einstellungen der anderen Personen übernommen werden, müssen diese Selbstkategorisierungen auch der Phase des »me« und nicht der Identität im Sinne des gesamten Prozesses zugeordnet werden. Aus diesem Grunde unterscheidet Stryker auch die Begriffe »Rollen-Identität« und »self«. Das »self« ist für ihn der Prozess, während er die »Rollen-Identität« mit den internalisierten Positionen wie z.B. Mann oder Frau, die der Akteur einnimmt, gleichsetzt (Stryker 1980: 60).

> »Almost all writers using the term imply that *identity* establishes what and where the person is in social terms. It is *not a substitute word for »self«*. Instead, when one has *identity*, he *is situated* – that is, cast in shape of social object by the acknowledgment of his participation or membership in social relations. One's identity is established when others place him as a social object by assigning him the same words of identity that he appropriates for himself or announces. [...] Such a conception of identity is, indeed, *close to* Mead's conception of the »me«, the self as object related to and differentiated from others.« (Stone 1962: 93f.; Herv. von CE)

Aus der Gleichsetzung des »me« mit der Identität in der Version des Symbolischen Interaktionismus von Kuhn folgt, dass die Identität auch in konsistenter Weise als Organisation von Einstellungen (Handlungsplänen) aufgefasst wird, die eine Person gegenüber sich selbst als ein Objekt (Mann oder Frau, usw.) einnimmt. Die Einstellungen entsprechen dabei den internalisierten Rollen der Gruppe, die durch die Selbstkategorisierung als Mann oder Frau aktiviert werden. Über die Frage »Wer bin ich?« kann sehr leicht die Identität einer Person ermittelt werden (Kuhn/McPartland 1954; Hickman/Kuhn 1956). Dabei ist die generelle Position in der Gesellschaft und nicht die situative Position in einer Interaktion ausschlaggebend für die Identität (Reynolds 1987: 87). Die Position der Iowaer Schule unterscheidet sich von der Chicagoer Position dadurch, dass Identität weder als Prozess (»self«) noch als ein situativer Ausschnitt aus diesem Prozess (»Rollen-Identität« im Sinne von Mann oder Frau, usw.) aufgefasst wird, sondern »Identität« in der Form der Selbstkategorisierung als Mann oder Frau vielmehr einen positionalen Anker in vielen verschiedenen Situationen darstellt. Jedes Individuum besitzt bestimmte Selbstkategorisierungen, die in allen Lebenssituation handlungsleitend im Sinne der Rollenvorgaben werden.

> »The crucial significance of the self as a social object is that it is the only object common to all the widely varied situations in which we participate. As such, it comes to serve as the anchoring point from which we make judgments and subsequent plans of action towards the many other objects in each specific situation.« (Hickman/Kuhn 1956: 43)

Auch in diesem Punkt ist die Position von Goffman näher an der Position von Kuhn als an der von Blumer. Für Goffman ist die Identität die Konstruktion eines Selbstbildes, welches aus der Vergangenheit, der Gegenwart und der Zukunft einer Person resultiert und in die laufenden Situationen eingebracht wird (Goffman 1959: 133). Es handelt sich bei diesen Konstruktionen nicht um individuelle Kreationen, sondern um solche, die sich an die sozialen Vorgaben halten (Goffman 1961c: 139). Anders formuliert sind die sozial vorgegebenen »Masken«, die lange getragen werden, schwerer auswechselbar, und sie werden daher charakteristisch für das Individuum (Eisermann 1991: 168). Trotzdem bleibt ein Freiraum, in dem sich das Individuum selbst präsentieren kann. Durch die Präsentation versucht der Akteur die Hinweise, die sein Auftreten hervorruft, zu beeinflussen (z.B. könnte gutes Benehmen in Verbindung mit teurer Kleidung von den anderen als hoher Status interpretiert werden).

Es gibt symbolische Interaktionisten, die die Goffmansche Identität als inhaltsleer interpretieren, da sie je nach Belieben durch das Individuum anders dargestellt werden kann. Bei solchen Akteuren würde es sich um Schauspieler ohne Charakter handeln.

»In the world of Erving Goffman the self becomes a mere object »about which the actor wishes to foster an impression«. The person has no basic integrity, no core essence, no real substance – all is a matter of style. We alter our performance depending on our audience; we present different selves to different persons, ever mindful of creating a good impression.« (Reynolds 1987: 99)

Gegen die Interpretation des Goffmanschen Akteurs als charakterlosen Schauspieler spricht, dass Goffman »spielen« nicht mit »sein« gleichsetzt. Die Darstellung einer Rolle kann erst mit der »Identität« in Verbindung gebracht werden, wenn eine Bindung zur Rolle besteht, die Person die Qualifikation besitzt, diese Rolle darzustellen und die Rolle auch mit Engagement gespielt wird. Der dargestellte Charakter ist nicht zwangsläufig mit dem Darsteller identisch (Goffman 1961c).

»While the character performed is a product of each interaction, the performer is a product of many interactions.« (Rawls 1987: 139)

Es können im Symbolischen Interaktionismus drei Definitionen von Identität unterschieden werden. Identität kann erstens als ein Prozess verstanden werden, in dem »I« und »me« miteinander kommunizieren, bis eine Handlung daraus entspringt. Diese Identität wird im folgenden »self« genannt. Eine zweite Definition versteht unter Identität eine von der Situation abhängige Übernahme der Einstellungen der anderen Mitglieder einer Gruppe auf sich selbst. Stryker nennt diese Identität »Rollen-Identität«. Sie kann in Anlehnung an Stone (1977: 7) und Sherohman (1977:123) auch kurz als »Rolle« bezeichnet werden. Drittens kann Identität mit häufig gespielten und dominanten »Rollen« gleichgesetzt werden, die für das Individuum charakteristisch geworden sind. Für diese dominanten »Rollen« wird hier in Abgrenzung zu den anderen Definitionen der Begriff »Identität« verwendet.

Der Akteur wird in der Theorie von Mead als ein *rational* handelndes Wesen aufgefasst (Mead 1934: 355). Dabei verwendet Mead den Begriff der Rationalität sowohl im Sinne eines »sinnvollen« als auch eines »rationalen« Handelns. Es wird allerdings eingeschränkt, dass das »rationale« Element der Handlung (dies entspricht der Zweckrationalität in der Terminologie von Max Weber) nicht jede Handlung beeinflusst.

> »Das dabei verwendete Handlungsmodell zeigt aber zugleich die Veränderung des *Sinns* von Intentionalitäten gegenüber jenen Konzeptionen an, die Handeln als die Realisation vorgefasster Zwecke auffassen. [...] *Zwecksetzung kann vielmehr nur ein Resultat der Reflexion auf Widerstände gegenüber dem vielfältig orientierten Verhalten sein;* zeigt sich die Unmöglichkeit, den verschiedenen leitenden Handlungsantrieben oder -zwängen gleichzeitig zu folgen, kann es zur Selektion eines dominanten Motivs kommen, das dann als Zweck die übrigen dominiert oder nur nebenhin zur Geltung kommen läßt. Diese klare Zweckorientierung ist aber keineswegs der Regelfall.« (Joas 1988 : 423; Herv. von CE)

Auch wenn sich in der Betonung der Rationalität als »sinnvolle« Organisation der Handlung die Positionen von George Herbert Mead und Alfred Schütz ähneln, gibt es doch einen wesentlichen Unterschied. Das Handeln hat bei Mead immer einen Zukunftsbezug (McKinney 1955: 148). Im Gegensatz dazu besitzt in der Theorie von Schütz lediglich das rationale Handeln und nicht das habituelle Verhalten einen Zukunftsbezug, wie z.B. beim Nutzenmaximierungsproblem. Das rationale Handeln im Sinne von Mead ist gemäß dieser Auffassung vollständig rational. Das Objekt dieser Rationalität ist jedoch im Unterschied zur Ökonomik nicht der Nutzen, sondern die Sinnstrukturen in der Interaktion. Es geht bei Mead nicht um die rationale Ermittlung der nutzenbringendsten Alternative, sondern um die rationale Ermittlung einer kulturell geeigneten Reaktion auf die Handlung eines anderen Akteurs, die von diesem Akteur wiederum »sinnvoll« interpretiert werden kann. Diese Auffassung von der Rationalität der Akteure wird von den meisten symbolischen Interaktionisten geteilt.

> »*In general* [..] symbolic interactionism's strong emphasis remained with *the rational and the individual.*« (Mullins 1973: 82)

So hebt beispielsweise Blumer (1955) die Bedeutung der Konstruktion einer Handlung im sozialen Prozess im Gegensatz zu einer einfachen Durchführung von vorgefertigten Handlungsplänen hervor. Damit setzt er implizit einen »sinnvollen« Umgang mit den widersprüchlichen Handlungspfaden voraus. Auch für Goffman handeln die

Menschen rational, wenn sie sich überlegen, in welcher Form sie sich darstellen wollen, um zu »profitablen« Ergebnissen zu gelangen. Goffman verbindet hier die Sinn- mit der Nutzenkomponente der Rationalität (Goffman 1969: 12). Lediglich den Vertretern der Iowaer Schule könnte unterstellt werden, dass sie von einem reinen traditionellen Verhalten der Akteure ausgehen, welches ausschließlich durch die Sinnstrukturen determiniert wird, so dass nur selten ein Wahlproblem vorliegt.

2.2.1.3. Annahmen über die Gesellschaft

Mead sieht die Gesellschaft als eine *soziale Tatsache* an, die einen objektiven und von allen geteilten Sinnzusammenhang darstellt und somit auf die Individuen einwirkt (vgl. Joas 1980: 111). Allerdings fügt Mead hinzu, dass diese soziale Tatsache nur entsteht, weil die Individuen die gemeinsame Perspektive der Gruppe einnehmen.

> »[...] it is only in so far as the individual acts not only in his own perspective but also in the perspective of others, especially in the common perspective of a group, that a society arises [...].« (Mead 1927: 78)

Die Voraussetzung für die Einnahme der gemeinsamen Perspektive ist die Kommunikation mit Hilfe von »signifikanten Symbolen«. Da die Gesellschaft im kommunikativen Prozess entsteht, verändert sie sich in dem Moment, in dem die Individuen ihr Verhalten ändern. Die Gesellschaft kann durch eine »wechselseitige Beeinflussung, wie sie sich dort vollzieht, wo eine Person etwas zu Ende denkt«, weiterentwickelt werden (Mead 1934: 168). Der Denkprozess stellt dabei eine Anpassung an die Umwelt dar.

> »As a man adjusts himself to a certain environment he becomes a different individual; but in becoming a different individual he has affected the community in which he lives.« (Mead 1934: 215)

Somit werden sowohl Wandel als auch Stabilität in der Theorie von Mead erklärbar. Von dieser Interpretation der Gesellschaft als soziale Tatsache unterscheidet sich die Position der Chicagoer Schule gravierend. Deren Vertreter fassen Gesellschaft in erster Linie als einen kontinuierlichen Prozess auf.

> »It is the social process in group life that creates and upholds the rules, not the rules that create and uphold group life.« (Blumer 1969: 19)

Gesellschaft wird als eine Gruppe von Menschen in der Interaktion definiert (Blumer 1953: 193; Blumer 1969: 7). Strukturelle Faktoren wirken nicht konstituierend auf die Gesellschaft. Einige symbolische Interaktionisten fassen die Gesellschaft als ein Netzwerk auf, wobei hier die Betonung auf der Handlungskomponente der Netzwerke und nicht auf der Positionskomponente liegt. Die Personen können in einem solchen Netzwerk nicht ausgetauscht werden, da die Personen und nicht die Positionen das Netzwerk definieren.

Da Rollen definiert und nicht nur gespielt werden, können sich die Interaktionen und somit auch die Gesellschaft verändern. Um zu neuen kulturellen Interaktionsstrukturen zu kommen, werden die alten kulturellen Elemente in neuer Form rekombiniert. Diese Ordnung wird immer wieder neu ausgehandelt (»negotiated order«). Weil einerseits die Regeln niemals klar und eindeutig formuliert werden können und sich andererseits die Umwelt verändert, muss regelmäßig ein neuer Konsens über die Ordnung erzielt werden. Die soziale Ordnung ist also eine ausgehandelte Ordnung (Strauss 1978). Es handelt sich bei der Gesellschaft der Chicagoer Schule um eine *Vertragsgesellschaft*, deren Abmachungen von allen Akteuren im Konsens getragen werden.

Das bedeutet aber nicht, dass alles ständig neuverhandelt wird, obwohl grundsätzlich so gut wie alles ausgehandelt werden kann.

> »The following social objects are subject to negotiation because of ambiguity or conflict: values, goals, rules, role expectations and relationships, authority hierarchies, resource distributions, collective versus group versus individual interests, responses to new situations, decisions, and courses of action.« (Hall 1987: 6)

»Negotiation« ist ein wesentlicher Bestandteil jeder menschlichen Beziehung. Dies gilt sogar für Beziehungen unter Feinden. »Negotiation« findet sowohl zwischen zwei Personen als auch zwischen Staaten statt. Ebenso kann »negotiation« bei starken Abhängigkeitsverhältnissen eines Interaktionsteilnehmers beobachtet werden. »Negotiation« wird von Anselm Strauss als »Dinge erreichbar machen« definiert. Unter »negotiation« werden in der Regel so verschiedene Handlungen wie handeln, Kompromisse schließen, etwas vermitteln und geheime Übereinkommen treffen, aber auch Kooperation, Austausch und Einschüchterung verstanden. Die Einigung selbst wird jedoch nicht als »negotiation« bezeichnet, da hier der Prozess der Verhandlung fehlt.

> »People can agree about or to something without negotiating (»Here's $10 for your goods: Take it or leave it«).« (Strauss 1978: 12)

Die Möglichkeit von Verhandlungen wird durch eine ganze Reihe von Faktoren eingeschränkt. Diese Faktoren sind die strukturellen und kulturellen Vorgaben, die Geschichte und die Tradition einer Gruppe, rituelles und habituelles Verhalten, starke hierarchische Unterschiede, ungleiche Verteilung der Ressourcen, die ideologische Einstellung der Individuen, das Pflichtgefühl gegenüber der Organisation und die physikalischen Grenzen der konstruierten Umwelt. Daraus folgt, dass Verhandlungen

227

vor allem dann auftreten, wenn es sich um problematische, undefinierte, mehrdeutige oder flexible Situationen, informelle Beziehungen oder Konfliktsituationen handelt, wenn die Ressourcen möglichst gleich verteilt sind und die Organisation die Ressourcen nicht vollständig kontrolliert bzw. ein antiautoritärer Führungsstil praktiziert wird.

Im »negotiation«-Prozess versuchen Individuen und Gruppen mit unterschiedlichen Interessen, die Ordnung der Gesellschaft zu ihren Gunsten zu verändern. Diese Position ist problematisch, weil hier von einem Konsens- zu einem Konfliktmodell gewechselt wird. Es ergibt sich das Problem, zu erklären, warum eine Person zustimmt, von anderen durch Zwang dominiert zu werden, wenn doch aus dem »negotiation«-Prozess eine im Konsens erzielte Vereinbarung resultiert. Wolf (1986) erklärt diesen Sachverhalt mit der Legitimation der sozialen Ordnung. Legitimation wird von ihr auf die Internalisierung der Minderwertigkeit zurückgeführt. So ist gewährleistet, dass eine benachteiligte Person einem Konsens über eine soziale Ordnung zustimmt, durch den sie weiter benachteiligt wird.

> »Reflexive legitimation involves not only seeing one's self from the standpoint of significant and powerful others, but it also involves seeing one's self from the standpoint of the structure of domination as an inferior and relatively powerless member of this relationship.« (Wolf 1986: 228)

Die »negotiated order« ist demzufolge ein Resultat der ungleichen Machtverteilung. Die soziale Ordnung ist aber nicht ein Ergebnis der in der Verhandlung verwendeten Ressourcen, sondern ist selbst grundlegend für die Produktion und Distribution (Verteilung) der Ressourcen. Somit wird dem »negotiation«-Prozess bzw. dem Kommunikationsprozess neben der Fähigkeit der Neuorganisation der Ordnung auch die Fähigkeit zur Reproduktion der asymmetrischen Beziehungen zugeschrieben (Faulkner 1983; Hall 1987: 3f.; Molotch/Boden 1985: 273; Musolf 1992: 180).

Kurz gesagt wird die gesellschaftliche Ordnung in einem täglichen Verhandlungsprozess rekonstruiert. Dabei kann diese »negotiated order« sowohl zu einem schnellen Wandel als auch zu einer Stabilität der Interaktionsbedingungen führen (Strauss 1978). Gerson (1976: 796) vertritt die Ansicht, dass auf den unteren Ebenen einer Gesellschaft Wandel schneller stattfindet, während sich die höheren Ebenen nur langsam verändern. Dadurch entsteht der Eindruck, dass die soziale Ordnung relativ stabil ist.

Die Vertreter der Iowaer Schule gehen von der Meadschen Position aus in die entgegengesetzte Richtung. Für sie ist die Gesellschaft ein Netzwerk von Positionen und den dazugehörigen Rollen, welches völlig unabhängig von den Individuen ist, die diese Positionen einnehmen. Gesellschaft wird hier zu einer strukturellen *sozialen Tatsache*.

> »Most people are not similarly accustomed to thinking of groups as configurations of positions apart from the individuals who may occupy them at any one

time, but this approach is essential if we are interested in studying the formation of attitudes and the acquisition of values. [...] A role, like its correlative status, is defined quite apart from the person who is performing it. It is a prescription, a recipe, a socially expected plan of action.« (Hickman/Kuhn 1956: 31)

Auch in diesem Punkt scheint Goffman eine Position zwischen der Chicagoer und der Iowaer Schule einzunehmen. Einerseits wird ein Vertrag als notwendig angesehen (Rawls 1987: 139). Diese Vereinbarung wird aber nicht ständig in Frage gestellt, sondern im allgemeinen akzeptiert, weil nur durch die Befolgung der Rollenvorgaben eine Identität erlangt werden kann.

»I am interested in the fact that expected activity in the organization implies a conception of the actor and that an organization can therefore be viewed as a place for generating assumptions about identity. [...] Through this orientation and engagement of attention and effort, he visibly establishes his attitude to the establishment and to its implied conceptions of himself. To engage in a particular activity in the prescribed spirit is to accept being a particular kind of person who dwells in a particular kind of world. [...] To prescribe activity is to prescribe a world; to dodge a prescription can be to dodge an identity.« (Goffman 1961a: 186f.)

2.2.1.4. Methodologie

George Herbert Mead gab seiner eigenen Theorie den Namen »Sozialer Behaviorismus«. Viele symbolische Interaktionisten fanden allerdings, dass die Verbindung zwischen Meads Theorie und dem Behaviorismus unglücklich und missverständlich sei (z.B. Morris 1934: xii und xvif.). Mein Eindruck ist allerdings, dass die Unterschiede zwischen der Position von Mead und den Behavioristen von den symbolischen Interaktionisten überbewertet werden, denn Meads empirischer Ausgangspunkt dürfte sehr wohl behavioristisch gewesen sein (zentraler Bestandteil seiner Theorie ist das Reiz-Reaktions-Schema). Im Gegensatz zu den Behavioristen, die sich hauptsächlich mit dem Verhalten von Tieren auseinandersetzten, beschäftigte sich Mead aber mit dem Menschen. Aus diesem Grund musste er das Reiz-Reaktions-Schema insofern erweitern, als mehrere Reaktionen auf einen Reiz möglich sind, um zu einem bewussten Denkprozess zu gelangen. Mead füllte die Black-Box der Behavioristen mit philosophischen Überlegungen zu der Funktionsweise des menschlichen Verstandes aus. Aufgrund dieser philosophischen Konstruktionen wird Mead auch als Vater des Symbolischen Interaktionismus angesehen, trotz der erheblichen Differenzen zwischen Mead und den symbolischen Interaktionisten.

»Currently, Mead is often footnoted in interactionist writings, but it is not always easy to see exactly why, except insofar as he is again functioning as a kind of philosophic underpinning for the researcher's general interactionist position. [...] Interactionism increasingly has come to mean »symbolic interactionism«, whose ceremonial but still vital founding father is George Mead [...].« (Fisher, B.M./Strauss 1978: 484f.)

Meads Theorie ist demzufolge der philosophische Boden, auf dem die verschiedenen Vertreter des Symbolischen Interaktionismus unterschiedliche methodologische Vorstellungen entwickelten. Hier stellen die Positionen von Blumer (Chicagoer Schule) und Kuhn (Iowaer Schule) die Extrempunkte auf einem Kontinuum dar. Blumers Kritik an der naturwissenschaftlichen Methode, Daten quantitativ »von außen« zu ermitteln, richtet sich gegen die Unmöglichkeit, auf diese Art und Weise die Bedeutung bzw. den Sinn von Handlungen in Bezug auf Objekte und Situationen zu ermitteln. Damit wird vor allem das methodologische Vorgehen der Behavioristen und Positivisten angegriffen.

»[...] much of present-day methodology in the social and psychological sciences is inadequate and misguided. The overwhelming bulk of what passes today as methodology is made up of such preoccupation as the following: the devising and use of sophisticated research techniques, usually of an advanced statistical character; the construction of logical and mathematical models, all too frequently guided by a criterion of elegance; the elaboration of formal schemes on how to construct concepts and theories; valiant application of imported schemes, such as input-output analysis, system analysis, and stochastic analysis; studious conformity to the canons of research design; and the promotion of a particular procedure, such as survey research, as *the* method of scientific study. I marvel at the supreme confidence with which these preoccupations are advanced as the stuff of methodology.« (Blumer 1969: 26f.)

Statt dessen plädiert Blumer für eine eigene Methode in der Soziologie. Denn wenn die beobachteten individuellen Abweichungen von den theoretischen Vorhersagen nicht nur vorläufig, sondern generell mit der naturwissenschaftlichen Methode nicht objektivierbar gemacht werden können, muss eine differenzierte Methode entwickelt werden, die mit dem Subjektiven umgehen kann (Joas 1980: 74). Die verstehende Methode, wie sie die symbolischen Interaktionisten betrachten, setzt voraus, dass auch das nicht gezeigte Verhalten berücksichtigt wird. Die von den Chicagoern verwendete Methode kann am besten als qualitatives empirisches Vorgehen charakterisiert werden. Daten werden aus direkten Beobachtungen, Interviews, Briefen, Tagebüchern und Lebensverläufen gewonnen bzw. durch das Verfolgen von Gesprächen. Diese Methode wird häufig ethnographischer Ansatz oder soziologische Ethnographie genannt. Damit sind in der Regel Personenbeobachtungen und Feldarbeit gemeint, mit dem Ziel des Forschers, sich in die subjektive Welt des Akteurs mit all seinen Erfahrungen und in die Situation hineinzuversetzen. Allerdings ist anzumerken, dass diese Position auf Blumer zurückzuführen und nicht typisch für die ältere Chicagoer Schule war. Der ethnographische Ansatz war unter ihnen zwar weitverbreitet, doch wurde ein quantitatives Vorgehen ebensowenig abgelehnt (Harvey 1983: 13f.).

Im Unterschied zu Blumer sehen Kuhn und die Vertreter der Iowaer Schule keinen Widerspruch zwischen der Theorie des Symbolischen Interaktionismus und den quantitativen positivistischen Methoden. Sie versuchen, die theoretischen Konzepte präzise zu formulieren, um sie operationalisieren zu können (Kuhn 1964: 72). Von generellen Annahmen sollen Hypothesen abgeleitet und mit dem Ziel getestet werden, am Ende eine Theorie zu besitzen, die das menschliche Verhalten *erklären und voraussagen* kann.

Zwischen diesen beiden methodologischen Positionen von Blumer und Kuhn bewegen sich die meisten modernen symbolischen Interaktionisten.

»Blumer tends to argue the case for a distinctive methodology in the study of man, while Kuhn stresses the commonality of method in all scientific disciplines.« (Meltzer/Petras 1970: 6)

2.2.2. Beschreibung/Erklärung der individuellen Entscheidung

Wie der Name Symbolischer Interaktionismus schon andeutet, handelt es sich bei dieser Theorie um eine Theorie der Interaktion. Eine Theorie der individuellen Entscheidung wurde von keinem symbolischen Interaktionisten entwickelt. Mead entwickelte in Anlehnung an seine Theorie der Interaktion ein Konzept der individuellen Entscheidung. Nach Mead kommunizieren die Individuen genauso mit leblosen Objekten, wie sie auch mit anderen Individuen kommunizieren (Mead 1934: 185). Da sich eine Interaktion mit einem anderen Akteur nicht nur in der Realität vollzieht, sondern auch in einem Individuum als Kommunikation zwischen dem »me« und dem »I« stattfindet, kann ein Individuum durch eine Kommunikation mit sich selbst auch mit leblosen Objekten interagieren. In diesem Sinne ist eine Kommunikation und somit eine Interaktion mit der Natur möglich.

»Der Durchbruch für Meads Theorie der Dingkonstitution kam nun, als er erkannte, dass die Kooperation von Hand und Auge erst dann »Dinge«, permanente Objekte bildet, wenn die im sozialen Umgang entwickelte Fähigkeit der Rollenübernahme auf den Umgang mit nicht-sozialen Objekten ausgedehnt wird.« (Joas 1980: 151)

Ein Individuum überlegt sich also, wie ein Gegenstand auf seine Handlung reagieren wird. Diese Vorwegnahme der Reaktion ermöglicht ihm eine zielgerichtete Gestaltung seiner Handlung (Mead 1938: 109). Somit ist eine Handlung, die von einem isolierten Akteur oder in Bezug auf ein lebloses Objekt durchgeführt wird, immer auch eine Interaktion des Akteurs mit sich selbst. Aus diesem Grund gibt es keine Theorie der individuellen Entscheidung, die von der Theorie der Entscheidung in Interaktionen abweicht.

2.2.3. Beschreibung/Erklärung der Interaktion

2.2.3.1. Elemente der Interaktion

Eine formale Darstellung der Theorie des Symbolischen Interaktionismus ist keine leichte Aufgabe. Es sind vor allem zwei Gründe, die eine solche Formalisierung erschweren. Der erste Grund ist die Vielfalt der unterschiedlichen Ansätze des Symbolischen Interaktionismus, die sich zum Teil auch noch widersprechen. Der zweite Grund ist die geringe Bereitschaft vieler symbolischer Interaktionisten, die Variablen in ihrem Modell klar zu benennen und die Verbindungen zwischen diesen Variablen anzugeben. Dabei ist diese Unschärfe der Theorie von einigen Vertretern des Symbolischen Interaktionismus durchaus gewollt. Es handelt sich hierbei um die schon erwähnte Reaktion auf das von ihnen abgelehnte positivistische Wissenschaftsverständnis. Trotz dieser Problematik und der bewussten Abneigung gegen formale Modelle wird im folgenden eine Formalisierung der Variablen in den unterschiedlichen Ansätzen des Symbolischen Interaktionismus vorgenommen, um die Unterschiede zwischen den einzelnen Ansätzen und den anderen behandelten Theorienkomplexen hervorzuheben.

Bei dem Versuch einer Formalisierung des Symbolischen Interaktionismus kann von vier Mengen ausgegangen werden. Die Menge der Akteure Θ und die Menge der Züge Z geben den Rahmen der Interaktion vor. Für jeden Zug z_k besitzt der jeweilige Akteur θ_j die Wahl zwischen Handlungsalternativen a_{jki}. S stellt die Menge der Interaktionssituationen resultierend aus den gewählten Alternativen a_{jki} der verschiedenen Akteure θ_j für jeden Zug z_k dar. Ein Element $s_{1i...\mu i}$ der Menge der Interaktionssituationen stellt dabei einen möglichen kompletten Interaktionspfad dar.

Menge der Akteure	$\Theta = \{\theta_1, ..., \theta_j, ..., \theta_m\}$
Menge der Züge	$Z = \{z_1, ..., z_k, ..., z_\mu\}$
Menge der Alternativen des Akteurs j	$A_j = \{a_{j11}, ..., a_{jki}, ..., a_{j\mu n}\}$
Menge der Interaktionssituationen	$S = \{s_{11...\mu 1}, ..., s_{1i...\mu i}, ..., s_{1n...\mu n}\}$

Die Kriterien, nach denen die Handlungsalternativen unterschieden werden, müssen je nach Version des Symbolischen Interaktionismus unterschiedlich konstruiert werden. Für diejenigen Ansätze des Symbolischen Interaktionismus, deren zentrales Konzept die »Rolle« ist, bietet sich an, von der Rollenkonformität r_{ki} als Unterscheidungskriterium auszugehen. Die Unterscheidung der Handlungsalternativen a_{jki} hängt in diesem Fall davon ab, wie sehr sie mit der erwarteten rollengemäßen Alternative im Zug z_k übereinstimmen. Für andere Varianten des Symbolischen Interaktionismus, die nicht von der »Rolle«, sondern von der »Identität« als entscheidender Variable sprechen, kann ein Differenzierungskriterium analog formuliert werden. Für die Vertreter der Iowaer Schule kann das Konzept der Identitätskonformität i_{ki} eingeführt werden. Die Handlungsalternative a_{jki} wird danach unterschieden, inwieweit sie mit der »Identität« eines Akteurs übereinstimmt. Im Gegensatz dazu kann ein Differenzierungskriterium für Blumers Konzept des »self« folgendermaßen konstruiert werden. Da es sich bei dem »self« um einen Prozess der Kommunikation zwischen dem »I« und dem »me« handelt und in diesem Prozess ein Konsens zwischen den Akteuren darüber erzielt wird, welcher Sinn Rollen und Identitäten zugeschrieben wird, können die Handlungsalternativen über eine Variable $c_{1i...\mu i}$ im Sinne einer Maßeinheit für die Zustimmungs- bzw. Konsensfähigkeit unterschieden werden. Die Konsensfähigkeit $c_{1i...\mu i}$ bezieht sich dabei auf einen vollständigen Interaktionspfad, da dieser Interaktionspfad von allen Akteuren im Konsens getragen wird, während sich die Kriterien der Rollenkonformität r_{ki} und Identitätskonformität i_{ki} jeweils nur auf eine Interaktionssequenz z_k beziehen, in der das Verhalten eines Akteurs auf die Übereinstimmung mit den Rollen- bzw. Identitätsvorgaben überprüft wird.

Rollenkonformität	r_{ki}, mit k = 1, ..., μ und i = 1, ..., n
Identitätskonformität	i_{ki}, mit k = 1, ..., μ und i = 1, ..., n
Konsensfähigkeit	$c_{1i...\mu i}$, mit k = 1, ..., μ und i = 1, ..., n

Da ein rationaler Akteur im Symbolischen Interaktionismus als ein »sinnvoll« handelnder Akteur angesehen wird, ist es angemessen davon auszugehen, dass der Beurteilung der Alternativen in Bezug auf ihre Rollenkonformität, Identitätskonformität und Konsensfähigkeit Sinnüberlegungen und nicht Nutzenüberlegungen zugrunde liegen.

Sinn (Handlungstypen)	$t = t(r_{ki})$
Sinn (Handlungstypen)	$t = t(c_{1i...\mu i})$
Sinn (Identitätstypen)	$t = t(i_{ki})$

Eine weitere Gruppe vor allem rollentheoretisch arbeitender symbolischer Interaktionisten bezieht auch Nutzenüberlegungen im Zusammenhang mit sozialen Sanktionen mit ein. Bei dieser Nutzenart handelt es sich nicht um den individuellen Nutzen der ökonomischen Theorie, sondern um einen Nutzen sozialer Herkunft. Auch wenn die Sanktionen immer noch individuell bewertet werden, so setzen Sanktionen im Gegensatz zum ökonomischen Nutzenkonzept einen sozialen Bezug voraus. Die Sanktionierung eines Akteurs hängt von der Rollenkonformität r_{ki} einer Handlung und nicht von dem Ergebnis ab.

Nutzen (sozialer) $u = u(r_{ki})$

2.2.3.2. Prozess der Interaktion

Meads Theorie kann in vier Phasen unterteilt werden. Die Interaktion beginnt mit einem Reiz, welcher in einem zweiten Schritt interpretiert wird. In der dritten Phase werden die Einstellungen bzw. die Handlungstendenzen manipuliert und gelenkt. Letztlich folgt aus der Handlungsvollendung die Bedürfnisbefriedigung (Joas 1978: 24). Der Entscheidung geht ein interpretativer *Framing-Prozess* voraus. Eine soziale Situation entsteht für Mead aus Reizen mit entsprechenden koordinierten Reaktionen.

»The important character of social organization of conduct or behavior through instincts is not that one form in a social group does what the others do, but that the conduct of one form is a stimulus to another to a certain act, and that this act again becomes a stimulus to first to a certain reaction, and so on in ceaseless interaction. The likeness of the actions is of minimal importance compared with the fact that the actions of one form have the implicit meaning of a certain response to another form.« (Mead 1909: 406)

Die korrekte Verhaltensantizipation wird durch die Perspektivenübernahme eines speziellen oder eines generalisierten Anderen gewährleistet. Dabei ist die Verständlichkeit eine wesentliche Basis für die Perspektivenübernahme. Handeln ist verständlich bzw. »sinnvoll«, wenn ein Reiz bzw. eine Einstellung in einer Person die gleiche Reaktion bzw. Handlungstendenz wie in einer anderen auslöst (Mead 1934: 73). Die Übernahme der Perspektive eines anderen kann als Kommunikation mit sich selbst aufgefasst werden. Der emotionale Teil einer Handlung wird bei der Perspektivenübernahme nicht übernommen. So wird z.B. durch eine Bedrohung nur in der Person Angst erzeugt, die bedroht wird, und nicht in derjenigen, die die Bedrohung ausübt (Mead 1934: 149). Auch in diesem Punkt ist Mead inkonsistent. Woher soll der eine Akteur wissen, dass er in dem anderen Akteur mit einer bestimmten Handlung Angst hervorrufen kann, wenn er diese Handlung – und mit ihr die Angst – nicht vorher in einer Interaktion mit sich selbst erzeugt hat. Konsequenterweise müsste jeder Gewaltverbrecher ein Masochist sein, sonst würde er sich wohl kaum den Qualen aussetzen, die er anderen zufügt.

Aufgrund der Probleme, die aus der Meadschen Position erwachsen, ist verständlich, dass sich die symbolischen Interaktionisten in der Frage des Prozessablaufs der Interaktion nicht auf Mead berufen. Statt dessen wird die »Definition der Situation« von William Isaac Thomas als Ausgangspunkt genommen. Thomas geht davon aus, dass eine Interpretation der Situation neben den objektiven auch von subjektiven Faktoren abhängt. Für die Erklärung eines Verhaltens ist somit die Berücksichtigung der Situation, wie sie von den beteiligten Akteuren wahrgenommen wurde, unerlässlich (Reynolds 1987: 41). Eine Situation wird für einen Akteur dadurch real, dass er sie als real definiert. Die Situation und ihre Definition wird von Thomas folgendermaßen gesehen:

»The situation is the set of values and attitudes with which the individual or the group has to deal in a process of activity and with regard to which this activity is planned and its results appreciated. Every concrete activity is the solution of a situation. This situation involves three kinds of data: (1) The objective conditions under which the individual or society has to act, that is, the totality of values – economic, social, religious, intellectual, etc. – which at the given moment affect directly or indirectly the conscious status of the individual or the group. (2) The pre-existing attitudes of the individual or the group, which at the given moment have an actual influence upon his behavior. (3) *The definition of the situation, that is, the more or less clear conception of the conditions and consciousness of the attitudes.*« (Thomas/Znaniecki 1918 : 68; Herv. von CE)

In Anlehnung an Thomas wird die »Definition der Situation« von vielen symbolischen Interaktionisten als ein im Konsens erschaffener Handlungsrahmen für die Interaktion verstanden (Stryker 1980: 111). Dieser Konsens bezüglich der Situationsdefinition kann als »negotiation«-Prozess unter Berücksichtigung der Ressourcenausstattung (Macht) der Interaktionsteilnehmer aufgefasst werden.

Einige symbolische Interaktionisten gehen davon aus (u.a. können manche Äußerungen von Blumer in dieser Form interpretiert werden), dass die Definition der Situation nicht erst den Handlungsrahmen festlegt, sondern direkt den Verlauf der Interaktion bestimmt (Charon 1979: 103; Zurcher 1983: 12; Shibutani 1988. 25, vgl. Blumer 1962: 187). In dieser Version können sich die Akteure nur während der Situationsdefinition kreativ betätigen, während die Interaktion selber in der durch die Definition der Situation vorgegebenen Bahn verläuft.

Unabhängig davon, welche Version bevorzugt wird, handelt es sich bei der »Definition der Situation« um eine gemeinsame im Kompromiss erzielte Interpretation der Situation, die einen maßgeblichen Einfluss auf die Handlungen hat. Dabei handelt es sich bei der Situationsdefinition um den Schlüssel zum Verständnis der einzelnen Handlungen in der Interaktion, durch die eine Koordination der Aktionen ermöglicht wird. Die »Definition der Situation« ist das Bühnenbild, in dem die Interaktion abzulaufen hat.

Daraus lassen sich unterschiedliche Stellungnahmen zum *Koordinationsproblem* ableiten. In der Theorie von Mead taucht kein Koordinationsproblem auf, da bei ihm die

Koordination der Handlungen untereinander bereits durch die Annahme der gemeinsam geteilten objektiven Symbole gelöst ist. Sein Problem ist es, individuelle Abweichungen von den objektiven Rollenvorgaben zu erklären. Im Gegensatz dazu haben
diejenigen symbolischen Interaktionisten, die davon ausgehen, dass die Definition der
Situation die Handlungsfolge determiniert, das Koordinationsproblem in der Situationsdefinition »gelöst«. Lediglich für die übrigen symbolischen Interaktionisten besteht
weiterhin die Aufgabe, eine Lösung für das Koordinationsproblem zu finden.

> »One has to *fit* one's own line of activity in some manner to the actions of oth-
> ers.« (Blumer 1969: 8)

Die Lösung des Koordinationsproblems wird in der Perspektivenübernahme gesehen
(Blumer 1953: 194). Die Perspektivenübernahme ermöglicht es, den Verlauf der Interaktion und damit auch die Reaktionen des anderen zu antizipieren, wodurch eine
Handlung in koordinierter Form mit Bezug auf einen anderen Akteur erfolgt. Es wird
gleich eine Handlungsweise gewählt, die für den anderen aus seiner Perspektive verständlich ist. Dabei wird die Perspektive des anderen nicht nur zu Beginn der Interaktion (bei der Definition der Situation) eingenommen, sondern kontinuierlich während
des gesamten Prozesses (Blumer 1953: 194). Je nach Situation wird die Perspektive eines bestimmten »Anderen« *oder* die Perspektive eines »generalisierten Anderen« (die
Perspektive der Gruppe) eingenommen.

Für den Erfolg einer Interaktion ist es eine notwendige Voraussetzung, dass die verwendeten Symbole die gleiche Bedeutung für alle Interaktionsteilnehmer besitzen
müssen. Besitzen die verwendeten Symbole nicht für alle Akteure die gleiche Bedeutung, kommt es zu Missverständnissen, und die Interaktion wird blockiert (Blumer
1969: 9).

> »In most situations in which people act toward one another they have in
> advance a firm understanding of how to act and of how other people will act.
> They share common and pre-established meanings of what is expected in the
> action of the participants, and accordingly each participant is able to guide his
> own behavior by such meanings.« (Turner, R.H. 1962: 35)

Soziale Rollen garantieren dabei den Erfolg einer Interaktion, indem sie für das notwendige Ausmaß an Voraussagbarkeit sorgen. Über Umwege sind die symbolischen Interaktionisten wieder bei dem Individualismusproblem von Mead angekommen, die
Abweichung von den Rollenvorgaben zu erklären. Wie Mead versuchen die symbolischen Interaktionisten, diesem Dilemma durch die Annahme auszuweichen, dass sich
die Individuen in dem Interaktionsprozess gegenseitig anpassen (Rose 1962: 9f.; Turner, R.H. 1962: 26; Hall 1987: 11; Shibutani 1988: 24).

»[...] the »other« forms the self as the self formulates the »other«.« (Perinbanay-agam 1975: 502)

Die daraus resultierenden Rollen werden als Kompromisse zwischen den Vorstellungen der einzelnen Interaktionsteilnehmer aufgefasst (Turner, R.H. 1962: 32). Auch die in der Vergangenheit erzielten Kompromisse stehen bei jeder neuen Interaktion wieder zur Disposition.

»[...] we have to recognize that even in the case of pre-established and repetitive joint action each instance of such joint action has to be formed anew.« (Blumer 1969: 18)

Folglich ist die Festlegung eines Interaktionspfades durch einen Kompromiss nicht im voraus bestimmbar, und eine Interaktion kann sich trotz der im Kompromiss festgelegten Rollen immer noch in viele Richtungen entwickeln (Blumer 1966a: 541; Blumer 1969: 17). Es gibt jedoch einige symbolische Interaktionisten, die einer solchen grenzenlosen Vielfalt an möglichen Interaktionsverläufen ablehnend gegenüber stehen. So schränkt Stryker (1980: 108 und 110) die Menge der verstehbaren bzw. »sinnvollen« Abweichungen von den Rollenvorgaben durch die Forderung ein, dass eine Handlung konsistent im Verhältnis zu den Handlungen der anderen Akteure sein muss. Ein Akteur, der die Handlungen der anderen Akteure verstehen, vorhersehen und kontrollieren möchte, muss in einer Art und Weise handeln, die für die anderen verständlich ist, und er handelt verständlich, wenn die Erwartungen der anderen Akteure erfüllt werden (Turner, R.H. 1978: 12). Das Ausmaß der Abweichungen von den Rollenvorgaben hängt dabei von der Striktheit der Rollenvorschriften und von der erbrachten Ich-Leistung ab (Griese u.a. 1977: 44). Die Striktheit der Rollen definiert den Rahmen der verständlichen Handlungen und die Ich-Leistung steht für die Bereitschaft eines Akteurs, sich innerhalb dieses Rahmens kreativ zu entfalten. In der Extremposition von Kuhn wird der Handlungsrahmen als ausgesprochen restriktiv aufgefasst, so dass das wechselseitige Verhalten durch die Rollenvorgaben determiniert wird.

»An individual learns to occupy a status and to play a role by learning not only the rights and duties of his status and the requisite behavior of his role but, also those of all the other persons in the group or other social systems of which this status is a part. He must not only behave in such a way that the expectations of others will be met; he must also be able, reciprocally, to anticipate correctly their behavior.« (Hickman/Kuhn 1956: 35)

Im allgemeinen gilt für den Symbolischen Interaktionismus die Aussage, dass die wechselseitigen Handlungen sowohl aus der Rollenkonformität als auch aus der Kreativität der Akteure resultieren.

Eine weitere wichtige Frage ist das Verhältnis von Mead und den anderen symbolischen Interaktionisten zum *habituellen Verhalten*. Sie gehen generell davon aus, dass jedem sozialen und routinemäßigen Verhalten Interpretationsprozesse vorausgehen. Da Interpretationsleistungen in der Theorie des Symbolischen Interaktionismus als bewusste und kontrollierte Aktionen aufgefasst werden, folgt daraus, dass ein habituelles Verhalten im Sinne der Theorie von Alfred Schütz nicht vorkommt (Blumer 1962: 182; Charon 1979: 95; Denzin 1989: 11). Andererseits betonen einige Vertreter dieses Theorienkomplexes, vor allem Goffman, die spontane Bereitschaft, sich auf typische Rollenhandlungen einzulassen (Goffman 1961c: 44; Goffman 1981: 3). Eine solche Formulierung steht dem phänomenologischen Konzept des habituellen Verhaltens sehr nahe.

>Although reference-group behavior is generally studied in situations where choices seem possible, the actor himself is often unaware that there are alternatives.« (Shibutani 1955: 565)

Goffman unterscheidet sich hier von den Phänomenologen dadurch, dass er habituelles Verhalten nicht als die Basisstruktur des menschlichen Verhaltens ansieht, sondern als eine Art des Verhaltens, welches neben bewusstem Handeln existiert. Das Konzept des habituellen Verhaltens wird nicht systematisch in seine Theorie eingearbeitet.

>What Goffman fails to do here and throughout his writings is carry through the sociological implications of his more phenomenological insight that it is fundamental to human experience that we are always spontaneously involved in something.« (Ostrow 1996: 346)

Eine weitere Gruppe von symbolischen Interaktionisten bezieht habituelles Verhalten auf systematische Weise in die Theorie ein. Diese Autoren gehen wie die Phänomenologen davon aus, dass Menschen sich habituell verhalten, bis dieses Verhalten problematisch wird und die Menschen zwingt, bewusst nach Lösungen zu suchen.

>Gefundene Lösungen von Handlungsproblemen werden von den Handelnden nicht im Bewusstsein gespeichert, sondern zu neuen Handlungen verwendet, die als Routine Bewusstseinsfern ablaufen. Erst das neue Handlungsproblem setzt die Routinen und »habits« außer Kraft und erfordert neues Lernen.« (Joas 1988: 423f.)

Insgesamt bleibt habituelles Verhalten im Symbolischen Interaktionismus eine Rand-erscheinung, welche zwar erwähnt, aber kein systematischer Teil der Theorie wird. Die Vernachlässigung des habituellen Verhaltens in den Theorien des Symbolischen Inter-aktionismus wird mit dem relativ seltenen Auftreten von habituellen Verhaltensweisen begründet.

> »It happens, indeed, that a certain value imposes itself immediately and unre-flectively and leads at once to action, or that an attitude as soon as it appears excludes the others and expresses itself unhesitatingly in active process. [...] But usually there is a process of reflection, after which either a ready social definition is applied or a new personal definition worked out.« (Thomas/Znaniecki 1918: 68f.)

Letztlich lassen sich drei verschiedene Konzeptualisierungen des Interaktionsprozesses im Symbolischen Interaktionismus unterscheiden:

1) Die »Definition der Situation« resultiert aus einer individuellen Reaktion auf ob-jektive Reize bzw. aus der Übernahme der Rollenmuster durch Perspektivenüber-nahme. Die sich daraus ergebende Interaktion verläuft in den vordefinierten Bah-nen (Innovationen sind nur in der Phase der Situationsdefinition möglich).

2) Die »Definition der Situation« stellt ein interindividuelles Koordinationsproblem dar, welches durch »negotiation« gelöst wird (dabei wird die Koordination durch die Perspektivenübernahme ermöglicht). Die sich daraus ergebende Interaktion verläuft in den vordefinierten Bahnen (Innovationen sind nur in der Phase der Si-tuationsdefinition möglich).

3) Die »Definition der Situation« stellt ein interindividuelles Koordinationsproblem dar, welches durch »negotiation« gelöst wird (dabei wird die Koordination durch die Perspektivenübernahme ermöglicht). Die sich daraus ergebende Interaktion ist ein »negotiation«-Prozess im Rahmen des gesetzten Kontextes (auch hier wird die Koordination durch die Perspektivenübernahme ermöglicht).

2.2.3.3. Ergebnisermittlung in der Interaktion

In den Augen fast aller symbolischer Interaktionisten ist der gewählte Interaktionspfad und somit auch das Interaktionsergebnis das Resultat von Sinn- und nicht von Nut-zenüberlegungen. Die »sinn«hafte Abstimmung der Handlungen untereinander domi-niert die subjektiven nutzenorientierten Eigeninteressen der Akteure bei der Lösung des Koordinationsproblems. Die Möglichkeit, das Koordinationsproblem über die Sinnstrukturen zu lösen, motiviert die Umsetzung von vorgefertigten bzw. ausdisku-tierten Rollenmustern (Mills 1940: 908; Foote 1951: 16ff.).

>Identities motivate through defining behavior: the classification of social objects including the self and others invokes shared expectations for behavior; i.e., meanings have action implications.« (Stryker 1980: 133)

Aber auch dem Nutzenaspekt wird bei der Motivierung einer Handlung eine Rolle zugeschrieben (Blumer 1966a: 536f.). Es wird eingeräumt, dass Individuen auch versuchen, ihre eigenen Ziele zu erreichen. Allerdings handelt es sich bei diesen Zielen nicht um statische Ziele im Sinne von stabilen Präferenzen wie in der ökonomischen Theorie, sondern um Ziele, die sich in dem Interaktionsprozess ständig verändern.

>Action is to be explained not by deep-seated stable motives but by shifting goals and definitions of the situation.« (Charon 1979: 124)

Der Einfluss von individuellen Motiven bzw. Nutzenüberlegungen wird nicht ausgeschlossen. Ihr unabhängiger Einfluss wird jedoch aufgrund der dominierenden Orientierung an den Sinnstrukturen als geringer eingeschätzt, zumal die individuellen Ziele selbst erst im Interaktionsprozess gebildet und abgewandelt werden. Es kommt zu einer Wechselwirkung zwischen den sozialen Rollenvorgaben und den individuellen Zielen der Akteure, wodurch auch der Interaktionsprozess von den individuellen Wünschen der Akteure beeinflusst wird.

>In this process the actor notes various things, defines and weighs them, projects out different possibilities of action, selects among them, makes decisions, and revises his plans as he takes account of something new.« (Blumer 1955: 62)

Die *Auswahl* der *möglichen sinnvollen Handlungen* erfolgt über subjektive Nutzenabschätzungen, die nach den *Präferenzen* des Individuums geordnet sind (zumindest können einige Äußerungen so interpretiert werden).

>Thinking is the process by which possible symbolic solutions and other future courses of action are examined, assessed for their relative advantages and disadvantages in terms of the values of the individual, and one of them chosen for action.« (Rose 1962: 12; vgl. Stryker 1980: 111; Goffman 1969: 85f.)

An dieser Stelle ist eine ausführlichere Behandlung der *Emotionen* im Symbolischen Interaktionismus notwendig, da sie die Grundlage für die Präferenzen darstellen. Es existieren zwei verschiedene Ansätze nebeneinander. Der erste geht davon aus, dass Emotionen einen biologischen bzw. individuellen Ursprung besitzen. Emotionen in diesem Sinne werden durch Instinkte oder biologische Bedürfnisse und nicht durch den Verstand bestimmt. Andererseits gehen die meisten symbolischen Interaktionisten davon aus, dass der Ursprung der Emotionen nicht im Individuum, sondern in der Gesellschaft liegt. Strukturelle und kulturelle Faktoren bestimmen, welche Gefühle in einer Kultur existieren (Adler u.a. 1987: 224f.). Es bieten sich hierfür zwei Erklärungen an. Erstens können Emotionen als konstruiert aufgefasst werden. Die physiologische Erregung wird durch eine aktive Interpretationsleistung erst zu einer kulturell definierten Emotion (Shott 1979). Zweitens wird die natürliche Bandbreite von Emotionen durch die sozialen Normen eingeengt, um nur die sozial akzeptierten Emotionen zuzulassen (Geertz 1959: 225). In beiden Fällen werden aber die Emotionen als ein Produkt des Sozialisationsprozesses angesehen. Dem universellen Nutzenaspekt der Ökonomen wird dementsprechend vorgeworfen, dass er dem interkulturellen Vergleich nicht standhält (Hickman/Kuhn 1956: 80).

Für diese sozialen Emotionen gelten ebenso wie für das Rollenhandeln bestimmte Verhaltensregeln. Die Konventionen legen fest, welche Emotionen in welcher Situation angemessen sind. Dabei handelt es sich bei Emotionen nicht um eigenständige Rollen, sondern um Bestandteile von Rollen. So kann analog zur Goffmanschen These des »role-playing« auch von Emotionsmanagement bzw. Emotionsarbeit gesprochen werden (Hochschild 1979). Hier wird bewusst für die Mitmenschen eine emotionale Stimmung dargestellt. Vor allem für Personen, die im Service-Bereich arbeiten, ist Emotionsmanagement ein Teil der bezahlten Arbeit.

»The airline passenger may choose not to smile, but the flight attendant is obliged not only to smile but to try to work up some warmth behind it.« (Hochschild 1983: 19)

Emotionen sind also ein Gut, welches getauscht werden kann (Arbeit gegen Lohn). Nur dieser Teil der Betrachtung von Emotionen ist jedoch mit dem Nutzenkonzept vereinbar. Der wesentliche Unterschied zu dem ökonomischen Nutzenkonzept ist die Hervorhebung des sozialen Ursprungs der Emotionen. Daraus ergibt sich, dass Emotionen im Sinne von Nutzen nicht als Erklärung für die Auswahl der möglichen sinnvollen Handlungen herangezogen werden können, da sie nicht mehr den subjektiven Überlegungen der Individuen entspringen.

Wenn es aber im Symbolischen Interaktionismus keinen emotional fundierten Nutzenbegriff gibt, der auf subjektive Motive zurückgeführt wird, kann eine kreative und unvorhergesehene Abweichung von den sozial definierten Rollenvorgaben nicht durch individuelle Nutzenüberlegungen erklärt werden. Es bleibt weiterhin ungelöst, wie die symbolischen Interaktionisten die (individuelle) Konstruktion neuer Rollen im Sinne von »role-making« erklären. Es fehlt ein Kriterium, nach dem die Konstruktion einer Rolle den unendlich vielen anderen Rollenkonstruktionen vorgezogen wird.

Vier Erklärungsansätze können im Symbolischen Interaktionismus für die Motivation der Abweichungen von den »sinnvollen« Rollenvorgaben ausgemacht werden. Die Ursachen für ein abweichendes Verhalten resultieren aus:

1) dem »I« bzw. den Trieben (Meads Position);
2) der Interaktion (Blumers Position; vgl. Charon 1979: 8);
3) der Rollendistanz (Goffmans [1961c: 108; 1961b: 99] Position);
4) dem Ziel, die Autonomie zu maximieren (Turner, R.H. 1978: 14; Stryker 1980: 111).

In der Version von Mead handelt es sich bei dem Akteur um eine Mischung aus Rollenspieler (»me«) und »Triebtäter« (»I«). Im Gegensatz dazu »erklärt« Blumer die Undeterminiertheit einer Handlung durch die »black box« Interaktion, wobei er die Motivationsgrundlage für das »role-making« nicht weiter präzisiert. Die dritte Position von Goffman führt genau genommen zu keiner Abweichung von den sozial definierten Rollen. Ein Akteur führt die Rolle genauso wie erwartet aus, er weicht nur in der erwarteten Identifikation mit der Rolle ab. In der Rollendistanz und der kreativen Ausgestaltung der Rolle kann der Goffmansche Akteur von der Rolle abweichen. Im Gegensatz dazu bietet die vierte Position ein echtes Kriterium, durch das eine Abweichung von den Rollen motiviert werden könnte. Problematisch ist an diesem Kriterium allerdings, dass das Ziel der maximalen Autonomie logischerweise zu einer grundsätzlichen Ablehnung der Rollen führt. Nach diesem Kriterium dürfte kein Akteur mehr Rollen übernehmen. Rollenorientierte Handlungen können folglich nicht mehr erklärt werden. Eine fünfte Position, die oben nicht erwähnt wurde, ist die Position von Kuhn. Kuhn als Vertreter der Iowaer Schule strebt erst gar keine Erklärung der Abweichungen von den Rollenvorgaben an, da in seiner Theorie die Handlungen vollständig durch die Rollenvorgaben determiniert sind.

Die meisten symbolischen Interaktionisten (Mead, Goffman, Kuhn) können demnach Kriterien benennen, die die Stabilität und Kontinuität von Rollenhandlungen erklären können. Formal kann das Handeln in Abhängigkeit von den erklärenden Variablen der Rollenkonformität $t(r_{ki})$ bzw. der Identitätskonformität $t(i_{ki})$ beschrieben werden. Das Handeln wird über eine »sinnvolle« Orientierung an Handlungs- bzw. Identitätstypen erklärt. Allerdings gelingt diesen Vertretern keine in sich schlüssige Konzeptualisierung einer Variable, die die individuell motivierte Abweichung von diesen Typen erklären könnte. Entweder sind sie, wie Meads »I«, viel zu vage, um eine angemessene erklärende Variable darzustellen, oder eine solche Konzeptualisierung wird erst gar nicht versucht, wie bei Goffman und Kuhn.

Die Version von Blumer beinhaltet hingegen schon per Definition der erklärenden Variable $t(c_{1i...\mu i})$ einen Kompromiss zwischen Kontinuität und Wandel. Die Konsensfähigkeit $t(c_{1i...\mu i})$ eines Interaktionspfades hängt sowohl von der Orientierung an

»sinnvollen« Rollenvorgaben als auch von den eigeninteressierten Motiven der Akteure ab. Blumers Kriterium »erklärt« nicht nur die Konstanz, sondern auch kreative Entwicklungen. Bei Blumer tritt allerdings das Problem auf, dass er im Gegensatz zu dem ökonomischen Ansatz die individuelle Motivation zur Abweichung von den Rollen nicht präzisiert. Daher kann er jeden erzielten Kompromiss im nachhinein beschreiben, ohne ihn jedoch ex ante prognostizieren und ex post erklären zu können. Für Blumer bleibt ein solcher Kompromiss letztendlich »undurchschaubar«.

Eine noch nicht erwähnte letzte Gruppe von symbolischen Interaktionisten – vor allem die rollentheoretisch arbeitenden Interaktionisten – bezieht ganz klar Nutzenüberlegungen mit ein. Allerdings werden in diesem Konzept nicht wie in der Ökonomik die individuellen Nutzenwerte maximiert, sondern die positiven Sanktionen maximiert und die negativen Sanktionen minimiert (Turner, R.H. 1978: 13). Formal ausgedrückt bedeutet dies: maximiere $u(r_{ki})$. Aber mit $u(r_{ki})$ kann ebenfalls nur die Rollenkonformität und nicht die individuelle Abweichung von den Rollen erklärt werden, da die perfekte Anpassung an die Rollenvorgaben den größten Nutzen verspricht.

Somit wird durch eine formale Betrachtung des Symbolischen Interaktionismus deutlich, dass in diesem theoretischen Komplex eine klare Vorstellung über die Motivstrukturen fehlt, die einer Abweichung von den sozial definierten Rollen zugrunde liegen.

2.2.4. Ort der Handlung

Ebenso wie in der Phänomenologischen Soziologie handeln die Menschen in der Meadschen Theorie in *Institutionen*. Eine Institution im Sinne von Mead ist gegeben, wenn die Individuen eine gemeinsame Reaktion auf einen Reiz zeigen.

> »The institution represents a common response on the part of all members of the community to a particular situation.« (Mead 1934: 261)

Institutionen organisieren Gruppen und deren Aktivitäten in der Form, dass die Mitglieder einer Gesellschaft in den Institutionen die festgelegten Sinnstrukturen vorfinden, die es ihnen ermöglichen, die Perspektive der anderen Akteure einzunehmen, wodurch eine adäquate Handlungsweise möglich wird. Die Institutionen sind dabei das Resultat des »gesellschaftlichen Lebensprozesses«, oder anders gesagt, ein Produkt der Geschichte. Sie erfüllen funktionale Aspekte der Gesellschaftsstruktur. Für die Individuen sind die Institutionen von besonderer Bedeutung, da sie eine Voraussetzung für die Entwicklung der Identität darstellen.

Blumer weicht in seiner Definition von Institutionen nur leicht von der Position von Mead ab. Für ihn sind sie ein Netzwerk regulierten und ritualisierten Verhaltens (Blumer 1969: 19). Zentraler Bestandteil der Institutionen ist die Perspektivenübernahme eines generalisierten Anderen. Blumer und viele symbolische Interaktionisten mit ihm unterscheiden sich aber in einem wesentlichen Punkt von Mead. Mead geht davon aus, dass Institutionen in dem oben genannten Sinne ein wesentlicher Bestandteil seiner Theorie sind. Im Gegensatz dazu können sie für viele Nachfolger von Mead kein Bestandteil des Symbolischen Interaktionismus sein. Die Ablehnung von Institutionen als zentralem Bestandteil des Symbolischen Interaktionismus geht auf zwei Positionen zurück. In der ersten Position spielen sie keine Rolle, weil es immer wieder neue und nicht institutionalisierte Situationen gibt. Diese Argumentation wird in der zweite Position insofern abgeschwächt, da die Existenz von Institutionen nicht abgestritten wird, die Bedeutung jedoch durch die Anmerkung eingeschränkt wird, dass die institutionellen Situationen häufig mehrdeutig sind, wodurch der Interaktionspfad auch hier ausgehandelt werden muss. Institutionen, wie sie definiert wurden, können kaum als Grundlage für eine Handlungstheorie dienen.

Die Tatsache, dass strikt institutionell orientiertes Handeln nicht Teil des Symbolischen Interaktionismus ist, wirft die Frage auf, für welches Handeln der Symbolische Interaktionismus eine Relevanz beansprucht. Die Vertreter der ersten Position, für die Institutionen so gut wie nicht vorkommen, gehen davon aus, dass der Symbolische Interaktionismus für jedes Verhalten relevant ist (u.a. Blumer 1962: 188; Rose 1962: 8; Hewitt 1976: 111). Vertreter einer abgeschwächten Variante dieser Position nehmen an, dass der Symbolische Interaktionismus nur gilt, wenn die Situation problematisch ist. Allerdings wird darauf hingewiesen, dass jedes Handeln mehr oder weniger problematisch ist. Nur Stryker (1980: 56 und 86) grenzt sich hiervon ab, indem er den Geltungsbereich des Symbolischen Interaktionismus als beschränkt auf die problematischen Situationen ansieht. Er beansprucht nicht, Verhalten in Institutionen erklären zu wollen.

2.2.5. Kritik

Der wichtigste Kritikpunkt an Mead und am Symbolischen Interaktionismus im allgemeinen ist der Mangel an empirisch testbaren, aus der Theorie abgeleiteten Hypothesen (Denzin 1969: 929; Meltzer u.a. 1975: 84). Dies ist häufig eine Folge von unpräzisen Formulierungen und Widersprüchen in der Theorie.

»It is one thing to note that variables appear to reciprocally influence each other, but quite another to make explicit the conditions under which one variable is causing variation in the other, and vice versa. [...] Until this kind of specification occurs, the insight of symbolic interactionism into the reciprocal nature of causality between interaction and its personality, behavioral, and social structural products will remain, at best, suggestive, but will continue to frustrate attempts at constructing causal statements.« (Turner, J.H. 1974: 182)

»We may sum up this set of ambiguities [in Mead's work] about determinism as follows: The notion that the I is indeterminate but the Me's are determinate, the notion that both the I and Me's are indeterminate; the notion that whereas both the I and Me's are determinate results of identifiable events, the interaction (conversation) between the two is somehow itself indeterminate or emergent.« (Kuhn 1964: 64f.)

Exakte Konzeptionen der zentralen Elemente, wie z.B. dem »self«-Konzept, liegen nicht vor. Darüber hinaus werden die wichtigsten Begriffe von den meisten symbolischen Interaktionisten auch noch unterschiedlich definiert, was zu erheblichen Schwierigkeiten bei der Operationalisierung führt. Viele symbolische Interaktionisten ziehen deshalb intuitive Einsichten bzw. die Methode des Verstehens in Fallstudien den empirischen Überprüfungen der zentralen Aussagen vor (Stryker 1980: 145). Rhetorik ersetzt hier sowohl die Empirie als auch die Theorie (Lofland 1970: 37; Reynolds 1987: 133).

»There is, for example, a tendency to extract quotes selectively (as data) from individual participants, and in the manner of positivistic survey research, to impute (rather than display) meanings to the whole derived from often isolated examples, frequently ignoring counterexamples or alternative interpretations.« (Thomas 1983: 481)

Häufig werden dabei verschiedene Problembereiche in Fallstudien lediglich beschrieben, ohne dass neben der Problembeschreibung logische Schlussfolgerungen aus der Theorie abgeleitet werden (Lofland 1970: 42).

»They have many approaches but few arrivals.« (Reynolds 1987: 133)

Die mangelnde Präzision der Konzepte im Symbolischen Interaktionismus hat auch Vorteile. Zum einen ist es kaum möglich, die Theorie des Symbolischen Interaktionismus zu falsifizieren. Dies ist allerdings nur für diejenigen symbolischen Interaktionisten von Vorteil, die ihre Theorie immunisieren wollen, aus wissenschaftstheoretischer Sicht ist dies besonders kritisch zu betrachten.

Mit dem Symbolischen Interaktionismus können vor allem diejenigen Interaktionen analysiert werden, die auf Grund der Komplexität des Problems nicht von anderen Theorien bearbeitet werden können. Der Unterschied zwischen der Spieltheorie, der Phänomenologischen Soziologie und dem Symbolischen Interaktionismus bei der Darstellung des Interaktionsprozesses ist einerseits, dass die Präzision der Prognose der Interaktionsverläufe von der Spieltheorie (nutzenorientierte Gleichgewichtspfade für ein ganzes Spiel) über die Phänomenologische Soziologie (sinnvolle Motivzusammenhänge für »Teilspiele«) bis zum Symbolischen Interaktionismus (alles ist möglich) stetig abnimmt. Andererseits werden aber auch die Anforderungen an die Theorien stetig geringer. In der Spieltheorie ist ein vollständig definierter und endlicher Entscheidungsbaum nötig, während in der Phänomenologischen Soziologie Ketten von Motivzusammenhängen über bestimmte Sequenzen für die Analyse benötigt werden. Dagegen ist die Theorie des Symbolischen Interaktionismus auch in Fällen anwendbar, in denen sich die Sinnstrukturen erst in der Interaktion herausbilden. Die Menge der behandelbaren Interaktionen ist also größer als in der Spieltheorie oder in der Phänomenologischen Soziologie. Zumindest in den Fällen, die nicht spieltheoretisch oder phänomenologisch dargestellt werden können, stellt sich das Defizit an Darstellungs- und Analysekonzepten des Interaktionsprozesses als Vorteil heraus.

»[...] they as yet offer no firm strategies for measuring the interaction process. In defense of [this argument], I would suggest that they offer a view of human conduct that recognizes the complex role of interaction in shaping activity.« (Denzin 1969: 929)

Ein anderer Kritikpunkt bezieht sich auf die Überbetonung des Bewusstseins in der Entscheidung und die Vernachlässigung von affektuellen und unbewussten Handlungen (Meltzer u.a. 1975: 84 und 92; Stryker 1980: 145f.; Reynolds 1987: 129f.). Allerdings hat sich keine der in diesem Buch behandelten Theorien mit affektuellen und unbewussten Handlungen auseinandergesetzt (lediglich Parsons setzt sich am Rande z.B. mit Freud auseinander), so dass dieser Kritikpunkt relativiert wird. Affektuelles und unbewusstes Verhalten wird traditionell in der Psychologie analysiert. Der Grund dafür, dass die Vernachlässigung dieses Verhaltens gerade dem Symbolischen Interaktionismus vorgeworfen wird, dürfte an dessen besonderen Nähe zur Sozialpsychologie liegen.

Dennoch kann die Überbetonung des Bewusstseins und die Auffassung von Entscheidungen als Wahlhandlungen in den meisten Varianten des Symbolischen Interaktionismus aus sozialwissenschaftlicher Sicht kritisiert werden. Dies führt zu einer systematischen Vernachlässigung von automatischen bzw. habituellen Handlungen (Ostrow 1996: 341), welche durch die fraglos gegebenen Sinnstrukturen determiniert sind. Daran schließt sich ein weiterer Kritikpunkt an. So soll die Hervorhebung der individuellen Wahlfreiheit dem Resultat der (ideologischen) amerikanischen Idealvorstellung von einer freien Gesellschaft entsprechen, in der es jeder zum Millionär bringen kann.

»The neglect of social structure – or the facts of class and of power that are inherent in that neglect – constitute an ideological bias in favor of liberal democracy and therefore of the status quo in contemporary American society.« (Stryker 1980: 146; vgl. Shaskolsky 1970: 16)

Ein weiterer Punkt der Kritik ist die Herleitung des »self« durch Mead über objektiv geteilte Symbole. Handlungen werden maßgeblich durch die objektiven Sinnstrukturen bestimmt, obwohl auf der anderen Seite immer wieder die Wahlfreiheit der Individuen hervorgehoben wird. Es handelt sich hier um das Individualismusproblem beim Übergang von der objektiven zu der subjektiven Ebene, welches bei den symbolischen Interaktionisten ungelöst bleibt (Denzin 1969: 929; Lindner 1979: 414ff.). Gleichzeitig bleiben egoistische Motive wie das Nutzenkonzept unberücksichtigt, da die Präferenzen der Individuen auch sozial bzw. objektiv determiniert sind (u.a. Miyamoto 1970: 272; Joas 1973: 44; Reynolds 1987: 130). Dies hat zur Folge, dass durch die Bezugnahme auf objektive Sinnstrukturen zwar die Konstanz von Handlungen erklärt werden kann, die symbolischen Interaktionisten aber nicht erklären können, warum bestimmte Symbole anderen alternativen Symbolen vorgezogen werden (Denzin 1997: 524).

> »The second problem associated with theories based on the concept of social control, the fact that people obey social rules even when no sanctions would follow an infraction, has been dealt with by positing the internalization or a generalized other which constitutes the hidden audience that enforces the rules. This theory is quite generally accepted by sociologists but is just as generally criticized because it offers no reasonable explanation of how people choose one from among the many audiences they can mentally summon to observe any given act.« (Becker, H.S. 1960: 34)

Wenn wir uns an das »Kampf der Geschlechter«-Spiel erinnern, wird dies deutlich, denn bei diesem Spiel handelte es sich nicht nur um ein Koordinationsproblem, sondern auch um ein Problem, bei dem die einzelnen Alternativen den betroffenen Personen unterschiedlich große Auszahlungen brachten. Es geht also nicht nur um die Frage, welche Lösung des Koordinationsproblems als sinnvoll bezeichnet wird. Vielmehr ist hier ein Teil des Problems, wer sich bei der Sinnkonstitution durchsetzen kann und warum. Der Symbolische Interaktionismus hat das Problem, den sozialen Wandel zu erklären, weil es ohne die Bezugnahme auf das Nutzenkonzept nicht möglich ist, den Einfluss von Macht – im Sinne von Ressourcenausstattungen – auf die Sinnkonstitution zu untersuchen (Gouldner 1970: 380f.; Joas 1973: 44; Meltzer u.a. 1975: 97).

> »If behavior is drama, then who wrote the play, who directs the actors, who buys the tickets, and who is really backstage?« (McNall/Johnson 1975: 62)

Die einseitige Betonung der Sinnkomponente bei gleichzeitiger Annahme der Wahlfreiheit der Individuen führt zu zwei fundamentalen Problemen im Symbolischen Interaktionismus. Einerseits wird die Nutzenkomponente systematisch vernachlässigt, andererseits werden automatische, habituelle oder traditionelle Verhaltensweisen durch die Annahme der Wahlfreiheit ausgeschlossen. War bei Max Weber das »soziale Handeln« noch eine Teilmenge des »Handelns«, wobei sowohl »soziales Handeln« als auch »Handeln« eine Teilmenge des »Verhaltens« war, so wird im Symbolischen Interaktionismus »soziales Handeln« als die einzige relevante Klasse von Verhaltensweisen angesehen (Campbell 1996: 25). Diese einschränkende Betrachtungsweise geht aber viel zu weit, da nicht jede Handlung in Interaktionen stattfindet und auch nicht jedes Verhalten das Resultat eines Abwägungsprozesses ist (Campbell 1996: 126 und 131; Denzin 1997: 524).

Ein weiteres Problem resultiert aus der Hervorhebung der Sinnstrukturen in Kombination mit der Wahlfreiheit. Die symbolischen Interaktionisten haben große Schwierigkeiten, die Existenz von sozialen Strukturen zu begründen, denn wenn alles jederzeit zur Disposition steht, kann keine Ordnung entstehen (u.a. Gouldner 1970: 379; Meltzer u.a. 1975: 85). Werden auf der anderen Seite Sinnstrukturen als fraglos gegeben angesehen, ist es im Gegensatz zum Symbolischen Interaktionismus möglich, soziale Strukturen über Sinnstrukturen abzuleiten. Diesen Weg können die symbolischen Interaktionisten aber nicht beschreiten, da sie die Wahlfreiheit mit der Sinnkomponente und nicht mit der Nutzenkomponente in Verbindung bringen.

»In the absence of a reasonable specification of mechanisms by which society links to self and self to social interaction, symbolic interactionist accounts of these generic processes are in fact glosses, largely empty banalities; and there was little such specification in the symbolic interactionism of the time.« (Stryker 1987: 86)

Wie das Zitat von Stryker zeigt, gehen viele moderne symbolische Interaktionisten davon aus, dass sie dieses Problem mit Hilfe des »negotiated order«-Konzeptes oder durch die Einführung von festen sozialen Strukturen als Rahmenbedingungen für die Handlung beheben können. Für die Versuche, die soziale Struktur über das Konzept der »negotiated order« zu erklären, gilt aber, dass sie zum Scheitern verurteilt sind, wenn nicht mit Hilfe der Nutzenkomponente erklärt wird, warum eine Ordnung einer anderen Ordnung vorgezogen wird (vgl. Day/Day 1977: 131; Prendergast/Knotternus 1990: 159). Bei der Einführung von festen sozialen Strukturen als Rahmenbedingungen wird dagegen der prozessuale Charakter der Konzeption von sozialen Strukturen aufgegeben.

Unabhängig davon kann aber noch argumentiert werden, dass Handlungen in Interaktionen durch die Identität der Akteure maßgeblich beeinflusst werden. Einschränkend ist einzuwenden, dass es vermutlich nur wenige Menschen mit einer Identität gibt, die Handlungen in allen möglichen Bereichen beeinflusst. Ein Beispiel sind die Amish People in den Vereinigten Staaten, die aufgrund ihrer Identität als Mitglied ihrer Gemeinschaft jeden technischen Fortschritt ablehnen. Hier hat die Identität »Amish« einen erheblichen Einfluss auf fast alle Handlungen in allen Bereichen. Normalerweise dürften aber Identitäten bzw. Rollen nur in bestimmten Situationen relevant sein. Empirischen Studien von symbolischen Interaktionisten, die diese Frage behandeln, liegen bis jetzt leider nicht vor.

2.2.6. Übungsfragen

1. Wodurch unterscheiden sich die Positionen von Blumer, Kuhn und Goffman in der Frage des Rollenverhaltens von Akteuren, und welche Folgen haben die Unterschiede für das Interaktionsergebnis?

2. Diskutieren Sie die Möglichkeit, Meads Individualismusproblem vom behavioristischen Verhaltensmodell ausgehend zu lösen!

3. In welchem Verhältnis stehen Bewusstsein und Handeln in Meads Theorie im Gegensatz zu Schütz' Theorie (bezüglich des »rationalen« Handelns) zueinander?

4. Wie kann Meads »I«-Konzept inhaltlich gefüllt werden, ohne dabei Widersprüche zu produzieren?

5. Ordnen Sie der Chicagoer Schule, der Iowaer Schule und dem dramaturgischen Ansatz eine dominierende Identitätsdefinition unter der Berücksichtigung der Funktion von »I« und »me« zu!

6. Diskutieren Sie die Realitätsnähe des Gesellschaftskonzeptes der Chicagoer Schule als eine »negotiated order«!

7. Wieso gibt es in Meads sozialem Behaviorismus keinen Unterschied zwischen einer Handlung, die auf ein Objekt gerichtet ist, und einer Handlung in einer Interaktion mit anderen Subjekten?

8. Inwiefern unterscheidet sich die Position Meads bei der Betrachtung des Interaktionsprozesses bezüglich der »Definition der Situation« von Kuhns Position, und wodurch grenzen sich diese Positionen von Blumers Auffassung ab?

9. Welche Bedeutung wird dem habituellen Verhalten im Symbolischen Interaktionismus im Gegensatz zur Phänomenologischen Soziologie zugeordnet?

10. Diskutieren Sie die Vor- und Nachteile des Konzeptes des Symbolischen Interaktionismus von kulturell bestimmten Emotionen gegenüber dem subjektiven Emotionskonzept (dem Nutzenkonzept) der Ökonomen für die Erklärung von rollenabweichendem Verhalten!

11. Wodurch grenzt sich die Beurteilung von Institutionen durch die meisten Symbolischen Interaktionisten gegenüber Meads Position ab?

12. Beurteilen Sie die Aussagekraft des Symbolischen Interaktionismus im Verhältnis zur Phänomenologischen Soziologie und zur Spieltheorie für die Erklärung von Interaktionen!

2.2.7. Literaturhinweise

Für das Verständnis der Möglichkeiten und Grenzen des Symbolischen Interaktionismus ist der Klassiker von Mead (1934) unerlässlich, auch wenn für den modernen Symbolischen Interaktionismus das Buch von Blumer (1969) von erheblich größerer Bedeutung ist. Eine lesenswerte Version des Symbolischen Interaktionismus, die sich noch stärker an Meads Vorgaben orientiert, kommt von Rose (1962). Goffman (1983) gibt eine Zusammenfassung seiner wesentlichen Argumente. Ein sehr guter Überblick über die einzelnen Varianten des Symbolischen Interaktionismus findet sich in Reynolds (1987) oder Joas (1988). Zur Entwicklung des Werkes von George Herbert Mead siehe Joas (1980). Fine und Kleinman (1986) diskutieren die Interpretationsprobleme bei der Analyse der Theorie von Mead.

Ein grundlegender Beitrag zum Verständnis der Gesellschaft als »negotiated order« kommt von Strauss (1978). Einen Überblick über den neuesten Stand der Behandlung der Gesellschaft im Symbolischen Interaktionismus liefert Musolf (1992). Eine komprimierte Darstellung des Emotionsmanagements findet sich in Hochschild (1979).

Eine kurze Zusammenfassung der Methoden gibt Thomas (1983). Ausführlicher ist hier May (1993). Besonders empfehlenswert ist der Aufsatz von Burns (1996), der die unterschiedlichen methodologischen Grundgedanken der modernen Chicagoer Schule und der älteren Chicagoer Schule der 20er und 30er Jahre herausarbeitet. Einen sehr guten Überblick über die in Deutschland verwendeten hermeneutischen Methoden, die sowohl vom Symbolischen Interaktionismus als auch von der Phänomenologischen Soziologie beeinflusst wurden, liefern Hitzler und Honer (1997).

Meltzer u.a. (1975) sowie Stryker (1980) bieten einen guten Überblick über die Kritik am Symbolischen Interaktionismus. Eine generelle Kritik an der modernen Verstehenden Soziologie auf der Basis der Soziologie von Max Weber, jedes Verhalten als soziales Handeln anzusehen, kommt von Campbell (1996).

2.3. Strukturell-funktionale Theorie

Die Strukturell-funktionale Theorie ist eine Erfindung von Talcott Parsons (1902-1979). Parsons erhielt seinen B.A.-Titel am Amherst College und lebte von 1924 bis 1927 in Europa. Zuerst studierte er an der London School of Economics und promovierte danach an der Universität in Heidelberg. Nach seiner Rückkehr in die Vereinigten Staaten begann er seine wissenschaftliche Laufbahn an der Harvard Universität, wo er bis zu seinem Tod Soziologie lehrte.

Im Gegensatz zu den bisher behandelten soziologischen Theorien, der Phänomenologischen Soziologie und dem Symbolischen Interaktionismus, ist die Strukturell-funktionale Theorie eine makrosoziologische Theorie. In seinen frühen Arbeiten entwickelte Parsons jedoch ein Konzept der Gesellschaft, welches er aus einer Theorie des sozialen Handelns ableitete. Hier liegt ein Berührungspunkt zu den anderen Theorien vor, so dass es gerechtfertigt erscheint, die Strukturell-funktionale Theorie als eine dritte soziologische Handlungstheorie zu behandeln. Aus diesem Grunde liegt der Schwerpunkt der Darstellung auf dem handlungstheoretischen Teil der Strukturell-funktionalen Theorie. Die systemtheoretischen Ausführungen bleiben bis auf eine kurze Skizzierung unberücksichtigt. Daher fehlen in dieser Zusammenfassung auch systemtheoretische Weiterentwicklungen wie die von Niklas Luhmann (1927-1998), da Luhmann und die meisten anderen modernen Systemtheoretiker auf eine handlungstheoretische Fundierung ihrer Systemkonzeptionen, wie sie noch von Talcott Parsons geleistet wurde, verzichten.

2.3.1. Grundlagen der Theorie

2.3.1.1. Ausgangspunkt der Analyse

Talcott Parsons' Ausgangspunkt der Analyse ist ein *soziales Handlungssystem von individuellen Akteuren*. Damit besitzt seine Position eine große Ähnlichkeit mit dem Ausgangspunkt der Analyse von George Herbert Mead. Beiden Positionen ist gemeinsam, dass sie nicht mit einem isolierten Individuum wie in den ökonomischen Theorien und in der Phänomenologischen Soziologie beginnen, sondern mit Akteuren, die sich bereits in einem Netz von Verbindungen mit anderen Akteuren befinden. Während aber Mead von Individuen in kooperativen Gruppen ausgeht, hebt Parsons' Konzept der sozialen Handlungssysteme einen anderen Aspekt hervor. Parsons beginnt nicht einfach mit dem Konzept der Gruppe, sondern definiert die Gruppe über ein System von Interaktionen (Parsons 1951:3). Eine weitere Differenzierung spielt in der Theorie von Parsons eine wichtige Rolle: die Unterscheidung zwischen dem Handlungssystem (der Gruppe) und der Umwelt. Diese Trennung von Gruppe und Umwelt steht wiederum dem ökonomischen Konzept der Restriktionen sehr nahe. Die Umwelt setzt den Rahmen für das Handlungssystem der Gruppe.

»Each individual molecule of the gas may roughly correspond to an individual person in a community. The environment in which this molecule finds itself falls into two parts, the other molecules of the same kind, and the bottle in which they are all contained. Each molecule will be bound to come in contact with other molecules and its behavior, that is the direction and speed of its motion, will be influenced by this contact. Also the actions of all the molecules are necessarily controlled to a large extent by the size, shape, and temperature of the container. [...] The individual is analogous to the molecule, though vastly more complex in organization, and his actions are influenced by contacts with other individuals of a similar nature, and the actions of the whole group are of course strictly limited by the physical environment in which they live, though this latter influence is rather a negative and passive than an active one.« (Parsons 1996a: 13)

Genau genommen sind die Handlungen und nicht die Individuen in einer Gruppe der Ausgangspunkt der Analyse der Strukturell-funktionalen Theorie. Parsons bezieht sich allerdings nicht auf beliebige Handlungen, sondern auf aufeinander abgestimmte Handlungsmuster. Diese Muster entsprechen dabei dem soziologischen Konzept der Rolle. Somit ist die Rolle die wichtigste Analyseeinheit in der Strukturell-funktionalen Theorie.

»The »individual« actor as a concrete system of action is not usually the most important unit of a social system. For most purposes *the conceptual unit of the social system is the role*. The role is a sector of the individual actor's total system of action. It is the point of contact between the system of action of the individual actor and the social system.« (Parsons/Shils 1951: 190)

Das Interesse an einer Analyse der Handlungen von Individuen beschränkt sich bei Parsons alleine auf deren Folgen und Auswirkungen auf das gesamte soziale System. Er analysiert die Handlungen von Menschen nicht, weil er deren Verhalten verstehen möchte, sondern weil er die Funktionsweise von Gesellschaften über das Verhalten ihrer Individuen erklärbar machen möchte. Im Gegensatz zu den bisher behandelten Theorien ist die Handlungstheorie für Parsons demzufolge nicht das Ziel, sondern das Mittel zum Zweck.

»Die ständige, systemat[ische] Rückbeziehung jedes sozialen Problems auf den Zustand des sozialen Systems als Ganzes ist der leitende Gedanke dieser Theorie. Jede Handlung wird auf ihren strukturellen Stellenwert im u[nd] ihren funktionalen Beitrag für das System analysiert.« (Hillmann 1994: 847)

Parsons' Analyse geht dabei von der Annahme aus, dass es unmöglich ist, von Handlungen eines Individuums auf das soziale System rückzuschließen (Parsons 1937: 746f.; Parsons 1951: 45). Handlungen einzelner Individuen sind für Parsons unvorhersagbar und unverständlich. Erst im Aggregat der Handlungen vieler Akteure wird die funktionale Bedeutung für das soziale System ersichtlich.

> »It will be well to remember, however, that molecules are also in rapid motion and that the motion of any one molecule is probably fully as eccentric and unpredictable as that of a single human being, but with both classes of objects, if a large enough aggregate number be taken, the actions of these masses become much more intelligible in terms of the outside influences to which they are subjected, as is shown by the researches of both the chemist and the statistician.« (Parsons 1996a: 14)

Darüber hinaus zeichnen sich soziale Systeme dadurch aus, dass sie eigene Charakteristiken besitzen, die nicht aus den Charakteristiken der Individuen abgeleitet werden können. Das Ganze ist mehr als die Summe seiner Teile. Somit handelt es sich bei der Strukturell-funktionalen Theorie ebensowenig wie bei dem Symbolischen Interaktionismus um eine Theorie, die dem Methodologischen Individualismus zugeordnet werden kann.

Das *zentrale Ziel* der Analyse des menschlichen Verhaltens von Talcott Parsons war die Lösung des Ordnungsproblems von Thomas Hobbes. Aus der Existenz einer sozialen Ordnung ergibt sich die Frage, auf welche Art und Weise sie entstehen und aufrechterhalten werden kann. Theoretisch geht es um die Konstruktion eines Modells, welches einerseits eine soziale Ordnung zulässt, ohne andererseits die Wahlfreiheit der Individuen in dieser Ordnung aufzugeben.

> »Hence the fundamental focus for the analysis of the system as a differentiated system concerns the ways in which roles within it are differentiated and, in turn, these differentiated roles are integrated together, that is »mesh« to form a functioning system.« (Parsons 1951: 114)

Dieses Problem korrespondiert mit dem Intersubjektivitätsproblem von Alfred Schütz und dem Individualismusproblem von George Herbert Mead, auch wenn der thematische Bezug ein anderer ist. Bei Schütz und Mead geht es um die Begründung des Verstehens anderer Akteure unter der Bedingung, dass sich die Akteure individuell voneinander unterscheiden. Bei Parsons geht es hingegen um die Begründung einer sozialen

Ordnung unter der Bedingung, dass die Akteure ihre eigenen Interessen und nicht die Interessen der Gruppe vertreten. Parsons findet hierfür eine Lösung, indem er das Hobbessche Problem abwandelt. Der Aufklärer Thomas Hobbes beschäftigte sich in seinem Hauptwerk *Leviathan* (1651) mit dem Problem, wie der Naturzustand, in dem ein Krieg aller gegen alle herrscht, überwunden werden kann. Nach seiner Meinung ist der einzige Weg, den Naturzustand in einer Welt voller Egoisten durch eine soziale Ordnung zu ersetzen, die Aufgabe eines Teils ihrer Souveränität an eine Person oder Gruppe, die Sicherheit und Ordnung durchzusetzen vermag. Parsons leitet seine Fragestellung von Hobbes ab, indem er nun von dem Erklärungsproblem ausgeht, wieso die Egoisten in einer sozialen Ordnung wollen, was sie im Sinne der Gemeinschaft sollen.

»Gerade Hobbes' klassische Version des »Ordnungsproblems« ging begrifflich von der Schwierigkeit aus, die »egoistischen« Verhaltenstendenzen der Menschen, oder die »Leidenschaften«, wie er sie nannte, zu zügeln. [...] Die vorliegende Analyse führt zu einer anderen Auffassung. Sie geht davon aus, dass die »menschliche Natur« große Plastizität aufweist und keine spezifischen »Motive« oder Verhaltenstendenzen besonders auszeichnet. Im langen Prozess sozialer »Konditionierung« von Geburt an wird sie allmählich zur konkreten Persönlichkeitsstruktur des Erwachsenen geformt, die entsprechend den konditionierenden Einflüssen, denen sie ausgesetzt war, ganz unterschiedlich ausfallen kann. Welche Richtung die Entwicklung auch immer einschlägt, so besteht doch die grundlegende Tendenz darin, relativ integrierte Persönlichkeiten auszubilden, die sowohl intern als System wie auch mit den Erfordernissen und Mustern des umfassenderen sozialen Systems integriert sind.« (Parsons 1986: 180)

Durch die Internalisierung gemeinsam geteilter Normen wird das Hobbessche Ordnungsproblem gelöst, da der Naturzustand über die Sozialisation der Akteure überwunden wird. Die »Egoisten« entfalten erst gar nicht ihre destruktiven Tendenzen, da sie freiwillig die Normen der Gesellschaft befolgen. Diese Lösung von Talcott Parsons geht auf seine Auseinandersetzung mit den Arbeiten der Soziologen Max Weber (1864-1920) und Emile Durkheim (1858-1917) sowie der Ökonomen Alfred Marshall (1842-1924) und Vilfredo Pareto (1848-1923) zurück. In *The structure of social action* (1937) versucht Parsons eine Synthese der sich widersprechenden Positionen des Idealismus und des Positivismus zu formulieren. Diese umfassende soziologische Theorie soll sowohl die der idealistischen Tradition entsprechenden normativen (sozialen) Zielvorgaben als auch die der ökonomisch-positivistischen Tradition entsprechenden kausalen Anpassungen des Individuums an die Situationsänderungen umfassen. Nur die Verbindung dieser beiden Elemente garantiert die Formulierung einer allgemeinen Theorie, die eine Theorie der Ordnung und eine Theorie der Handlung in ausreichender Form beinhaltet (Münch 1982: 12; vgl. Parsons 1951: 13f.).

2.3.1.2. Annahmen über den Menschen

Parsons geht von der Annahme des *freien und sozialisierten* Menschen aus. Er wendet sich gegen ein Menschenbild, welches die autonome Entscheidungsfreiheit der Individuen nicht zulässt. Er versucht aber auch, eine individualistische Extremposition zu vermeiden, indem er von einem sozialen Ursprung der Präferenzen ausgeht.

> »Wants do not spring up in isolation, as if in a vacuum. Obviously some influence of the group as a whole constrains individual wants into more coherent patterns; these patterns might be called culturally determined *value-attitude*.« (Skidmore 1975: 156)

Der Mensch kommt nach Parsons (1996a: 16) in einem formbaren Zustand auf die Welt. Seine Präferenzen sind nicht von Natur aus gegeben, sondern bilden sich erst im Sozialisationsprozess heraus. In der Sozialisation internalisieren die Akteure komplementäre Rollenerwartungen. Ein Akteur lernt, sich gemäß den Rollen zu verhalten und ein darauf abgestimmtes Verhalten von seinen Mitmenschen zu erwarten.

> »Learning in this broad sense, then, means the incorporation of cultural pattern elements into the action-systems of individual actors.« (Parsons 1951: 16)

Nachdem das Individuum die kulturellen Verhaltensmuster erlernt und sich mit ihnen identifiziert hat, führt die Identifikation mit den Rollen zu einer Internalisierung der Präferenz, »sich rollenkonform zu verhalten« (Parsons 1951: 211). Folglich wollen die Individuen so handeln, wie es ihnen die allgemein akzeptierten sozialen Normen vorschreiben. Als eine zusätzliche Sicherung baut ein Individuum ein inneres Sanktionssystem auf, welches einer Normabweichungen durch die Produktion von Schuldgefühlen entgegenwirkt, falls es einmal doch nicht den Regeln entsprechen will (Parsons 1986: 105).

Abweichendes Verhalten kann jedoch trotz der Internalisierung der Normen und der Entwicklung eines Sanktionssystems nicht ausgeschlossen werden, da ein grundsätzlicher Gegensatz zwischen den individuellen Bedürfnissen und den Rollenerwartungen besteht. Dieser Gegensatz kann durch das kulturelle System der Normen abgeschwächt, aber nicht aufgelöst werden (Parsons 1951: 321). Aufgrund der Mängel des Sozialisationsprozesses gelingt nicht allen Mitgliedern einer Gesellschaft eine perfekte Internalisierung, wodurch die komplementären Rollenmuster niemals perfekt aufeinander abgestimmt sind. Daher ist eine soziale Kontrolle für die Aufrechterhaltung des Rollensystems von zentraler Bedeutung (Parsons 1951: 230). Das soziale Kontrollsystem spielt bereits im Sozialisationsprozess eine präventive Rolle, indem es die Individuen durch die Sanktionierung ihres Handelns lehrt, wie sie sich besser nicht verhalten sollen (Parsons 1951: 298).

Rollen sind das zentrale Element, auf dem die Persönlichkeitsstruktur der Akteure aufbaut. In diesem Punkt unterscheidet sich die Strukturell-funktionale Theorie von der Phänomenologischen Soziologie und einigen Theorien des Symbolischen Interaktionismus. Rollen und durch sie die Kultur beeinflussen einen Akteur nicht nur situativ, sondern konstituieren dauerhaft seine Persönlichkeit (Parsons 1951: 34). Das Rollenkonzept dient Parsons nicht als Erklärung, wie Rollen von den Akteuren kreativ an die jeweiligen Situationen angepasst werden, sondern als Analyse der Identifikation des Akteurs mit den kulturellen Vorgaben (Parsons 1951: 64). Während für die Phänomenologen und die symbolischen Interaktionisten die sinnkonstituierende Funktion der Rolle im Vordergrund stand, überdeckt bei Parsons der normative den sinnkonstituierenden Aspekt fast vollig. Normen und nicht Sinnstrukturen garantieren den Fortbestand der sozialen Ordnung.

Zusammenfassend kann festgehalten werden, dass die Individuen auf zwei verschiedene Arten motiviert werden, sich rollenkonform zu verhalten: durch die Sozialisation und durch die soziale Kontrolle über die Sanktionen. Eine eigenständige individuelle Motivierung des menschlichen Handelns wie in den ökonomischen Theorien gibt es in der Strukturell-funktionalen Theorie nicht. Die Präferenzen der Akteure sind bei Parsons immer sozial determiniert.

»It is evident, however, that at no stage can we completely separate the individual from the society of which he is a part. The individual in any really intelligible sense, does not exist apart from his relations with other individuals.« (Parsons 1996a: 17)

Die Kultur der Gesellschaft und nicht die Natur des Menschen erklärt das Verhalten des Menschen. Im Vergleich ist der Einfluss des Individuums auf die Gesellschaft zu dem Einfluss der Gesellschaft auf das Individuum sehr gering.

»The effect of the individual upon the institutions in which he finds himself bound up, is almost negligible compared with the effect which these institutions have upon him.« (Parsons 1996a: 16)

Diese Position von Parsons verdeutlicht den wesentlichen Unterschied zur Phänomenologischen Soziologie und zu der Mehrzahl der Theorien des Symbolischen Interaktionismus. In diesen Theorien beeinflussen sich Individuum und Gesellschaft gegenseitig. Einerseits reproduzieren die gewollten und ungewollten Handlungen der Akteure die Gesellschaft, während andererseits die Gesellschaft den Rahmen für diese Handlungen der Akteure vorgibt. In der Strukturell-funktionalen Theorie ist der Einfluss der Gesellschaft wesentlich stärker ausgeprägt. Wie in den ökonomischen Theorien handelt es sich bei Parsons um Egoisten, deren individuelle Interessen nicht mit den

Interessen der gesamten Gruppe übereinstimmen, aber im Gegensatz zu den ökonomischen Theorien wollen diese Egoisten, was ihnen von der Gesellschaft vorgeschrieben wird.

Aufgrund der Tatsache, dass Parsons das menschliche Verhalten über Normen erklärt und nicht über Sinnstrukturen wie in den bisher behandelten soziologischen Theorien, stellt sich für ihn das Problem des *Subjektivitäts-Objektivitäts-Übergangs* nicht, welches für eine Interpretative bzw. Verstehende Soziologie von zentraler Bedeutung ist: Während Schütz versucht, von subjektiven Sinnstrukturen aus das Intersubjektivitätsproblem zu lösen, und Mead sich, von objektiven Sinnstrukturen ausgehend, mit dem Individualismusproblem beschäftigt, ist dieser Übergang von der subjektiven zur objektiven Ebene (bzw. andersherum) lediglich eine Frage der Sichtweise. Die subjektive Sicht setzt Parsons mit der Perspektive des handelnden Akteurs und die objektive Sicht mit der des unbeteiligten Beobachters gleich.

> »By »objective« in this context will always be meant »from the point of view of scientific observer of action« and by »subjective«, »from the point of view of the actor«.« (Parsons 1937: 46)

Parsons geht davon aus, dass die objektive Erfassung der subjektiven Intentionen des Akteurs durch den Beobachter unproblematisch ist. Diese Position ist eine Folge der objektiven normativen Fundierung der von den Individuen internalisierten Sinnstrukturen.

> »There is unquestionably an exceedingly close connection between the apprehension of meaningful relations as such, on the one hand, and the study of the subjective aspect of action, on the other.« (Parsons 1937: 485)
> »Meaningful relations [...] condition action in one sense [...]. Their role is normative - they express relations between various elements and aspects of an ideal toward which action is oriented.« (Parsons 1937: 483)

Diese Position Parsons' hat wesentlich mehr Ähnlichkeit mit dem Sozialen Behaviorismus von Mead als mit der Phänomenologischen Soziologie von Schütz. Parsons und Mead gehen von einem objektiven Kern in den Individuen aus, der ihr Verhalten lenkt. Während dieser Kern bei Mead den gemeinsam geteilten Sinnstrukturen entspricht, sieht Parsons in den normativen Strukturen die objektive Grundlage menschlichen Handelns. Dementsprechend versucht Parsons erst gar nicht, die Bewusstseinsprozesse zu ergründen, welche trotz der objektiven Vorgaben von »signifikanten Symbolen« Individualität ermöglichen. Für Parsons ist dies kein relevantes Problem, weil die subjektive Sicht der Akteure aufgrund der Internalisierung der sozialen Normen ohnehin mit den objektiven Vorgaben übereinstimmt. Er sieht keine Notwendigkeit, eine wirkliche

Individualität der Akteure bei der Konstruktion einer voluntaristischen Handlungstheorie zuzulassen. Ein Verstehen der Handlungen anderer Akteure ist somit für einen Beobachter unproblematisch, solange sie sich auf die normativen Strukturen berufen, die den Sinnstrukturen zugrunde liegen. Diese Verknüpfung von Normativität, Subjektivität und Sinnstrukturen stellt für Parsons den Hauptbeitrag der idealistischen Tradition zu einer allgemeinen Handlungstheorie dar.

Im Bezug auf die Frage nach der *Rationalität* des Menschen geht Parsons von einem wesentlich weitergehenden Begriff als in den bisher diskutierten Theoriekomplexen aus. Das Handeln der Individuen wird durch Max Webers Konzept der Zweckrationalität geleitet. Eine Handlung ist zweckrational, wenn ein Akteur die effizienteste Alternative unter Berücksichtigung der Restriktionen zur Erreichung eines gegebenen Zieles (z.B. die Maximierung des Nutzens) wählt. Dieses Konzept entspricht dem »rationalen« Handeln in den ökonomischen Theorien.

> »Action is rational in so far as it pursues ends possible within the conditions of the situation, and by the means which, among those available for the actor, are intrinsically best adapted to the end for reasons understandable and verifiable by positive empirical science.« (Parsons 1937: 58)

Eine Handlung muss nach Parsons in der Weberschen Terminologie nicht nur zweckrational, sondern auch wertrational sein. Rationale Handlungen umfassen nicht nur die effizienteste Wahl der Mittel, sondern auch die sozial angemessenste Wahl der Ziele bzw. Präferenzen. Die Wertrationalität einer Handlung sorgt für die Auswahl von Zielen bzw. Präferenzen nach normativen Grundsätzen (Parsons 1937: 710).

Für die jeweilige Bedeutung der Zweck- und Wertrationalität bei der Festlegung des Verhaltens ist eine andere Stelle in Parsons' Werk aufschlussreich. Parsons (1986: 13) fasste reines rationales Handeln als affektiv bzw. emotional neutral auf. Aus dieser Aussage kann geschlossen werden, dass eine Alternative nicht gegenüber einer anderen präferiert wird, weil von ihr ein höherer Nutzen (ein höherer emotionaler Gewinn) erwartet wird, sondern weil sie aus normativen Gründen angemessener ist. Normativität und somit Wertrationalität verdrängt bei Parsons nicht nur die Sinnstrukturen, sondern auch die Emotionalität bei der Bestimmung des rationalen Verhaltens. Über die wertrationale Orientierung der Handelnden werden Normen zum alles bestimmenden Faktor in der Strukturell-funktionalen Theorie. Hingegen erscheint eine zweckrationale Orientierung an dem erwarteten Nutzen einer Handlung lediglich als ein Störfaktor, der aus einer mangelhaften Sozialisation resultiert.

Die Verknüpfung des rationalen Handelns nach normativen Vorgaben mit dem Weberschen Begriff der Wertrationalität ist nicht unproblematisch. Parsons' Äußerungen über Internalisierung, Gewohnheiten oder Tradition legen den Verdacht nahe, dass er das normative Handeln eher dem traditionellen als dem wertrationalen Handeln bei Weber zuordnet. Parsons (1951: 551f.) spricht z.B. in Bezug auf die Orientierung an internalisierten Mustern von nicht- und irrationalen Mechanismen, welche einem bewussten wertrationalen Prozess der Auswahl von Zielen widersprechen. Andererseits hebt Parsons (1951: 183f.) an anderer Stelle eindeutig hervor, dass die Wahl der Ziele nicht nach traditionellen bzw. habituellen Kriterien erfolgt, so dass dies für ein wertrationales und gegen ein traditionelles nichtrationales Handeln spricht. Diese begrifflichen Zuordnungsschwierigkeiten resultieren bei Parsons aus der Ableitung der Sinnstrukturen aus den sozialen Normen. Da soziale Normen die Grundlage der Sinnstrukturen sind, kann er keine Unterscheidung zwischen normativem und sinnvollem Handeln machen, wodurch es ihm unmöglich wird, traditionelles und wertrationales Verhalten voneinander zu trennen. Daraus folgt, dass es in der Strukturell-funktionalen Theorie kein habituelles Handeln geben kann, weil jedes von Sinnstrukturen dominierte habituelle Handeln gleichzeitig ein normatives und somit wertrationales Handeln sein muss.

Im Gegensatz zu der Konzeption des Begriffs der Wertrationalität durch Max Weber, bezieht sich die Konzeption der Wertrationalität bei Parsons aber nicht nur auf Individuen, sondern auf ein ganzes Handlungssystem. Ein Handlungssystem ist wertrational, wenn die Ziele der Individuen und die Ziele des Kollektivs aufeinander abgestimmt sind, d.h. wenn die Individuen die Ziele des Kollektivs internalisiert haben.

>Tatsächlich ist die Integration von Zwecken in einem kohärenten System neben der Rationalität einer effizienten Mittelwahl eines der grundsätzlichen Kriterien eines rationalen Handlungssystems.« (Parsons 1986: 129)

Die Strukturell-funktionale Theorie besitzt demnach nicht nur ein individuelles, sondern auch ein kollektives Rationalitätskonzept. Die Einführung eines Rationalitätskonzeptes für ein Handlungs*system* unabhängig von den Individuen ist für die systemtheoretische Weiterentwicklung von Parsons' Theorie von großer Bedeutung. Da jedes Rationalitätskonzept eine Aussage über Verhaltenstendenzen bzw. Entwicklungstendenzen macht, hängt es eng mit der Möglichkeit zusammen, das Verhalten von Individuen bzw. die Entwicklungen von Systemen zu beschreiben und zu prognostizieren. Durch die Einführung eines Rationalitätskonzeptes für das Handlungssystem kann Parsons' Aussagen über die Entwicklungen auf der Systemebene machen, ohne dabei diese Entwicklungen über ein rationales Verhalten der Individuen erklären zu müssen.

2.3.1.3. Annahmen über die Gesellschaft

Die Gesellschaft in der Form eines sozialen Systems wird von Parsons mehr noch als von Schütz oder Mead als ein *soziale Tatsache* wahrgenommen. Er definiert ein »soziales System« als ein System von Interaktionsprozessen bzw. als die Struktur dcr Bezie-

259

hungen der Akteure in den Interaktionen, welche von Parsons auch Netzwerk genannt wird. Er betont in diesem Zusammenhang, dass die genauen Kenntnisse der Zusammenhänge in einem System keine Voraussetzung für die Verwendung des Systembegriffs sind. Eine Kenntnis der Gesetze, welche die Handlungen der Individuen determinieren, ist insofern unnötig, da die Systeme eigenen Gesetzen – unabhängig von den Gesetzen auf der Mikroebene – unterliegen.

> »[...] the crucial characteristic of structural-functional theory is its use of the concept system *without a complete knowledge of the laws which determine processes within the system.*« (Parsons 1951: 483)

Eine Menge funktionaler Einheiten bildet ein System, das seine eigenen – nicht aus seinen Teilen ableitbaren – Charakteristiken besitzt. Die Annahme, dass das Ganze nicht durch seine Teile erklärt werden kann, ist somit eine logische Folge der Unkenntnis der Zusammenhänge in dem System. Wenn die Beziehungen, die das System konstituieren nicht bekannt sind, kann das System auch nicht aus ihnen abgeleitet werden. Parsons zieht offensichtlich die Frage nach den funktionalen Erfordernissen eines Systems einer Analyse der Systemzusammenhänge vor. Es geht ihm nicht um die Erklärung der Entstehung eines Systems, sondern um die Frage nach den Faktoren, die die Stabilität eines existierenden Systems gewährleisten.

Als eine notwendige funktionale Voraussetzung für die Aufrechterhaltung der Stabilität eines Systems sieht Parsons (1951: 27f.) eine ausreichende Anzahl von Akteuren, die sich an das sozial vorgegebene Rollenmuster halten. Wie hoch die Anzahl von normengeleiteten Akteure sein muss, hängt dabei von der Effizienz des Systems der sozialen Kontrolle ab. Jedes soziale System verkraftet eine bestimmte Anzahl von Personen mit der Tendenz zum abweichenden Verhalten, solange das System der sozialen Kontrolle in einem ausreichenden Maße funktioniert. Für die Motivierung der Akteure, sich rollenkonform zu verhalten, sowie für die Aufrechterhaltung eines Systems der sozialen Kontrolle ist wiederum der Prozess der Institutionalisierung eine notwendige funktionale Voraussetzung. Dabei umfasst der Begriff der Institutionalisierung sowohl die Ausbildung eines sozialen Kontrollsystems als auch die Internalisierung des Wertorientierungsmusters.

> »The word institutionalization means both the internalization of common values by the members of a collectivity, and also the enunciation of prescriptive or prohibitory role expectations by occupants of responsible roles.« (Parsons/Shils 1951: 203)

Die Herausbildung von gegenseitigen Rollenerwartungen ist dabei eine Voraussetzung für ein soziales Kontrollsystem, da ein abweichendes Verhalten nur sanktioniert werden kann, wenn es als eine Abweichung von den Rollenerwartungen wahrgenommen wird. Somit handelt es sich bei dem stabilisierenden Kern eines jeden Systems um die durch Internalisierung und Institutionalisierung miteinander verbundenen Institutionen und das Wertorientierungsmuster, welches den Institutionen zugrunde liegt (Parsons 1951: 52). Die Bezugnahme auf Parsons' (vgl. u.a. 1970: 61 und 67) AGIL-Schema verdeutlicht diesen Zusammenhang. Das »L« in AGIL steht für »latency« und wird von Parsons mit dem kulturellen System in Verbindung gebracht. Das kulturelle Subsystem hat als funktionale Aufgabe die Aufrechterhaltung der normativen Verhaltensmuster. Parsons ordnet dem kulturellen System die Wertrationalität zu. Das »I« steht für die »Integration« der Individuen in das soziale System. Das soziale System hat die Aufgabe, die Individuen durch die Sozialisation in die institutionelle Ordnung einzufügen. Dieser Prozess der Institutionalisierung lässt ein harmonisches Gemeinschaftsgefühl in den Individuen entstehen. Parsons bringt das soziale Subsystem sowohl mit dem Begriff Affekt als auch mit der moralischen Rationalität in Verbindung. Auf das dritte Subsystem – das Persönlichkeitssystem – bezieht sich das »G«. »G« ist die Abkürzung für »goal-attainment«. Unter der Zielerreichung versteht Parsons die zweckrationale Wahl der besten Alternative. Letztendlich steht das »A« für »adaptation«, die Anpassung des Organismus an die Umwelt. Dieser letzte Punkt spielt jedoch für die Analyse von Parsons' Handlungstheorie keine Rolle.

Diese Definitionen und Zuordnungen im AGIL-Schema werfen einige Fragen auf. Es ist nicht nachvollziehbar, warum nach Parsons sowohl Affekte als auch die moralische Rationalität ein Merkmal des sozialen Systems sein sollen. Affektuelles Verhalten wird üblicherweise als ein nicht geplantes bzw. nicht-rationales Verhalten aufgefasst, während moralische Rationalität ein bewusst gesteuertes Handeln nach moralischen Prinzipien ist. Affektuelles und moralisch rationales Verhalten haben nichts miteinander gemein. Weiterhin ist der Unterschied zwischen der Wertrationalität des kulturellen Systems und der moralischen Rationalität des sozialen Systems nicht klar. Eine synonyme Verwendung der Begriffe liegt nahe, wodurch es allerdings einer Erklärung bedarf, warum dieselben Handlungsorientierungen unterschiedlichen Systemen zugeordnet werden.

Beide Probleme resultieren aus einer unzureichenden Unterscheidung von traditionellem und wertrationalem Verhalten bei Parsons. Da die Sinnstrukturen bei ihm aus den Normen abgeleitet werden, ist für ihn jedes auf traditionelle Sinnstrukturen aufbauende Handeln zugleich normatives Handeln. Daher ist Parsons die Möglichkeit verbaut, dem kulturellen System traditionelles Verhalten und dem sozialen System wertrationales Verhalten bzw. moralisch rationales Verhalten zuzuordnen. Eine solche Interpretation würde eine Brücke zwischen den Positionen von Parsons und Schütz bauen, wobei die Phänomenologische Soziologie diejenige Theorie wäre, die sich mit dem kulturellen System auseinandersetzen würde. Diese Interpretation widerspricht aber der Intention von Parsons, jedes Verhalten letztlich auf die normativen Grundlagen zurückzuführen. In diesem Sinne wird es auch verständlich, warum Parsons die Affekte dem sozialen System zuordnet. Wie die symbolischen Interaktionisten geht er davon aus, dass Emotionen sozial definiert werden müssen. Da wiederum jede soziale Definition der Affekte auf normativen Vorgaben beruht, verschwindet der Unterschied zum moralisch rationalen Handeln, denn letztlich hält sich der Akteur an die normativen Rollenvorgaben, unabhängig davon, ob er spontan gehandelt oder sich bewusst nach moralischen Kriterien entschieden hat. Wenn sich allerdings die einzelnen Handlungsorientierungen nur noch minimal unterscheiden, erscheinen die jeweiligen Zuordnungen von Parsons als willkürlich, da nicht mehr einzusehen ist, warum Affekte nicht auch im kulturellen System wirken sollen.

Das dritte Problem bei der Zuordnung von Konzepten zu den einzelnen Systemen bezieht sich auf das Verhältnis von Institutionalisierung und Internalisierung. Wird sowohl das Konzept der Institutionalisierung als auch das Konzept der Internalisierung mit dem Integrationsaspekt des sozialen Systems verknüpft, bleibt dem Persönlichkeitssystem lediglich das Charakteristikum der egoistischen zweckrationalen Nutzenmaximierung. Eine solche Interpretation entspricht eher Parsons' Ausführungen zum AGIL-Schema und seiner zuvor genannten Definition der Institutionalisierung, sie widerspricht allerdings der Gesamtintention von Parsons' Werk. Joas (1973) und Zeitlin (1973: 21) gehen daher davon aus, dass Parsons im kulturellen System das grundlegende System sieht, welches über seine Wertmuster durch Institutionalisierung auf das soziale System und durch Internalisierung auf das Persönlichkeitssystem wirkt. Die gleichzeitige Beeinflussung des sozialen und des Persönlichkeitssystems gewährleistet eine Annäherung von individuellen und sozialen Bedürfnissen, wodurch ein Mindestmaß an Konformität sichergestellt wird (siehe Darstellung 15).

Darstellung 15:
Der Einfluss des kulturellen Systems auf das soziale und das Persönlichkeitssystem

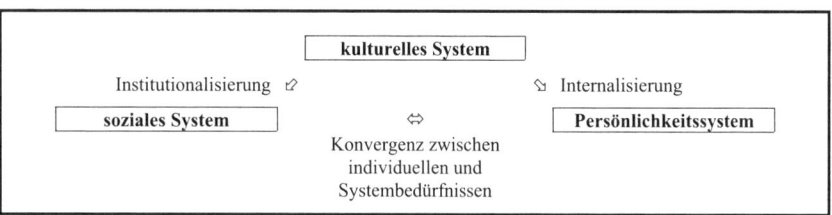

Quelle: Etzrodt 2001: 104.

»Dafür sorgen zwei Vorgänge, durch welche das cultural system in die beiden anderen Systemarten integriert wird. Die Integration ins social system nennt Parsons' Institutionalisierung, die ins personality system Internalisierung.« (Joas 1973: 28)

Die Konvergenz individueller Bedürfnisse und der Systembedürfnisse durch eine Institutionalisierung von kulturellen Werten im sozialen System und eine Internalisierung derselben im Persönlichkeitssystem ist nur unter der Annahme möglich, dass das kulturelle Wertemuster die Individuen in ausreichender Form motivieren kann. Daraus folgt, dass Werte- und Rollenmuster funktional übereinstimmen müssen (vgl. Parsons 1951: 227). Die Verankerung der aus den kulturellen Werten abgeleiteten Rollenstrukturen in den Institutionen einerseits und in den Individuen andererseits sorgt für die Konvergenz individueller und kollektiver Interessen. Rollen sind der grundlegende Mechanismus, über den die Werte des kulturellen Systems in die anderen Subsysteme transformiert werden. So erfüllen Rollen die funktionalen Anforderungen eines gesamten Systems.

> »Roles are, from the point of view of the functioning of the social system, the primary mechanisms through which the essential functional prerequisites of the system are met. There is the same order of relationship between roles and functions relative to the system in social systems, as there is between organs and functions in the organism.« (Parsons 1951: 115)

Genaugenommen stellen das Persönlichkeitssystem und das soziale System lediglich unterschiedliche Seiten derselben Medaille dar. Getrennt werden diese Subsysteme durch die funktionale Sichtweise (Parsons 1951: 17). Durch eine perfekte Konvergenz der Bedürfnisstrukturen wird sichergestellt, dass die in den Institutionen vorgegebenen Rollen im Persönlichkeitssystem zu einem befriedigenden Ergebnis führen, wobei die Einhaltung der Rollenerwartungen wiederum die Institutionen im sozialen System stabilisiert (Joas 1973: 29). In Bezug auf das Persönlichkeitssystem wird nun der Unterschied zwischen den Interpretationen von Joas und Zeitlin einerseits und der Interpretation des Verhältnisses von Institutionalisierung und Internalisierung andererseits, welche aus dem AGIL-Schema folgt, deutlich. Bei der Zuordnung von Institutionalisierung und Internalisierung zum sozialen System wird das Persönlichkeitssystem vollständig durch egoistische Nutzenabwägungen bestimmt, während bei der Interpretation von Joas und Zeitlin der individuelle Nutzen einer Person über die Internalisierung sozial determiniert ist. Meines Erachtens wird der Kern der Strukturell-funktionalen Theorie besser durch die letztere Interpretation getroffen.

Zusammenfassend können zwei notwendige Eigenschaften eines funktionierenden sozialen Systems festgehalten werde: Erstens muss das kulturelle Wertemuster ein institutionelles Rollensystem hervorbringen, welches ein Minimum an Ordnung und sozialer Kontrolle garantiert, und zweitens müssen die Individuen in ausreichender Form über die Internalisierung der kulturellen Werte motiviert werden, die Rollen – den institutionellen Vorgaben entsprechend – zu spielen (Zeitlin 1973: 24). Parsons nimmt an, dass nach einer erfolgreichen Abstimmung der Rollen auf die funktionalen und individuellen Erfordernisse ein soziales System sich selbst stabilisiert. Die Erklärung der Kontinuität eines sozialen Systems wird unproblematisch.

> »It is certainly contrary to much of the common sense of the social sciences, but it will nevertheless be assumed that the maintenance of the complementarity of role-expectations, once established, is *not problematical*, in other words that the »tendency« to maintain the interaction process is the *first law of social process* [...]. Another way of stating this is to say that no *special mechanisms* are required for the explanation of the maintenance of complementary interaction-orientation.« (Parsons 1951: 205)

Allerdings resultiert aus Parsons' Lösung eine langfristige Kontinuität eines sozialen Systems, wodurch die Veränderung bzw. der Wandel eines sozialen Systems der Erklärung bedarf (Zeitlin 1973: 31). Sozialer Wandel wird von Parsons (1951: 321) über abweichendes Verhalten erklärt, welches eine Folge einer fehlgeschlagenen Internalisierung kultureller Werte und zu geringer sozialer Kontrolle ist. Gleichzeitig weist er aber auf die Vorläufigkeit dieser Erklärung hin, da seiner Meinung nach die Formulierung einer solchen Theorie des Wandels bei dem derzeitigen Kenntnisstand nicht möglich sei.

> »It is a necessary inference from the above considerations that a general theory of the processes of change of social systems is not possible in the present state of knowledge.« (Parsons 1951: 486)

Um trotz dieses geringen Kenntnisstandes Aussagen über die Kontinuität bzw. die Veränderung von sozialen Systemen machen zu können, wechselt Parsons von der Akteursebene auf die Systemebene (abweichendes Verhalten bezieht sich auf das Verhalten von Individuen und nicht von Systemen). Er greift dabei auf das ökonomische Gleichgewichtskonzept zurück.

> »Hence the stable equilibrium of the interactive process is the fundamental point of reference for the analysis of social control just as it is for theory of deviance.« (Parsons 1951: 298)

Parsons übernimmt Lawrence J. Hendersons Interpretation des Gleichgewichtskonzeptes von Vilfredo Pareto. Das Gleichgewicht ist für Parsons der Zustand eines Systems, in dem die individuellen und Systembedürfnisse aufeinander abgestimmt sind. Ein Systemgleichgewicht ist somit stabil, weil sich die Individuen an die Rollenvorgaben halten. Ein soziales System wird letztlich durch den Sozialisationsprozess und die soziale Kontrolle in einem Systemgleichgewicht gehalten (Parsons/Shils 1951:

227). Die Weiterführung der aufeinander abgestimmten traditionellen Rollenmuster garantieren die Stabilität, solange das System nicht durch äußere Umweltveränderungen aus dem Gleichgewicht gebracht wird. Nach einer Störung des Systemgleichgewichts ist es Parsons allerdings nicht möglich, Aussagen über die zukünftige Entwicklung zu machen. Er stellt nur fest, dass sich das System auf ein Gleichgewicht zubewegen wird, wobei er offen lässt, ob es sich dabei um ein *neues* oder ein *altes* Systemgleichgewicht handelt.

> »In either case equilibrium would be re-established, in one case, with a changed state of the system, in the other with a restoration of the old state.« (Parsons 1951: 252f.)

Parsons hat ein klares Konzept davon, wie eine soziale Ordnung aufrechterhalten wird. Hingegen fehlen ihm klare Erklärungskonzepte für die Ursachen des sozialen Wandels in einer Gesellschaft. Auch die Verwendung der Gleichgewichtsidee behebt diesen Mangel nicht. Das Konzept des Gleichgewichts besitzt in der Strukturell-funktionalen Theorie nicht die gleiche Erklärungskraft wie in der Ökonomik, da bei Parsons ein Gleichgewicht nicht aus den Entscheidungen der Individuen abgeleitet wird. In der ökonomischen Theorie resultiert ein Gleichgewicht aus den Handlungen von Individuen zweier Gruppen mit unterschiedlichen Interessen (z.B. Anbieter und Nachfrager eines Gutes). Ein Gleichgewicht ist der Punkt, in dem sich kein Akteur mehr verbessern kann, ohne einen anderen schlechter zu stellen. Beispielsweise befindet sich ein Markt für Weizen in einem Gleichgewicht, wenn sich zu einem bestimmten Preis Käufer und Verkäufer die Waage halten. Es erfolgt ein Wechsel zu einem neuen Gleichgewichtspunkt, wenn sich die Rahmenbedingungen verändern und sich die Akteure daraufhin an die geänderten Rahmenbedingungen individuell anpassen. Im Gegensatz dazu leitet Parsons das Gleichgewichtskonzept nicht aus den Entscheidungen der Individuen ab. Sein Konzept ist völlig losgelöst von allen theoretischen Konstruktionen. Es nimmt eher den Status einer Annahme an und führt darüber hinaus nur zu tautologischen Aussagen. Die Aussage, dass sich nach der Störung eines Gleichgewichts das alte Gleichgewicht wieder einstellt oder ein neues Gleichgewicht ergibt, ist immer wahr, unabhängig von allen anderen Aussagen in der Strukturell-funktionalen Theorie. Somit ist Parsons' Gleichgewichtskonzept trotz des aus der Ökonomik hergeleiteten Gleichgewichtsbegriffs keinesfalls identisch mit dem ökonomischen.

2.3.1.4. Methodologie

Talcott Parsons' Ziel war es, eine generelle soziologische Theorie zu formulieren, die sowohl individuelle Akteure als auch das Problem der sozialen Ordnung beinhaltet. Parsons' Ausgangspunkt für seine Auseinandersetzung mit der Methodologie ist vergleichbar mit dem Ausgangspunkt von Alfred Schütz. Wie Schütz versuchte auch Parsons Widersprüche zwischen verschiedenen methodologischen Konzepten innerhalb der Ökonomie zu überbrücken. Parsons wurde in seinen jungen Jahren am Amherst College von den Institutionellen Ökonomen Walton Hamilton und Clarence Ayres und an der London School of Economics von Edwin Cannon beeinflusst. Das Ziel dieser Ökonomen war es, das kapitalistische System als Ganzes zu analysieren. Dabei starteten sie ihre Analyse wie die Vertreter der Deutschen Historischen Schule von Schmoller mit konkreten historischen Beschreibungen. Nachdem Parsons aus Europa zurückkehrte, kam er in Harvard in Kontakt mit neoklassischen Ökonomen wie Frank W. Taussig, die wie die Vertreter der Österreichischen Schule basierend auf dem Methodologischen Individualismus und allgemeinen universellen Gesetzen eine grundlegende Theorie formulieren wollten. Die zentralen methodologischen Differenzen in der ökonomischen Theorie der damaligen Zeit betreffen demnach zwei Aspekte. Der erste Streitpunkt war die Frage, ob konkrete historische Fakten oder allgemeine theoretische Konzepte als Ausgangspunkt erfolgversprechender für ein ökonomisches Forschungsprogramm sind. Der zweite Streitpunkt betraf die Ebene der Analyse, mit der begonnen werden sollte. Hier stand die Auffassung, eine Gesellschaft als Ganzes zu analysieren, der Idee gegenüber, alle sozialen Phänomene auf individuelle Handlungen zurückzuführen. Letztlich liegt der Unterschied zwischen Talcott Parsons und Alfred Schütz in den unterschiedlichen Aspekten, mit denen sie sich beschäftigten. Schütz' Ziel war die Überwindung des Gegensatzes zwischen den konkreten historischen Fakten und den allgemeinen theoretischen Konzepten, während Parsons an der Überwindung des Gegensatzes zwischen dem Individuum und der Gesellschaft als Ganzes interessiert war. Parsons übernahm in dieser Frage die Position des Biochemikers Lawrence J. Henderson. Henderson hob in seinen Vorlesungen über Vilfredo Pareto die Bedeutung des Systems *und* allgemeiner theoretischer Konzepte hervor. Parsons akzeptierte allgemeine theoretische Konzepte als Ausgangspunkt und konzentrierte sich auf das Spannungsverhältnis zwischen dem sozialen System und den Individuen.

Bei seiner Synthese aus den verschiedenen ökonomischen, soziologischen und psychologischen Quellen legte Parsons aber keinen Wert darauf, die methodologischen Widersprüche (bezüglich der Gegensätze historischer Fakten/theoretische Konzepte einerseits und quantitativer/qualitativer/intuitiver Forschungsmethoden andererseits) zwischen den unterschiedlichen Ansätzen, die ihm als Vorlage dienten, aufzulösen. Ebensowenig spielte der empirische Gehalt seiner Synthese für ihn eine Rolle (vgl. Parsons 1951: x). Vielmehr wollte er auf einer abstrakten Ebene zeigen, unter welchen Bedingungen der Widerspruch zwischen individuellen und kollektiven Interessen aufgelöst werden kann. Die empirische Relevanz dieser Bedingungen bzw. deren Operationalisierbarkeit interessierten ihn nicht. Parsons genügte die Synthese auf der theoretischen Ebene.

2.3.2. Beschreibung/Erklärung der individuellen Entscheidung

2.3.2.1. Elemente der Entscheidung

Die Strukturell-funktionale Theorie kann formal mit Hilfe von drei Mengen, drei Differenzierungskriterien und einem Bewertungskriterium dargestellt werden. Bei den drei Mengen handelt es sich um die Menge der Alternativen A eines Akteurs, die Menge der möglichen Umweltsituationen S und die dazugehörige Menge der Eintrittswahrscheinlichkeiten P der Umweltzustände $s_g \in S$.

Menge der Alternativen	$A = \{a_1, ..., a_i, ..., a_n\}$
Menge der Umweltsituationen	$S = \{s_1, ..., s_g, ..., s_q\}$
Menge der Eintrittswahrscheinlichkeiten	$P = \{p_1, ..., p_g, ..., p_q\}$

Die Alternativen a_i der Akteure werden durch drei Differenzierungskriterien unterschieden. Sie können erstens über ihr Ergebnis x_{ig} unter der Berücksichtigung des erwarteten Eintretens eines Umweltzustandes s_g differenziert werden. Die zweite Möglichkeit der Unterscheidung der Alternativen a_i stellt ein moralisches Kriterium m_i dar. Moral wird als die Bereitschaft aufgefasst, auf eine bestimmte Menge des erwarteten Nutzens zu verzichten. Diese Variable verändert das Ergebnis x_{ig}. Drittens können die Alternativen a_i auch danach differenziert werden, wie sehr sie mit den Rollenvorgaben r_i übereinstimmen. Es ist anzumerken, dass sowohl das moralische Differenzierungskriterium m_i als auch die Rollenkonformität r_i nicht von dem Eintreten eines bestimmten Umweltzustandes abhängig sind. Unterschieden wird mit diesen beiden Kriterien die Handlung und nicht das Ergebnis der Handlung, auch wenn dies Folgen für das Ergebnis haben sollte.

Ergebnis der Handlung	x_{ig}, mit i = 1, ..., n und g = 1, ..., q
Bereitschaft, auf Nutzen zu verzichten	m_i, mit i = 1, ..., n
Rollenkonformität	r_i, mit i = 1, ..., n

Nach der Differenzierung der Alternativen a_i nach drei Kriterien können diese bewertet werden. Das Ordnungsprinzip der Alternativenmenge A ist in der Strukturell-funktionalen Theorie der Nutzen. Der Nutzen einer Alternative a_i wird allerdings im Gegensatz zu den ökonomischen Theorien nicht von dem individuellen Nutzen des erwarteten Ergebnisses einer Handlung $u(x_{ig})$ determiniert. Der individuelle Nutzen stellt lediglich eine von drei Nutzenkomponenten dar. Der Nutzen aus der Vermeidung eines schlechten Gewissens $u(m_i)$ und der Nutzen aus der Vermeidung von sozialen Sanktionen $u(r_i)$ haben ebenso einen erheblichen Anteil an der Bewertung von Handlungsalternativen.

Nutzen (individueller)	$u = u(x_{ig})$
Moral	$u = u(m_i)$
Nutzen (sozialer)	$u = u(r_i)$

2.3.2.2. Prozess der Entscheidung

Talcott Parsons unterscheidet ebenso wie die Phänomenologen und die symbolischen Interaktionisten zwei Elemente im Entscheidungsprozess. Parsons trennt den Gratifikationsaspekt von dem Orientierungsaspekt in der Entscheidung. Der Gratifikationsaspekt steht für den Ergebnisbezug, während der Orientierungsaspekt der Definition der Situation entspricht.

> »In the most general sense the »need-disposition« system of the individual actor seems to have two most primary or elementary aspects which may be called the »gratificational« aspect and the »orientational« aspect. The first concerns the »content« of his interchange with the object world, »what« he gets out of his interaction with it, and what its »costs« to him are. The second concerns the »how« of his relation to the object world, the patterns or ways in which his relations to it are organized.« (Parsons 1951: 7)

Der Gratifikationsaspekt beinhaltet die verschiedenen Alternativen. Demgegenüber kommen im Orientierungsaspekt die alternativen Bewertungsmaßstäbe (ökonomisch formuliert: alternative Präferenzrelationen) zum Tragen. Daraus ergibt sich ein wesentlicher Unterschied zur Phänomenologischen Soziologie und zum Symbolischen Interaktionismus. Sowohl in der Phänomenologischen Soziologie als auch im Symbolischen Interaktionismus ist die Situationsdefinition in erster Linie ein Problem der Sinnkonstitution, und erst in einer zweiten Phase kommt der Nutzenaspekt in der eigentlichen Entscheidung zum Tragen. Bei Parsons ist jedoch eine solche klare Trennung nicht möglich. Dies ist eine Folge der mangelnden Unterscheidung von Sinnstrukturen und normativen Orientierungsmustern. Für Parsons hat die Sinnkonstitution auch immer etwas mit der Bewertung von alternativen Präferenzrelationen zu tun. Dieser Punkt wird an einer anderen Klassifikation der Entscheidungskomponenten durch Parsons deutlicher. Nach Parsons setzt sich eine Entscheidung aus drei Elementen zusammen: den kognitiven, evaluativen und emotionalen (»cathetic«) Elementen (Parsons 1951: 7). Der kognitive Aspekt stellt den Situationsbezug her. Dieser Aspekt ist vergleichbar mit der Definition der Situation in der Phänomenologischen Soziologie und dem Symbolischen Interaktionismus. Darüber hinaus ist aber auch der evaluative bzw. teleologische Aspekt ein Teil der Orientierung an der Situation, nur bezieht er sich nicht auf die Sinnstrukturen, sondern stellt den Bezug zu den normativen Mustern her, die einer Situation zugrunde liegen (Parsons 1986: 71). Demgegenüber steht der emotionale Aspekt für das Eigeninteresse des Akteurs. Hier kommen die Nutzenüberlegungen zum Tragen.

> »Die affektive Orientierung an der Situation tritt nie getrennt von der kognitiven Orientierung auf, vom Wissen und kognitiven Erfassen jener Situationsaspekte, die für den Aktor affektiv bedeutungsvoll sind.« (Parsons 1986: 93)

Parsons geht aber noch weiter. Seine »Definition der Situation« umfasst nicht nur den kognitiven und den evaluativen, sondern auch den emotionalen Aspekt. Der wesentliche Unterschied zwischen der Strukturell-funktionalen Theorie und der Phänomenologischen Soziologie sowie dem Symbolischen Interaktionismus liegt darin, dass hier dem Framing-Prozess sowohl Sinnstrukturen und Normen als auch Nutzenüberlegungen zugeordnet werden. Parsons geht von grundsätzlichen Spannungen zwischen der emotionalen (Eigeninteresse) und evaluativen (Gruppeninteresse) Orientierung einerseits und der emotionalen (individuelle Anpassung an Umweltveränderungen) und kognitiven (Konstanz der sozialen Interaktionsmuster) Orientierung andererseits aus (vgl. Parsons 1986: 93 und 120). Das erste Problem wird nach Parsons durch die Internalisierung eines normativen Musters überwunden, während das zweite durch die Traditionalisierung der sozialen Interaktionsmuster erreicht wird. Somit stellt auch hier das kulturelle System über Internalisierungs-Institutionalisierungprozesse die Basis für eine spannungsfreie »Definition der Situation« dar.

> »There are those culture patterns which function primarily as symbolic forms for the organization of the actor's cognitive orientation, those which serve a similar function in relation to the cathectic aspect of this orientation and finally those which mediate or structure his evaluative orientations.« (Parsons 1951: 47)

Die Koordination der Orientierungsmodi erfolgt letztlich über die gemeinsam geteilten normativen Muster. Diese objektiven normativen Werte dienen als Grundlage für die Bewertung der Sinnhaftigkeit, der Richtigkeit und der Nützlichkeit von Handlungen.

> »Values, which the functionalist sees as attaching to structured patterns of actions, are the bases on which everyday judgments of appropriateness and reasonableness, of right and wrong, good and bad, are made. The functionalist says that values cannot be individual or unique to individuals.« (Skidmore 1975: 138)

Auf diese Art und Weise wird sichergestellt, dass es sich bei der »Definition der Situation« um eine objektive Situationsdefinition handelt, die wiederum in der Lage ist, eine soziale Struktur zu produzieren. Ob diese Situationsdefinition so restriktiv ist, dass sie die Anzahl der Alternativen bis auf eine einzige einschränkt, ist nicht eindeutig zu klären. Die Menge der Alternativen kann durch zwei Faktoren drastisch reduziert werden: habituelles Verhalten, welches sich aus dem kognitiven Aspekt (den Sinnstrukturen) ergibt, oder moralisches Handeln (im Sinne von Kants kategorischem Imperativ), welches sich aus dem evaluativen Aspekt (den Normstrukturen) der Entscheidung ergibt. Wie schon erwähnt geht Parsons davon aus, dass ein sinnvolles habituelles Verhalten eine normative Ordnung voraussetzt.

>Here we are concerned with behavior, with all that mesh of usages, customs, habits, concepts, which Sumner terms, the *mores*, and this seems to be essentially one single whole, with all the different parts of it having a good many characteristics in common. So we will consider *the moral order* to denote the whole organization of social behavior, and as such attempt to analyze it, to bring out its principal characteristics and their relations, and in particular to show how the portion of it which might in the narrow sense be called moral or ethical fits in with the rest.« (Parsons 1996b: 24)

>The reason for laying stress on the verbal description of a course of action is precisely that a norm is, from the point of view of the actor, a subjectively meaningful thing. It is, or is part of, a »Sinnzusammenhang« in Weber's sense on a level which is, for specific purposes, most conveniently formulated in terms of symbols.« (Parsons Äußerung in Schütz/Parsons 1978: 69)

Eine Folge davon ist, dass habituelles Verhalten als ursprüngliche Ursache für eine Einschränkung des Alternativenraums nicht in Frage kommt. Interessanter ist die Frage, ob die normativen Muster lediglich eine Alternative als moralisch akzeptabel zulassen, wodurch die Handlung vollständig durch die »Definition der Situation« determiniert wäre. Richard Münch (1982: 13) weist in diesem Zusammenhang auf die Bedeutung von Immanuel Kants (1724-1804) Werk für Talcott Parsons hin (vgl. Parsons 1978: 370f.).

Kant unterscheidet bei der Willensbildung eines Menschen den Aspekt des bloßen sinnlichen Begehrens von der praktischen Vernunft. Die praktische Vernunft leitet die Willensbildung mit Hilfe von praktischen Grundsätzen. Solche Grundsätze können Maximen, die subjektive Gültigkeit beanspruchen, oder praktische Gesetze sein, die eine allgemeine Gültigkeit besitzen. Die allgemeingültigen praktischen Gesetze gliedern sich in hypothetische und kategorische Imperative. Hypothetische Imperative sind bedingt gültig, d.h. dass sie nur beim Eintreten eines bestimmten Sachverhaltes gültig sind. Andererseits gelten kategorische Imperative unabhängig von den Umständen. Nach Kant besteht eine Unvereinbarkeit zwischen

Nutzenüberlegungen und praktischen Gesetzen. Nutzenüberlegungen können für ihn zwar die Grundlage für Maximen sein, aus ihnen können aber keine praktischen Gesetze abgeleitet werden.

> »Das Prinzip der Glückseligkeit kann zwar Maximen, aber niemals solche abgeben, die zu Gesetzen des Willens tauglich wären, selbst wenn man sich die *allgemeine* Glückseligkeit zum Objekte machte. Denn weil dieser ihre Erkenntnis auf lauter Erfahrungsdatis beruht, weil jedes Urteil gar sehr von jedes seiner Meinung, die noch dazu selbst sehr veränderlich ist, abhängt, so kann es wohl *generelle*, aber niemals *universelle* Regeln, d.i. solche, die im Durchschnitt des öfteren zutreffen, nicht aber solche, die jederzeit und notwendig gültig sein müssen, geben; mithin können keine praktischen *Gesetze* darauf gegründet werden.« (Kant 1967: 63)

Praktische Gesetze sozialer Relevanz, wie z.B. konstante Verhaltensmuster, können nicht über individuelle Nutzenüberlegungen erklärt werden. Demzufolge bedarf eine soziale Ordnung, für die konstante Verhaltensmuster eine Voraussetzung sind, einer anderen Grundlage, da allgemeingültige Verhaltensgesetzmäßigkeiten nur durch praktische Gesetze gewährleistet sind. Münch sieht die Existenz von Normen sogar erst als gesichert an, wenn jedes Individuum rollenkonformes Verhalten mit Sicherheit erwarten kann. Diese Sicherheit besteht, wenn dem Verhalten ein kategorischer Imperativ zugrunde liegt.

> »Normen existieren erst dann, wenn jeder Akteur in einem sozialen System normalerweise damit rechnen kann, dass die Einhaltung der Normen generell als selbstverständlich erwartet wird. Dies ist nicht möglich, wenn die Einhaltung der Normen allein auf hypothetischen Imperativen beruht, sondern erst dann, wenn es eine Grenze der Nutzenerwägungen durch kategorische Verpflichtungen auf Normen gibt.« (Münch 1982: 43)

Münch geht davon aus, dass Parsons im kategorischen Imperativ die Lösung des Problems der sozialen Ordnung sieht. Wenn allerdings die Aufrechterhaltung der sozialen Ordnung über die Orientierung der Akteure an kategorischen Imperativen erklärt wird, reduziert sich die Menge der wahrgenommenen Alternativen in der Situationsdefinition auf ein Element. Aufgrund der Reduktion auf eine einzige rollenkonforme Alternative sähen sich die Akteure niemals mit einer Wahlsituation konfrontiert. Um diese vollständige soziale Determiniertheit der Handlung abzuschwächen, schränkt Münch ein, dass sich eine reale Ordnung erst aus der Kombination von Nutzenüberlegungen und den kategorischen Normen ergibt.

>»Nach der voluntaristischen Handlungstheorie kann eine Norm erst dann »entstehen«, wenn die Interpretation des zweckrationalen Handelns und der kategorischen normativen Verpflichtungen zustandekommt. Weder das eine noch das andere schaffen allein aus sich heraus eine konkrete Ordnung. Wo nur die Zweckrationalität herrscht, gibt es gar keine soziale Ordnung, wo aber nur die kategorische Verpflichtung auf Normen existiert, ohne ihre Interpretation mit den Sphären des alltäglichen eigennützigen Handelns, gibt es nur eine ideelle, »heilige« Ordnung, die dem alltäglichen Handeln so weit entfernt ist, dass sie unfähig wird, diesem eine konkrete Ordnung zu geben.« (Münch 1982: 43)

Nach Münch zeichnet sich eine voluntaristische Handlungstheorie durch eine nutzenorientierte Wahl einer Handlungsalternative und durch eine normative Beschränkung der Menge der Alternativen aus. Richard Münchs Beitrag zeichnet sich dadurch aus, dass er Parsons' Argumentation hinsichtlich der normativen Orientierung der Akteure präzisiert. Parsons' Ausführungen zu den funktionalen Erfordernissen einer sozialen Ordnung lassen sich sehr gut auf der Basis von kategorischen Imperativen rekonstruieren. Im Gegensatz zu Parsons' systemtheoretischer Argumentation führt die Bezugnahme auf den kategorischen Imperativ bei Münchs handlungstheoretischen Ausführungen allerdings zu erheblichen Problemen. Er verkennt die schon von Kant hervorgehobene Unvereinbarkeit von Nutzenüberlegungen und der Befolgung kategorischer Regeln. Nutzenorientiertes Verhalten setzt zwingend eine Wahl voraus, während moralisches Handeln nach der Vorgabe eines kategorischen Imperativs per Definition jede Wahl ausschließt.

Daraus ergibt sich die Frage, ob eine soziale Ordnung notwendigerweise durch allgemeine Verhaltens*gesetz*mäßigkeiten begründet werden muss. Gerade die Überlegungen von Alfred Schütz haben gezeigt, dass eine soziale Ordnung aus Verhaltens*regel*mäßigkeiten hergeleitet werden kann, die einen subjektiven Ursprung besitzen. Dafür würden nach der Klassifikation von Kant Maximen völlig ausreichen, die auch mit Nutzenüberlegungen vereinbar sind!

Trotz der erheblichen Diskrepanzen in der Konzeption der Definition der Situation in der Strukturell-funktionalen Theorie einerseits und der Phänomenologischen Soziologie andererseits hat der Framing-Prozess einen ähnlichen Effekt. Obwohl die Situationsdefinition bei den Phänomenologen auf der Basis der intersubjektiv geteilten Sinnstrukturen konstruiert wird und bei Parsons die Definition der Situation nach normativen Vorgaben erfolgt, kann es in den Extremfällen des habituellen Verhaltens (Sinnbezug) und des moralischen Verhaltens nach der Vorgabe eines kategorischen Imperativs (Normbezug) dazu kommen, dass keine Wahlsituation vorliegt. In diesen Fällen wird von den Akteuren lediglich eine moralische bzw. habituelle Alternative im Framing-Prozess wahrgenommen, die sie automatisch ausführen.

2.3.2.3. Ergebnisermittlung in der Entscheidung

Bezüglich der Ergebnisermittlung in der Entscheidung unterscheidet sich Talcott Parsons nicht sehr von den Ökonomen. Die Ausführung einer Handlung beruht auf einer Entscheidung. Ein Akteur wählt diejenige Handlungsalternative, die ihm den größten erwarteten Nutzen einbringt, wobei im Gegensatz zur Ökonomik dem Nutzen nicht nur die eigenen Interessen zugrunde liegen, sondern auch die allgemeingültigen Normen.

> »In engem Zusammenhang damit steht, dass *Handlung Ergebnis von »Entscheidungen«* ist. Eine Entscheidung ist immer eine *Wahl zwischen* zwei oder mehreren *alternativen Verläufen*. Der Aktor entwirft seine Beziehung zur Situation (d.h. den Zustand des »Aktor-Situation-Systems« zu einem zukünftigen Zeitpunkt) unter dem *hypothetischen Einbezug* von mehreren möglichen Entwürfen *des Handlungsverlaufs*. Diese [sind] jeweils in unterschiedlichem Maße »erstrebenswert« [..], je nachdem, welche die bestimmenden *normativen Muster und Interessen*, welche seine »Ziele« sind. Die »Wahl« ergibt sich aus der Balancierung seiner »Entwürfe« mit einer Art von »*Nutzenmaximierung*« [...].« (Parsons 1986: 73, Fußnote 13; Herv. von CE)

Die Wahl erfolgt wie in der Ökonomik über eine *Nutzenfunktion*, in der allerdings neben den erwarteten Ergebnissen der Alternativen $u(x_{ig})$ auch die normativen Vorgaben berücksichtigt werden. Die normativen Vorgaben beeinflussen dabei die *Präferenzrelation* des Akteurs auf zwei unterschiedliche Arten: durch internalisierte Normen (Moral) und durch die soziale Kontrolle (Sanktionen).

Die Internalisierung von Normen bewirkt die Herausbildung eines inneren Sanktionssystems, welches unabhängig von anderen Akteuren funktioniert. Rollenabweichende Handlungsalternativen werden als unmoralisch klassifiziert, wodurch dem Akteur bei der Ausführung einer solchen Handlung ein schlechtes Gewissen entsteht. Wichtig ist hier, dass das schlechte Gewissen unabhängig von den Folgen der Handlung eintritt. Ein Gelegenheitsdieb hat z.B. auch dann ein schlechtes Gewissen, wenn sein Diebstahl unbemerkt bleibt. Obwohl die Moral nicht von dem Ergebnis einer Handlung beeinflusst wird, mindert das schlechte Gewissen dennoch das Ergebnis. Formal kann die Moral m_i in Anlehnung an Kant als die erwartete Nutzenmenge definiert werden, die ein Akteur bereitwillig aus moralischen Gründen aufzugeben bereit ist, so dass die Nutzenfunktion folgendermaßen aussieht: $u = u(x_{ig}) - u(m_i)$.

> »Diese Verbannung aller Gefühlsmomente aus der Ethik, die Überspannung des Pflichtbegriffs, Kants schroffe Entgegensetzung von Pflicht und Neigung (nach der eine Handlung fast nur dann als moralisch erscheint, wenn sie *aus* Pflicht

gegen die Neigung geschieht) meint Kants großer Schüler Friedrich *Schiller* in seinen Versen:

»Gewissenskrupel:
Gerne dient' ich den Freunden, doch tu' ich's leider mit Neigung,
Und so wurmt es mich oft, daß ich nicht tugendhaft bin.
Entscheidung:
Da ist kein anderer Rat. Du mußt suchen, sie zu verachten,
Und mit Abscheu alsdann tun, was die Pflicht dir gebeut.««
(Störig 1993: 433f.)

Demnach wird die Selektion einer moralischen Ordnung m_i aus einer Menge moralischer Ordnungen M = {m_i, m_i', m_i"} in der »Definition der Situation« unterschiedliche Präferenzrelationen hervorrufen. Diese Tatsache verdeutlicht, warum die Internalisierung von Normen eine funktionale Voraussetzung für die Existenz eines sozialen Systems ist. Erst wenn es einem sozialen System gelingt, eine bestimmte moralische Ordnung m_i, welche die Erhaltung des Systems garantiert, in den Akteuren zu installieren, werden die individuellen Nutzenüberlegungen $u(x_{ig})$ von den moralischen und somit kollektiven Nutzenüberlegungen $u(m_i)$ überlagert. Da die Moral die Handlungsalternativen unabhängig von ihren Folgen bewertet, wirkt sie außerdem stabilisierend auf das System, während ein Akteur über die individuellen Nutzenüberlegungen, aufgrund der Abhängigkeit von den Folgen, besonders stark auf Veränderungen der Umweltbedingungen reagiert.

Es wird deutlich, warum der Moral im Sinne eines kategorischen Imperativs in Parsons' Theorie eine herausragende Rolle zukommt. Wenn die Internalisierung von Normen die Aufrechterhaltung des Systems garantieren soll, müssen die moralischen Nutzenüberlegungen $u(m_i)$ bei jedem Akteur die individuellen Nutzenüberlegungen $u(x_{ig})$ überlagern. Dies ist nur sichergestellt, wenn das Handeln aller Akteure durch kategorische Imperative determiniert wird. Formal lässt sich dies dadurch darstellen, dass eine bestimmte moralische Ordnung m_i für jede Alternative bis auf die moralisch akzeptierte Alternative den Wert ∞ annimmt, wodurch lediglich die moralisch einwandfreie Alternative nicht einen erwarteten Nutzen von $-\infty$ besitzt. Genau genommen besitzt ein solcher Akteur kein echtes Wahlproblem mehr, weil alle unmoralischen Alternativen nicht mehr wählbar sind. So wird er sich an die Rollenvorgaben halten, die das soziale System aufrechterhalten. Probleme können nur auftreten, wenn Sozialisationsdefizite eine perfekte Übernahme der Normen verhindern, wodurch die individuellen Nutzenüberlegungen an Bedeutung gewinnen.

Für diese Akteure, die aufgrund einer fehlgeschlagenen Sozialisation ihren individuellen Nutzenüberlegungen $u(x_{ig})$ weitestgehend folgen, benötigt ein soziales System einen Kontrollmechanismus. Die Handlungen eines Individuums werden durch seine Mitmenschen bewertet und sanktioniert. Die Sanktionen $u(r_i)$ beeinflussen wiederum das Ergebnis einer Handlung. Ein deviantes Individuum wird versuchen, seinen Nutzen $u = u(x_{ig}) - u(m_i) + u(r_i)$ zu maximieren. Normen wirken nicht nur von innen durch die Moral auf den Akteur ein, sondern auch von außen. So gelingt es Parsons einerseits auf der individuellen Ebene, Handlungen sowohl über egoistische Motive als auch über Moral und Normen zu erklären, und andererseits auf der Systemebene, die Konstanz des Systems über rollenkonformes Verhalten zu garantieren.

Parsons behandelt aber nicht nur die Präferenzen in der Nutzenfunktion, es gibt auch Hinweise auf die Mitberücksichtigung der Fälle von *Risiko* bzw. *Unsicherheit*. Er spricht von Sanktionswahrscheinlichkeiten der verschiedenen Alternativen.

>It is a fundamental property of action thus defined that it does not consist only of ad hoc »responses« to particular situational »stimuli« but that the actor develops a *system* of »expectations« relative to the various objects of the situation. These may be structured only relative to his own need-dispositions and the *probabilities of gratification or deprivation* contingent on the various alternatives of action which he may undertake.« (Parsons 1951: 5; Herv. von CE)

Diese Äußerung legt eine Interpretation ähnlich der Erwartungsnutzentheorie nahe, auch wenn Parsons diesen Punkt nicht näher ausgeführt hat. Dieser Sachverhalt kann formal folgendermaßen dargestellt werden: $p_g u(x_{ig}) - u(m_i) + u(r_i)$. Die individuellen Nutzenerwartungen $u(x_{ig})$ werden mit den Eintrittswahrscheinlichkeiten der Umweltzustände p_g multipliziert, bevor von bzw. zu ihnen die moralischen Nutzenerwartungen $u(m_i)$ und die Sanktionen $u(r_i)$ subtrahiert bzw. addiert werden. Es ist noch anzumerken, dass die positive oder negative Sanktionierung einer Person voraussetzt, dass die Handlungen dieser Person zugeordnet werden können. Ein Sanktionssystem kann seine Arbeit nur leisten, wenn der Grad der Anonymität gering bleibt. Somit ist auch der Term $u(r_i)$ von einer probabilistischen Variable abhängig. Die Wahrscheinlichkeit q_g steht für den Grad der Anonymität in der Situation s_g, wobei die Sanktionserwartung bei steigendem q_g abnimmt: $p_g u(x_{ig}) - u(m_i) + (1-q_g)u(r_i)$, für Werte von q_g zwischen 0 und 1.

Ein anderer wesentlicher Punkt, den Parsons klarer formulierte, ist der Zeitaspekt der Handlung. Für Parsons besitzt eine Handlung, wie für die Ökonomen, immer einen Vergangenheits-, Gegenwarts- und Zukunftsbezug. Hier wird besonders deutlich, dass es sich bei Parsons' Theorie im Grunde um eine rationale handelt.

>Besides cathetic interests, cognitive definition of the situation and evaluative selection, an expectation has, as the term suggests, a time aspect in the *orientation to future* of the actor-situation system *and to the memory of past actions*.« (Parsons 1951: 8; Herv. von CE)

275

Auch in der Frage der *Selektion* der Alternative ist die Parallele zur Ökonomik unverkennbar. So spricht auch Parsons von einer Art von Nutzenmaximierung (Parsons 1986: 73, Fußnote 13). In den meisten Fällen spricht Parsons jedoch von Gratifikationsoptimierung. Damit ist die Maximierung positiver Sanktionen und die Minimierung negativer Sanktionen gemeint.

> »The expectation is that the actor is committed to the achievement of certain goals or expressive performances and that expectations are oriented to his »effectiveness« or »success« in achieving them, hence that positive sanctions will reward such success and negative sanctions will ensue in case of failure to achieve.« (Parsons 1951: 64)

Bezüglich der Sanktionierung fremden Verhaltens ergibt sich die Frage, warum jemand überhaupt ein fremdes Verhalten sanktionieren sollte. Schließlich handelt es sich bei der Sanktionsdurchsetzung um ein öffentliches Gut, d.h. es nützt jedem, wenn z.B. kriminelles Verhalten bestraft wird, weil Besitz und Leben dadurch geschützt werden. Andererseits wird es jeder vorziehen, dass ein anderer sein Leben bei der Sanktionsdurchsetzung riskiert. Dies hat zur Folge, dass zwar jeder die Sanktionsdurchsetzung befürworten wird, aber auch jeder im konkreten Fall versuchen wird, die Sanktionsdurchsetzung zu vermeiden. Um dies zu verhindern, wird in der Regel die Sanktionsdurchsetzung staatlich, z.B. durch die Polizei, organisiert. Nun betreffen die Sanktionen in Parsons' Theorie aber weit mehr als nur die geschriebenen Gesetze. Jedes nicht normkonforme bzw. abweichende Verhalten wird sanktioniert, wobei sich wiederum die Frage stellt, aus welchen Gründen die Gruppenmitglieder bereit sind, andere zu sanktionieren (sie verlieren vermutlich dabei nicht ihr Leben, doch stellt die Sanktionsdurchsetzung auf jeden Fall einen Aufwand dar, der durch eine größere Nutzenerwartung übertroffen werden müsste). Diese Frage bleibt unbeantwortet. In Anlehnung an Goode kann die Lösung in der besonderen Struktur der Referenzgruppe gesucht werden.

> »Thus, even if ego's norm commitment is weak, alter may demand conformity. And, even if alter is willing to demand little of ego, still others – members of a reference group, family, neighbors – may press alter to make the appropriate demands upon ego.« (Goode 1960: 255)

Daraus ergeben sich auch die zwei Erklärungen Parsons' für das abweichende Verhalten. Abweichendes Verhalten kann erstens einen emotionalen bzw. neurotischen Ursprung als Folge von Sozialisationsmängeln haben (Parsons 1951: 276). Die Internalisierung des normkonformen Verhaltens hat nicht in dem notwendigen Umfang stattgefunden. Andererseits kann abweichendes Verhalten auch das Resultat einer Sanktionsoptimierung sein. Es wird genauso erklärt wie normkonformes Verhalten, nur dass die Referenzgruppe hier eine abweichende Subgruppe ist, die das normkonforme Verhalten (normkonform nach den Normen der Subgruppe, welches ein abweichendes Verhalten nach den Normen der Gesellschaft darstellt) sanktioniert (Parsons 1951: 293). Somit stellen die Internalisierung und die soziale Kontrolle sowohl die Grundlage für die Erklärung des normkonformen als auch des abweichenden Verhaltens dar.

2.3.3. Beschreibung/Erklärung der Interaktion

Es war Talcott Parsons' Ziel, eine Theorie der Interaktion zu entwickeln. Im Gegensatz zu den Ökonomen, denen er vorwarf, nur eine »Crusoe economics«, d.h. eine Ökonomik von isolierten Individuen zu behandeln, wollte er die möglichen Reaktionen der Mitmenschen auf die Handlungen eines Akteurs einbeziehen.

> »But in the case of interaction with social objects a further dimension is added. Part of ego's expectation, in many cases the most crucial part, consists in the probable *r*eaction of alter to ego's possible action, a reaction which comes to be anticipated in advance and thus to affect ego's own choices.« (Parsons 1951: 5)

Trotz der Parallelen zu der spieltheoretischen Kritik an der neoklassischen Mikroökonomik handelt es sich bei Parsons nicht um eine spieltheoretische Auffassung von der Interaktion. Die Interaktion wird bei Parsons vielmehr im Sinne der Erwartungsnutzentheorie konstruiert. Ein Akteur ordnet den jeweiligen Reaktionen auf die eigenen Handlungen eine gewisse Wahrscheinlichkeit zu und berechnet die unter diesen Bedingungen beste Alternative. Das Interdependenzproblem der Spieltheorie taucht hier nicht auf. In einer interdependenten Interaktion kann ein Akteur den Reaktionen auf die eigenen Handlungen keine Wahrscheinlichkeiten zuordnen, da er nicht gegen die Natur spielt, sondern gegen rationale Spieler, die ihrerseits strategische Entscheidungen treffen, die der erste Akteur vorausahnen muss, um seine Ziele zu verwirklichen.

Tabelle 38:
Vergleich zwischen Parsons' entscheidungstheoretischer Konzeption der Interaktion und der Spieltheorie

		Alter				
		Entscheidungstheorie			Spieltheorie	
		Sanktion $p_1 = 0{,}5$	keine Sankt. $p_2 = 0{,}5$	Ergebnis Σ	Sanktion	keine Sanktion
Ego	normkonf.	-1	-1	-1	-1/1*	-1/1
	abweichend	-2	3	0,5*	-2/-1	3/-3

Das Beispiel aus Tabelle 38 soll dies verdeutlichen. In dem entscheidungstheoretischen Fall ist die Wahl, normkonformes oder abweichendes Verhalten zu zeigen, davon abhängig, wie hoch die Wahrscheinlichkeit eingeschätzt wird, dass der Interaktionspartner auf ein abweichendes Verhalten mit Sanktionen reagieren wird. Wird in diesem Beispiel mit einer Wahrscheinlichkeit von 50% gerechnet, dass ein abweichendes Verhalten sanktioniert wird, wird dieses gezeigt werden (größerer erwarteter Nutzen). Auf der anderen Seite wird in dem spieltheoretischen Fall der Interaktionspartner zu einem realen Mitspieler. Auch er überlegt sich nun, wie er auf das Verhalten des ersten Akteurs am besten reagieren soll. Daraus wird sich ein Nash-Gleichgewicht bei normkonformem Verhalten/Sanktionsandrohung ergeben.

Ein solches Interdependenzproblem liegt der Auffassung von der Interaktion in der Strukturell-funktionalen Theorie aber nicht zugrunde. Der Interaktionspartner ist wie die Natur lediglich eine Randbedingung. Seinen Entscheidungen fehlen jegliche Merkmale der Rationalität. Er reagiert nach der Vorgabe bestimmter Wahrscheinlichkeitseinschätzungen. Sie stellen für den Akteur nur ein Mittel zum Zweck der Zielerreichung dar.

> »Da andere Individuen Teil der empirischen Situation sind, sind sie vom Standpunkt eines Aktors für sein Handeln möglicherweise als Bedingung oder Mittel von Bedeutung. [...]. Betrachtet man die teleologische Bedeutung dieses Umstandes für einen Aktor, dann benötigt dieser Wissen darüber, was die anderen Aktoren gerade tun und wahrscheinlicherweise tun werden, um in der Lage zu sein, Kontrolle über sie auszuüben: um sie anzuhalten, das zu tun, was er will, womit sie als Mittel für seine Zwecke dienen, oder um sie davon abzuhalten, Dinge zu tun, die der Verwirklichung seiner Zwecke zum Nachteil gereichen. Soweit er ihr Handeln nicht kontrollieren kann, stellen sie andererseits konditionale Elemente der Situation dar, an die er sich anpassen muß.« (Parsons 1986: 141f.)

Parsons hält den Begriff »Interaktion« für gerechtfertigt, obwohl sich seine Theorie der Interaktion nicht von der formalen Darstellung der Entscheidung eines isolierten Akteurs unterscheidet, da er seiner Theorie eine soziale Komponente hinzufügt, die in der mikroökonomischen Theorie fehlt. Die Berücksichtigung von Gruppenzwang bzw. der Sanktionsgewalt der Gruppe setzt zwangsläufig für einen Akteur eine Beziehung zu anderen Personen voraus, wodurch seine Handlungen niemals isoliert von anderen Akteuren auftreten, auch wenn eine strategische Verknüpfung der Handlungen, wie in der Spieltheorie, nicht vorkommt.

> »The economic concept makes sense only for systems of action, but it is applicable to the system of action of a particular individual - »Crusoe economics«. The

next conceptually important step in increasing complexity of systems of action comes with the inclusion of a plurality of individuals in the same system. This has a double consequence. On the one hand, it introduces the possibility of coercive power entering into the relations of the individuals within the system. This is a property not included in the economic concept. The action system of an individual may have not only economic rationality but also coercive rationality.« (Parsons 1937: 767)

Diese Auffassung von einer Interaktion reicht meines Erachtens nicht aus. Ein Akteur, der seine Sanktionserwartungen optimiert, ist natürlich kein Robinson Crusoe, was jedoch nicht bedeutet, dass er seine Entscheidung nicht wie ein Robinson Crusoe fällt. Für eine angemessene theoretische Darstellung der Interaktion ist die Berücksichtigung des Interdependenzproblems in der Strukturell-funktionalen Theorie eine notwendige Voraussetzung.

2.3.4. Ort der Handlung

Wie in der Phänomenologischen Soziologie und dem Symbolischen Interaktionismus findet die Handlung in der Strukturell-funktionalen Theorie in Institutionen statt. Parsons definiert eine Institution als einen Komplex von aufeinander abgestimmten Rollen, die eine strukturelle Bedeutung für das soziale System besitzen (Parsons 1951: 39).

   Institutionen weisen drei wesentliche Eigenschaften auf. Erstens geben sie den Akteuren die normativen Muster vor. Damit wird eine legitime Erwartungsbildung über das Verhalten der anderen Interaktionsteilnehmer ermöglicht. Zweitens werden diese normativen Muster mit Sanktionen verknüpft. Die Institutionen übernehmen die Funktion des Sanktionssystems (Parsons 1986: 218f.). In dem dritten Punkt geht Parsons schließlich weit über die Definitionen der Institution der anderen behandelten soziologischen Theorien hinaus. Er fordert, dass Institutionen für eine ganze Gesellschaft und nicht nur für bestimmte Teilgruppen gelten sollen.

> »Nur jene Verpflichtungen haben institutionellen Charakter im Rahmen eines bestimmten sozialen Systems, die verhältnismäßig allgemeine Anerkennung genießen. »Private« moralische Verpflichtungen oder andererseits solche, die nur von speziellen, begrenzten Gruppen anerkannt werden, haben im umfassenden sozialen System keinen institutionellen Charakter.« (Parsons 1986: 219f.)

Warum hier ein allgemeingültiger Charakter von Institutionen gefordert wird, wird ersichtlich, wenn die Funktion der Institutionen betrachtet wird. Für den Akteur ermöglicht die Existenz von Institutionen die Durchführung von Interaktionen (mit vordefinierten Rollenmustern) in einem geordneten System. Für die Gesellschaft erfüllen die Institutionen die Funktion der sozialen Konfliktvermeidung. Die Koordination zwischen individuellen und Systembedürfnissen wird in der Strukturell-funktionalen Theorie über aufeinander abgestimmte Rollenmuster sichergestellt. Eine solche »perfekte« Gesellschaft kann aber nur dann funktionieren, wenn alle jederzeit wissen, was zu tun ist. Dies ist aber nur möglich, wenn die Institutionen für alle gleichermaßen gültig sind.

2.3.5. Kritik

Für viele Soziologen liegt ein Widerspruch zwischen Parsons' Handlungstheorie und seiner Systemtheorie vor, zumal die handlungstheoretischen Ausführungen von Parsons den subjektiven Charakter der Handlungen hervorheben, während in seiner späteren Systemtheorie die subjektive Ebene der Individuen völlig hinter den objektiven funktionalen Erfordernissen des Systems verblasst (Zeitlin 1973: 17). Dagegen wurde von der systemtheoretischen Seite eingewendet, dass sich schon die Handlungstheorie nicht mit isolierten Individuen, sondern mit Akteuren in einem Handlungssystem beschäftigt, so dass es sich folglich bei der Systemtheorie nur um eine logische Weiterentwicklung handelt.

> »Völlig unzutreffend ist deshalb die häufig vertretene These, Parsons habe in dieser Phase den Übergang von der Handlungstheorie zur Systemtheorie vollzogen, die ihn fortan dazu verleitet habe, das System vor dem Individuum zu sehen. Gegenstand der Untersuchung in *The Structure of Social Action* sind nicht isolierte Akteure oder Handlungen, sondern Systeme, die von sozial Handelnden gebildet werden; und die Parsons beschäftigende Frage ist gerade, wie man die Existenz sozialer Ordnung in einem solchen System erklären könne. In diesem Sinne ist die voluntaristische Handlungstheorie in ihrer ersten Formulierung eine Theorie sozialer Systeme, während die Ebene einer allgemeinen Handlungstheorie erst in *The Social System* und in »Values, Motives, and Systems of Action« erreicht wird [...].« (Münch 1982: 74)

Wenn man dieser Gegenkritik zustimmt, sollten aber auch die handlungstheoretischen Arbeiten unter Berücksichtigung der späteren Systemtheorie beurteilt werden. Der Strukturell-funktionalen Theorie kann vorgeworfen werden, dass sie die Freiheit der Individuen vernachlässigt. Der Beitrag der Individuen reduziert sich auf die Internalisierung von Normen, die nur noch ohne Widerspruch befolgt werden (u.a. Joas 1973: 33; Giddens 1976: 21; Coleman 1990: 4f.). Genaugenommen behandelt Parsons' Handlungstheorie nicht das Handeln, sondern das Verhalten, welches mehr oder weniger automatisch durchgeführt wird.

> *There is no action in Parsons' »action frame of reference«*, only behaviour which is propelled by need-dispositions or role expectations. The stage is set, but the actors only perform according to scripts which have already been written out for them.« (Giddens 1976: 16)

Die Strukturell-funktionale Theorie kann nicht erklären, warum sich die Menschen keineswegs immer an ihre Rollen halten oder generell ein breites Spektrum an Verhaltensweisen auftritt. Auch kann kein Verhalten erklärt werden, für welches es keine normativen Vorgaben gibt bzw. kann bei widersprüchlichen Normen nicht gezeigt werden, welche Norm befolgt wird.

> »It is clear, however, that much behavior is not in conformity to norms, forcing the social-norm theorist to an ad hoc introduction of the concept of »deviance« to account for this lack of conformity.« (Coleman 1987: 134)

In diesem Zusammenhang bemerkt Boudon (1980: 74), dass auch nicht jedes Interaktionssystem ein Rollensystem ist. Boudons Kritik an der Strukturell-funktionalen Theorie wird hier von der ökonomischen Idee geleitet, dass eine Tauschbeziehung zwischen zwei Akteuren durch Nutzenüberlegungen und nicht durch Rollen geprägt wird. Gegen diese ökonomische Sichtweise kann jedoch eingewendet werden, dass zumindest in jeder Interaktion ein Koordinationsproblem vorhanden ist (entweder liegt es in ungelöster Form [nicht-kooperative Spieltheorie] oder in gelöster Form [kooperative Spieltheorie] vor) und somit auch in jeder Interaktion die Sinnkomponente von Bedeutung ist. Allerdings muss es sich dabei nicht um typische Verhaltensweisen in typischen Situationen oder von typischen Personen (also Rollen) handeln, so dass der Kritik von Boudon in diesem Sinne zugestimmt werden kann.

Ein weiteres Argument gegen die Vernachlässigung der Wahlfreiheit der Individuen kommt von Elster. Er schlägt vor, den Menschen der Strukturell-funktionalen Theorie als einen Homo oeconomicus unter sehr restriktiven Bedingungen aufzufassen. Die Restriktionen würden in diesem Fall die Anzahl der Alternativen bis auf eine reduzieren, so dass sich ein Akteur grundsätzlich an die Rolle hält, da es sich bei ihr um die einzige mögliche Alternative handelt. Er kritisiert die Strukturell-funktionale Theorie dafür, dass sie einen Fall behandelt, der so gut wie niemals auftritt (Elster 1979: 66ff.; Elster 1986: 22). Gegen diese Kritik ist einzuwenden, dass die Wahlfreiheit in der Strukturell-funktionalen Theorie gar nicht durch die übermächtigen Restriktionen eingeschränkt wird, sondern dadurch, dass die Individuen die Restriktionen nicht wahrnehmen. Beim moralischen Handeln (im Sinne eines kategorischen Imperativs) kommt es zu keiner Evaluation der Restriktionen, weil sie für das Individuum solange irrelevant sind, wie die moralische Handlung noch im Möglichkeitsraum liegt. Somit trifft die Kritik von Elster die Strukturell-funktionale Theorie nicht.

Die Kritik der Phänomenologischen Soziologie an der Strukturell-funktionalen Theorie bezieht sich nicht auf die Betonung von automatischen Verhaltensweisen, sondern auf die Begründung derselben. Alfred Schütz leitet habituelles Verhalten über subjektive Motive und intersubjektive Motivzusammenhänge (die Sinnstrukturen) her, und nicht wie Parsons über normativ geteilte Moralvorstellungen. Schütz lehnt normative Werte als Basis für eine Handlungstheorie ab, da es sich bei Normen nicht um eine subjektive Kategorie handelt. Schütz wirft Parsons vor, dass die Strukturell-funktionale Theorie durch die Vernachlässigung von subjektiven Motiven und dem Intersubjektivitätsproblem mit der subjektiven Sichtweise nicht vereinbar sei, im Gegensatz zu der ursprünglichen Annahme von Parsons, von eigenständigen Subjekten auszugehen.

»Schutz criticizes Parsons' concept of the norm, saying that it is not a strictly subjective category and suggests replacing the theory of normative values with his own theory of motives, which, according to him, would correspond better to the principle of subjective interpretation [...].« (Kassab 1991: 251)

Ein weiterer Kritikpunkt betrifft Parsons' Versuch, eine sozialwissenschaftliche Analyse mit einer abstrakten Gesellschaft zu beginnen. Bei der Diskussion der funktionalen Erfordernisse aller Gesellschaften verliert Parsons die Frage nach dem tatsächlichen Funktionieren konkreter Gesellschaften aus dem Blick. Das Verhalten der Individuen dient bei Parsons nur noch der Erfüllung der funktionalen Erfordernisse, statt dessen soll aber versucht werden, »das Verhalten in der Funktionsweise der Gesellschaft zu aggregieren« (Gäfgen/Monissen 1978: 121f.). Dieser Einwand der Ökonomen verdeutlicht einen grundlegenden Gegensatz zwischen der Strukturell-funktionalen Theorie und der Mikroökonomik. Trotz eines ähnlichen Forschungsinteresses (der Analyse von Systemgleichgewichten) wird den Individuen bei der Erklärung ein völlig unterschiedlicher Stellenwert eingeräumt. In der Mikroökonomik werden Marktgleichgewichte über das Verhalten von Anbietern und Nachfragern erklärt, während in der Strukturell-funktionalen Theorien Systeme unabhängig von dem Verhalten der Individuen reagieren.

Es schließt sich der Vorwurf an, dass es nicht möglich ist, die Entstehung und die Aufrechterhaltung von normativen Systemen zu erklären, wenn ein normatives System als gegeben vorausgesetzt wird. Damit wird das Hobbessche Problem der Bildung von Gesellschaften umgangen (Voss 1985: 67; Coleman 1990: 31). Thomas Hobbes ging wie übrigens auch die Ökonomen von einem Naturzustand aus, in dem es weder eine normative Ordnung noch eine kulturelle Vorprägung der Individuen gibt. In einer solchen Situation kann die Bildung einer sozialen Ordnung bzw. einer Kultur nur über subjektive Nutzenüberlegungen erklärt werden. Im Gegensatz dazu geht Parsons von Individuen aus, die bereits von einer bestehenden Gesellschaft sozialisiert werden, so dass sie auch in der Zukunft durch die Normbefolgung die soziale Ordnung aufrechterhalten. Mit anderen Worten ist Parsons' Annahme, dass eine soziale Ordnung existiert, auch seine Erklärung für die zukünftige Existenz dieser sozialen Ordnung.

Schwerwiegender ist aber das Argument, dass die Strukturell-funktionale Theorie bei der Erklärung einer speziellen Form einer Institution durch ihre Funktion für das gesamte System Ursache und Wirkung verwechselt, denn die Ursachen (die Funktion) für eine Wirkung (die Form der Institution) liegen in der Vergangenheit und nicht in der Zukunft. In der Strukturell-funktionalen Theorie wird dieser Begründungszusammenhang aber vertauscht. Hier wird die institutionelle Form durch die zukünftigen Effekte der Institution auf das System »erklärt«, damit liegt die Wirkung zeitlich vor der Ursache. Eine solche Erklärung setzt voraus, dass ein soziales System eine Art von Intelligenz wie ein Akteur besitzt, die es dem System ermöglicht, die zukünftigen Effekte bei der Anpassung an die geänderte Umwelt zu antizipieren.

> »[...] it has been noted that functionalism seems to reverse the chronology of cause and effect. Since we do not observe cause, but only impute it, we do not know for certain that the cause of a thing lies in its history and not in its future. Yet from »common-sense« observation it would seem silly to say that the cause of an institution's particular form lies in the future effects that institution will have. Particularly for sociologists concerned with methodological positivism and the establishment of cause and effect, the reverse chronology seemingly implied by functionalism frustrates rather than facilitates inquiry.« (Skidmore 1975: 186)

Ein anderer Punkt der Kritik bezieht sich darauf, dass Parsons die aktive Leistung der Individuen bei der Konstitution der Gesellschaft nicht berücksichtigt. Demnach kann auch der soziale Wandel nicht mehr auf individuelles Handeln zurückgeführt werden (Meckling 1976: 554). Sozialer Wandel kann in der Strukturell-funktionalen Theorie lediglich exogen über die Anpassung des sozialen Systems an die Umwelt erklärt werden. Jedoch sollte beachtet werden, dass ökonomische Theorien, die von stabilen Präferenzen ausgehen, auch nicht wesentlich mehr erklären können. Hier hängt zwar die Gestalt einer Gesellschaft von den individuellen Handlungen ab, dabei sind die individuellen Handlungen aber vollständig durch die Umweltbedingungen bzw. die Restriktionen determiniert. Somit wird in solchen ökonomischen Theorien der soziale Wandel nur durch die Veränderung der Umwelt erklärt. Dagegen wendet die Phänomenologische Soziologie ein, dass sozialer Wandel nicht nur auf der objektiven Ebene (die Umweltbedingungen und die Form der Gesellschaft), sondern auch auf der subjektiven (die Motive der Akteure) und intersubjektiven Ebene (die Lebenswelt) stattfindet (Luckmann 1975: 9f.).

Des weiteren kommt bei Parsons der Aspekt der Macht zu kurz. Da er Normen aus den funktionalen Bedürfnissen des Systems heraus erklärt, haben Normen für alle den gleichen moralischen Stellenwert. Jetzt kann er nicht mehr untersuchen, welche Gruppen ein besonderes Interesse an einer Norm haben, weil sie ihnen z.B. eine besondere Machtposition garantiert (Giddens 1976: 21).

Die letzten beiden Kritikpunkte beziehen sich auf Parsons' methodisches Vorgehen. Parsons' Theorieentwicklung wird als ein ständiges Vertauschen von Begriffen ohne jeden Bezug zur Forschung beschrieben.

> »Commentators often have noted how elusive Parsons' abstract scheme is and how rapidly he modifies it. But his modifications are not of the kind usually meant by the term in science – that is, adjusting theory to the findings of empirical research. It seems instead to be a matter of substituting new terms and distinctions for old, independent of any research.« (Zeitlin 1973: 20)

Dabei bringt Parsons viele Konzepte aus sehr verschiedenen Theorien zusammen, ohne darauf zu achten, ob sie hinsichtlich der inhaltlichen und methodologischen Einbettung in ihren Theorien überhaupt kompatibel sind. Darüber hinaus wird eine konkrete Anwendbarkeit von Parsons' Klassifikationssystem bestritten.

> »Parsons' modifications are part of a highly eclectic process in which he incorporates diverse elements without regard for their theoretical compatibility or the damage they may be doing to his framework. Voluntaristic, rational, functionalist, Freudian, and still other elements are brought together and uncritically fused into one analytical scheme – a scheme, moreover, with no apparent applicability.« (Zeitlin 1973: 20)

Es gibt somit erhebliche Zweifel an der Nützlichkeit einer Systemanalyse, deren Unabhängigkeit von den Handlungen der Individuen postuliert wird. Solche Systemgleichgewichte können weder theoretisch über den Ausgleich unterschiedlicher Interessen ermittelt noch empirisch bestimmt werden. Trotz dieser gravierenden Kritik an Parsons' systemtheoretischen Überlegungen sollte eine Würdigung seiner handlungstheoretisch relevanten Konzeptionen von Normen und Moral nicht vergessen werden. Parsons hat sich wie kein anderer Soziologe vor ihm mit Max Webers Begriff der Wertrationalität auseinandergesetzt. Er hat gezeigt, dass Max Webers Wertrationalität zwei unterschiedliche Wirkungsmechanismen zusammenfasst. Ein Handeln ist wertrational, wenn ein Akteur rational sein Sanktionsoptimum bestimmt, indem er die Erwartungen seiner Mitmenschen erfüllt. Andererseits verhält sich auch derjenige Akteur wertrational, der für sich eine moralische Ordnung »wählt« und sich in der Zukunft an diese hält. Parsons ergänzt die handlungsrelevanten Motive der Ökonomik (den Nutzen) und der Verstehenden Soziologie (den Sinnstrukturen) um die normativen und moralischen Handlungsorientierungen.

2.3.6. Übungsfragen

1. Welche Schule des Symbolischen Interaktionismus verwendet ein Identitätskonzept, das dem dauerhaft persönlichkeitsbeeinflussenden Rollenkonzept von Parsons ähnelt?

2. Wie wird in der Strukturell-funktionalen Theorie der Konflikt zwischen egoistischen und gruppenorientierten Interessen aufgelöst, bzw. warum wollen egoistische Akteure, was sie im Interesse der Gesellschaft sollen?

3. Wieso stellt sich für Parsons das zentrale Problem anderer mikrosoziologischer Theorien nicht, intersubjektives Verstehen auf der Basis subjektiver Bewusstseinsabläufe zu erklären? Beurteilen Sie diesen Ansatz!

4. Welche Funktion erfüllt die Einführung eines Rationalitätskonzeptes für Systeme, unabhängig von der individuellen Rationalität der Akteure, für die Behandlung der Makroebene in der Strukturell-funktionalen Theorie?

5. In welchem Verhältnis stehen Parsons' kulturelles, soziales und Persönlichkeitssystem zueinander (Berücksichtigen Sie verschiedene Interpretationen des Integrationsaspektes des sozialen Systems)?

6. Beurteilen Sie die Verwendung des Gleichgewichtskonzeptes bei der Analyse der Makroebene in der Strukturell-funktionalen Theorie!

7. Wodurch unterscheidet sich Parsons' Konzept der »Definition der Situation« vom Konzept der Phänomenologischen Soziologen und der Symbolischen Interaktionisten (Betrachten Sie die Bedeutung von normativen und Sinnstrukturen.)?

8. Welche Rolle spielt Kants Philosophie für das Verständnis der Strukturell-funktionalen Theorie?

9. Diskutieren Sie die Forderung, eine soziale Ordnung aus Verhaltensgesetzmäßigkeiten und nicht aus Verhaltensregelmäßigkeiten herzuleiten?

10. Welche drei Variablen erklären das menschliche Verhalten in der voluntaristischen Handlungstheorie und welche Bedeutung besitzen sie für Parsons' Systemtheorie?

11. Wie wird in der Strukturell-funktionalen Theorie von den Normen abweichendes Verhalten erklärt?

12. Beurteilen Sie Talcott Parsons' Anspruch, eine Theorie der Interaktion vorgelegt zu haben (berücksichtigen Sie das Problem der Interdependenz)!

2.3.7. Literaturhinweise

Für das Verständnis der Strukturell-funktionalen Theorie ist die Kenntnis von Parsons' (1951) zentralem Werk unerlässlich. Für das Verständnis der zugrundeliegenden Handlungstheorie ist Parsons (1937) hilfreich. Dies gilt ebenso für Parsons (1986), nur dass dieser Beitrag mehr Berührungspunkte mit seiner Systemtheorie aufweist. Einen guten Überblick über die zentralen Gedanken der Strukturell-funktionalen Theorie gibt Skidmore (1975). Bezüglich des AGIL-Schemas siehe die Darstellung in Parsons (1969). Die Bedeutung von Immanuel Kant für Parsons' Werk wird von Münch (1982) herausgearbeitet. Eine ausführliche Auseinandersetzung mit den Gemeinsamkeiten und Unterschieden in den Positionen von Talcott Parsons und Alfred Schütz befindet sich in Kassab (1991). Lesenswerte kritische Auseinandersetzungen mit Talcott Parsons' Theorie befinden sich in Joas (1973), Zeitlin (1973) und Giddens (1976).

2.4. Exkurs: Das Rollenkonzept

Ökonomische und soziologische Theorien zeichnen sich durch einen unterschiedlichen Ansatz zur Erklärung des menschlichen Verhaltens aus. In den ökonomischen Theorien wird die Handlung mit Hilfe des Nutzenkonzeptes erklärt. Diese Funktion übernimmt in den soziologischen Theorien das Konzept der Rolle. Im Gegensatz zu dem relativ einheitlichen Nutzenkonzept in den ökonomischen Theorien, existieren in der Soziologie stark abweichende Definitionen von dem Begriff »Rolle«.

Der Begriff der »Rolle« erfreut sich in der Soziologie einer außerordentlichen Beliebtheit, weil er fast grenzenlos (und theorieübergreifend) als Formulierungsschablone verwendet werden kann. Dabei scheint es einen Konsens darüber zu geben, dass das Konzept der »Rolle« neben den Begriffen »Position«, »Rollenerwartung« und »Sanktion« zu den relevanten Kategorien bei der Erklärung des menschlichen Verhaltens gehört. Allerdings resultiert aus der Verwendung des Rollenbegriffs noch keine soziologische Erkenntnis. Eine soziologische Erkenntnis kann erst aus inhaltlich gefüllten Kategorien gewonnen werden, und genau diese inhaltliche Ausgestaltung der Konzeptionen »Rolle«, »Position«, »Rollenerwartung« und »Sanktion« ist umstritten.

Eine Folge davon ist, dass die »Rollentheorie« keine einheitliche Theorie darstellt. Die beiden Extrempositionen in der »Rollentheorie« sind der interaktionistische und der strukturalistische Ansatz (Turner, R.H. 1985: 24). Diese Pole können auch als makro- und mikrosoziologische bzw. handlungstheoretische Konzeption der »Rollentheorie« bezeichnet werden (Schülein 1989: 487). Für viele Soziologen ergibt sich hieraus aber auch die Chance, über eine Verbindung dieser unterschiedlichen Rollenkonzepte den Graben zwischen Mikro- und Makrosoziologie zu überbrücken. Dies soll aber nicht das Thema dieses Exkurses sein.

2.4.1. Rollentheorie

2.4.1.1. Definition des Begriffs »Rolle«

Einer der Pioniere der »Rollentheorie« Ralph Linton (1893-1953) sah in der »Rolle« die Umsetzung des Status einer Person. Mit »Umsetzung« meinte er die Befolgung von Pflichten und die Inanspruchnahme von Rechten eines Positionsinhabers (Linton 1936: 114). Damit hatte Linton schon zwei wesentliche Merkmale, die in der späteren Hauptströmung der »Rollentheorie« charakteristisch werden sollten, hervorgehoben: dies sind die normative Grundlage und der Positionsbezug der Rolle.

Unter den vielen verschiedenen Rollendefinitionen, wie z.B. Verhaltensrepertoire, Standardverhalten oder Position, hatte sich in der »Rollentheorie« ziemlich schnell die Definition der »Rolle« als Verhaltenserwartung bzw. normative Verhaltenserwartung als eine Art Minimalkonsens durchgesetzt. Die meisten Rollentheoretiker würden die-

287

sem aber noch Lintons Positionsbezug hinzufügen. Die »Rolle« ist für sie ein Bündel von (normativen) Verhaltenserwartungen an einen Positionsinhaber. Dies ist wohl die häufigste Definition von »Rolle« (Biddle/Thomas 1966: 29). Ob Rollen aber grundsätzlich nur in Verbindung mit Positionen auftreten, ist ein erster wichtiger Streitpunkt, auf den ich später zurückkommen werde.

Manche Rollentheoretiker verbinden mit der »Rolle« nicht nur Verhaltenserwartungen, sondern auch Einstellungen, Wertvorstellungen und Rollenattribute wie das Aussehen oder den Charakter eines Positionsinhabers. Nicht selten wird wie schon bei Linton die »Rolle« mit den Rechten und Pflichten einer Person verbunden. Die Verbindung von Rechten und Pflichten mit der Position eines Rollenspielers ist von besonderer Bedeutung für das Konzept der Komplementarität der Rollen. Die Komplementarität von Rollen besagt, dass eine Rolle nicht isoliert von anderen Rollen betrachtet werden kann. Die Rechte und Pflichten eines Positionsinhabers müssen mit den Rechten und Pflichten der ihm gegenüberstehenden Positionsinhaber inhaltlich übereinstimmen. Es gibt keine Rolle der Mutter, wenn es nicht auch die Rolle des Kindes gibt.

»Komplementarität der Rollenbeziehungen bedeutet, dass das Recht des einen eine Pflicht des anderen impliziert, beziehungsweise umgekehrt die Pflicht des einen ein Recht für den anderen.« (Dreitzel 1968: 193)

Demzufolge besteht eine Rolle aus verschiedenen Segmenten. Je nach Rollenpartner ergibt sich ein anderes Rollensegment mit anderen Verhaltenserwartungen und anderen Rechten und Pflichten. Ein Beispiel wäre die Rolle eines Lehrers, der sich gegenüber seinen Schülern anders verhält als den Eltern dieser Schüler oder seinen Kollegen gegenüber. Erst alle diese Segmente ergeben die Rolle des Lehrers. Inwieweit allerdings die Verhaltenserwartungen bzw. die Rechte und Pflichten den Gestaltungsspielraum der Rollenträger einschränken, ist ein zweiter wesentlicher inhaltlicher Konfliktpunkt in der »Rollentheorie«, auf den ich später eingehen werde.

Eine alternative Definition der »Rolle« als Erwartung eines typischen Verhaltens zur Komplexitätsreduktion (Claessens 1968; Dreitzel 1968: 128) führt uns zu dem dritten wichtigen Streitpunkt, der Frage, ob dem Rollenverhalten normative Strukturen oder Sinnstrukturen zugrunde liegen. Es ist zu klären, ob Menschen die vorgegebenen Rollen spielen, weil sie durch sich selbst bzw. durch andere (mit Hilfe von Sanktionsandrohungen) dazu angehalten werden, oder ob Menschen völlig freiwillig Rollen benutzen, weil nur durch sie eine sinnvolle Interaktion möglich ist. Auch auf dieses Problem werde ich später eingehen. Mit diesem Diskussionspunkt hängt direkt zusammen, ob eine Rolle als die Summe von normativen Verhaltenserwartungen der relevanten Personen an einen Positionsinhaber definiert wird (Positionsrollen) oder als ein spezieller Verhaltensausschnitt, der vielen verschiedenen Positionen zugeschrieben werden kann (Situationsrollen).

2.4.1.2. Position

Ebenso wie der Begriff der »Rolle« besitzt auch der Begriff der »Position« verschiedene Definitionen. Unter anderem werden unter »Position« der Ort in einer sozialen Struktur bzw. in einer spezifischen Gruppe, Rollen oder eine Gruppe von Personen, die ein gemeinsames Merkmal besitzen, verstanden. Die Positionsdefinition als Ort in einer sozialen Struktur ist dabei die häufigste Variante (Biddle/Thomas 1966: 28).
Ein Dissens besteht unter den Rollentheoretikern in Bezug auf die schon angesprochene Frage, ob Rollen grundsätzlich mit Positionen (in der sozialen Struktur) in Verbindung gebracht werden müssen.

> »Hieran knüpft sich die grundsätzliche Frage, ob man Rollen stets im Zusammenhang mit sozialen Positionen sehen will (so Parsons, Merton, Dahrendorf u.a.) oder ob man sie mehr als Typisierungsschemata für soziale Kategorien betrachten soll (so Berger/Luckmann, Goffman, Schur u.a.).« (Wiswede 1977: 17)

Diesem Problem liegt ein weiterer Konfliktpunkt zugrunde. Es handelt sich hierbei um die bereits erwähnte Frage, was den Menschen dazu bringt, Rollen zu spielen. Sind es die normativen Gebote und Verbote im Zusammenhang mit den zu erwartenden Sanktionen, oder ist es der Wunsch, sich in einer Interaktion in einer Weise zu verhalten, die für den Interaktionspartner sinnvoll und verständlich ist, weil nur so eine funktionierende Interaktion möglich wird. Das Rollenverhalten wird im ersten Fall durch innere bzw. äußere Sanktionen gewährleistet, während es im zweiten Fall durch Habitualisierungen stabilisiert wird.

> »Entscheidend ist die Differenz von Norm und Typisierungsschema; diese beiden Begriffe wären dadurch zu unterscheiden, dass der verschiedene Charakter der beiden eigenen Invarianz erkannt wird: Typen sind relativ invariant, *weil* sie die Perzeption von Abweichungen *verhindern*; sie werden durch *Habitualisierung* stabilisiert. Normen sind relativ invariant, *obwohl* sie die Perzeption von Abweichungen *erlauben* (sonst könnte ja nicht mit Sanktionen reagiert werden), diese aber den Geltungsanspruch nicht mindern; sie werden durch machtgestützte Entscheidungen stabilisiert.« (Joas 1973: 63)

Die meisten Rollentheoretiker legen in diesem Streitpunkt auf die normativen Strukturen und den Positionsbezug größeren Wert als auf die Sinnstrukturen und die situative Rollenkonzeption. Einige wenige Soziologen fordern aber auch eine Kombination von Normen und Sinn zur Erklärung des Rollenverhaltens und damit eine Verbindung von Positions- und Situationsrollen (Gerhardt 1971). Gerhardt betont in diesem Zusammenhang, dass die »Rolle« als sozialer Typus in vielen verschiedenen Positionen sinnvoll verwendet werden kann. Die »Rolle« ist also keine komplette Umschreibung für die Verhaltenserwartung an einen Positionsinhaber, sondern vielmehr eine bestimmte Verhaltenssequenz, die einen Sinn macht, wenn sie in speziellen Situationen oder von speziellen Positionsträgern verwendet wird.

2.4.1.3. Erwartung und Verhalten

Auch für den Begriff der »Erwartung« gilt, dass er auf viele verschiedene Arten definiert wird. Mit »Erwartung« kann die Erwartung eines wahrscheinlichen bzw. eines standardisierten Verhaltens gemeint sein. Andererseits kann »Erwartung« auch mit den Begriffen »Norm« oder »Einstellung« gleichgesetzt werden (Biddle/Thomas 1966: 10). Aufgrund der Tatsache, dass hinter dem Rollenkonzept sowohl normative als auch Sinnstrukturen stehen können, halte ich es für angebracht, »Erwartung« als die Erwartung eines wahrscheinlichen Verhaltens zu definieren (Merton 1957: 383; Dahrendorf 1958: 191). Bei dieser Definition wird noch nicht vorweggenommen, warum ein Verhalten wahrscheinlich ist.

Bezüglich der Erwartung einer fremden Handlung stellt sich die schon angesprochene Frage, inwieweit die Erwartung mit dem tatsächlichen Verhalten übereinstimmt.

> »Ein weiteres Problem ergibt sich aus der Frage, ob man unter Rollen festgelegte, vordefinierte und weitgehend formalisierte Verhaltensschemata zu verstehen hat (so: Oeser/Harary, Kahn, Parsons u.a.) oder aber solche Sachverhalte, die in aktuellen Interaktionssequenzen erst eingespielt und ausgebildet werden müssen (so: Turner, Blumer, Krappmann u.a.). Auf diese Weise hat die interaktionistische Schule der Soziologie dem vorherrschenden *formalistischen* und integrativen Rollenkonzept einen *interpretativen* Rollenbegriff gegenübergestellt [...].« (Wiswede 1977: 17)

Handelt es sich bei den Rollenspielern um »role-taker$_2$«, die klar festgelegte Verhaltensschemata übernehmen? In diesem Fall gibt es eine hundertprozentige Übereinstimmung zwischen der Erwartung und dem tatsächlichen Verhalten. Oder ist der Rollenspieler ein »role-maker«, der erst in der Interaktion eine Rolle ausgestaltet? Hier muss keine absolute Übereinstimmung zwischen der Erwartung und dem Rollenspiel vorliegen.

Auch wenn dieses Problem nicht unabhängig von dem Streitpunkt ist, ob Rollen durch Normen oder durch den Sinn konstituiert werden, ist es doch nicht mit diesem identisch. Hilbert hat zurecht darauf aufmerksam gemacht, dass es trotz aller Unterschiede zwischen den Vertretern des formalistischen und des interaktionistischen Rollenbegriffs eine wesentliche Gemeinsamkeit gibt. Verhalten wird als die Folge einer Regelbefolgung verstanden, wobei die Herkunft der Regel lediglich unterschiedlich ist. Bei den Formalisten ist die Regel kulturell oder funktional gegeben. Die meisten symbolischen Interaktionisten sehen demgegenüber Regeln als situativ ausgehandelt an (Hilbert 1981: 216), weshalb das Konzept des »role-making« nicht im Widerspruch zu einem normativen Rollenkonzept steht. Allerdings führt ein auf Sinnstrukturen basierender Rollenbegriff zwangsläufig zu einer Konzeption eines Rollenspielers als »role-maker«. Nur so hat ein kreativer Rollenspieler die Möglichkeit, typische Verhaltenssequenzen zu einer allgemein verständlichen Handlung zusammenzusetzen. »Role-making« kann demnach als Resultat eines situativen Konsenses oder als individuelle Interpretationsleistung der Erwartung anderer an die eigene Person verstanden werden (Bahrdt 1961: 11ff.; Gerhardt 1971: 279; Schülein 1989: 491).

2.4.1.4. Sanktionen

Sanktionen werden in der »Rollentheorie« einheitlich als Bestrafung (negative Sanktionen) und Belohnung (positive Sanktionen) für ein mehr oder weniger angemessenes Rollenverhalten definiert (Dahrendorf 1963: 112; Lamnek 1989: 555). Die negativen Sanktionen werden der mangelhaften Erfüllung von normativen Verhaltenserwartungen zugeordnet, während die positiven Sanktionen eher mit einer gesamten »Verhaltensbilanz« in Verbindung gebracht werden (Popitz 1967). Häufig wird in diesem Zusammenhang auch ein utilitaristisches Argument zur Erklärung des Rollenverhaltens verwendet. Die Erfüllung von Rollenerwartungen ist eine Folge der individuellen Optimierung einer Sanktionserwartung mit dem Ziel, den höchstmöglichen Nutzen zu erreichen (Zetterberg 1957: 189; Dahrendorf 1963: 114; Wiswede 1977: 59).

Aufgrund der Tatsache, dass die meisten Rollendefinitionen einen normativen Bezug enthalten, ist es leicht verständlich, dass Sanktionen ein grundlegender Bestandteil der »Rollentheorie« sind. Trotzdem ist auch unter den Vertretern der »Rollentheorie«, die die »Rolle« normativ konstruieren, umstritten, ob es sich bei diesen Sanktionen um externe oder interne Sanktionen handelt. Erfolgt die Sanktionierung durch andere Mitglieder der Gruppe bzw. die ganze Gruppe, weil ihren Erwartungen (nicht) entsprochen wurde, oder erfolgt die Sanktion durch die eigene Person, weil die zur Moral verfestigten internalisierten Rollenerwartungen und Werte (nicht) befolgt wurden? Es handelt sich hierbei um die zwei erklärenden Variablen der strukturell-funktionalen Handlungstheorie: Normen und Moral. Talcott Parsons hat in dieser Frage größeres Gewicht auf die Moral gelegt (Parsons 1951: 64), während für viele Rollentheoretiker die Betonung auf den sozialen Sanktionen liegt (z.B. Dahrendorf 1958: 194).

2.4.1.5. Die Position der Phänomenologischen Soziologie, des Symbolischen Interaktionismus und der Strukturell-funktionalen Theorie

Die *Phänomenologische Soziologie* ist die einzige der drei behandelten soziologischen Theorienkomplexe, für die das Konzept der Rolle kein absolut notwendiger Bestandteil ist. Für Schütz ist die »Rolle« nicht die elementare Einheit einer soziologischen Theorie. Diese Aufgabe wird bei Schütz von dem Konzept der Idealtypen übernommen. Die kleinsten Kategorien sind die Verhaltens-, Situations- und Personentypen. Demzufolge ist eine »Rolle« ein Konstrukt, welches aus diesen Verhaltens-, Situations- und Personentypen zusammengesetzt wird (vgl. Schütz 1959: 97).

»Rolle« wird in der Phänomenologischen Soziologie als eine typische Reaktion auf eine typische Erwartung bzw. als ein typisches Interaktionsmuster definiert.

> »In our terminology these role expectations are nothing but typifications of interaction patterns which are socially approved ways of solving typical problems, and are frequently institutionalized. Consequently, they are arranged in domains of relevances which in turn are ranked in a particular order originating in the group's relative natural conception of the world, its folkways, mores, morals, etc.« (Schütz 1956: 75)

Interessant an dieser Definition ist, dass die Komplementarität der Rollen der Standard-»Rollentheorie« direkt in ein typisches Interaktionsmuster überführt wird. Auch für Schütz gehören zu einer Rolle immer Gegenrollen (Schütz 1953: 14). Im Gegensatz zu der herkömmlichen Rollendefinition steht bei Schütz nicht der einzelne Rollenspieler im Vordergrund, sondern das Geflecht der Interaktion. Dieser Unterschied ist vergleichbar mit der Differenz zwischen der Entscheidungs- und der Spieltheorie. Diejenigen Rollentheoretiker, die das Konzept der »Rolle« über normative Strukturen (Normen oder Moral) konstruieren, argumentieren entscheidungstheoretisch. Sowohl die Sanktionsoptimierung als auch die Befolgung bzw. Nicht-Befolgung von internalisierten Werten sind trotz der sozialen Herkunft der Normen und der Moral ein individuelles Entscheidungsproblem. Der Rollenbegriff von Schütz wird hingegen über Sinnstrukturen konstruiert. »Rolle« wird hier als ein intersubjektiv verständlicher Verhaltenstyp aufgefasst. Verständigung und Kommunikation sind aber nicht mehr entscheidungstheoretisch darstellbar, weil hier die Interdependenz Einfluss ausübt. Diese Art der Interdependenz ist nur (wenn überhaupt) spieltheoretisch zu lösen. Aus diesem Grund spricht Schütz nicht von der Komplementarität von Rollen, sondern gleich von Interaktionsmustern.

Es gibt aber einen Bereich in der Phänomenologischen Soziologie, in dem Rollen eine wichtige Aufgabe erfüllen. Dies ist der Bereich der Institutionen. Institutionen zeichnen sich in der Phänomenologischen Soziologie dadurch aus, dass sie den Akteuren eine eindeutige Abfolge von Motiv- und Sinnzusammenhängen und den damit verbundenen Verhaltensweisen vorgeben, die den Akteuren als fraglos gegeben erscheinen. Durch die »Rolle« als eine typische Interaktion von typischen Personen in typischen Situationen werden Institutionen erst erfahrbar. So ist z.B. der abstrakte Begriff »Justiz« erst dann fassbar, wenn Richter, Anwälte und Angeklagte (die typischen Personen) in einer Gerichtsverhandlung (die typische Situation) in typischer Art und Weise interagieren, d.h. ihre Rollen spielen (Berger/Luckmann 1966: 69ff.).

Im Gegensatz zum Rollenkonzept der Phänomenologischen Soziologie entspricht das Rollenbild der *Strukturell-funktionalen Theorie* viel eher dem der Standard-»Rollentheorie«. Die »Rolle« in Parsons' Theorie weist alle Merkmale auf, die schon in der »Rollentheorie« hervorgehoben wurden. Rollen haben bei ihm einen Positionsbezug. Die Rollen ebenso wie die dazugehörigen Positionen gehören nicht zu den Individuen, sondern sind ein Teil des sozialen Systems. Dies muss so sein, da das soziale System eine größere Lebensdauer als die Menschen in dem System besitzt. Um den Fortbestand des sozialen Systems sichern zu können, müssen die Menschen die ihnen zugewiesenen Rollen übernehmen (Parsons 1951: 25). Dabei dient die Rolle der Orientierung, weshalb das Verhalten durch die gegenseitige Erwartungshaltung konstituiert und definiert wird.

»The role is that organized sector of an actor's orientation which constitutes and defines his participation in an interactive process. It involves a set of complementary expectations concerning his own actions and those of others with whom he interacts. Both the actor and those with whom he interacts possesses these expectations.« (Parsons u.a. 1951: 23)

Untrennbar mit der Verhaltenserwartung ist die Sanktionierung verbunden.

»What are expectations to ego are sanctions to alter and vice versa [...].« (Parsons 1951: 40)

Somit stimmt Parsons' Rollendefinition der normativen Verhaltenserwartungen an einen Positionsinhaber mit der Definition der Standard-»Rollentheorie« überein. Allerdings legt er ein größeres Gewicht auf die Internalisierung von Normen (Moral) als auf die externe Sanktionsdurchsetzung der Normen.

Hier werden die fundamentalen Unterschiede zu dem Rollenbegriff der Phänomenologischen Soziologie offensichtlich. Parsons vertritt gegenüber der situationsbezogenen, auf Sinnstrukturen basierenden Rollendefinition von Schütz einen positionalen normativen Rollenbegriff. Parsons geht vom »role-taking« aus, während in der Phänomenologischen Soziologie das Rollenspiel als »role-making« aufgefasst wird.

Die verschiedenen Ansätze des *Symbolischen Interaktionismus* stehen zwischen diesen beiden Extrempositionen. Es können drei Gruppen von Rollenkonzepten in diesem Theorienkomplex unterschieden werden. Je nachdem, ob die Vertreter des Symbolischen Interaktionismus der Chicagoer, der Iowaer Schule oder dem Meadschen Sozialen Behaviorismus näherstehen, vertreten sie eine Rollendefinition, die näher an Schütz oder an Parsons angelehnt bzw. psychologisch formuliert ist.

Die Definition der »Rolle«, die Meads Sozialbehaviorismus am nächsten kommt, ist von Lindesmith und Strauss konzipiert worden. »Rolle« wird von ihnen als eine strukturierte Reaktion auf einen umweltlichen Stimulus angesehen.

»The role is an instance of an organized pattern of responses made to constellations or clusters of interrelated environmental stimuli.« (Lindesmith/Strauss 1949: 166)

Die Rollendefinition von Rose kombiniert dagegen sowohl Elemente des Sozialen Behaviorismus als auch der Rollenkonzeption von Schütz, indem er die Bedeutung der Sinnstrukturen für einen Rollenbegriff hervorhebt.

»The symbols – and the meanings and values to which they refer – do not occur only in isolated bits, but often in clusters, sometimes large and complex. [...] The term *role* will be used to refer to a cluster of related meanings and values that guide and direct an individual's behavior in a given social setting [...].« (Rose 1962: 10)

Andere symbolische Interaktionisten betonen in diesem Zusammenhang, dass »Rollen« nicht an »Positionen« gebunden seien, sondern vielmehr im Kontext der Situation betrachtet werden müssen (Stone/Farberman 1970: 208; Sherohman 1977: 122f.).

Allerdings ist eine Mehrzahl der Vertreter des Symbolischen Interaktionismus nicht dieser Meinung. Für sie ist die »Rolle« genauso wie in der Standard-»Rollentheorie« eine Verhaltenserwartung an einen Positionsinhaber (u.a. Hickman/Kuhn 1956: 31; Goffman 1961b: 93; Turner, R.H. 1962: 25). Es wird jedoch nicht zwangsläufig angenommen, dass das erwartete Verhalten mit dem tatsächlich gezeigten Verhalten übereinstimmen muss. Für viele ist Rollenspiel in erster Linie »role-making« und nicht »role-taking2«. Es werden sowohl interaktive als auch individuelle Gründe dafür angeführt, warum ein Rollenspieler von den Rollenvorgaben abweicht. Aufgrund der Mehrdeutigkeit von Rollen können diese in einem interaktiven Prozess abgewandelt werden (Turner, R.H. 1962: 21ff.). Aber auch die individuelle Unfähigkeit, eine Rolle rechtzeitig wechseln zu können, kann zu einer Abweichung von den Verhaltenserwartungen führen (Turner, R.H. 1978: 1ff.). »Role-making« wird auch als das Resultat von abweichenden Situationsdefinitionen gesehen (Goffman 1961b: 93). Unter »Rolle«

wird ein Referenzpunkt für die Interpretation der Handlung der anderen Mitspieler verstanden (Turner, R.H. 1962: 24). Dies gilt unter der Annahme, dass diese auch tatsächlich mehr oder weniger frei Rollen spielen.

Die meisten symbolischen Interaktionisten verbindet demnach mit der Strukturellfunktionalen Theorie ein Rollenbegriff, der die positionale Verankerung der Rolle beinhaltet. Aber im Gegensatz zu Parsons' Theorie liegt im Symbolischen Interaktionismus die Betonung auf dem »role-making« und nicht auf dem »role-taking«. Lediglich eine kleine Gruppe der Interaktionisten sieht die Möglichkeiten, Rollen frei zu gestalten, als so sehr eingeschränkt an (Kuhn 1964: 67; Goffman 1961b: 87), dass die Unterschiede zwischen ihrer und der Rollendefinition der Strukturell-funktionalen Theorie verwischen.

2.4.2. Rollentheoretische Diskussion

1958 löste der Artikel »Homo sociologicus« von Ralf Dahrendorf (*1929) in Deutschland eine intensive Diskussion darüber aus, was die »Rolle« konstituiert. Im wesentlichen sind die Positionen in dieser Debatte den folgenden drei Begriffen zuzuordnen: Zwang, Kultur und Freiheit. Schülein (1989: 483) verweist darauf, dass die Diskussion über das Verhältnis vom Zwang zur Freiheit eine typisch deutsche Diskussion ist, die so nicht in der englischsprachigen Literatur auftaucht.

Die Gruppe derjenigen Autoren, die den Zwangscharakter der »Rolle« hervorheben, wird von Dahrendorf angeführt. Er formulierte den Homo sociologicus analog zu dem nutzenmaximierenden Homo oeconomicus als sanktionsoptimierenden Rollenspieler. Der Mensch verliert durch den Zwang der Gesellschaft seine absolute Freiheit. Gleichzeitig erhält er durch die Sozialisation ein Verhaltensgerüst mitgeliefert, mit dem er sich in dieser Gesellschaft zurechtfinden kann. Dennoch wird die Gesellschaft als eine ärgerliche Tatsache angesehen, weil sie die Individualität beschneidet (Dahrendorf 1958).

Den Vertretern dieser Position wird vorgeworfen, dass sie in unzulässiger Weise den Rollenspieler von seiner Rolle trennen. Dies wird auf den positionalen Rollenbegriff, den Dahrendorf verwendet, zurückgeführt.

> »Indem man nicht das tatsächliche Verhältnis zwischen *aneinander* orientierten Rollenträgern, sondern das in einem abstrakten Stellenplan an seiner *Rolle* orientierte Individuum zum Ausgangspunkt wählt, geraten Individuum und Rolle unmerklich auseinander, bis sie sich endlich wie fremd gegenüberstehen. Die soziale Rolle als das dem Individuum Fremde und Äußere, das scheint uns die Tendenz eines Mißverständnisses zu beschreiben.« (Tenbruck 1961: 3)

Der Zwangscharakter der »Rolle« resultiert demnach aus den normativen Verhaltenserwartungen an einen Positionsinhaber, der wiederum nur durch die Androhung von

Sanktionen zur Rollenkonformität angehalten wird. Hingegen werden die inneren Kontrollen vernachlässigt. Dahrendorf wird vorgeworfen, den Normen gegenüber der Moral ein größeres Gewicht in seinem Rollenkonzept zuzugestehen.

Dahrendorfs Kritiker weisen außerdem auf die Bedeutung der Kultur für den Rollenbegriff hin. Damit ist aber nicht nur die Internalisierung von Normen (die Moral), sondern sind auch die der »Rolle« zugrundeliegenden Sinnstrukturen gemeint.

> »Unter dem Aspekt der Kultur - das liegt schon in der Definition - werden die vielleicht sehr entfernten, gemeinsamen Orientierungen greifbar. Nur dann aber können auch die inneren Kontrollen in ihrer Möglichkeit begriffen werden. Ebenso läßt sich auch die Funktion und Radikalität des Sozialisierungsprozesses ohne Rekurs auf die Sinnstruktur des Handelns nicht erfassen.« (Tenbruck 1961: 7)

Die Sozialisation stellt für die Vertreter dieser Position keine Einschränkung der Freiheit dar, weil Freiheit ohne Persönlichkeit, welche erst in der Sozialisation durch die Vermittlung der kulturspezifischen Werte und Normen entsteht, nicht möglich ist. Erst wenn sich eine Persönlichkeit herausgebildet hat, können normative Verhaltenserwartungen an die eigene Person als Zwang empfunden werden (Claessens 1963: 7; Dreitzel 1968: 21). Dabei ist der Rollenspieler niemals vollständig mit seiner »Rolle« identisch, obwohl er erst durch die Rollen, die er spielt, zum »Menschen« wird.

> »[...] zwar fällt der Rollenspieler oder der »Träger einer sozialen Figur« nie mit seiner Rolle zusammen, aber er bleibt doch immer auf sie verwiesen, weil er nur als dergestalt Identifizierter und sich identifizierende Person auf der Bühne des sozialen Handelns auftreten kann. [...] Jede Gesellschaft hat andere Rollenstrukturen und jede soziale Situation ihre eigenen Charaktere; das repräsentative Element kann stärker oder schwächer sein, die Rolle kann unter die Haut gehen oder als Routine erledigt werden – jedenfalls bleibt sie ablösbar vom Spieler, der freilich nie hinter der Bühne verschwinden kann, sondern sich sogleich nach einem anderen Skript umsehen muss.« (Dreitzel 1968: 120)

Auch dieser kulturanthropologische Standpunkt ist nicht ohne Kritik geblieben. Die gesellschaftlichen Rollenvorgaben werden zwar jetzt nicht mehr als ein Ärgernis angesehen, die zur Vermeidung von negativen Sanktionen erfüllt werden müssen, sondern als etwas Positives, dem allerdings ebenso wenig entkommen werden kann, weil ein Individuum nur durch die Befolgung der Rollenvorgaben zu einem interaktionsfähigen Mitglied einer Gruppe werden kann.

Im Unterschied zu diesen beiden Gruppen gehen die Vertreter einer freiheitlichen Rollenkonzeption nicht von einer schicksalsdeterminierenden Kraft der Rolle aus.

Eine Person ist ihrer Rolle nicht ohne weiteres unterworfen, sondern die Rollen sind das Resultat einer bewussten Übereinkunft, die jeder mittragen kann.

»Die Legitimation von Erwartung und Verhalten erfolgte im Rolle-Unterwerfungsschema entweder durch Hineingeborenwerden in zwingende, aber auch gleichsam »unentbehrlich hilfreiche« Zusammenhänge oder durch den von oben kommenden Herrschaftsdruck und seine *permanente* selbstverständliche Anerkennung von unten. Ein logisch sich aufdrängendes anderes Modell kann z.B. eines sein, in dem zwar der Begriff der Unterwerfung nicht ganz fehlt, in dem aber »Unterwerfung« *zeitlich* begrenzt erfolgt. Dieses Modell heißt auch »Vertrag«.« (Claessens 1968: 145)

Hinter dieser vertragstheoretischen Konzeption der Rolle, die in aller Regel eine ökonomische ist, steht letztlich das Nutzenkonzept (Claessens 1968: 147). Auch wenn diese Perspektive sehr große Ähnlichkeit mit der Ansicht der ständigen Neuaushandlung von Rollenerwartungen im Symbolischen Interaktionismus hat, so bleibt doch festzuhalten, dass diese Ansicht nicht mit dem Rollenbegriff, wie er in der »Rollentheorie« verwendet wird, vereinbar ist. Ein Rollenbegriff, der durch die Nutzenüberlegungen der Individuen konstruiert wird, bleibt inhaltlich beliebig, und genau dies ist der soziologische Rollenbegriff nicht. »Rolle« ist hier im genauen Gegenteil kulturell spezifisch.

Aufgrund der Probleme, die bei jedem der diskutierten Ansätze auftreten, kommt Frigga Haug (1972: 86) zu dem Schluss, dass der Begriff der »Rolle« grundsätzlich ungeeignet ist, um einen Erkenntnisfortschritt zu ermöglichen. Im folgenden Abschnitt möchte ich hingegen zeigen, dass das neuere Konzept der »Rolle als Ressource« es zumindest ermöglicht, die normativen Grundlagen der Rolle mit den Sinnstrukturen zu verbinden.

2.4.3. Integrative Ansätze

Die Idee, »Rollen« als eine Art von Ressourcen aufzufassen, geht auf die 1991 entstandene Arbeit von Wayne Baker und Robert Faulkner sowie die 1994 entstandene Arbeit von Peter Callero zurück. Allerdings ist dieser Ansatz nicht vollkommen neu. Bereits 1968 hat Hans Peter Dreitzel eine ähnliche Position vertreten.

»Denkt man nicht allein an die von Popitz erwähnten Typisierungsschemata, sondern an die in jeder Interaktion reziprok sich vollziehende Typisierung nicht nur der Verhaltensweisen, sondern auch der Personen und Situationen, dann zeigt sich, dass die jeweils einem Menschen von seinem Interaktionsradius her zugängliche Typisierungen das Reservoir sind, aus dessen Angebot er bei der

Selbststilisierung seines Rollenverhaltens schöpfen muss.« (Dreitzel 1968: 149)

Diese Ressourcenperspektive stellt den Versuch dar, eine Synthese aus verschiedenen sich widersprechenden Rollendefinitionen zu erhalten. Das Ziel ist eine Rollendefinition, die sowohl die grundlegenden Sinnstrukturen als auch die normative Basis von Rollen berücksichtigt. Für diese Synthese wurden Elemente der strukturalistischen und der interaktionistischen Rollentheorie sowie des Netzwerk-Ansatzes zusammengefügt.

Baker und Faulkner übernehmen von der strukturalistischen Rollentheorie die Definition der »Rolle« als ein Bündel von normativen Verhaltenserwartungen an einen Positionsinhaber. »Position« wird hierbei als der Ort in einer sozialen Struktur verstanden. Allerdings wird die soziale Struktur nicht als ein normatives System interpretiert, sondern die Auffassung von einer sozialen Struktur wird als Vernetzungsmuster der Positionen vom Netzwerk-Ansatz übernommen. Die Konsequenz daraus ist eine entscheidende Veränderung der Interpretation der Position. In der strukturalistischen Rollentheorie sind sowohl die Position als auch die Rolle in der sozialen Struktur festgelegt. Lediglich die Personen, die diese Positionen besetzen, sind austauschbar. Bei Baker und Faulkner wird nur noch die Rolle als festgelegt angesehen, und die Positionen und Personen sind flexibel. Rollen werden verwendet, um Positionen zu konstruieren. Somit gelangt man zu der interaktionistischen Position in der »Rollentheorie«, dass die zwischenmenschlichen Beziehungen bzw. ihre positionale Vernetzung von den Akteuren selbst erst in der Interaktion produziert werden und nicht schon durch die soziale Struktur vorgegeben sind (Baker/Faulkner 1991: 281; Callero 1994: 229f.).

Das Rollenkonzept von Callero weicht jedoch in einem entscheidenden Punkt von Bakers und Faulkners Rollendefinition ab. Er hält die Definition der »Rolle« als eine normative Verhaltenserwartung für ungeeignet und zieht die Definition der »Rolle« als kulturelles Objekt vor. Rollen werden hier im Sinne von Schütz als Verhaltenstypen aufgefasst, die auf verschiedene Arten miteinander zu einem sinnvollen Ganzen kombiniert werden können (Callero 1994: 229ff.). Auch Baker und Faulkner gehen davon aus, dass Rollen kombiniert werden können (Baker/Faulkner 1991: 306), im Unterschied zu Callero wird aber die Rolle als eine Summe von Verhaltenssequenzen aufgefasst, während für Callero eine typische Verhaltenssequenz eine Rolle ist.

Es können zwei unterschiedliche Rollendefinitionen aus dem Konzept der »Rolle als Ressource« abgeleitet werden:

1. Rollendefinition (in Anlehnung an Baker/Faulkner 1991)
Unter der »Rolle« wird eine typische Interaktion von typischen Positionsinhabern (institutioneller Personentyp) in einer typischen Situation verstanden.

Dieser Rollenbegriff steht dem Rollenkonzept der Standard-»Rollentheorie« sehr nahe. Er beinhaltet über den Bezug zu den Institutionen den normativen Charakter. Darüber hinaus erfasst er aber auch über das Konzept der Idealtypen von Schütz die

Sinnstrukturen. Über die Interaktion wird die Komplementarität der Rollen miteinbezogen (allerdings in einem spieltheoretischen Kontext).

Problematisch an dieser Definition ist lediglich, dass nicht jede typische Handlung auch eine Rollenhandlung sein muss, weil z.B. nur bestimmte Sequenzen aus einem Interaktionsschema gespielt werden oder es sich um untypische Rollenspieler oder Situationen handelt. Dieser Rollenbegriff deckt demnach nicht alle Handlungen ab.

2. Rollendefinition (in Anlehnung an Callero 1994)
Die »Rolle« wird als eine typische Verhaltenssequenz definiert, die entweder von typischen Personen oder in typischen Situationen verwendet wird.

Die »Rolle« wird in dieser Definition zu dem elementaren Bestandteil des sozialen Verhaltens. Jedes sinnvolle Verhalten wird durch diesen Rollenbegriff abgedeckt, aus dieser Definition resultiert aber auch das Problem, dass die normative Verhaltenserwartung kein zwingender Bestandteil einer solchen Konzeptualisierung ist.

Eine Wahl zwischen diesen beiden alternativen Rollendefinitionen fällt schwer, da das Rollenkonzept sowohl in der formalen Definition der Sinnstrukturen $t(r_{ik})$ als auch in der Definition der Sanktionserwartungen $u(r_i)$ vorkommt. Die erste Rollendefinition ist besser für die formale Darstellung der Sanktionserwartungen geeignet, weil hier der normative Bezug vorhanden ist, während die zweite Rollendefinition besser zu der Darstellung der Sinnstrukturen passt, da dieser Rollenbegriff dem Typenbegriff von Schütz am nächsten steht und zudem alle sinnvollen Verhaltenssequenzen umfasst. Aufgrund der Tatsache, dass letzten Endes die erste Rollendefinition aus der zweiten hergeleitet werden kann (aus der Institutionalisierung einer Kette von Verhaltenssequenzen folgt die erste Rollendefinition), erscheint die Definition der »Rolle« im Sinne der zweiten Rollendefinition vorteilhafter.

Damit wird es möglich, sowohl in Bezug auf die Strukturell-funktionale Theorie als auch auf die Phänomenologische Soziologie und den Symbolischen Interaktionismus von einem einheitlichen Rollenbegriff auszugehen.

2.4.4. Literaturhinweise zum Exkurs

Der klassische Beitrag, auf den der Rollenbegriff zurückgeführt wird, kommt von Linton (1936). Eine funktionalistische Rollenkonzeption findet sich in Parsons (1951), während der dramaturgische Ansatz in der Rollentheorie von Zurcher (1983) dargestellt wird. Ein integrativer Ansatz, der Rollen als Ressourcen auffasst, wird in Baker und Faulkner (1991) bzw. Callero (1994) vorgestellt. Biddle und Thomas (1966) sowie Schülein (1989) geben einen Überblick über die Rollentheorien. Schülein berücksichtigt dabei auch die deutsche rollentheoretische Diskussion. Wer sich mit dieser Diskussion ausführlicher auseinandersetzen möchte, sollte Dahrendorf (1958), Tenbruck (1961), Claessens (1968), Dreitzel (1968) und Joas (1973) lesen.

3. Vergleich und Verwendung der Theorien

Allen ökonomischen Theorien (Mikroökonomik, Rational Choice-Theorie, Spieltheorie und die Tauschtheorien) haben denselben Ausgangspunkt der Analyse: das Individuum im Sinne des Methodologischen Individualismus. Sie betrachten die Individuen als frei und rational handelnd. Es gilt die Standardannahme des selbstinteressierten Individuums. Altruismus wird zwar nicht ausgeschlossen, dennoch wird in der Regel von egoistischen Präferenzen ausgegangen. Ökonomen vertreten häufig das Ziel, scheinbar altruistisches Verhalten über egoistische Nutzenüberlegungen zu erklären.

Die Gesellschaft steckt in der Mikroökonomik, der Rational Choice-Theorie und den Tauschtheorien lediglich den Rahmen für die individuellen Handlungen im Sinne von Restriktionen ab. Sie kann dabei als spontane Ordnung – dies entspricht der Auffassung von einer Gesellschaft als Markt – oder als eine Vertragsgesellschaft aufgefasst werden. Auf der handlungstheoretischen Ebene findet das Konzept der Vertragsgesellschaft seine Parallele in dem Konzept der Institution. Die Mikroökonomik geht von der Frage aus, ob eine Gesellschaft das Resultat von intendierten oder unintendierten Handlungen ist, während in den Tauschtheorien die Frage der Darstellung (Netzwerk oder körperschaftlicher Akteur) von Gesellschafts- bzw. Gruppenstrukturen im Vordergrund steht. In der tauschtheoretischen Definition der Gesellschaft als Netzwerk, entspricht der Markt einem Netzwerk mit direktem Tausch und die Institution einem Netzwerk mit indirektem Tausch. Im Gegensatz dazu hat die Spieltheorie keine eigenen Ansichten über die Gesellschaft entwickelt. Demzufolge ist der Ort der Handlung ein institutionsfreier Raum.

Obwohl Handlungen in engen institutionellen Bahnen nicht ausgeschlossen werden, liegt der Mehrzahl der ökonomischen Arbeiten die Annahme eines Marktes als dem Ort der Handlung zugrunde. In der Mikroökonomik handelt es sich in der Regel um vollkommene Wettbewerbsmärkte mit sehr vielen Akteuren bzw. einem einzigen Akteur auf der Angebots- oder Nachfrageseite, wodurch das Interdependenzproblem entfällt. Dagegen wird das Interdependenzproblem in der Analyse von Interaktionssystemen mit mindestens 2 Akteuren in der Spieltheorie und den Tauschtheorien berücksichtigt. Die Spieltheorie geht normalerweise von der Vertauschbarkeit der Akteure aus, während die Tauschtheorien den Schwerpunkt der Analyse auf die Bedeutung der strukturell vorgegebenen Positionen der Akteure setzen (vgl. Emerson 1981: 45).

Der Untersuchungsgegenstand ist bei allen diesen Theorien das Ergebnis von Handlungen. Die Erklärung von Handlungsergebnissen kann sich dabei sowohl auf die aggregierte Ebene (z.B. Preise und Marktgleichgewichte in der Mikroökonomik) als auch auf die individuelle Ebene (z.B. die Wahl einer Strategie in der Spieltheorie) beziehen.

Das Ergebnis einer Handlung bzw. deren Nutzen determiniert die Wahl einer Handlungsalternative. Somit ist der Nutzen die erklärende Variable in den ökonomischen Theorien. Mit Ausnahme der Mikroökonomik, der ein ordinales Nutzenkonzept zugrunde liegt, verwenden alle anderen ökonomischen Theorien eine kardinale Nutzenfunktion. Das kardinale Nutzenkonzept ist eine Voraussetzung für die interpersonelle Vergleichbarkeit von Nutzenwerten und ermöglicht die Behandlung der strategischen Interdependenz (Spieltheorie) und von Gerechtigkeitsfragen bei der Verteilung von Kooperationsgewinnen (Tauschtheorien). Der Nutzenbegriff bezieht sich in allen ökonomischen Theorien mit Ausnahme der behavioristischen Tauschtheorien auf Ergebnisse von Handlungen, während es sich bei den behavioristischen Tauschtheorien um den Nutzen einer Alternative handelt, der in der Vergangenheit verwirklicht wurde.

Der eigentliche Unterschied zwischen diesen Theorienkomplexen liegt in dem verwendeten Selektionskriterium. In der Mikroökonomik werden Handlungen unter Sicherheit mit Hilfe der Grenznutzentheorie erklärt, und in der Rational Choice-Theorie wird die Erwartungsnutzentheorie zur Erklärung von Handlungen unter Risiko bzw. Unsicherheit herangezogen. Im Gegensatz dazu werden in der Spieltheorie je nach Problemstellung verschiedene Selektionskriterien wie z.B. das Nash-Gleichgewichtskriterium verwendet. Die ökonomisch orientierten Tauschtheorien verwenden wie die Mikroökonomik und die Rational Choice-Theorie die Grenznutzen- und die Erwartungsnutzentheorie, während die behavioristisch orientierten Tauschtheorien menschliches Verhalten mit Hilfe des Reiz-Reaktions-Schemas erklären.

Alle ökonomischen Theorien gehen von einem einheitlichen methodologischen Verständnis aus. Es gilt der Methodologischen Individualismus und Poppers Kritischer Rationalismus. Unterschiede gibt es hingegen bezüglich des Schwerpunktes der Analyse. Diejenigen Tauschtheorien, die die Handlungsergebnisse in Interaktionen analysieren, behandeln bezogen auf die »Colemansche Badewanne« den Makro-Mikro-Übergang, d.h. den Einfluss der strukturellen Rahmenbedingungen auf das Verhalten der Individuen. Alle anderen ökonomischen Theorien behandeln entweder die individuellen Handlungen selbst oder die aggregierten Folgen des individuellen Handelns auf der Makroebene, den Mikro-Makro-Übergang (Blau 1997: 20).

Im Gegensatz zu den ökonomischen Theorien handelt es sich bei den soziologischen Theorien um eine ausgesprochen heterogene Gruppe. Trotz der gemeinsamen Verwendung des Rollenbegriffs bzw. des verwandten Typenbegriffs unterscheiden sich die postulierten Handlungsmotive und somit auch die Erklärungen der Handlungen auf gravierende Art und Weise voneinander.

Bezüglich des Ausgangspunktes der Analyse geht die Phänomenologische Soziologie wie die ökonomischen Theorien vom Individuum im Sinne des Methodologischen Individualismus aus. Davon grenzen sich der Symbolische Interaktionismus und die Strukturell-funktionale Theorie ab, indem sie von vornherein in ihrer Analyse mit Individuen in einer Gruppe bzw. einem System beginnen. Der Mensch wird in diesen beiden Theorien grundsätzlich als ein soziales Wesen angesehen. Daraus ergibt sich sowohl für den Symbolischen Interaktionismus als auch für die Strukturell-funktionale Theorie das Problem, Individualität bzw. rollenabweichendes Verhalten zu erklären. Im Gegensatz dazu besitzt die Phänomenologische Soziologie das komplementäre Problem, von den subjektiven Bewusstseinsvorgängen ausgehend, über die intersubjektiv geteilte Lebenswelt zu einer sozialen Verankerung der Individuen zu gelangen. Diese beiden Probleme resultieren aus dem Spannungsverhältnis zwischen einer freien und einer kulturell bestimmten Handlungsentscheidung. Dies ist ein zentrales Erklärungsproblem soziologischer Theorien, da sie alle in irgendeiner Weise von freien, selbstinteressierten (nutzenorientierten) *und* sozialisierten Individuen ausgehen. Die tatsächliche Freiheit, die den Individuen zugestanden wird, variiert dabei je nach Theorie. Die Spielräume der Akteure sind in der Chicagoer Variante des Symbolischen Interaktionismus am größten, und sie verringern sich kontinuierlich über die Phänomenologische Soziologie bis zu der Iowaer Version des Symbolischen Interaktionismus und der Strukturell-funktionalen Theorie. Dieses Problem ist den ökonomischen Theorien völlig fremd, da es sich bei ihnen um universelle Theorien handelt, die die kulturelle Einbettung der menschlichen Handlungen vernachlässigen.

Die Gesellschaft wird in allen soziologischen Theorien als eine soziale Tatsache betrachtet. Allerdings unterscheidet sich die Intention dieses Begriffs in den einzelnen Theorien erheblich. In der Phänomenologischen Soziologie und in bestimmten Varianten des Symbolischen Interaktionismus (Chicago) wird von einer Wechselwirkung zwischen Individuum und Gesellschaft ausgegangen. Die Gesellschaft formt die Individuen, während die Individuen gleichzeitig die Gesellschaft durch ihr Handeln rekonstituieren. Die Gesellschaft ist in diesem Sinne eine soziale Tatsache, da die Akteure in eine bestehende Gesellschaft hineinwachsen, deren Sinnstrukturen sie erst lernen müssen, bevor sie in ihr wirken können. Ein kleiner, aber wichtiger Unterschied zwischen der Phänomenologischen Soziologie und der Chicagoer Schule liegt in der intersubjektiven bzw. objektiven Konstruktion der Gesellschaft. In der Phänomenologischen Soziologie existiert eine Gesellschaft, weil deren Mitglieder die gemeinsame Vorstellung besitzen, dass die Gesellschaft real ist. Hingegen ist die Gesellschaft in allen Varianten des Symbolischen Interaktionismus objektiv (wirklich) vorhanden. Diese Position verbindet den Symbolischen Interaktionismus mit der Strukturell-funktionalen Theorie. In der Strukturell-funktionalen Theorie wird darüber hinaus davon ausgegangen, dass ein soziales System Charakteristika besitzt, die nicht über seine Elemente (die Individuen) erklärt werden können. Somit entwickeln soziale Systeme unabhängig von dem individuellen Verhalten eine Eigendynamik.

Der Untersuchungsgegenstand der Theoriekomplexe der Verstehenden Soziologie (die Phänomenologische Soziologie und der Symbolische Interaktionismus) ist im Gegensatz zu den ökonomischen Theorien nicht das Ergebnis, sondern der Verlauf einer Entscheidung. Sie analysieren die sinnhafte Bedeutung von Typen bzw. Symbolen für den EntscheidungsProzess. Die Phänomenologische Soziologie besitzt im Unterschied zum Symbolischen Interaktionismus nicht nur eine Theorie der Interaktion, sondern auch eine Theorie der Entscheidung isolierter Akteure. Von der Verstehenden Soziologie grenzt sich die Strukturell-funktionale Theorie deutlich ab. Ihr Erklärungsziel, der Analyse von Systemergebnissen, ähnelt sehr viel mehr dem Forschungsprogramm der Mikroökonomik, das ebenfalls aggregierte Ergebnisse erklären will. Während die Mikroökonomik jedoch gesellschaftliche Gleichgewichte als das Resultat individueller Handlungen beschreibt, fehlt dem Gleichgewichtskonzept der Strukturell-funktionalen Theorie der direkte Zusammenhang zu den Handlungen der Individuen. Die Strukturell-funktionale Theorie kann lediglich die Aussage machen, dass ein Gleichgewicht stabil bleibt, solange sich die Akteure rollenkonform verhalten und sich die Umwelt nicht verändert. Aussagen über eine Entwicklung zu einem neuen Gleichgewicht können nicht aus dem individuellen Verhalten, welches sich an die Umweltveränderungen anpasst, abgeleitet werden. Somit ist das Systemergebnis im Gegensatz zur Mikroökonomik unabhängig von dem individuellen Verhalten.

Die Selektion einer Handlungsalternative wird sowohl in der Phänomenologischen Soziologie als auch im Symbolischen Interaktionismus vornehmlich über die Variable t, die Sinnstrukturen, erklärt. Die Sinnstrukturen beziehen sich in der Phänomenologischen Soziologie und bestimmten Varianten des Symbolischen Interaktionismus auf die Typen- bzw. Rollenkonformität $t(r_{ki})$, d.h. auf die sinnvolle Übereinstimmung von Handlungsalternativen und kulturell spezifischen Handlungserwartungen der Mitmenschen. In anderen Versionen des Symbolischen Interaktionismus kann die Selektion einer sinnvollen Handlungsalternative aber auch über die Konsensfähigkeit $t(c_{1i...mi})$ oder die Identitätskonformität $t(i_{ki})$ erklärt werden. Nutzenüberlegungen werden in der Verstehenden Soziologie nicht prinzipiell ausgeschlossen, sie spielen aber im Verhältnis zu der Orientierung an den Sinnstrukturen kaum eine Rolle. Eine Ausnahme stellt hier lediglich die Erklärung der Entscheidung eines isolierten Individuums in der Phänomenologischen Soziologie dar, welche über die Nutzenkomponente erfolgt. Auch in diesem Punkt grenzt sich die Strukturell-funktionale Theorie von der Verstehenden Soziologie ab, indem sie Handlungen ausschließlich über die Nutzenkomponente u erklärt, und steht somit auch hier den ökonomischen Theorien näher. Die Nutzenkomponente bezieht sich aber nicht wie in den ökonomischen Theorien nur auf individuelle Nutzenwerte, sondern auch auf externe und interne Sanktionsresultate (Normen $u(r_i)$ und Moral $u(m_i)$). Demzufolge stehen hinter der Rollenorientierung in der Phänomenologischen Soziologie und im Symbolischen Interaktionismus Sinnstrukturen, während das Rollenkonzept in der Strukturell-funktionalen Theorie eine normative Basis besitzt. Bezüglich des Selektionskriteriums besteht eine Gemeinsamkeit aller soziologischen Theorien in der Ablehnung konkreter formaler Mechanismen. Zumindest für die Phänomenologische Soziologie und den Symbolischen Interaktionismus ist jedoch nicht ganz klar, ob diese ablehnende Haltung das Resultat grundsätzlicher methodologischer Überlegungen oder eine Folge der Komplexität des Problems ist, den Verlauf von Interaktionen formal darzustellen. Meines Erachtens bietet sich gerade für diese Theorien die Spieltheorie als Ergänzung an, da die Spieltheorie den Verlauf von Interaktionen formal analysieren kann. Bedauerlicherweise liegen keine ernstzunehmenden Auseinandersetzungen mit der Spieltheorie von Vertretern der Verstehenden Soziologie vor.

Alle soziologischen Theorien beschäftigen sich mit rationalem Verhalten, dies ist ein Verhalten, welches aus einer Wahl aus einer Menge von Handlungsalternativen nach bestimmten Kriterien resultiert. Die Kriterien der rationalen Wahl unterscheiden sich jedoch in den drei Theorienkomplexen. In der Phänomenologischen Soziologie ist die Wahl eines isolierten Akteurs »rational« (zweckrational), wenn sie dem Nutzenkriterium folgt, und eine Wahl in Interaktionen »sinn«voll, wenn sie den Sinnstrukturen folgt. Im Symbolischen Interaktionismus wird Rationalität mit der sinnorientierten Wahl gleichgesetzt, und die Strukturell-funktionale Theorie behandelt sowohl die Zweckrationalität (Nutzenorientierung) als auch die Wertrationalität (Normorientierung). Die Phänomenologische Soziologie und die Strukturell-funktionale Theorie behandeln darüber hinaus auch Verhaltensweisen, die automatisch ohne vorherigen Wahlprozess durchgeführt werden. In der Phänomenologischen Soziologie werden habituellen Handlungen über verhaltensbestimmende Sinnstrukturen erklärt, im Gegensatz zu der normativen Grundlage der moralischen Handlungen (im Sinne eines kategorischen Imperativs) in der Strukturell-funktionalen Theorie. Trotz der unterschiedlichen Ursachen für das automatische Ausführen eines Verhaltens besitzen sowohl habituelle als auch moralische Verhaltensweisen ein gemeinsames Merkmal: ihnen fehlt der Zukunftsbezug. Sie sind durch vergangene Habitualisierungsprozesse oder Grundsatzentscheidungen und durch die gegenwärtige Situationsdefinition determiniert. In diesem Punkt ähneln sie sehr stark den behavioristischen Tauschtheorien.

Der Ort der Handlung ist in den meisten soziologischen Theorien eine Institution. Ein Unterschied zwischen der Phänomenologischen Soziologie und Meads Sozialem Behaviorismus auf der einen Seite und der Strukturell-funktionalen Theorie auf der anderen Seite liegt bei der funktionalen Bedeutung der Institutionen vor. Sowohl für die Phänomenologen als auch für Mead sind Institutionen für die Koordination (der Sinnstrukturen) von Handlungen verantwortlich. Im Gegensatz dazu haben Institutionen in der Strukturell-funktionalen Theorie die Aufgaben der Sanktionierung von Abweichlern (Normen) und der Konfliktvermeidung durch Koordinierung von individuellen und Systembedürfnissen (Moral) zu erfüllen. Im Gegensatz dazu lehnt die Mehrheit der symbolischen Interaktionisten die Sichtweise ab, dass Akteure in Institutionen handeln, da die Einführung von institutionellen Rollenvorgaben die Freiheit der Individuen zu stark einschränken würde (Joas 1973: 36 und 43). Aus diesem Grunde gehen sie von einem institutionsfreien Raum aus, in dem die Akteure immer wieder neu eine »negotiated order« vereinbaren.

Bezüglich der angewendeten Methodik ist die Phänomenologische Soziologie die einzige soziologische Theorie, die wie die ökonomischen Theorien vom Methodologischen Individualismus ausgeht. Andererseits verbindet sie die Verwendung der interpretativen Methode des »Verstehens« mit dem Symbolischen Interaktionismus. Der wesentliche Unterschied zwischen diesen beiden Theorienkomplexen besteht in der Definition des »Anderen«. Der »Andere« ist in der Phänomenologischen Soziologie eine *andere Person*, während er im Symbolischen Interaktionismus *ein Teil des Selbst* ist (Perinbanayagam 1975). Dieser Gegensatz resultiert aus der unterschiedlichen theoretischen Begründung der interpretativen Methode. Die Anwendung der Methode des »Verstehens« setzt voraus, dass der Graben zwischen den subjektiven Gedankengängen der Individuen und den objektiven sozialen Sinnstrukturen (wie z.B. Sprache) überbrückt wird. Schütz beginnt entsprechend dem Methodologischen Individualismus bei den subjektiven Gedankengängen der Individuen, und sein Erklärungsproblem ist das *Intersubjektivitätsproblem*. Mead geht auf der anderen Seite von den gegebenen objektiven sozialen Sinnstrukturen aus, wodurch sich für ihn das *Individualismusproblem* ergibt. Im Gegensatz dazu taucht das Problem des Verstehens in der Strukturell-funktionalen Theorie nicht auf. Parsons geht davon aus, dass Handlungen durch objektiv wahrnehmbare Größen, deren Wahrheitsgehalt verifizierbar ist (Schütz/Parsons 1978: 76), problemlos erklärt werden können. Auch in diesem Punkt ähnelt somit die Strukturell-funktionale Theorie eher den ökonomischen Theorien als der Verstehenden Soziologie. Allerdings wird in der Strukturell-funktionalen Theorie Poppers Falsifikationskriterium abgelehnt. Parsons verfolgt wie übrigens auch die überwiegende Mehrheit der Vertreter der Verstehenden Soziologie eine Verifikationsstrategie.

Die Diskussion der einzelnen Theorien hat gezeigt, dass die vorherrschende Meinung der Ökonomen falsch ist, der wesentliche Unterschied zwischen ökonomischen und soziologischen Theorien bestehe in deren individualistischer bzw. kollektivistischer Ausrichtung (Vanberg 1972: 142f.; Kirchgässner 1991: 23). Diese Position resultiert aus einem einseitigen Vergleich ökonomischer Theorien mit der Strukturell-funktionalen Theorie, ohne eine Berücksichtigung der Phänomenologischen Soziologie und bestimmter Versionen des Symbolischen Interaktionismus. Werden hingegen die ökonomischen Theorien mit der Vielfalt der soziologischen Theorien konfrontiert, lässt sich diese Zweiteilung nicht mehr aufrechterhalten. Die Phänomenologische Soziologie fühlt sich ebenfalls dem Methodologischen Individualismus verpflichtet, und auch wenn dies nicht für den Symbolischen Interaktionismus gilt, lehnen doch viele symbolische Interaktionisten die Vorstellung von durch soziale Zwänge gelenkten Individuen ab.

Wie die bisherigen Darlegungen verdeutlichen, sind die Verflechtungen zwischen den ökonomischen und soziologischen Theorien wesentlich komplexer. So stellt die Erklärung der Handlungen über deren Ergebnisse bzw. *Nutzen* eine Gemeinsamkeit zwischen den ökonomischen und der Strukturell-funktionalen Theorie dar.

»Der homo sociologicus [der funktionalistischen Theorie] wird also – ähnlich dem homo oeconomicus – mit Rücksicht auf seine persönliche Lust-Unlust-Bilanz versuchen, die negativen Sanktionen (Bestrafungen) der Gesellschaft auf ein vielleicht unvermeidbares Minimum zu reduzieren.« (Hartfiel 1968: 10)

Davon grenzen sich die Phänomenologische Soziologie und die meisten Varianten des Symbolischen Interaktionismus ab. Sie erklären das Handeln der Akteure über die *sinn*hafte Orientierung an der Situation und den Mitmenschen in der Interaktion. Hier steht nicht das Ergebnis der Handlung, sondern der Prozess der Interaktion im Vordergrund.

Es ergeben sich andere Gruppierungen, wenn die Theorien danach klassifiziert werden, ob Handlungen als das Resultat einer Wahlentscheidung angesehen werden. Hier bilden die Phänomenologische Soziologie, die Strukturell-funktionale Theorie und die behavioristischen Tauschtheorien eine Gruppe. Sie lassen (auch) ein Verhalten zu, welches nicht in einem vorherigen Entscheidungsprozess ausgewählt wurde. Die Begründung für das automatische Ausführen einer Handlungsalternative ist je nach Theorie eine andere. Die Phänomenologen erklären habituelles Verhalten über die Internalisierung von Sinnstrukturen, während Parsons' moralisches Verhalten im Sinne eines kategorischen Imperativs als eine Folge der Internalisierung von Normen ansieht. Das Phänomen der Internalisierung kann wiederum wie in den behavioristischen Tauschtheorien als ein Konditionierungsprozess aufgefasst werden.

Im Gegensatz zu diesen Theorien werden Handlungen von den Ökonomen und der Mehrzahl der symbolischen Interaktionisten als das Ergebnis einer Wahl angesehen. Die Akteure besitzen immer eine Handlungsalternative, so dass es zu einer Abwägung zwischen den Vor- und Nachteilen bzw. zu einem Konsens über einen sinnvollen Interaktionspfad kommen muss. Aufgrund der Tatsache, dass die meisten Varianten des Symbolischen Interaktionismus Wahlhandlungstheorien sind, können die ökonomischen Theorien auch nicht mit diesem Kriterium von den soziologischen Theorien abgegrenzt werden.

Werden diese beiden dichotomen Klassifikationsmerkmale (Sinnkriterium/Nutzenkriterium einerseits und Wahl/keine Wahl andererseits) miteinander kombiniert, ergibt sich eine Gruppierung der Theorien wie in Tabelle 39. Demzufolge ist der Strukturell-funktionalen Theorie und den ökonomischen Theorien die Verwendung des Nutzenkriteriums gemeinsam, während die symbolischen Interaktionisten die strikte Betonung von Wahlhandlungen mit den Ökonomen teilen. Die Darstellung der Entscheidung isolierter Akteure verbindet nun wiederum die Phänomenologische Soziologie mit den ökonomischen Theorien (die Klammern drücken aus, dass es den Phänomenologen vornehmlich um die Erklärung von Interaktionen und nicht von Entscheidungen isolierter Akteure geht).

Tabelle 39:
Gemeinsamkeiten und Unterschiede der Theorien in Bezug auf
den EntscheidungsProzess und das Leitmotiv der Handlung

Entscheidungsprozess Leitmotiv der Handlung	keine Wahl (automatisch)	Wahl
Sinnkriterium	Phänomenologische Soziologie	Symbolischer Interaktionismus
Nutzenkriterium	Strukturell-funktionale Theorie behavioristische Tauschtheorien	ökonomische Theorien (Phänomenologische Soziologie)

Quelle: Modifizierte Tabelle aus Etzrodt 2001: 115.

Meines Erachtens ist das einzige vernünftige Klassifikationsmerkmal für eine unterschiedliche Gruppierung von ökonomischen und soziologischen Theorien die fehlen-
de kulturelle Vorprägung der Akteure in den ökonomischen Theorien. Die Annahme
von freien Individuen und der Anspruch, eine universelle Theorie darzustellen, grenzt
die ökonomischen Theorien von allen soziologischen Theorien ab. Zweifellos dürfte
die Vernachlässigung der Kultur auch der wichtigste Kritikpunkt an den ökonomischen Theorien sein. Andererseits kann den soziologischen Theorien vorgeworfen werden, dass sie das Spannungsverhältnis zwischen individueller Freiheit und kulturspezifischen Vorgaben nicht zufriedenstellend aufgelöst haben. In der Phänomenologischen
Soziologie hängt die Lösung des Intersubjektivitätsproblems am seidenen Faden der
gemeinsamen Erfahrung in der Wir-Beziehung, während das Individualismusproblem
im Symbolischen Interaktionismus bzw. das Erklärungsproblem des sozialen Wandels
in der Strukturell-funktionalen Theorie ungelöst bleibt.

Aufgrund der Tatsache, dass die dargestellten Theorien unterschiedliche Untersu-
chungsgegenstände mit ihren jeweiligen Vor- und Nachteilen besitzen, ist eine allgemeine Empfehlung einer bestimmten Theorie völlig unangemessen. Es kommt vielmehr darauf an, was untersucht und was erklärt werden soll. Das jeweilige Forschungsprojekt bestimmt, welche Theorie für die Erklärung eines menschlichen Verhaltens geeignet ist und welche nicht. Allerdings dürften für die Erklärung eines konkreten
menschlichen Verhaltens in der Regel mehrere Theorien relevant sein. Dies ist eine
Folge der Vielschichtigkeit menschlicher Motive. Daher ist im Grunde eine gute
Kenntnis jeder dieser Theorien eine Voraussetzung für eine wirkliche Erklärung eines
konkreten menschlichen Verhaltens.

Es mag allerdings Fälle geben, in denen ein Forscher keine Erklärung eines sozialen
Phänomens in allen Facetten anstrebt. Hier mag durchaus eine einzige Theorie eine
ausreichende Erklärung des Phänomens liefern. Wenn beispielsweise ein Forscher die

Auswirkungen des Verhaltens von Wertpapierhändlern auf die Aktienkurse unter-sucht, genügt ihm vermutlich die Mikroökonomik für die Erklärung, da es sich um na-hezu perfekte Märkte handelt. Natürlich könnten Phänomenologen und symbolische Interaktionisten hinzufügen, dass es sich um nahezu perfekte Märkte handelt, weil sich die Wertpapierhändler an die Sinnstrukturen halten, indem sie sich auf ein genormtes Mengen- und Preissystem bzw. auf typische Symbole beziehen. Dieser Sachverhalt ist zwar richtig, er liefert aber keinen zusätzlichen Erklärungsbeitrag zu dem konkreten Forschungsproblem. Demnach kann die Eingrenzung des Problembereiches ein nütz-liches Mittel sein, die Anzahl der relevanten Theorien zu begrenzen.

Ein zweiter wichtiger Aspekt bei der Auswahl einer geeigneten Theorie ist die Frage der angestrebten empirischen Überprüfung des aus der Theorie abgeleiteten Erklä-rungsmodells. Wenn das entwickelte Erklärungsmodell einer falsifikatorischen For-schungsstrategie ausgesetzt werden soll, kommen im Grunde nur die ökonomischen Theorien als Grundlage dieses Modells in Frage. Da lediglich die ökonomischen The-orien konkrete Angaben über den zu verwendenden Selektionsmechanismus und die Beziehung zwischen den verschiedenen erklärenden Variablen machen, können sie im Gegensatz zu den soziologischen Theorien quantitativ mit Hilfe von standardisierten Datenerhebungsverfahren überprüft werden. Der Vorteil der quantitativen Überprüf-barkeit der ökonomischen Theorien ist andererseits aber auch ein erheblicher Nachteil dieser Theorien. Die mathematisch-formale Darstellbarkeit wird in den ökonomi-schen Theorie dadurch erkauft, das starke Annahmen bezüglich des Menschen und dessen Verhaltensweisen getroffen werden, die in der Regel nicht empirisch überprüft werden. So führt beispielsweise die routinemäßige Anwendung ökonomischer Erklä-rungsmodelle der Wahl einer Handlungsalternative zu einer Einengung der Wahrneh-mungsfähigkeit des Forschers, da er jedes Verhalten von vornherein als ein Wahlverhal-ten interpretiert. Damit entgeht ihm die Möglichkeit, dass ein Akteur aus habituellen, moralischen oder affektuellen Gründe gar nicht gewählt haben könnte. Die Orientie-rung an den formalen Vorgaben führt zu einer Erklärung lediglich bestimmter Ele-mente (den Ergebnissen) des menschlichen Verhaltens, welche außerdem völlig falsch interpretiert sein konnten.

Dieses Problem taucht so in der Phänomenologischen Soziologie und im Symboli-schen Interaktionismus nicht auf. Aufgrund des Verzichts auf eine formale Darstellung ihrer Theorien benötigen sie weniger strikte Annahmen, wodurch die Wahrnehmungs-fähigkeit nicht so stark auf bestimmte Elemente des menschlichen Verhaltens be-schränkt wird. Somit eignet sich die Verstehende Soziologie besonders gut zu einer heuristischen Herangehensweise an ein Forschungsproblem. Heuristische Verfahren erlauben es einem Forscher, sich sehr lange unvoreingenommen mit einem realen (und nicht-standardisiert erhobenen) Verhalten auseinanderzusetzen. Damit wird es mög-lich, die tatsächlichen Motive eines Verhaltens zu *verstehen*, ohne sofort einem Verhal-ten ein nutzenorientiertes Motiv zu unterstellen. Der Nachteil dieser Vorgehensweise ist andererseits, dass sie sehr zeitintensiv ist, wodurch nur wenige Einzelfallstudien durchgeführt werden können. Diese wenigen Einzelfallstudien reichen in der Regel nicht aus, um allgemeine Aussagen über menschliches Verhalten in einem bestimmten Problembereich zu machen. Aus heuristischen Verfahren abgeleitete Typisierungen eignen sich weder als Grundlage für Prognosemodelle noch für eine falsifikatorische Überprüfungen einer Theorie. Letzten Endes können solche Typisierungen nur auf lange Sicht verifiziert werden, wobei eine gewisse Willkürlichkeit bei der Abgrenzung der Typen nicht zu vermeiden ist.

Es soll noch darauf hingewiesen werden, dass sich soziologische Theorien nicht grundsätzlich einer quantitativen (standardisierten) Überprüfung entziehen. Sie müssten lediglich präziser formuliert werden (z.B. unter Berücksichtigung gewisser spieltheoretischer Elemente). Die angesprochenen Probleme bei der empirischen Überprüfung der formalen ökonomischen Theorien würden dabei nicht automatisch auch die formalisierten soziologischen Theorien treffen. Wenn das Sinn- und das Nutzenkriterium (inkl. der Normen und der Moral) einen gleichwertigen Stellenwert in diesen formalisierten soziologischen Theorien besäßen, wäre das menschliche Verhalten eben nicht wie in den ökonomischen Theorien eindeutig determiniert. Trotz der formalen Darstellung wäre eine heuristische oder quantitative Klärung des Einflusses der einzelnen Variablen auf das gezeigte Verhalten nötig, wodurch der Forscher zwangsläufig unvoreingenommen sein müsste.

Meines Erachtens eignen sich daher heuristische (nicht-standardisierte) Verfahren basierend auf der Verstehenden Soziologie sehr gut für den Einstieg in ein Forschungsprojekt, da sie dem Feldforscher die Möglichkeit geben, mit Hilfe der im Feld gesammelten kulturspezifischen Wissenselemente neue Erklärungszusammenhänge aufzudecken, ohne sofort auf ein universelles ökonomisches Erklärungsmodell zurückzugreifen. Sollten sich in den wenigen Einzelfallstudien Hinweise auf die Dominanz des Sinn- bzw. des Nutzenkriteriums als eine erklärende Variable ergeben haben, können in einem zweiten Schritt viele individuelle Daten bzw. aggregierte Daten standardisiert erhoben und statistisch zur Überprüfung dieser Hinweise ausgewertet werden (vgl. Schröer 1997: 116). Die Kombination soziologischer und ökonomischer Theorien sowie die Anwendung sowohl heuristischer als auch quantitativer Verfahren zur Aufdeckung von Erklärungszusammenhängen ist eine erfolgversprechende Strategie zum wirklichen Verständnis vom Verlauf *und* Ergebnis menschlicher Entscheidungen.

Es bleibt am Ende ein Plädoyer für den offenen und kritischen Umgang mit den einzelnen Theorien. Die Erkenntnis, dass jede Theorie ihre spezifischen Stärken und Schwächen besitzt, ist eine Voraussetzung für eine umfassende Erklärung des menschlichen Verhaltens.

Literaturhinweise

Die Unterschiede zwischen den ökonomischen Theorien und der Strukturell-funktionalen Theorie werden in Vanberg (1972) und Kirchgässner (1991) diskutiert. Zu den Gemeinsamkeiten dieser Theorien äußert sich Hartfiel (1968). Die Schütz-Parsons-Debatte wird in einer Reihe von Aufsätzen behandelt. Sie sind gehäuft in den Zeitschriften Contemporary Sociology 8/1979 und Human Studies 3/1980 zu finden. Ein Versuch, aus den in diesem Buch dargestellten Theorien eine Synthese zu formulieren, wird in Etzrodt (2001) unternommen. Es handelt sich dabei um eine spieltheoretische Erweiterung der Phänomenologischen Soziologie, angereichert durch Parsons' Konzeption der Normen und der Moral. Es kann gezeigt werden, dass die ökonomischen und soziologischen Theorien Spezialfälle einer so formulierten allgemeinen Verhaltenstheorie sind.

Tabelle 40: Zusammenfassung der dargestellten ökonomischen und soziologischen Handlungstheorien

	Ausgangspunkt der Analyse	Annahmen über den Menschen	Annahmen über die Gesellschaft	Untersuchungsgegenstand	erklärende Variablen	Selektionskriterium	Ort der Handlung
Mikroökonomik/ Rational Choice-Theorie	das Individuum (Methodologischer Individualismus)	frei und rational (nutzenorientiert)	spontane Ordnung (Markt) oder Vertragsgesellschaft (Rahmen der individuellen Handlung)	[aggregiertes] Ergebnis der subjektiven Entscheidung	a) unter Sicherheit: $\max u(x_i)$ unter der NB: $b \geq \sum x_i \pi_i$ b) unter Risiko: $\max \sum p_{ig} u(x_{ig})$	Nutzenkriterium (Grenznutzentheorie bzw. Erwartungsnutzentheorie)	Markt [oder Institution]
Spieltheorie	das Individuum (Methodologischer Individualismus)	frei und rational (nutzenorientiert)	-	Ergebnis der subjektiven Entscheidung in Interaktionen	$\max u(x_{i1\ldots ig})$	Nutzenkriterium (z.B. das Nash-Gleichgewichtskriterium)	institutionsfreier Raum
Tauschtheorien	das Individuum (Methodologischer Individualismus bzw. psychologischer Reduktionismus)	frei und rational (nutzenorientiert)	Netzwerk sozialer Interaktionen (Rahmen der individuellen Handlung)	a) Ergebnis der subjektiven Entscheidung b) Ergebnis der subjektiven Entscheidung in Interaktionen	a) $u(x_{ig})$ b) $u(x_{ig})$ (erklärt wird die Verteilung der Kooperationsgewinne)	Nutzenkriterium (Grenznutzentheorie, Erwartungsnutzentheorie bzw. Reiz-Reaktions-Schema)	sozialer Markt (Netzwerk mit direktem Tausch) und Institution (Netzwerk mit indirektem Tausch)
Phänomenologische Soziologie	das Individuum (Methodologischer Individualismus)	frei, sozialisiert (sinnorientiert) und nur im Ausnahmefall rational (nutzen- vs. sinnorientiert)	soziologischer intersubjektiver Tatbestand (Wechselwirkung zwischen Individuum und Gesellschaft)	a) Verlauf der subjektiven Entscheidung b) Verlauf der intersubjektiven Verständigung in Interaktionen	a) falls Habitus a_i problematisch ist: $u(x_i)$ b) falls Habitus a_i problematisch ist: $t(r_{ki})$ [und $u(x_{ji\ldots\mu i})$]	a) Nutzenkriterium (kein formaler Mechanismus) b) Sinnkriterium [und Nutzenkrit.] (kein formaler Mechanismus)	Institution
Symbolischer Interaktionismus	das Individuum in der Gruppe	frei, sozialisiert (sinnorientiert) und im wesentlichen sinnorientiert (sinnorientiert)	soziologischer objektiver Tatbestand (Wechselwirkung zwischen Individuum und Gesellsch.)	Verlauf der intersubjektiven Verständigung in Interaktionen	$t(r_{ki})$, $t(c_{i\ldots\mu i})$ oder $t(i_{ki})$ [bzw. $u(r_{ki})$]	Sinnkriterium [bzw. Nutzenkriterium] (kein formaler Mechanismus)	Institution (Mead) bzw. institutionsfreier Raum (Blumer)
Strukturell-funktionale Theorie	soziales Handlungssystem von individuellen Akteuren	frei, sozialisiert (normorientiert) und rational (nutzen- und normorientiert)	soziologischer objektiver Tatbestand mit Eigendynamik	Systemergebnis der rollenkonformen Entscheidung in „Interaktionen"	$u(x_{ig})$, $u(m_i)$ und $u(r_i)$	Nutzenkriterium (kein formaler Mechanismus)	Institution

Literaturverzeichnis

Abrahamson, Bengt (**1970**): Homans on exchange, - Hedonism revived, in: *The American Journal of Sociology*, 76, S. 273-285

Adler, Patricia A./**Adler**, Peter/**Fontana**, Andrea (**1987**): Everyday life sociology, in: *Annual Review of Sociology*, 13, S. 217-235

Allais, Maurice (**1953**): Le comportement de l'homme rationnel devant le risque, - Critique des postulats et axiomes de l'école américaine, in: *Econometrica*, 21, S. 503-546

Anderson, Bo/**Willer**, David (**1981**): Introduction, in: David Willer/Bo Anderson (Hrsg.), *Networks, exchange and coercion, - The elementary theory and ist applications*, New York (NY)/Oxford: Elsevier, S. 1-21

Andreoni, James (**1988**): Why free ride? - Strategies and learning in public goods experiments, in: *Journal of Public Economics*, 37, S. 291-304

Aretz, Hans-Jürgen (**1997**): Ökonomischer Imperialismus? - Homo Oeconomicus und soziologische Theorie, in: *Zeitschrift für Soziologie*, 26, S. 79-95

Arrow, Kenneth Joseph (**1971**): Political and economic evaluation of social effects and externalities, in: Michael D. Intriligator (Hrsg.), *Frontiers of quantitative economics*, Amsterdam/London: North-Holland, S. 3-25

Aumann, Robert J. (**1987**): Correlated equilibrium as an expression of Bayesian rationality, in: *Econometrica*, 55, S. 1-18

Aumann, Robert J./**Maschler**, M. (**1972**): Some thoughts on the minimax principle, in: *Management Science*, 18, S. 54-63

Axelrod, Robert/**Hamilton**, William D. (**1981**): The evolution of cooperation, in: *Science*, 211, S. 1390-1396

Bahrdt, Hans Paul (**1961**): Zur Frage des Menschenbildes in der Soziologie, in: *Archives Européennes de Sociologie*, 2, S. 1-17

Baker, Wayne E./**Faulkner**, Robert R. (**1991**): Role as resource in the Hollywood film industry, in: *The American Journal of Sociology*, 97, S. 279-309

Ballestrem, Karl Graf (**1983**): Vertragstheoretische Ansätze in der politischen Philosophie, in: *Zeitschrift für Politik*, 30, S. 1-17

Barbalet, J. M. (**1997**): The Jamesian theory of action, in: *The Sociological Review*, 45, S. 102-121

Baumol, William J./**Quandt**, Richard E. (**1964**): Rules of thumb and optimally imperfect decisions, in: *American Economic Review*, 54, S. 23-46

Baurmann, Michael (**1996**): *Der Markt der Tugend, - Recht und Moral in der liberalen Gesellschaft*, Tübingen: Mohr

Becker, Gary Stanley (**1962**): Irrational behavior and economic theory, in: *The Journal of Political Economy*, 70, Nr. 1, S. 1-13

(1965): A theory of the allocation of time, in: *The Economic Journal*, 75, S. 493-517

(1975): *Human capital, - A theoretical and empirical analysis with special reference to education*, New York (NY)/London: Columbia University Press, 2. Aufl.

(1976a): *The economic approach to human behavior*, Chicago (Il.)/London: University of Chicago Press

(1976b): Altruism, egoism, and genetic fitness, - Economics and sociobiology, in: *Journal of Economic Literature*, 14, S. 817-826

(1992): Habits, addictions, and traditions, in: *Kyklos*, 45, S. 327-346

(1996): *Accounting for tastes*, Cambridge (MA)/London: Harvard University Press

Becker, Gary Stanley/**Murphy**, Kevin M. (**1988**): A theory of rational addiction, in: *Journal of Political Economy*, 96, S. 675-700

Becker, Howard Saul (**1950**): *Through values to social interpretation, - Essays on social contexts, actions, types, and prospects*, Durham (NC): Duke University Press
(**1960**): Notes on the concept of commitment, in: *The American Journal of Sociology*, 66, S. 32-40

Becker, Selwyn W./**Brownson**, Fred O. (**1964**): What price ambiguity? - Or the role of ambiguity in decision-making, in: *The Journal of Political Economy*, 72, S. 62-73

Benn, Stanley I./**Mortimore**, Geoffrey W. (**1976**): Technical models of rational choice, in: Stanley I. Benn/Geoffrey W. Mortimore (Hrsg.), *Rationality and the social sciences, - Contributions to the philosophy and methodology of the social sciences*, London/Henley/Boston (MA): Routledge & Kegan Paul, S. 157-195

Benoit, Jean-Pierre/**Krishna**, Vijay (**1985**): Finitely repeated games, in: *Econometrica*, 53, S. 905-922

Berger, Peter Ludwig (**1963**): *Invitation to sociology, - A humanistic perspective*, Garden City (NY): Doubleday

Berger, Peter Ludwig/**Luckmann**, Thomas (**1966**): *The social construction of reality*, Garden City (NY): Doubleday

Biddle, Bruce Jesse/**Thomas**, Edwin J. (**1966**): *Role theory, - Concepts and research*, New York (NY)/London/Sydney: Wiley & Sons

Biervert, Bernd (**1991**): Menschenbilder in der ökonomischen Theoriebildung, - Historisch-genetische Grundzüge, in: Bernd Biervert/Martin Held (Hrsg.), *Das Menschenbild der ökonomischen Theorie, - Zur Natur des Menschen*, Frankfurt a.M./New York (NY): Campus, S. 42-55

Blau, Peter Michael (**1955**): *The dynamics of bureaucracy, - A study of interpersonal relations in two government agencies*, Chicago (IL): University of Chicago Press
(**1964**): *Exchange and power in social life*, New York (NY): Wiley & Sons

(**1968**): Interaction, - Social exchange, in: David L. Sills (Hrsg.), *International encyclopedia of the social sciences*, Bd. 7, New York (NY): Macmillan/Free Press, S. 452-458

(**1997**): On limitations of rational choice theory for sociology, in: *The American Sociologist*, 28(2), S. 16-21

Blumer, Herbert (**1953**): Psychological import of the human group, in: Muzafer Sherif/M. O. Wilson (Hrsg.), *Group relations at the crossroads*, New York (NY): Harper & Brothers, S. 185-202

(**1955**): Attitudes and the social act, in: *Social Problems*, 3, S. 59-65

(**1962**): Society as symbolic interaction, in: Arnold M. Rose (Hrsg.), *Human behavior and social processes, - An interactionist approach*, Boston (MA): Houghton Mifflin, S. 179- 192

(**1966a**): Sociological implications of the thought of George Herbert Mead, in: *The American Journal of Sociology*, 71, S. 535-544

(**1966b**): Reply, in: *The American Journal of Sociology*, 71, S. 547-548

(**1969**): The methodological position of symbolic interactionism, in: Herbert Blumer, *Symbolic interactionism, - Perspective and method*, Englewood Cliffs (NJ): Prentice-Hall, S. 1-60

(**1981**): George Herbert Mead, in: B. Rhea (Hrsg.), *The future of the sociological classics*, London: Allen & Unwin, S. 136-169

Boger, Horst Wolfgang (**1986**): *Der empirische Gehalt der Austauschtheorie von George Caspar Homans*, Berlin: Duncker & Humblot

Bohman, James (**1992**): The limits of rational choice explanation, in: James Samuel Coleman/Thomas J. Fararo (Hrsg.), *Rational choice theory, - Advocacy and critique*, Newbury Park (CA)/London/New Delhi: Sage, S. 207-228

Bolton, Charles D. (**1981**): Some consequences of the Meadian self, in: *Symbolic Interaction*, 4, S. 245-259

Boudon, Raymond (**1977**): *Effets pervers et ordre social*, Paris: Presses Universitaires de France

(**1979**): *La logique du social, - Introduction à l'analyse sociologique*, Paris: Hachette

(**1980**): *Die Logik des gesellschaftlichen Handelns, - Eine Einführung in die soziologische Denk- und Arbeitsweise*, Neuwied/Darmstadt: Luchterhand, dt. Übersetzung von »La logique du social, - Introduction à l'analyse sociologique«

Boulding, Kenneth Ewart (**1969**): Economics as a moral science, in: *American Economic Review*, 59, S. 1-12

Braun, Norman (**1998**): Der Rational-choice-Ansatz in der Soziologie, in: Ingo Pies/Martin Leschke (Hrsg.), *Gary Beckers ökonomischer Imperialismus*, Tübingen: Mohr, S. 147-173

Braun, Norman/**Franzen**, Axel (**1995**): Umweltverhalten und Rationalität, in: *Kölner Zeitschrift für Soziologie und Sozialpsychologie*, 47, S. 231-248

Brennan, Geoffrey/**Buchanan**, James McGill (**1993**): *Die Begründung von Regeln, - Konstitutionelle Politische Ökonomie*, Tübingen: Mohr

Brunner, Karl (**1987**): The perception of man and the conception of society, - Two approaches to understanding society, in: *Economic Inquiery*, 25, S. 367-388

Buchanan, James McGill (**1975**): *The limits of liberty, - Between anarchy and leviathan*, Chicago (IL)/London: University of Chicago Press

(**1977**): *Freedom in constitutional contract, - Perspectives of a political economist*, College Station (TX)/London: Texas A&M University Press

(**1985**): *Liberty, Market and State, - Political economy in the 1980s*, New York (NY): New York University Press

Burger, Ewald (**1959**): *Einführung in die Theorie der Spiele, - Mit Anwendungsbeispielen, insbesondere aus der Wirtschaftslehre und Soziologie*, Berlin: de Gruyter

Burns, Tony (**1996**): The theoretical underpinnings of the Chicago sociology in the 1920s and 30s, in: *The Sociological Review*, 44, S. 474-494

Callero, Peter L. (**1994**): From role-playing to role-using, - Understanding role as resource, in: *Social Psychology Quaterly*, 57, S. 228-243

Camerer, Colin (**1987**): Do biases in probability judgement matter in markets? - Experimental evidence, in: *The American Economic Review*, 77, S. 981-997

(**1992**): The rationality of prices and volume in experimental markets, in: *Organizational Behavior and Human Decision Processes*, 51, S. 237-272

(**1995**): Individual decision making, in: John H. Kagel/Alvin E. Roth (Hrsg.), *The handbook of experimental economics*, Princeton (NJ): Princeton University Press, S. 587-703

Campbell, Colin (**1996**): *The myth of social action*, Cambridge: Cambridge University Press

Charon, Joel M. (**1979**): *Symbolic interactionism, - An introduction, an interpretation, an integration*, Englewood Cliffs (NJ): Prentice-Hall

Claessens, Dieter (**1963**): Rolle und Verantwortung, in: *Soziale Welt*, 14, S. 1-13

(**1968**): *Rolle und Macht*, München: Juventa

Coase, Ronald H. (**1937**): The nature of the firm, in: *Economica*, 4, S. 386-405

Cohen, M./**Jaffray**, J. Y./**Said**, T. (**1985**): Individual behavior under risk and under uncertainty, - An experimental study, in: *Theory and Decision*, 18, S. 203-228

Coleman, James Samuel (**1973**): *The mathematics of collective action*, London: Heinemann

(**1983**): Free riders and zealots, in: Wolfgang Sodeur (Hrsg.), *Ökonomische Erklärungen sozialen Verhaltens*, Duisburg: Sozialwissenschaftliche Kooperative, S. 135-165

(**1986**): Individual interests and collective action, - Selected essays, Cambridge u.a.: Cambridge University Press

(**1987**): Norms as social capital, in: Gerard Radnitzky/Peter Bernholz (Hrsg.), *Economic imperialism, - The economic approach applied outside the field of economics*, New York (NY): Paragon, S. 133-155

(**1990**): *Foundations of social theory*, Cambridge (MA)/London: Harvard University Press

(**1994**): A rational choice perspective on economic sociology, in: Neil J. Smelser/Richard Swedberg (Hrsg.), *The handbook of economic sociology*, Princeton (NY): Princeton University Press/New York (NY): Russell Sage, S. 166-180

Cook, Karen S. (**1977**): Exchange and power in networks of interorganizational relations, in: *The Sociological Quarterly*, 18, S. 62-82

Cook, Karen S./**Emerson**, Richard Marc (**1978**): Power, equity and commitment in exchange networks, in: *American Sociological Review*, 43, S. 721-739

Cook, Karen S./**Emerson**, Richard Marc/**Gillmore**, Mary R./**Yamagishi**, Toshio (**1983**): The distribution of power in exchange networks, - Theory and experimental results, in: *The American Journal of Sociology*, 89, S. 275-305

Coombs, Clyde H. (**1975**): Portfolio theory and the measurement of risk, in: Martin F. Kaplan/Steven Schwartz (Hrsg.), *Human judgment and decision processes*, New York (NY)/San Francisco (CA)/London: Academic Press, S. 63-85

Coser, Lewis A. (**1977**): *Masters of sociological thought, - Ideas in historical and social context*, New York (NY) u.a.: Harcourt Brace Jovanovich, 2. Aufl.

Dahrendorf, Ralf (**1958**): Homo sociologicus, - Ein Versuch zur Geschichte, Bedeutung und Kritik der Kategorie der sozialen Rolle, in: *Kölner Zeitschrift für Soziologie und Sozialpsychologie*, 10, S. 178-208 und 345-378

(**1963**): Soziologie, in: Andreas Flitner (Hrsg.), *Wege zur Pädagogischen Anthropologie, - Versuch einer Zusammenarbeit der Wissenschaften vom Menschen*, Heidelberg: Quelle & Meyer, S. 110-127

Damme, Eric van (**1987**): *Stability and perfection of Nash equilibria*, Berlin u.a.: Springer

(**1989**): Renegotiation-proof equilibria in repeated prisoners' dilemma, in: *Journal of Economic Theory*, 1989, S. 206-217

Dawes, Robyn M./**McTavish**, Jeanne/**Shaklee**, Harriet (**1977**): Behavior, communication, and assumptions about other people's behavior in a commons dilemma situation, in: *Journal of Personality and Social Psychology*, 35, S. 1-11

Day, Robert/**Day**, JoAnne V. (**1977**): A review of the current state of negotiated order theory, - An appreciation and a critique, in: *The Sociological Quarterly*, 18, S. 126-142

Debreu, Gerard (**1959**): *Theory of value, - An axiomatic analysis of economic equilibrium*, New York (NY): Wiley & Sons

Demsetz, Harold (**1997**): The primacy of economics, - An explanation of the comparative success of economics in the social sciences, in: *Economic Inquiry*, 35, S. 1-11

Denzin, Norman K. (**1969**): Symbolic interactionism and ethnomethodology, - A proposed synthesis, in: *American Sociological Review*, 34, S. 922-934
(**1989**): *Interpretive interactionism*, Newbury Park (CA)/London/New Delhi: Sage
(**1997**): »The myth of social action« by Colin Campbell, in: *The American Journal of Sociology*, 103, S. 523-525

Diekmann, Andreas/**Manhart**, Klaus (**1989**): Kooperative Strategien im Gefangenedilemma, - Computersimulation eines N-Personen-Spiels, in: *Analyse & Kritik*, 11, S. 134-153

Douglas, Jack D. (**1970**): Understanding everyday life, in: Jack D. Douglas (Hrsg.), *Understanding everyday life*, Chicago (IL): Aldine, S. 3-44

Downs, Anthony (**1957**): *An economic theory of democracy*, New York (NY): Harper & Brothers

Dreitzel, Hans Peter (**1968**): *Die gesellschaftlichen Leiden und das Leiden an der Gesellschaft, - Vorstudien zu einer Pathologie des Rollenverhaltens*, Stuttgart: Enke

Duh, Rong Ruey/**Sunder**, Shyam (**1986**): Incentives, learning and processing of unformation in a market environment, - An examination of the base-rate fallacy, in: Shane Moriarity (Hrsg.), *Laboratory Market Research*, Norman (OK): University of Oklahoma, S. 50-79

Durkheim, Émile (**1968**): *Les règles de la méthode sociologique*, Paris: Presses Universitaires de France, 17. Aufl.

Eberle, Thomas S. (**1984**): *Sinnkonstitution in Alltag und Wissenschaft, - Der Beitrag der Phänomenologie an die Methodologie der Sozialwissenschaften*, Bern/Stuttgart: Haupt
(**1988**): Die deskriptive Analyse der Oekonomie durch Alfred Schütz, in: Elisabeth List/Ilja Srubar (Hrsg.), *Alfred Schütz, - Neue Beiträge zur Rezeption seines Werkes*, Amsterdam: Rodopi, S. 69-119

Eichenberger, Reiner (**1992**): *Verhaltensanomalien und Wirtschaftswissenschaft, - Herausforderungen, Reaktionen, Perspektiven*, Wiesbaden: Deutscher Universitäts-Verlag

Einhorn, Hillel J./**Hogarth**, Robin M. (**1987**): Decision making under ambiguity, in: Robin M. Hogarth/Melvin W. Reder (Hrsg.), *Rational choice, - The contrast between economics and psychology*, Chicago (IL)/London: University of Chicago Press, S. 41-66

Eisenführ, Franz/**Weber**, Martin (**1993**): *Rationales Entscheiden*, Berlin u.a.: Springer-Verlag

Eisermann, Gottfried (**1991**): *Rolle und Maske*, Tübingen: Mohr

Ekeh, Peter P. (**1974**): *Social exchange theory, - The two traditions*, London: Heinemann

Ellsberg, Daniel (**1961**): Risk, ambiguity, and the Savage axioms, in: *The Quaterly Journal of Economics*, 75, S. 643-669

Elster, Jon (**1978**): *Logic and society*, Chichester u.a.: Wiley & Sons

(**1979**): Anomalies of rationality, - Some unresolved problems in the theory of rational behavior, in: Louis Lévy-Garboua (Hrsg.), *Sociological economics*, London/Beverly Hills (CA): Sage, S. 65-85

(**1986**): Introduction, in: Jon Elster (Hrsg.), *Rational choice*, Oxford: Basil Blackwell, S. 1-33

(**1989**): *Solomonic Judgements*, Cambridge: Cambridge University Press

Emerson, Richard Marc (**1969**): Operant psychology and exchange theory, in: Robert L. Burgess/Don Bushell (Hrsg.), *Behavioral Sociology, - The experimental analysis of social process*, New York (NY)/London: Columbia University Press, S. 379-405

(**1972a**): Exchange theory, - Part I, in: Joseph Berger/Morris Zelditch Jr./Bo Anderson (Hrsg.), *Sociological theories in progress*, Bd. 2, Boston (MA): Houghton Mifflin, S. 38-57

(**1972b**): Exchange theory, - Part II, in: Joseph Berger/Morris Zelditch Jr./Bo Anderson (Hrsg.), *Sociological theories in progress*, Bd. 2, Boston (MA): Houghton Mifflin, S. 58-87

(**1976**): Social exchange theory, in: *Annual Review of Sociology*, 2, S. 335-362

(**1981**): Social exchange theory, in: Morris Rosenberg/Ralph Harold Turner (Hrsg.), *Social psychology, - Sociological perspectives*, New York (NY): Basic Books, S. 30-65

(**1987**): Toward a theory of value in social exchange, in: Karen S. Cook (Hrsg.), *Social exchange theory*, Newbury Park (CA) u.a.: Sage, S. 11-46

Engelhardt, Gunther (**1989**): Imperialismus der Ökonomie? In: Hans-Bernd Schäfer/ Klaus Wehrt (Hrsg.), *Die Ökonomisierung der Sozialwissenschaften*, Frankfurt a.M./New York (NY): Campus, S. 19-49

Enste, Dominik H. (**1995**): *Rational Choice Theorie, - Entwicklung eines modifizierten SEU-Modells und Überprüfung ausgewählter Elemente des Modells am Beispiel des Geldanlageverhaltens*, unveröffentlichte Diplomarbeit im Fach Soziologie an der Universität zu Köln (Erstgutachter: Jürgen Friedrichs)

(**1998**): Entscheidungsheuristiken - Filterprozesse, Habits und Frames im Alltag, - Theoretische und empirische Ergebnisse der Überprüfung eines modifizierten SEU-Modells, in: *Kölner Zeitschrift für Soziologie und Sozialpsychologie*, 50, S. 442-470

Esser, Hartmut (**1991a**): *Alltagshandeln und Verstehen, - Zum Verhältnis von erklärender und verstehender Soziologie am Beispiel von Alfred Schütz und »Rational Choice«*, Tübingen: Mohr

(**1991b**): Die Rationalität des Alltagshandelns, - Eine Rekonstruktion der Handlungstheorie von Alfred Schütz, in: *Zeitschrift für Soziologie*, 20, S. 430-445

(**1996**): Die Definition der Situation, in: *Kölner Zeitschrift für Soziologie und Sozialpsychologie*, 48, S. 1-34

Evans, Dorla A. (**1997**): The role of markets in reducing expected utility violations, in: *Journal of Political Economy*, 105, S. 622-636

Fine, Gary Alan (**1991**): On the macrofoundations of microsociology, - Constraint and the exterior reality of structure, in: *The Sociological Quaterly*, 32, S. 161-177

Fine, Gary Alan/**Kleinman**, Sherryl (**1986**): Interpreting the sociological classics, - Can there be a »true« meaning of Mead? In: *Symbolic Interaction*, 9, S. 129-146

Fisher, Berenice M./**Strauss**, Anselm Leonard (**1978**): Interactionism, in: Tom Bottomore/Robert Nisbet (Hrsg.), *A history of sociological analysis*, New York (NY): Basic Books, S. 457-498

(**1979**): George Herbert Mead and the Chicago tradition of sociology (Part 2), in: *Symbolic Interaction*, 2(2), S. 9-20

Fisher, Franklin M. (**1989**): Games economists play, - A noncooperative view, in: *Rand Journal of Economics*, 20, S. 113-124

Føllesdal, Dagfinn (**1982**): The status of rationality assumptions in interpretation and in the explanation of action, in: *Dialectica*, 36, S. 301-316

Fong, Geoffrey T./**Nisbett**, Richard E. (**1991**): Immediate and delayed transfer of training effects in statistical reasoning, in: *Journal of Experimental Psychology*, 120, S. 34-45

Foote, Nelson N. (**1951**): Identification as the basis for a theory of motivation, in: *American Sociological Review*, 16, S. 14-21

Forges, Françoise (**1992**): Repeated games of incomplete information, - Non-zero-sum, in: Robert J. Aumann/Sergiu Hart (Hrsg.), *Handbook of game theory*, Bd. 1, Amsterdam u.a.: North-Holland, S. 155-177

Frank, Robert H. (**1997**): *Microeconomics and behavior*, New York (NY) u.a.: McGraw-Hill, 3. Aufl.

Freeman, Linton C. (**1978**): Centrality in social networks, - Conceptual clarification, in: *Social Networks*, 1, S. 215-239

Frey, Bruno S. (**1980**): Ökonomie als Verhaltenswissenschaft, in: *Jahrbuch für Sozialwissenschaft*, 31, S. 21-35

(**1988**): Ein ipsatives Modell menschlichen Verhaltens, - Ein Beitrag zur Ökonomie und Psychologie, in: *Analyse & Kritik*, 10, S. 181-205

(**1989**): Möglichkeiten und Grenzen des ökonomischen Denkansatzes, in: Hans-Bernd Schäfer/Klaus Wehrt (Hrsg.), *Die Ökonomisierung der Sozialwissenschaften*, Frankfurt a.M./New York (NY): Campus, S. 69-102

(1990): *Ökonomie ist Sozialwissenschaft, - Die Anwendung der Ökonomie auf neue Gebiete*, München: Vahlen

Frey, Bruno S./Eichenberger, Reiner (1989a): Zur Bedeutung entscheidungs-theoretischer Anomalien für die Ökonomie, in: *Jahrbücher für Nationalökonomie und Statistik*, 206, S. 81-101

(1989b): Should social scientists care about choice anomalies, in: *Rationality and Society*, 1, S. 101-122

Friedrichs, Jürgen/Opp, Karl-Dieter (1996): *Rationality in everyday situations*, unveröffentlichter Aufsatz

Friedrichs, Jürgen/Stolle, Martin/Engelbrecht, Gudrun (1993): Rational Choice-Theorie, - Probleme der Operationalisierung, in: *Zeitschrift für Soziologie*, 22, S. 2-15

Friedman, Debra (1987): Notes on »Toward a theory of value in social exchange«, in: Karen S. Cook (Hrsg.), *Social exchange theory*, Newbury Park (CA) u.a.: Sage, S. 47-58

Friedman, James W. (1985): Cooperative equilibria in finite horizon noncooperative supergames, in: *Journal of Economic Theory*, 35, S. 390-398

Friedman, Jeffrey (1996): Introduction, - Economic approaches to politics, in: Jeffrey Friedman (Hrsg.), *The rational choice controversy, - Economic models of politics reconsidered*, New Haven (CT)/London: Yale University Press, S. 1-24

Friedman, Milton (1953): *Essays in positive economics*, Chicago (IL): University of Chicago Press

Fudenberg, Drew/Maskin, Eric (1986): The folk theorem in repeated games with discounting or with incomplete information, in: *Econometrica*, 54, S. 533-554

Gäfgen, Gérard (1974): *Theorie der wirtschaftlichen Entscheidung, - Untersuchungen zur Logik und Bedeutung des rationalen Handelns*, Tübingen: Mohr, 3. Aufl.

Gäfgen, Gérard/Monissen, Hans G. (1978): Zur Eignung soziologischer Paradigmen, - Betrachtungen aus der Sicht des Ökonomen, in: *Jahrbuch für Sozialwissenschaft*, 29, S. 113-144

Gärdenfors, Peter/Sahlin, Nils-Eric (1982): Unreliable probabilities, risk taking, and decision making, in: *Synthese*, 53, S. 361-386

Garfinkel, Harold (1960): The rational properties of scientific and common sense activities, in: Behavioral Science, 5, S. 72-83

(1963): A conception of, and experiments with, »trust« as a condition of stable concerted actions, in: O. J. Harvey (Hrsg.), *Motivation and social interaction, - Cognitive determinants*, New York (NY): Ronald, S. 187-238

(1967): *Studies in ethnomethodology*, Englewood Cliffs (NJ): Prentice-Hall

Garfinkel, Harold/Mendlovitz, Saul (1967): Some rules of correct decision making that jurors respect, in: Harold Garfinkel, *Studies in ethnomethodology*, Englewood Cliffs (NJ): Prentice-Hall, S. 104-115

Garfinkel, Harold/**Sacks**, Harvey (**1970**): On formal structures of practical actions, in: John C. McKinney/Edward A. Tiryakian (Hrsg.), *Theoretical sociology, - Perspectives and developments*, New York (NY): Meredith, S. 337-366

Geertz, Hildred (**1959**): The vocabulary of emotion, in: *Psychiatry*, 22, S. 225-237

Gerhardt, Uta (**1971**): *Rollenanalyse als kritische Soziologie, - Ein konzeptueller Rahmen zur empirischen und methodologischen Begründung einer Theorie der Vergesellschaftung*, Neuwied/Berlin: Luchterhand

Gerson, Elihu M. (**1976**): On »quality of life«, in: *American Sociological Review*, 41, S. 793-806

Geulen, Dieter (**1981**): Zur Konzeptualisierung sozialisationstheoretischer Entwicklungsmodelle, - Möglichkeiten der Verschränkung subjektiver und gesellschaftlicher Bedingungen individueller Entwicklungsverläufe, in: Joachim Matthes (Hrsg.), *Lebenswelt und soziale Probleme*, Frankfurt a.M./New York (NY): Campus, S. 537-556

Giddens, Anthony (**1976**): *New rules of sociological method*, London: Hutchinson

Gode, Dhananjay K./**Sunder**, Shyam (**1993**): Allocative efficiency of markets with zero-intelligence traders, - Markets as a partial substitute for individual rationality, in: *Journal of Political Economy*, 101, S. 119-137

Goffman, Erving (**1959**): The moral career of the mental patient, in: *Psychiatry*, 22, S. 123-142

(**1961a**): *Asylums, - Essays on the social situation of mental patients and other inmates*, Garden City (NY): Anchor

(**1961b**): On the characteristics of total institutions, - Staff-inmate relations, in: Donald R. Cressey (Hrsg.), *The prison*, New York (NY): Holt, Rinehart & Winston, S. 68-106

(**1961c**): *Encounters, - Two studies in the sociology of interaction*, Indianapolis (IN)/New York (NY): Bobbs-Merrill

(**1969**): *Strategic interaction*, Philadelphia (PA): University of Pennsylvania Press

(**1981**): *Forms of talk*, Philadelphia: University of Pennsylvania Press

(**1983**): The interaction order, in: *American Sociological Review*, 48, S. 1-17

Goode, William J. (**1960**): Norm commitment and conformity to role-status obligations, in: *The American Journal of Sociology*, 66, S. 246-258

Gorman, Robert A. (**1975**): Alfred Schutz, - An exposition and critique, in: *The British Journal of Sociology*, 26, S. 1-19

Gossen, Hermann Heinrich (**1854**): *Entwicklung der Gesetze des menschlichen Verkehrs und der daraus fließenden Regeln für menschliches Handeln*, Braunschweig: Vieweg

Gouldner, Alvin Ward (**1970**): *The coming crisis of western sociology*, New York (NY)/London: Basic Books

Granovetter, Mark (1985): Economic action and social structure, - The problem of embeddedness, in: *The American Journal of Sociology*, 91, S. 481-510

Grathoff, Richard Helmut (1975): On normality and typicality in everyday life, in: *Sociological Analysis & Theory*, 5(1), S. 81-107

(1977): Ansätze einer Theorie sozialen Handelns bei Alfred Schütz, in: Hans Lenk (Hrsg.), *Handlungstheorien interdisziplinär IV*, München: Fink, S. 59-78

(1978): Alfred Schütz, in: Dirk Käsler (Hrsg.), *Klassiker des soziologischen Denkens*, Bd. 2, München: Beck, S. 388-416

(1983): Das Problem der Intersubjektivität bei Aron Gurwitsch und Alfred Schütz, in: Richard Grathoff/Bernhard Waldenfels (Hrsg.), *Sozialität und Intersubjektivität, - Phänomenologische Perspektiven der Sozialwissenschaften im Umkreis von Aron Gurwitsch und Alfred Schütz*, München: Fink, S. 87-120

(1989a): *Milieu und Lebenswelt, - Einführung in die phänomenologische Soziologie und die sozialphänomenologische Forschung*, Frankfurt a.M.: Suhrkamp

(1989b): Metaphorik und Apriori lebensweltlicher Forschung, - Intersubjektivität, Typik und Normalität, in: Hiroshi Kojima (Hrsg.), *Phänomenologie der Praxis im Dialog zwischen Japan und dem Westen*, Würzburg: Königshausen & Neumann, S. 53-72

Gray, John (1987): The economic approach to human behavior, - Ist prospects and limitations, in: Gerard Radnitzky/Peter Bernholz (Hrsg.), *Economic imperialism, - The economic approach applied outside the field of economics*, New York (NY): Paragon, S. 33-49

Grether, David M./Plott, Charles R. (1979): Economic theory and the preference reversal phenomenon, in: *The American Economic Review*, 69, S. 623-638

Griese, Hartmut M./Nikles, Bruno W./Rülcker, Christoph (1977): *Soziale Rolle, - Zur Vermittlung von Individuum und Gesellschaft*, Opladen: Leske & Budrich

Güth, Werner (1992): *Spieltheorie und ökonomische (Bei)Spiele*, Berlin u.a.: Springer

Güth, Werner/Kliemt, Hartmut (1995): Elementare spieltheoretische Modelle sozialer Kooperation, in: *Ökonomie und Gesellschaft*, 12, S. 12-62

Gurwitsch, Aron (1971): Einführung, in: Alfred Schütz, *Gesammelte Aufsätze*, Bd. 1, Den Haag: Nijhoff, S. xv-xxxviii

Habermas, Jürgen (1967): *Zur Logik der Sozialwissenschaften*, Tübingen: Mohr

(1981): *Theorie des kommunikativen Handelns*, Bd. 2, Frankfurt a.M.: Suhrkamp

Hall, John R. (1977): Alfred Schutz, his critics, and applied phenomenology, in: *Cultural Hermeneutics*, 4, S. 265-279

Hall, Peter M. (1987): Interactionism and the study of social organization, in: *The Sociological Quaterly*, 28, S. 1-22

Harsanyi, John C. (1967): Games with incomplete information played by »Bayesian« players, Teil 1, in: *Management Science*, 14, S. 159-182

(1968a): Games with incomplete information played by »Bayesian« players, Teil 2, in: *Management Science*, 14, S. 320-334

(1968b): Games with incomplete information played by »Bayesian« players, Teil 3, in: *Management Science*, 14, S. 486-502

(1977): *Rational behavior and bargaining equilibrium in games and social situations*, Cambridge u.a.: Cambridge University Press

Hart, Sergiu (1992): Games in extensive and strategic forms, in: Robert J. Aumann/ Sergiu Hart (Hrsg.), *Handbook of game theory*, Bd. 1, Amsterdam u.a.: North-Holland, S. 19-40

Hartfiel, Günter (1968): *Wirtschaftliche und soziale Rationalität, - Untersuchungen zum Menschenbild in Ökonomie und Soziologie*, Stuttgart: Enke

Harvey, Lee (1983): *Myths of the Chicago School*, RUO-Paper Nr. 1, Birmingham: City of Birmingham Polytechnic

Haug, Frigga (1972): *Kritik der Rollentheorie und ihrer Anwendung in der bürgerlichen deutschen Soziologie*, Frankfurt a.M.: Fischer

Hayek, Friedrich August (1945): The use of knowledge in society, in: *American Economic Review*, 35, S. 519-530

(1948): *Individualism and economic order*, Chicago (IL): University of Chicago Press

Heap, James L./**Roth**, Phillip A. (1973): On phenomenological sociology, in: *American Sociological Review*, 38, S. 354-367

Hechter, Michael (1987): *Principles of group solidarity*, Berkeley (CA)/Los Angeles (CA)/London: University of California Press

Heritage, John (1984): *Garfinkel and ethnomethodology*, Cambridge: Polity

Hewitt, John P. (1976): *Self and society, - A symbolic interactionist social psychology*, Boston (MA) u.a.: Allyn & Bacon

Hickman, Charles Addison/**Kuhn**, Manford Hinshaw (1956): *Individuals, groups, and economic behavior*, New York (NY): Dryden

Hicks, J. R. (1956): *A revision of demand theory*, Oxford: Clarendon

Hilbert, Richard A. (1981): Toward an improved understanding of »role«, in: *Theory and Society*, 10, S. 207-226

Hillmann, Karl-Heinz (1994): *Wörterbuch der Soziologie*, Stuttgart: Kröner

Hindess, Barry (1972): The »phenomenological« sociology of Alfred Schutz, in: *Economy and Society*, 1, S. 1-27

Hitzler, Ronald/**Honer**, Anne (1984): Lebenswelt - Milieu - Situation, - Terminologische Vorschläge zur theoretischen Verständigung, in: *Kölner Zeitschrift für Soziologie und Sozialpsychologie*, 36, S. 56-74

(1997): *Sozialwissenschaftliche Hermeneutik*, Opladen: Leske + Budrich

Hobbes, Thomas (1651): *Leviathan, - The matter, forme, & power of a common-wealth ecclesiasticall and civill*, London: Crooke

Hochschild, Arlie Russell (**1979**): Emotion work, feeling rules, and social structure, in: *American Journal of Sociology*, 85, S. 551-575

(**1983**): *The managed heart, - Commercialization of human feeling*, Berkeley (CA)/Los Angeles (CA)/London: University of California Press

Hodgson, Geoffrey M. (**1993**): Calculation, habits and action, in: Bill Gerrard (Hrsg.), *The economics of rationality*, London/New York (NY): Routledge, S. 36-51

Hogarth, Robin M./**Einhorn**, Hillel J. (**1990**): Venture theory, - A model of decision weights, in: *Management Science*, 36, S. 780-803

Holler, Manfred J./**Illing**, Gerhard (**1996**): *Einführung in die Spieltheorie*, Berlin u.a.: Springer, 3. Aufl.

Homann, Karl (**1988**): *Rationalität und Demokratie*, Tübingen: Mohr

(**1991**): Ökonomik und Ethik, in: Günter Baadte/Anton Rauscher (Hrsg.), *Wirtschaft und Ethik*, Graz/Wien/Köln: Styria, S. 9-29

Homann, Karl/**Suchanek**, Andreas (**1989**): Methodologische Überlegungen zum ökonomischen Imperialismus, in: *Analyse & Kritik*, 11, S. 70-93

Homans, George Caspar (**1961**): *Social behavior, - Its elementary forms*, New York (NY)/Burlingame: Harcourt, Brace & World

(**1964**): Bringing men back in, in: *American Sociological Review*, 29, S. 809-818

(**1969**): Prologue, - The sociological relevance of behaviorism, in: Robert L. Burgess/Don Bushell (Hrsg.), *Behavioral Sociology, - The experimental analysis of social process*, New York (NY)/London: Columbia University Press, S. 1-24

(**1974**): *Social behavior, - Its elementary forms*, New York (NY) u.a.: Harcourt Brace Jovanovich, 2. Aufl.

Husserl, Edmund (**1962**): *Die Krisis der europäischen Wissenschaften und die transzendentale Phänomenologie*, Den Haag: Nijhoff

Irwin, Julie R./**Slovic**, Paul/**Lichtenstein**, Sarah/**McClelland**, Gary H. (**1993**): Preference reversals and the measurement of environmental values, in: *Journal of Risk and Uncertainty*, 6, S. 5-18

Isaac, R. Mark/**Walker**, James M. (**1988**): Communication and free-riding behavior, - The voluntary contribution mechanism, in: *Economic Inquiry*, 26, S. 585-608

Isaac, R. Mark/**Walker**, James M./**Thomas**, Susan H. (**1984**): Divergent evidence on free riding, - An experimental examination of possible explanations, in: *Public Choice*, 43, S. 113-149

James, William (**1983**): *The principles of psychology*, Cambridge (MA)/London: Harvard University Press (Erstveröffentlichung 1890)

Joas, Hans (**1973**): *Die gegenwärtige Lage der soziologischen Rollentheorie*, Frankfurt a.M.: Athenäum

(**1978**): George Herbert Mead, in: Dirk Käsler (Hrsg.), *Klassiker des soziologischen Denkens*, Bd. 2, München: Beck, S. 7-39

(1980): *Praktische Intersubjektivität, - Die Entwicklung des Werkes von G. H. Mead*, Frankfurt a.M.: Suhrkamp

(1988): Symbolischer Interaktionismus, - Von der Philosophie des Pragmatismus zu einer soziologischen Forschungstradition, in: *Kölner Zeitschrift für Soziologie und Sozialpsychologie*, 40, S. 417-446

Johnson, G. David/Shifflett, Peggy A. (1981): George Herbert Who? - A critique of the objectivist reading of Mead, in: *Symbolic Interaction*, 4(2), S. 143-155

Kahneman, Daniel/Tversky, Amos (1973): On the psychology of prediction, in: *Psychological Review*, 80, S. 237-251

(1979): Prospect theory, - An analysis of decision under risk, in: *Econometrica*, 47, S. 263-291

Kalai, Ehud (1977): Proportional solutions to bargaining situations, - Interpersonal utility comparisons, in: *Econometrica*, 45, S. 1623-1630

Kalai, Ehud/Smorodinsky, Meir (1975): Other solutions to Nash's bargaining problem, in: *Econometrica*, 43, S. 513-518

Kant, Immanuel (1967): *Kritik der praktischen Vernunft*, Hamburg: Meiner (Erstveröffentlichung 1788)

Kassab, Elizabeth Suzanne (1991): *The theory of social action in the Schutz-Parsons debate*, Freiburg (Schweiz): Universitätsverlag Freiburg

Katterle, Siegfried (1991): Methodologischer Individualismus and Beyond, in: Bernd Biervert/Martin Held (Hrsg.), *Das Menschenbild der ökonomischen Theorie, - Zur Natur des Menschen*, Frankfurt a.M./New York (NY): Campus, S. 132-152

Kehl, Susanne (1998): *Entscheidungsverläufe bei der Wahl einer Grundschule*, unveröffentlichte Magisterarbeit im Fach Soziologie an der Universität zu Köln (Erstgutachter: Jürgen Friedrichs)

Kerber, Walter S. J. (1991): Homo oeconomicus, - Zur Rechtfertigung eines umstrittenen Begriffs, in: Bernd Biervert/Martin Held (Hrsg.), *Das Menschenbild der ökonomischen Theorie, - Zur Natur des Menschen*, Frankfurt a.M./New York (NY): Campus, S. 56-75

Khairy, Magdduddin (1986): The search for a phenomenologically grounded theory of action, - A critique of Schutz, in: *The Arab Journal of the Social Sciences*, 1, S. 130-136

Kim, Oliver/Walker, Mark (1984): The free rider problem, - Experimental evidence, in: *Public Choice*, 43, S. 3-24

Kirchgässner, Gebhard (1980): Können Ökonomen und Soziologen voneinander lernen? In: *Kyklos*, 33, S. 420-448

(1988): Die neue Welt der Ökonomie, in: *Analyse & Kritik*, 10, S. 107-137

(1991): *Homo oeconomicus, - Das ökonomische Modell individuellen Verhaltens und seine Anwendung in den Wirtschafts- und Sozialwissenschaften*, Tübingen: Mohr

Kirchgässner, Gebhard/**Frey**, Bruno S. (**1997**): Introduction by the editors, in: *Schweizerische Zeitschrift für Volkswirtschaft und Statistik*, 133, S. 197-200

Kliemt, Hartmut (**1990**): The costs of organizing social cooperation, in: Michael Hechter/Karl-Dieter Opp/Reinhard Wippler (Hrsg.), *Social institutions, - Their emergence, maintenance and effects*, Berlin/New York (NY): de Gruyter, S. 61-80

Klopstech, Angela/**Selten**, Reinhard (**1984**): Formale Konzepte eingeschränkt rationalen Verhaltens, in: Horst Todt (Hrsg.), *Normengeleitetes Verhalten in den Sozialwissenschaften*, Berlin: Duncker & Humblot, S. 11-34

Kolb, William L. (**1944**): A critical evaluation of Mead's »I« and »Me« concepts, in: *Social Forces*, 22, S. 291-296

Kreps, David Marc (**1990a**): *A course in microeconomic theory*, New York (NY) u.a.: Harvester Wheatsheaf
(**1990b**): *Game theory and economic modelling*, Oxford: Clarendon

Kreps, David Marc/**Wilson**, Robert (**1982**): Sequential equilibria, in: *Econometrica*, 50, S. 863-894

Kuhn, H. W. (**1953**): Extensive games and the problem of information, in: H. W. Kuhn/A. W. Tucker (Hrsg.), *Contributions to the theory of games*, Princeton (NJ): Princeton University Press, S. 193-216

Kuhn, Manford Hinshaw (**1960**): Self-attitudes by age, sex, and professional training, in: *The Sociological Quaterly*, 1, S. 39-55
(**1964**): Major trends in symbolic interaction theory in the past twenty-five years, in: *The Sociological Quaterly*, 5, S. 61-84

Kuhn, Manford Hinshaw/**McPartland**, Thomas S. (**1954**): An empirical investigation of self-attitudes, in: *American Sociological Review*, 19, S. 68-76

Lakatos, Imre (**1970**): Falsification and the methodology of scientific research programmes, in: Imre Lakatos/Alan Musgrave (Hrsg.), *Criticism and the growth of knowledge*, Cambridge: Cambridge University Press, S. 91-195

Lamnek, Siegfried (**1989**): Sanktion, in: Günter Endruweit/Gisela Trommsdorf (Hrsg.), *Wörterbuch der Soziologie*, Bd. 3, Stuttgart: Enke, S. 555

Ledyard, John O. (**1995**): Public goods, - A survey of experimental research, in: John H. Kagel/Alvin E. Roth (Hrsg.), *The handbook of experimental economics*, Princeton (NJ): Princeton University Press, S. 111-194

Lévi-Strauss, Claude (**1969**): *The elementary structures of kinship*, Boston: Beacon, 2. Aufl.

Lewin, Shira B. (**1996**): Economics and psychology, - Lessons for our own day from the early twentieth century, in: *Journal of Economic Literature*, 34, S. 1293-1323

Lewis, J. David (**1979**): A social behaviorist interpretation of the Meadian »I«, in: *The American Journal of Sociology*, 85, S. 261-287

Lichtenstein, Sarah/**Slovic**, Paul (**1971**): Reversals of preference between bids and choices in gambling decisions, in: *Journal of Experimental Psychology*, 89, S. 46-55

(**1973**): Response-induced reversals of preference in gambling, - An extended replication in Las Vegas, in: *Journal of Experimental Psychology*, 101, S. 16-20

Lindenberg, Siegwart (**1983**): The new political economy, - Its potential and limitations for the social sciences in general and for sociology in particular, in: Wolfgang Sodeur (Hrsg.), *Ökonomische Erklärungen sozialen Verhaltens*, Duisburg: Sozialwissenschaftliche Kooperative, S. 7-66

(**1984**): Preference versus constraints, - A comment on von Weizsäcker's »The influence of property rights on tastes«, in: *Journal of Institutional and Theoretical Economics*, 140, S. 96-103

(**1985**): Rational choice and sociological theory, - New pressures on economics as a social sciences, in: *Journal of Institutional and Theoretical Economics*, 141, S. 244-255

(**1992**): The method of decreasing abstraction, in: James Samuel Coleman/Thomas J. Fararo (Hrsg.), *Rational choice theory, - Advocacy and critique*, Newbury Park (CA)/London/New Delhi: Sage, S. 3-20

Lindenberg, Siegwart/**Wippler**, Reinhard (**1978**): Theorienvergleich, - Elemente der Rekonstruktion, in: Karl Otto Hondrich/Joachim Matthes (Hrsg.), *Theorienvergleich in den Sozialwissenschaften*, Darmstadt/Neuwied: Luchterhand, S. 219-231

Lindesmith, Alfred Ray/**Strauss**, Anselm Leonard (**1949**): *Social psychology*, New York (NY): Dryden

Lindner, Clausjohann (**1979**): Kritik des symbolischen Interaktionismus, in: *Soziale Welt*, 30, S. 410-421

Linton, Ralph (**1936**): *The study of man*, New York (NY)/London: Appleton

Lofland, John (**1970**): Interactionist imagery and analytic interruptus, in: Tamotsu Shibutani (Hrsg.), *Human nature and collective behavior*, Englewood Cliffs (NJ): Prentice-Hall, S. 35-45

Loomes, Graham/**Starmer**, Chris/**Sugden**, Robert (**1991**): Observing violations of transitivity by experimental methods, in: *Econometrica*, 59, S. 425-439

Luce, R. Duncan/**Raiffa**, Howard (**1957**): *Games and decisions, - Introduction and critical survey*, New York (NY): Wiley

Luckmann, Thomas (**1975**): On the rationality of institutions in modern life, in: *Archives Européennes de Sociologie*, 1, S. 3-15

(**1992**): *Theorie des sozialen Handelns*, Berlin/New York (NY): de Gruyter

Machlup, Fritz (**1970**): Homo oeconomicus and his class mates, in: Maurice Natanson (Hrsg.), *Phenomenology and social reality, - Essays in memory of Alfred Schutz*, Den Haag: Nijhoff, S. 122-139

(**1984**): *Knowledge, - Its creation, distribution, and economic significance*, Bd. 3, Princeton (NJ): Princeton University Press

McKenzie, Richard B. (**1983**): *The limits of economic science, - Essays on methodology*, Boston (MA)/Den Haag/London: Kluwer-Nijhoff

McKenzie, Richard B./**Tullock**, Gordon (**1975**): *The new world of economics, - Explorations into the human experience*, Homewood (IL): Irwin

McKinney, John C. (**1955**): The contribution of George H. Mead to the sociology of knowledge, in: *Social Forces*, 33, S. 144-149

McNall, Scott G./**Johnson**, James C. M. (**1975**): The new conservatives, - Ethnomethodologists, phenomenologists, and symbolic interactionists, in: *The Insurgent Sociologist*, 5(4), S. 49-65

McPhail, Clark/**Rexroat**, Cynthia (**1979**): Mead vs. Blumer, - The divergent methodological perspectives of social behaviorism and symbolic interactionism, in: *American Sociological Review*, 44, S. 449-467

Malhotra, Valerie Ann/**Deegan**, Mary Jo (**1978**): Comment on Perinbanayagam's »The significance of 'others' in the thought of Alfred Schutz, G. H. Mead and C. H. Cooley«, in: *The Sociological Quaterly*, 19, S. 141-145

March, James G. (**1978**): Bounded rationality, ambiguity, and the engineering of choice, in: *The Bell Journal of Economics*, 9, S. 587-608

Marini, Margaret Mooney (**1992**): The role of models of purposive action in sociology, in: James Samuel Coleman/Thomas J. Fararo (Hrsg.), *Rational choice theory, - Advocacy and critique*, Newbury Park (CA)/London/New Delhi: Sage, S. 21-48

Marsden, Peter V. (**1987**): Elements of interactor dependence, in: Karen S. Cook (Hrsg.), *Social exchange theory*, Newbury Park (CA) u.a.: Sage, S. 130-148

Marshall, Alfred (**1898**): *Principles of economics*, London: Macmillan, 4. Aufl.

Marwell, Gerald/**Ames**, Ruth E. (**1979**): Experiments on the provision of public goods, Teil 1, in: *The American Journal of Sociology*, 84, S. 1335-1360

May, Tim (**1993**): *Social research, - Issues, methods and process*, Buckingham/Philadelphia (PA): Open University Press

Mead, George Herbert (**1900**): Suggestions toward a theory of the philosophical disciplines, in: *The Philosophical Review*, 9, S. 1-17

(**1909**): Social psychology as counterpart to physiological psychology, in: *The Psychological Bulletin*, 6, S. 401-408

(**1922**): A behavioristic account of the significant symbol, in: *Journal of Philosophy*, 19, S. 157-163

(**1925**): The genesis of the self and social control, in: *The International Journal of Ethics*, 35, S. 251-277

(**1927**): The objective reality of perspectives, in: Edgar Sheffield Brightman (Hrsg.), *Proceedings of the sixth international congress of philosophy*, New York (NY): Longmans Green, S. 75-85

(**1930**): Cooley's contribution to american social thought, in: *The American Journal of Sociology*, 35, S. 693-706

(**1934**): *Mind, self and society from the standpoint of a social behaviorist*, Chicago (IL)/London: University of Chicago Press

(**1938**): *The philosophy of the act*, Chicago (IL): University of Chicago Press

Meckling, William H. (**1976**): Values and the choice of the model of the individual in the social sciences, in: *Schweizerische Zeitschrift für Volkswirtschaft und Statistik*, 112, S. 545-560

Mehan, Hugh/**Wood**, Houston (**1975**): *The reality of ethnomethodology*, New York (NY) u.a.: Wiley & Sons

Meltzer, Bernard N./**Petras**, John W. (**1970**): The Chicago and Iowa schools of symbolic interactionism, in: Tomatsu Shibutani (Hrsg.), *Human nature and collective behavior, - Papers in honor of Herbert Blumer*, Englewood Cliffs (NJ): Prentice-Hall, S. 3-17

Meltzer, Bernard N./**Petras**, John W./**Reynolds**, Larry Thomas (**1975**): *Symbolic interactionism, - Genesis, varieties and criticism*, London/Boston (MA): Routledge & Kegan Paul

Menger, Carl (**1871**): *Grundsätze der Volkswirthschaftslehre*, Wien: Braunmüller

(**1883**): *Untersuchungen über die Methode der Socialwissenschaften, und der Politischen Oekonomie insbesondere*, Leipzig: Duncker & Humblot

Merton, Robert K. (**1957**): *Social theory and social structure*, Glencoe (IL): Free Press, 3. Aufl.

Meyer, Willi (**1979**): Ökonomische Theorie und menschliches Verhalten, - Zwischen theoretischen Fiktionen und empirischen Illusionen, in: Hans Albert/Kurt H. Stapf (Hrsg.), *Theorien und Erfahrung, - Beiträge zur Grundlagenproblematik der Sozialwissenschaften*, Stuttgart: Klett, S. 269-312

Mills, C. Wright (**1940**): Situated actions and vocabularies of motive, in: *American Sociological Review*, 5, S. 904-913

Mises, Ludwig von (**1949**): *Human action, - A treatise on economics*, New Haven (CT): Yale University Press

Miyamoto, S. Frank (**1970**): Self, motivation, and symbolic interactionist theory, in: Tomatsu Shibutani (Hrsg.), *Human nature and collective behavior, - Papers in honor of Herbert Blumer*, Englewood Cliffs (NJ): Prentice-Hall, S. 271-285

Molm, Linda D. (**1987**): Linking power structure and power use, in: Karen S. Cook (Hrsg.), *Social exchange theory*, Newbury Park (CA) u.a.: Sage, S. 101-129

Molotch, Harvey L./**Boden**, Deirdre (**1985**): Taking social structure, - Discourse, domination and the watergate hearings, in: *American Sociological Review*, 50, S. 273-288

Moreno, Jacob L. (**1951**): Comment on Walter Coutu's »Role-playing vs. role-taking«, in: *American Sociological Review*, 16, S. 550-551

Morgenstern, Oskar (**1968**): Spieltheorie, - Ein neues Paradigma der Sozialwissenschaft, in: *Zeitschrift für Nationalökonomie*, 28, S. 145-164

(**1972**): Thirteen critical points in contemporary economic theory, - An interpretation, in: *Journal of Economic Literature*, 10, S. 1163-1189

(**1979**): Some reflections on utility, in: Maurice Allais/Ole Hagen (Hrsg.), *Expected utility hypotheses and the Allais paradox*, Dordrecht/Boston (MA)/London: Reidel, S. 175-183

Morris, Charles W. (**1934**): Introduction, - George H. Mead as social psychologist and social philosopher, in: George Herbert Mead, *Mind, self and society from the standpoint of a social behaviorist*, Chicago (IL)/London: University of Chicago Press, S. ix-xxxv

Mortimore, Geoffrey W. (**1976**): Rational action, in: Stanley I. Benn/Geoffrey W. Mortimore (Hrsg.), *Rationality and the social sciences, - Contributions to the philosophy and methodology of the social sciences*, London/Henley/Boston (MA): Routledge & Kegan Paul, S. 93-110

Münch, Richard (**1982**): *Theorie des Handelns, - Zur Rekonstruktion der Beiträge von talcott Parsons, Emile Durkheim und Max Weber*, Frankfurt a.M.: Suhrkamp

(**1992**): Rational choice theory, - A critical assessment of its explanatory power, in: James Samuel Coleman/Thomas J. Fararo (Hrsg.), *Rational choice theory, - Advocacy and critique*, Newbury Park (CA)/London/New Delhi: Sage, S. 137-160

Mullins, Nicolas C. (**1973**): *Theories & theory groups in contemporary american sociology*, New York (NY) u.a.: Harper & Row

Musgrave, Alan (**1981**): »Unreal assumptions« in economic theory, - The F-twist untwisted, in: *Kyklos*, 34, S. 377-387

Musolf, Gil Richard (**1992**): Structure, institutions, power, and ideology, - New directions within symbolic interactionism, in: *The Sociological Quaterly*, 33, S. 171-189

Myerson, Roger B. (**1977**): Two-person bargaining problems and comparable utility, in: *Econometrica*, 45, S. 1631-1637

(**1978**): Refinements of the Nash equilibrium concept, in: *International Journal of Game Theory*, 7, S. 73-80

(**1985**): Bayesian equilibrium and incentive-compatibility, - An introduction, in: Leonid Hurwicz/David Schmeidler/Hugo Sonnenschein (Hrsg.), *Social goals and social organization, - Essays in memory of Elisha Pazner*, Cambridge u.a.: Cambridge University Press, S. 229-259

(**1991**): *Game theory, – Analysis of conflict*, Cambridge: Harvard University Press

(**1994**): Communication, correlated equilibria and incentive compatibility, in: Robert J. Aumann/Sergiu Hart (Hrsg.), *Handbook of game theory*, Bd. 2, Amsterdam u.a.: Elsevier, S. 827-847

Nash, John F. (**1950**): The bargaining problem, in: *Econometrica*, 18, S. 155-162
(**1951**): Non-cooperative games, in: *Annals of Mathematics*, 54, S. 286-295

Natanson, Maurice (**1962**): Introduction, in: Alfred Schütz, *Collected papers*, Bd. 1, Den Haag: Nijhoff, S. xxv-xlvii

Neumann, John von/**Morgenstern**, Oskar (**1947**): *Theory of games and economic behavior*, Princeton (CT): Princeton University Press, 2. Aufl.

Ochs, Jack (**1995**): Coordination problems, in: John H. Kagel/Alvin E. Roth (Hrsg.), *The handbook of experimental economics*, Princeton (NJ): Princeton University Press, S. 195-251

Olson, Mancur (**1965**): *The logic of collective action, - Public goods and the theory of groups*, Cambridge (MA): Harvard University Press

Opp, Karl-Dieter (**1970**): *Methodologie der Sozialwissenschaften, - Einführung in Probleme ihrer Theorienbildung*, Reinbek: Rowolth
(**1972**): *Verhaltenstheoretische Soziologie*, Reinbek: Rowohlt
(**1979**): Das »ökonomische Programm« in der Soziologie, in: Hans Albert/Kurt H. Stapf (Hrsg.), *Theorien und Erfahrung, - Beiträge zur Grundlagenproblematik der Sozialwissenschaft*, Stuttgart: Klett, S. 313-349
(**1983**): *Die Entstehung sozialer Normen, - Ein Integrationsversuch soziologischer und ökonomi-scher Erklärungen*, Tübingen: Mohr
(**1984**): Normen, Altruismus und politische Partizipation, - Eine empirische Überprüfung einiger Hypothesen des »ökonomischen Modells« am Beispiel der Anti-Atomkraft-Bewegung, in: Horst Todt (Hrsg.), *Normengeleitetes Verhalten in den Sozialwissenschaften*, Berlin: Duncker & Humblot, S. 85-113
(**1989a**): Ökonomie und Soziologie, - Die gemeinsamen Grundlagen beider Fachdisziplinen, in: Hans-Bernd Schäfer/Klaus Wehrt (Hrsg.), *Die Ökonomisierung der Sozialwissenschaften*, Frankfurt a.M./ New York (NY): Campus, S. 103-127
(**1989b**): The economics of crime and the sociology of deviant behaviour, - A theoretical confrontation of basic propositions, in: *Kyklos*, 42, S. 405-430

Opp, Karl-Dieter/**Friedrichs**, Jürgen (**1996**): Brückenannahmen, Produktionsfunktionen und die Messung von Präferenzen, in: *Kölner Zeitschrift für Soziologie und Sozialpsychologie*, 48, S. 546-559

Ostrow, James M. (**1996**): Spontaneous involvement and social life, in: *Sociological Perspectives*, 39, S. 341-351

Owen, Guillermo. (**1982**): *Game Theory*, New York: Academic Press, 2. Aufl.

Parsons, Talcott (**1937**): *The structure of social action, - A study in social theory with special reference to a group of recent european writings*, McGraw-Hill
(**1951**): *The social system*, Glencoe (IL): Free Press
(**1969**): *Politics and Social Structure*, New York (NY): Free Press

(1970): Some problems of general theory in sociology, in: John C. McKinney/ Edward A. Tiryakian (Hrsg.), *Theoretical sociology, - Perspectives and developments*, New York (NY): Meredith, S. 27-68

(1978): *Action theory and the human condition*, New York (NY): Free Press

(1986): *Aktor, Situation und normative Muster, - Ein Essay zur Theorie sozialen Handelns*, Frankfurt a.M.: Suhrkamp

(1996a): The theory of human behavior in its individual and social aspects, - Term paper »Philosophy III« 19.12.1922, in: *The American Sociologist*, 27(Winter), S. 13-23

(1996b): A behavioristic conception of the nature of morals, - Term paper »Philosophy III« 27.03.1923, in: *The American Sociologist*, 27(Winter), S. 24-37

Parsons, Talcott/**Shils**, Edward A. (1951): Values, motives, and systems of action, in: Talcott Parsons/Edward A. Shils (Hrsg.), *Toward a general theory of action*, Cambridge (MA): Harvard University Press, S. 45-275

Parsons, Talcott u.a. (1951): The general theory of action, in: Talcott Parsons/Edward E. Shils (Hrsg.), *Toward a general theory of action*, Cambridge (MA): Harvard University Press, S. 1-44

Perinbanayagam, Robert Sidharthan (1975): The significance of others in the thought of Alfred Schutz, G. H. Mead and C. H. Cooley, in: *The Sociological Quaterly*, 16, S. 500-521

(1978): The significance of »others« in the thought of Alfred Schutz, - A reply to Malhotra and Deegan's comments, in: *The Sociological Quaterly*, 19, S. 146-151

Peritore, N. Patrick (1975): Some problems in Alfred Schutz's phenomenological methodology, in: *American Political Science Review*, 69, S. 132-140

Pies, Ingo (1998a): Theoretische Grundlagen demokratischer Wirtschafts- und Gesellschaftspolitik, - Der Beitrag Gary Beckers, in: Ingo Pies/Martin Leschke (Hrsg.), *Gary Beckers ökonomischer Imperialismus*, Tübingen: Mohr, S. 1-29

(1998b): Ökonomischer Ansatz und Normativität, - Zum wertfreien Umgang mit Werten, in: Ingo Pies/Martin Leschke (Hrsg.), *Gary Beckers ökonomischer Imperialismus*, Tübingen: Mohr, S. 107-135

Popitz, Heinrich (1967): *Der Begriff der sozialen Rolle als Element der soziologischen Theorie*, Tübingen: Mohr

Popper, Karl Raimund (1935): *Logik der Forschung, - Zur Erkenntnistheorie der modernen Naturwissenschaft*, Wien: Springer

(1952): *The open society and its enemies*, Band 2, London: Routledge & Kegan Paul, 2. Aufl.

(1967): La rationalité et le statut du principe de rationalité, in: Emil M. Claassen (Hrsg.), *Les fondements philosophiques des systèmes économiques*, Paris: Payot, S. 142-150

(1972): *Objective knowledge, - An evolutionary approach*, Oxford: Clarendon

Powell, David W./**Thomason**, Burke C. (**1988**): Rationality in everyday life, - Some cases of practical actor response to »exceptions«, in: Elisabeth List/Ilja Srubar (Hrsg.), *Alfred Schütz, - Neue Beiträge zur Rezeption seines Werkes*, Amsterdam: Rodopi, S. 323-336

Prendergast, Christopher (**1986**): Alfred Schutz and the Austrian school of economics, in: *American Journal of Sociology*, 92, S. 1-26

(**1993**): Rationality, optimality, and choice, in: *Rationality and Society*, 5, S. 47-57

Prendergast, Christopher/**Knotternus**, J. David (**1990**): The astructural bias and presuppositional reform in symbolic interactionism, - A non-interactionist evaluation of the new studies in social organization, in: Larry T. Reynolds, *Interactionism, - Exposition and critique*, Dix Hills (NY): General Hall, S. 158-178, 2. Aufl.

Psathas, George (**1979**): Die Untersuchung von Alltagsstrukturen und das ethnomethodologische Paradigma, in: Walter M. Sprondel/Richard Grathoff (Hrsg.), *Alfred Schütz und die Idee des Alltags in den Sozialwissenschaften*, Stuttgart: Enke, S. 178-195

Ramb, Bernd-Thomas (**1993**): Die allgemeine Logik des menschlichen Handelns, in: Bernd-Thomas Ramb/Manfred Tietzel (Hrsg.), *Ökonomische Verhaltenstheorie*, München: Vahlen, S. 1-31

Rasmusen, Eric (**1994**): *Games and information, - An introduction to game theory*, Cambridge/Oxford

Raub, Werner (**1983**): Zusammenfassung der Diskussion [des Beitrages von Lindenberg 1983], in: Wolfgang Sodeur (Hrsg.), *Ökonomische Erklärungen sozialen Verhaltens*, Duisburg: Sozialwissenschaftliche Kooperative, S. 67-68

Raub, Werner/**Voss**, Thomas (**1981**): *Individuelles Handeln und gesellschaftliche Folgen, - Das individualistische Programm in den Sozialwissenschaften*, Darmstadt/Neuwied: Luchterhand

Rawls, Anne Warfield (**1987**): The interaction order sui generis, - Goffman's contribution to social theory, in: *Sociological Theory*, 5, S. 136-149

Reynolds, Larry T. (**1987**): *Interactionism, - Exposition and critique*, Dix Hills (NY): General Hall

Riker, William Harrison/**Ordeshook**, Peter C. (**1973**): *An introduction to positive political theory*, Englewood Cliffs (NJ): Prentice-Hall

Rose, Arnold Marshall (**1962**): A systematic summary of symbolic interaction theory, in: Arnold Marshall Rose (Hrsg.), *Human behavior and social processes, - An interactionist approach*, Boston (MA): Houghton Mifflin, S. 3-19

Roth, Alvin E. (**1979**): *Axiomatic models of bargaining*, Berlin/Heidelberg/New York (NY): Springer

(1988): Laboratoty experimentation in economics, - A methodological overview, in: *The Economic Journal*, 98, S. 974-1031

(1995): Introduction to experimental economics, in: John H. Kagel/Alvin E. Roth (Hrsg.), *The handbook of experimental economics*, Princeton (NJ): Princeton University Press, S. 3-109

Roth, Alvin E./**Malouf**, Michael W. K. (1979): Game-theoretic models and the role of information in bargaining, in: *Psychological Review*, 86, S. 574-594

(1982): Scale changes and shared information in bargaining, - An experimental study, in: *Mathematical Social Sciences*, 3, S. 157-177

Roth, Alvin E./**Murnighan**, J. Keith (1978): Equilibrium behavior and repeated play of the prisoner's dilemma, in: *Journal of Mathematical Psychology*, 17, S. 189-198

Sabidussi, Gert (1966): The centrality index of a graph, in: *Psychometrika*, 31, S. 581-603

Samuelson, Paul Anthony (1938): A note on the pure theory of consumer's behaviour, in: *Economica*, 5, S. 61-71

(1963): Comment, in: *American Economic Review - Papers & Proceedings*, 53, S. 231-236

Sauerland, Dirk (1998): Sozialkapital, - Individueller Vermögensbestand oder gesellschaftliches Institutionensystem? In: Ingo Pies/Martin Leschke (Hrsg.), *Gary Beckers ökonomischer Imperialismus*, Tübingen: Mohr, S. 51-56

Sauermann, Heinz/**Selten**, Reinhard (1962): Anspruchsanpassungstheorie der Unternehmung, in: *Zeitschrift für die gesamte Staatswissenschaft*, 118, S. 577-597

Savage, Leonard J. (1954): *The Foundations of Statistics*, New York: Wiley

Scheff, Thomas J. (1992): Rationality and emotion, - Homage to Norbert Elias, in: James Samuel Coleman/Thomas J. Fararo (Hrsg.), *Rational choice theory, - Advocacy and critique*, Newbury Park (CA)/London/New Delhi: Sage, S. 101-119

Schelling, Thomas Cromble (1976): *The strategy of conflict*, Cambridge (MA)/London: Harvard University Press, 5. Aufl.

Schoemaker, Paul J. H. (1980): *Experiments on decisions under risk, - The expected utility hypothesis*, Boston (MA)/Den Haag/London: Nijhoff

(1982): The expected utility model, - Its variants, purposes, evidence and limitations, in: *Journal of Economic Literature*, 20, S. 529-563

Schröer, Norbert (1997): Wissenssoziologische Hermeneutik, in: Ronald Hitzler/Anne Honer (Hrsg.), *Sozialwissenschaftliche Hermeneutik*, Opladen: Leske + Budrich, S. 109-129

Schülein, Johannes August (1989): Rollentheorie revisited, - Wissenssoziologische Anmerkungen zu einem vergessenen Paradigma, in: *Soziale Welt*, 40, S. 481-496

Schütz, Alfred (1932): *Der sinnhafte Aufbau der sozialen Welt, - Eine Einleitung in die Verstehende Soziologie*, Wien: Springer

(**1936**): Untersuchungen über Grundbegriffe und Methoden der Sozialwissenschaften [betitelt von Wagner 1983, S. 52], unveröffentlichte Manuskripte (Sozialwissenschaftliches Archiv der Universität Konstanz, 7212-7341)

(**1943**): The problem of rationality in the social world, in: *Economica*, 10, S. 130-149

(**1944**): The stranger, - An essay in social psychology, in: *The American Journal of Sociology*, 49, S. 499-507

(**1951**): Choosing among projects of action, in: *Philosophy and Phenomenological Research*, 12, S. 161-184

(**1953**): Common-sense and scientific interpretation of human action, in: *Philosophy and Phenomenological Research*, 14, S. 1-37

(**1954**): Concept and theory formation in the social sciences, in: *The Journal of Philosophy*, 51, S. 257-273

(**1955**): *Brief an Adolph Lowe vom 7. Dezember*, unveröffentlichte Korrespondenz (Sozialwissen-schaftliches Archiv der Universität Konstanz)

(**1956**): Equality and the meaning structure of the social world, in: Lyman Bryson/Clarence H. Faust/Louis Finkelstein/R. M. MacIver (Hrsg.), *Aspects of human equality, - Fifteenth symposium of the conference on science, philosophy and religion*, New York (NY): Harper & Brothers, S. 33-78

(**1959**): Husserl's importance for the social sciences, in: Herman Leo Van Breda/J. Taminiaux (Hrsg.), *Edmund Husserl 1859-1959*, Den Haag: Nijhoff, S. 86-98

(**1960**): The social world and the theory of social action, in: *Social Research*, 27, S. 203-221

(**1970**): *Reflections on the problem of relevance*, New Haven (CT)/London: Yale University Press

(**1971**): Strukturen der Lebenswelt, in: Alfred Schütz, *Gesammelte Aufsätze*, Bd. 3, Den Haag: Nij-hoff, S. 153-170

(**1984a**): Notizbuch aus Seelisberg vom 12.-16.08.1958, in: Alfred Schütz/ Thomas Luckmann, *Strukturen der Lebenswelt*, Bd. 2, Frankfurt a.M.: Suhrkamp, S. 246-272

(**1984b**): Notizbuch aus Seelisberg vom 17.-18.08.1958, in: Alfred Schütz/ Thomas Luckmann, *Strukturen der Lebenswelt*, Bd. 2, Frankfurt a.M.: Suhrkamp, S. 273-302

Schütz, Alfred/**Gurwitsch**, Aron (**1985**): *Briefwechsel 1939-1959*, München: Wilhelm Fink

Schütz, Alfred/**Luckmann**, Thomas (**1979**): *Strukturen der Lebenswelt*, Bd. 1, Frankfurt a.M.: Suhrkamp

(**1984**): *Strukturen der Lebenswelt*, Bd. 2, Frankfurt a.M.: Suhrkamp

Schütz, Alfred/**Parsons**, Talcott (**1978**): *The theory of social action*, Bloomington (IN)/ London: Indiana University Press

Searle, John R. (**1969**): *Speech acts, - An essay in the philosophy of language*, Cambridge: Cambridge University Press

Selten, Reinhard (**1965**): Spieltheoretische Behandlung eines Oligopolmodells mit Nach-frageträgheit, in: *Zeitschrift für die gesamte Staatswissenschaft*, 121, S. 301-324
(**1975**): Reexamination of the perfectness concept for equilibrium points in extensive games, in: *International Journal of Game Theory*, 4, S. 25-55

Selten, Reinhard/**Stoecker**, Rolf (**1986**): End behavior in sequences of finite prisoner's dilemma supergames, - A learning theory approach, in: *Journal of Economic Behavior and Organization*, 7, S. 47-70

Sen, Amartya K. (**1973**): Behaviour and the concept of preference, in: *Economica*, 40, S. 241-259

Shaskolsky, Leon (**1970**): The development of sociological theory in America, - A sociology of knowledge interpretation, in: Larry Thomas Reynolds/Janice M. Reynolds (Hrsg.), *The sociology of sociology*, New York (NY): McKay, S. 6-30

Sherohman, James (**1977**): Conceptual and methodological issues in the study of role-taking accuracy, in: *Symbolic Interaction*, 1, S. 121-131

Shibutani, Tamotsu (**1955**): Reference groups as perspectives, in: *The American Journal of Sociology*, 60, S. 562-569
(**1988**): Herbert Blumer's contributions to twentieth-century sociology, in: *Symbolic Interaction*, 11(1), S. 23-31

Shott, Susan (**1979**): Emotion and social life, - A symbolic interactionist analysis, in: *The American Journal of Sociology*, 84, S. 1317-1334

Shubik, Martin (**1964**): Game theory and the study of social behavior, - An introductory exposition, in: Martin Shubik (Hrsg.), *Game theory and related approaches to social behavior*, New York (NY)/London/Sydney: Wiley & Sons, S. 3-77

Shweder, Richard A. (**1987**): Comments on Plott and on Kahneman, Knetsch, and Thaler, in: Robin M. Hogarth/Melvin W. Reder (Hrsg.), *Rational choice, - The contrast between economics and psychology*, Chicago (IL)/London: University of Chicago Press, S. 161-170

Simon, Herbert Alexander (**1955**): A behavioral model of rational choice, in: *The Quaterly Journal of Economics*, 69, S. 99-118
(**1957**): *Models of man*, New York (NY)/London/ Sydney: Wiley
(**1972**): Theories of bounded rationality, in: C. B. McGuire/Roy Radner (Hrsg.), *Decision and organization*, Amsterdam: North-Holland, S. 161-176
(**1978a**): Rationality as process and as product of thought, in: *The American Economic Review - Papers & Proceedings*, 68(2), S. 1-16
(**1978b**): On how to decide what to do, in: *The Bell Journal of Economics*, 9, S. 494-507

(1987): Rationality in psychology and economics, in: Robin M. Hogarth/Melvin W. Reder (Hrsg.), *Rational choice, - The contrast between economics and psychology*, Chicago (IL)/London: University of Chicago Press, S. 25-40

(1990): Invariants of human behavior, in: *Annual Review of Psychology*, 41, S. 1-19

Simon, Herbert Alexander/**Schaeffer**, Jonathan (1992): The game of chess, in: Robert J. Aumann/Ser-giu Hart (Hrsg.), *Handbook of game theory*, Bd. 1, Amsterdam u.a.: North-Holland, S. 1-17

Simpson, Richard L. (1972): *Theories of social exchange*, New York (NY): General Learning Press

Skidmore, William (1975): *Theoretical thinking in sociology*, Cambridge u.a.: Cambridge University Press

Smith, Adam (1948): *An inquiry into the nature and causes of the wealth of nations*, New York (NY): Smith (Erstveröffentlichung 1776)

Smith, Vernon L. (1991): Rational choice, - The contrast between economics and psychology, in: *The Journal of Political Economy*, 99, S. 877-897

Spiegelberg, Herbert (1960): *The phenomenological movement, - A historical introduction*, Den Haag: Nijhoff

Srubar, Ilja (1993): On the limits of rational choice, in: *Rationality and Society*, 5, S. 32-46

Stigler, George Joseph/**Becker**, Gary Stanley (1977): De gustibus non est disputandum, in: *The merican Economic Review*, 67(2), S. 76-90

Störig, Hans Joachim (1993): *Kleine Weltgeschichte der Philosophie*, Stuttgart/Berlin/Köln: Kohlhammer, 16. Aufl.

Stone, Gregory P. (1962): Appearance and the self, in: Arnold Marshall Rose (Hrsg.), *Human behavior and social processes, - An interactionist approach*, Boston (MA): Houghton Mifflin, S. 86-118

(1977): Personal acts, in: *Symbolic Interaction*, 1, S. 2-19

Strauss, Anselm Leonard (1956): Introduction, in: George Herbert Mead, *On social psychology*, Chicago (IL)/London: University of Chicago Press

(1978): *Negotiations, - Varieties, contexts, processes, and social order*, San Francisco (CA)/Wa-shington (DC)/London: Jossey-Bass

Stryker, Sheldon (1980): *Symbolic interactionism, - A social structural version*, Menlo Park (CA) u.a.: Benjamin & Cummings

(1987): The vitalization of symbolic interaction, in: *Social Psychology Quaterly*, 50(1), S. 83-94

Suchanek, Andreas (1991): Der ökonomische Ansatz und das Verhältnis von Mensch, Institution und Erkenntnis, in: Bernd Biervert/Martin Held (Hrsg.), *Das Menschenbild der ökonomischen Theorie, - Zur Natur des Menschen*, Frankfurt a.M./New York (NY): Campus, S. 76-93

(1994): *Ökonomischer Ansatz und theoretische Integration*, Tübingen: Mohr

Svejnar, Jan (1986): Bargaining power, fear of disagreement, and wage settlements, - Theory and evidence from U.S. industry, in: *Econometrica*, 54, S. 1055-1078

Tatematsu Hirotaka (1979): Phänomenologische Betrachtung vom Begriff der Lebenswelt, in: Yoshiro Nitta/Hirotaka Tatematsu (Hrsg.), *Japanese Phenomenology, - Phenomenology as the Trans-cultural Philosophical Approach*, Analecta Husserliana VIII, Dordrecht/Boston (MA)/London: Reidel, S. 109-129

Tenbruck, Friedrich H. (1961): Zur deutschen Rezeption der Rollentheorie, in: *Kölner Zeitschrift für Soziologie und Sozialpsychologie*, 13, S. 1-40

Thaler, Richard H. (1980): Toward a positive theory of consumer choice, in: *Journal of Economic Behavior and Organization*, 1, S. 39-60

Thibaut, John W./Kelley, Harold H. (1959): *The social psychology of groups*, New York (NY): Wiley & Sons

Thomas, Jim (1983): Toward a critical ethnography, - A reexamination of the Chicago legacy, in: *Urban Life*, 11, S. 477-490

Thomas, William Isaac/Znaniecki, Florian (1918): *The polish peasant in europe and america*, Bd. 1, Boston (MA): Houghton Mifflin

Thomson, William (1994): Cooperative models of bargaining, in: Robert J. Aumann/ Sergiu Hart (Hrsg.), *Handbook of game theory*, Bd. 2, Amsterdam u.a.: Elsevier, S. 1237-1284

Tiemann, Günter (1991): Reziprozität und Redistribution, - Der Mensch zwischen sozialer Bindung und individueller Entfaltung in nicht-industrialisierten Gesellschaften, in: Bernd Biervert/Martin Held (Hrsg.), *Das Menschenbild der ökonomischen Theorie, - Zur Natur des Menschen*, Frankfurt a.M./New York (NY): Campus, S. 173-191

Tietzel, Manfred (1981): »Annahmen« in der Wirtschaftstheorie, in: *Zeitschrift für Wirtschafts- und Sozialwissenschaften*, 101, S. 237-265

(1985): *Wirtschaftstheorie und Unwissen, - Überlegungen zur Wirtschaftstheorie jenseits von Risiko und Unsicherheit*, Tübingen: Mohr

Treibel, Annette (1993): *Einführung in soziologische Theorien der Gegenwart*, Opladen: Leske & Budrich

Turner, Jonathan H. (1974): *The structure of sociological theory*, Homewood (IL)/London/Georgetown: Dorsey

(1987): Social exchange theory, - Future directions, in: Karen S. Cook (Hrsg.), *Social exchange theory*, Newbury Park (CA) u.a.: Sage, S. 223-238

Turner, Ralph Harold (1962): Role-taking, - Process versus conformity, in: Arnold M. Rose (Hrsg.), *Human behavior and social processes, - An interactionist approach*, Boston (MA): Houghton Mifflin, S. 20-40

(1978): The role and the person, in: *The American Journal of Sociology*, 84, S. 1-23

(1985): Unanswered questions in the convergence between structuralist and interactionist role theories, in: Horst Jürgen Helle/S. N. Eisenstedt (Hrsg.), *Micro-sociological theories*, London/Beverly Hills (CA): Sage, S. 22-36

Tversky, Amos (1969): Intransitivity of preferences, in: *Psychological Review*, 76, S. 31-48

Tversky, Amos/**Kahneman**, Daniel (1974): Judgement under uncertainty, - Heuristics and biases, in: *Science*, 185, S. 1124-1131

Ullmann-Margalit, Edna (1977): *The emergence of norms*, Oxford: Clarendon

Vanberg, Viktor (1972): Nachwort, in: George Caspar Homans, *Grundfragen soziologischer Theorie*, Köln/Opladen: Westdeutscher Verlag, S. 141-175

(1984): »Unsichtbare-Hand Erklärung« und soziale Normen, in: Horst Todt (Hrsg.), *Normengeleitetes Verhalten in den Sozialwissenschaften*, Berlin: Duncker & Humblot, S. 115-146

(1986): Individual choice and institutional constraints, - The normative element in classical and contractarian liberalism, in: *Analyse & Kritik*, 8, S. 113-149

(1988): Rules and choice in economics and sociology, in: *Jahrbuch für Neue Politische Ökonomie*, 7, S. 146-167

(1998): Zur ökonomischen Erklärung moralischen Verhaltens, in: Ingo Pies/ Martin Leschke (Hrsg.), *Gary Beckers ökonomischer Imperialismus*, Tübingen: Mohr, S. 141-146

van Huyck, John B./**Battalio**, Raymond C./**Beil**, Richard O. (1990): Tacit coordination games, strategic uncertainty, and coordination failure, in: *The American Economic Review*, 80, S. 234-248

Varian, Hal R. (1996): *Intermediate microeconomics, - A modern approach*, New York (NY)/London: Norton, 4. Aufl.

Voss, Thorsten (1985): *Rationale Akteure und soziale Institutionen, - Beiträge zu einer endogenen Theorie des sozialen Tauschs*, München: Oldenbourg

Wagner, Helmut R. (1983): *Alfred Schütz, - An intellectual biography*, Chicago (IL)/ London: University of Chicago Press

Wald, Michael (1997): *Entscheidungsheuristiken beim Computerkauf*, unveröffentlichte Magisterarbeit im Fach Soziologie an der Universität zu Köln (Erstgutachter: Jürgen Friedrichs)

Waldenfels, Bernhard (1979): Verstehen und Verständigung, - Zur Sozialphilosophie von Alfred Schütz, in: Walter M. Sprondel/Richard Grathoff (Hrsg.), *Alfred Schütz und die Idee des Alltags in den Sozialwissenschaften*, Stuttgart: Enke, S. 1-12

(1989): Der Logos der praktischen Welt, in: Hiroshi Kojima (Hrsg.), *Phänomenologie der Praxis im Dialog zwischen Japan und dem Westen*, Würzburg: Königshausen & Neumann, S. 11-29

Warshay, Leon H./Warshay, Diana W. (1986): The individualizing and subjectivizing of George Herbert Mead, - A sociology of knowledge interpretation, in: *Sociological Focus*, 19(2), S. 177-188

Weber, Max (1913): Ueber einige Kategorien der verstehenden Soziologie, in: *Logos*, 4, S. 253-294

Weede, Erich (1992): *Mensch und Gesellschaft, - Soziologie aus der Perspektive des methodologischen Individualismus*, Tübingen: Mohr

Weigert, Andrew J. (1975): Alfred Schutz on a theory of motivation, in: *Pacific Sociological Review*, 18, S. 83-102

Weiner, Bernard (1972): *Theories of motivation, - From mechanism to cognition*, Chicago (IL): Markham

Weizsäcker, Carl Christian von (1971): Notes on endogenous change of tastes, in: *Journal of Economic Theory*, 3, S. 345-372

Wiesenthal, Helmut (1987): Rational Choice, - Ein Überblick über Grundlinien, Theorienfelder und neuere Themenakquisitionen eines sozialwissenschaftlichen Paradigmas, in: *Zeitschrift für Soziologie*, 16, S. 434-449

Willer, David (1992): The principle of rational choice and the problem of a satisfactory theory, in: James Samuel Coleman/Thomas J. Fararo (Hrsg.), *Rational choice theory, - Advocacy and critique*, Newbury Park (CA)/London/New Delhi: Sage, S. 49-78

Williamson, Oliver E. (1974): Managerial discretion and business behavior, in: Eirik G.Furubotn/Svetozar Pejovich (Hrsg.), *The economics of property rights*, Cambridge (MA): Ballinger, S. 109-132

Winter, Sidney G. (1964): Economic »natural selection« and the theory of the firm, in: *Yale Economic Essays*, 4, S. 225-272

Wiswede, Günter (1977): *Rollentheorie*, Stuttgart u.a.: Kohlhammer

Wolf, Charlotte (1986): Legitimation of oppression, - Response and reflexivity, in: *Symbolic Interaction*, 9, S. 217-234

Wu Wen-Tsün/Jiang Jia-He (1962): Essential equilibrium points of n-person non-cooperative games, in: *Scientia Sinica*, 11, S. 1307-1322

Yamasaki Yosuke (1989): Welthorizont und Gegenseitiges Anerkennen, in: Hiroshi Kojima (Hrsg.), *Phänomenologie der Praxis im Dialog zwischen Japan und dem Westen*, Würzburg: Königshausen & Neumann, S. 87-103

Yates, Frank/Zukowski, Lisa G. (1976): Characterization of ambiguity in decision making, in: *Behavioral Science*, 21, S. 19-25

Zafirovski, Milan (1999): What is really rational choice? - Beyond the utilitarian concept of rationality, in: *Current Sociology*, 47, S. 47-113

Zeitlin, Irving M. (1973): *Rethinking sociology*, New York (NY): Meredith

Zetterberg, Hans L. (1957): Compliant actions, in: *Acta Sociologica*, 2, S. 179-201

Zey, Mary (**1992**): Criticisms of rational choice models, in: Mary Zey (Hrsg.), *Decision making, - Alternatives to rational choice models*, Newbury Park (CA)/London/ New Delhi: Sage, S. 9-31

Zijderveld, Anton C. (**1970**): Rationality and irrationality in pluralistic society, in: *Social Research*, 37, S. 23-47

Zintl, Reinhard (**1986**): Ökonomisches Rationalitätskonzept und normorientiertes Verhalten, in: *Jahrbuch für Neue Politische Ökonomie*, 5, S. 227-239

Zurcher, Louis Anthony (**1983**)*: Social roles, - Conformity, conflict, and creativity*, Beverly Hills (CA)/London/New Delhi: Sage

Darstellungsverzeichnis

Tabellenverzeichnis

Autorenverzeichnis

Sachverzeichnis